트렌드
지식 사전 **5**

글동무 포모차브
권력의 종말 펫팸족 켄드
진격의 갑질 자소설
헬리콥터 부모
75세 노인론 실언 트라우마
확률형 아이템 gourmet 族
chair professor 문송 장의 종말
베이그부커
인비저블 에어비앤비
유체이탈 화법 유쏘라이나
맥아더 신드롬
digital münchausen syndrome
감정탐지 앱 社畜童話 바인
분노 조절 장애 hygge
아마조니피케이션 노인 난민
형 의회
쇼닥터
『나의 투쟁』 논란 킬러 로봇 논란 뭉크
트랜스미디어 스토리텔링 반퇴 푸어
사법 무결점주의 fight for $15
다이어트 콜라 민주주의
인스타그램 해시태그 문화

김환표 편

최신 키워드로 보는 시사 상식

트렌드
Trend Keyword
지식 사전 5

인물과
사상사

'지식의 대중화'를 위해

디지털 혁명과 SNS의 확산으로 우리는 지금까지 경험해보지 못했던 새로운 현상에 직면하고 있다. 바로 정보 폭증이다. 디지털 시대의 개막으로 인해 한동안 정보 홍수라는 말이 회자되기도 했지만 이제 정보 홍수라는 단어는 옛말이 된 지 오래다. 정보 홍수로 설명할 수 없을 만큼 하루가 다르게 정보가 폭증하고 있기 때문이다. 오죽하면 정보공해라는 말까지 등장했겠는가. 정보공해는 과장인가? 그렇지 않은 것 같다. 정보 폭증으로 인한 피로감을 호소하는 사람이 적지 않기 때문이다.

정보 폭증은 새로운 문제도 던져주고 있다. 바로 정보의 옥석을 가리는 일이다. 정보 자체가 곧 지식인 시절도 있었지만 정보가 폭증하고 있는 오늘날에는 넘쳐나는 정보 속에서 자신에게 필요한 알맹이를 취하는 게 쉽지 않은 일이 되었다. 한때 포털사이트가 제공하는 검색 서비스가 그런 문제를 해결해줄 해결사로 각광받기도 했지만, 검색 서비스를 통해 정보의 옥석을 가리고 지식을 얻는 것에도 한계가 있다. 아무래도 가장 큰 문제는 효율성이다. 투자하는 시간에 비해 길어올리는 지식이 적기 때문이다.

『트렌드 지식 사전』은 정보 폭증 시대에 자신에게 필요한 지식을 찾아 헤매는 사람들을 위한 책이다. 폭증하는 정보들 가운데 우리 삶과 관련이 있는 정보를 선별해 요약·정리·제공함으로써 정보·지식 관리를 위해 아까운 시간을 투자하고 있는 사람들을 도와주겠다는 취지를 담고 있다. 이 책의 특징은 '압축·정리'에 있다. 압축·정리라고는 하지만 키워드를 중심으로 하나의 이슈와 개념에 대해 다양한 시각들을 보여주고자 했다. 독자들의 이해를 위해 개념과 관련된 구체적인 사례들도 포함시켰는데, 이는 하나의 개념이 현실 세계에서 어떻게 적용되고 활용되고 있는지 알 수 있도록 돕기 위해서다. 사전이라는 이름에 어울리게 키워드마다 분량은 A4 한 장을 넘지 않도록 했다. 물론 이보다 짧은 글들도 있다.

　『트렌드 지식 사전』이 궁극적으로 지향하는 것은 '지식의 대중화', '지식의 민주화'다. 목표가 너무 거창한 감이 없지 않아 있지만, 이 책을 통해 지식 쌓기의 즐거움과 쾌감을 느끼는 사람들이 늘었으면 하는 바람이다. 이 책은 모두 8장으로 구성되어 있으며, 다루고 있는 키워드는 총 200개다. 이 책이 체계적인 정보·지식 관리의 필요성을 절감하고 있는 분들과 세상 돌아가는 소식에 목마른 독자들, 대학 입시를 위해 논술을 준비하는 고등학생들, 취업을 위해 시사 상식을 공부하는 취업 준비생들에게 조금이라도 도움이 된다면 더는 바랄 게 없겠다.

2015년 9월

김환표

Culture Section

Media Section

Culture Section

Trend Keyword

뇌섹남

뇌가 섹시한 남자의 준말이다. 2015년 5월 한 여성 잡지의 특집기사가 뇌섹남을 '주관이 뚜렷해서 할 말은 하는 남자', '책을 많이 읽은 언변의 마술사인 남자'로 소개하면서 알려진 말이다. 『중앙일보』가 다음소프트에 의뢰해 분석한 결과에 따르면, 뇌섹남은 대체적으로 '비범하다(2,141건)', '대세(166건)' 등 긍정어와 함께 사용되는 경향을 보였다.[1] 뇌섹남은 2015년 3월 25일 국립국어원이 발표한 신조어에 포함되었다.

문소영은 뇌섹남을 '뇌가 섹시한 남자'로 풀어 놓아도 이해가 잘 가지 않는다고 말하는 50~60대가 많다고 말하는데,[2] 젊은 층에서도 뇌섹남의 정의를 두고 의견이 분분하다. 대체 뇌가 섹시하다는 게 어떤 것을 의미하는지 아리송하다는 것이다. 이와 관련 이동현은 "대부분의 신조어가 그렇듯이 뇌腦와 섹시Sexy와 남男이 결합한 뇌섹남은 국적이 모호하다. 개념 또한 불분명하다. '뇌가 섹시한 남자'라는 의미 자체부터 요상방통하다"면서 다음과 같이 말했다.

"'섹시Sexy하다'는 모양이나 형태를 설명하는 개념이다. 그러니 '뇌가 섹시하다'는 '뇌가 섹시하게 생겼다'로 풀이해야 마땅할 것이다. 하지만 두개골을 뜯어보지 않고서야 뇌가 어떻게 생겼는지 어찌 알 수 있겠는가. 뇌섹남은 근원적인 개념으로 풀이할 수 없는 조어인 셈이다.……우회적으로 풀어보면 '세련된 생각을 하는 지적인 남자' 정도일 것 같다. 한동안 유행했던 단어인 에지Edge를 넣어 풀이하자면 '에지 있는 사고방식을 지닌 이지적인 남자'의 의미가 아닐까. 여기에 트렌드를 이끌 만한 매력 요소를 대입하면 '두뇌 회전이 빠르고 일반적인 사고방식과 다른 날카로움을 지녔으며 이를 조리 있는 언변으로 표현할 수 있는 남성'이 될 것이다."[3]

뇌섹남은 무한경쟁 시대 가장 중요한 것으로 여겨지던 외모와 스펙이 아닌, 정신적 가치에 의미를 부여하려는 성격이 있기 때문에 긍정적인 남성상이 될 수 있다는 견해도 있지만,[4] 뇌섹남에 대한 정의가 모호하기 때문에 뇌섹남을 콘셉트로 한 텔레비전 프로그램이 뇌섹남을 이른바 '스펙남'으로 변질시키고 있다는 지적도 있다.[5] 예컨대 김헌식은 "뇌섹남을 다루는 방식들은 모두 뇌섹이라는 단어와 전혀 관계없이 학벌주의를 조장할 뿐이다"면서 다음과 같이 말했다. "갈수록 국내 대학만으로는 안 되기 때문인지 외국 대학 출신임을 부각한다. 또한 시험 성적 1등이나 아이큐의 강조는 다른 지능 영역이나 다른 재능들을 평가절하거나 도외시하는 것이다.……여러 프로그램에서 브레인 게임이나 퀴즈, 인지적 문제를 잘 풀어내는 이들을 뇌섹남이라 칭하는 것도 마찬가지 맥락 안에 있다. 많은 언론들이 무분별하게 뇌섹남을 언급하는 것도 이런 틀에서 벗어나지 못한다."[6]

드로니|dronie

드론을 띄워 사진을 찍는 행위를 일컫는다. 2014년 3월 프랑스 드론 제조업체 패럿Parrot의 최고경영자CEO 헨리 세이두는 리모컨으로 조절하는 카메라 탑재 소형 드론 판매가 눈에 띄게 증가하기 시작했다면서 "소형 드론은 주로 영상이나 사진을 찍으려는 목적으로 구매한다"고 했다. 이어 그는 "드로니는 마치 본인의 모습을 밀착 취재하는 영상 카메라를 가지고 다니는 느낌을 준다. 나르시시즘(자기애)이 강한 이들에게 점차 인기를 끌고 있어 셀카를 잇는 촬영 대세로 자리 잡을 수 있을 것"이라고 했다.[7]

영국 『텔레그래프』는 드로니를 애용하는 사람들은 주로 스노보드를 타거나 산행을 하는 등 외부 활동을 할 때 자신의 활동을 찍어 녹화한다면서 드론의 가격대가 낮아지고 대중화되었을 때는 '셀카봉'의 시대가 끝나고 '드로니'가 대세가 될 것이라고 했다.[8] 셀카봉은 스마트폰이 낳은 최고의 발명품으로 통하지만 셀카봉을 이용해 셀카를 찍는 과정에서 적잖은 사고가 발생하고 있고, 이 때문에 모든 테마파크에서 셀카봉 사용을 금지한 디즈니랜드를 비롯해 셀카봉 사용을 금지하는 곳이 증가하고 있어 드로니는 빠른 속도로 확산될 것으로 예측되고 있다.[9]

떼창 singalong

공연을 하는 가수의 노래를 일제히 열정적으로 따라 부르는 것을 일컫는 말로, 합창의 순우리말이다. 한국인의 떼창 문화는 이미 세계적으로 정평이 나 있는데, 외국 관객들은 한국인의 떼창 문화를 신기하게 바라본다. 2012년 12월 4일 밤 서울시청 앞 광장에서 펼쳐진 싸이의 무료 콘서트에서 8만여 명의 관중이 월드 히트송인 〈강남 스타일〉을 함께 따라 부르며 춤을 추는 장관을 연출하자 외국인들은 이런 반응을 보였다. "한국인들은 전혀 다른 세계에 사는 외계인들 같아. 어떻게 저런 장관을 연출할 수 있지? 내 눈으로 보고 있지만 믿을 수가 없어." "난 한국인이 아니지만 관중들 '떼창'을 보니 나도 모르게 온몸에 전율이 흐르고 눈물이 나네. 신기한 경험이야. 사랑해 한국!"[10]

한국인의 떼창 문화에 감동한 해외 뮤지션들도 적지 않다. 2014년 4월 8일 내한 공연을 펼친 미국의 팝스타 브루노 마스는 공연장을 메운 1만 2,000명의 팬이 '떼창'을 부른 것에 감격해 공연 뒤 자신의 트위터에 "지금까지 겪어온 중 가장 큰 함성을 지르는 관객들이었어요. 고마워요, 한국!"이라는 말을 남겼다.[11] 팝 블루스 싱어송라이터인 존 메이어는 2014년 5월로 예정된 한국 공연에 앞서 "미리 짜여진 공연은 싫다"고 말하면서도 "한국 팬들이 떼창 singalong

을 하고 싶은 곡을 알려주면, 그 곡을 연주할 수 있도록 준비하고 싶다"고 말했다.[12]

한국 관객들은 왜 떼창을 하는 것일까? 방송인 김구라의 해석이 재미있다. 김구라는 2013년 8월 1일 방송된 JTBC 〈썰전〉에서 한국 관객들은 "내가 11만 원 냈는데 뽕을 뽑아야겠단 각오로 덤빈다"며 "그렇게 열광적 열기가 콘서트장을 가득 메워 해외 스타들을 감동시키는 것 같다"고 했다.[13] 같은 맥락에서 음악평론가 김작가는 2014년 4월 "한국의 공연장에는 뮤지션이 관객에게 기대할 수 있는 모든 게 있다. 노래가 끝날 때마다 우렁찬 함성이 돌아온다. 중요한 히트곡이나 또는 '싱얼롱'용으로 애용되는 곡에서는 어김없이 '떼창'이 돌아온다"면서 다음과 같이 말한다.

"공연 관람이 영화 보는 것처럼 일상적인, 즉 음악이 생활에 자연스럽게 녹아 있는 일본 등의 나라와는 달리 한국에서 공연 관람은 아직 이벤트다. 게다가 내한 공연 시장이 활성화된 지도 몇 년 되지 않기에 학수고대의 정도가 다를 수밖에 없다. 날이면 날마다 오는 내한 공연이 아니니, 비싼 티켓값의 본전을 뽑으려는 심리는 당연하다. 그래서 히트곡 한두 곡 정도가 아니라 공연 때 부를 걸로 예상되는 노래들을 사전에 파악해 익숙함의 정도를 높인다. 공연이 임박하면 한국에 오기 전에 공연했던 나라에서의 세트리스트(공연곡 목록)가 인터넷에 돌아다닌다. 주요 곡의 가사를 외워서 '떼창'에 대비하는 건 심화학습이라 할 만하다."[14]

멍 때리기

'아무 생각 없이 멍하니 있다'를 뜻하는 속어로, 정신이 나간 것처럼 한눈을 팔거나 넋을 잃은 상태를 말한다. 2014년 10월 27일 서울 용산구 전쟁기념관 앞에서는 누가 더 멍한지를 겨루는 '제1회 멍 때리기 대회'가 열렸다. 멍 때리기 대회를 주최한 젊은 남녀 예술가는 "현대인들이 빠른 속도와 경쟁사회로 인한 스트레스에서 멀리 떨어지는 체험을 하는 것"이 대회의 취지라고 밝혔다. 최연소 참가자로 참가해 이 대회에서 1시간 30분간 미동도 없이 멍하게 앉아 있어 우승을 차지한 김지명(9)은 멍 때리기의 비결에 대해 "멍 때리기는 아무 생각 안 하는 것이다"라고 말하면서 우승 소감으로 "앞으로도 열심히 멍 때리겠다"고 했다.[15]

'제1회 멍 때리기 대회'는 큰 화제를 불러일으켰다. 서울 대회가 끝난 뒤에 전국에서 대회 개최 요구가 밀려들기 시작해 2회 대회부터는 시기를 앞당겨 전국 각지를 돌며 열기로 했다. 멍 때리기는 중국에까지 진출해 2014년 11월 18일 중국 청두成都시에서 중국 최초의 멍 때리기 대회가 열렸다.[16]

일부 정신과 의사들은 끊임없는 자극이 뇌에 밀려드는 시대에 '멍 때리기'는 효과적인 휴식 방법이라면서 멍 때리기를 예찬한다.[17] 예컨대 『멍 때려라』의 저자로 서울 강북삼성병원 정신건강의학과 교수 신동원은 멍 때리기는 효율적인 뇌의 재정비 수단이라고 말한다. 그는 "뇌는 휴식을 통해 정보와 경험을 정리하고 불필요한 정보는 과감하게 삭제하여 새로운 생각을 채울 수 있는 여백을 만드는데, 현대인의 머리는 휴식할 시간이 없다"면서 "신경증적인 불안감이 24시간 SNS에 접속하게 하는 등 무언가를 찾아 헤매게 만들고 있지만 정작 새로운 아이디어를 창조하는 데 필수적인 재정비의 시간을 희생시키고 있다"고 했다.[18]

하지만 멍 때리기 예찬이 지나치다는 견해도 만만치 않다. 남은주는 "스웨덴의 인지신경과학 전공 교수인 토르켈 클링베리는 사람의 뇌가 한꺼번에 일곱 가지 이상의 정보를 저장하려 하면 멍한 상태가 된다고 했다. 과잉 정보, 역할 과부하 상태에 시달리는 우리들은 멍해지기 쉬운 조건 속에서 산다. 뇌의 전전두엽 부분을 활성화한다며 멍 때리기를 예찬하는 과학자도 있지만 앞뒤가 바뀌었다"며 다음과 같이 말한다.

"멍 때리기는 정보를 처리하려고 애쓰는 상태다. 우리가 감당해야 할 일들의 가짓수와 책임감 같은 노동밀도가 지나치게 높으니까 큰 탈이 나지 않도록 뇌가 조절 기능을 발휘하고 있는 것이라고 보아야 한다.……요즘 학부모들 사이에선 멍 때리기가 뇌 이완을 유도하고 창의력을 높인다는 말이 퍼지면서 자녀의 멍 때리기를 따뜻한 시선으로 보자고 하지만 터무니없는 소리다. 푹 자고 싶다고 했더니 잠깐 졸아도 된다고 대답하는 것과 다름없다."[19]

복합장르 드라마

한 작품 안에 액션, 스릴러, 판타지, 휴먼 등 다양한 장르가 공존하는 드라마를 일컫는다. 하나의 장르로 규정하기 어렵다는 점에서 '장르 융합' 혹은 '장르 파괴' 드라마라고 할 수도 있겠다. 복합장르 드라마는 2013년경부터 본격화하기 시작했다. SBS 〈별에서 온 그대〉(로맨틱 코미디+시간여행+스릴러), MBC 〈투윅스〉(액션+멜로+시간여행), KBS 〈감격시대: 투신의 탄생〉(액션+느와르+멜로), tvN 〈나인〉(멜로+타임슬립+스릴러) 등이 그런 경우다.

복합장르 드라마가 인기를 끈 이유에 대해 한 드라마 제작 관계자는 "이제 단편적인 장르만으로 승부를 보는 시대는 지난 것 같다. 스토리뿐만 아니라 장르까지 복합적이어야 대중들의 시선을 끌수 있다"며 "특히 요즘 1020 젊은 세대들에게는 구태의연한 로맨틱 코미디조차 관심을 끌지 못한다. '로코'에다 또 다른 흥미를 끌 만한 장르를 뒤섞어야 채널이 돌아가지 않는다"고 했다.[20]

복합장르 드라마는 2014년 드라마업계의 화두가 되었을 만큼 큰 인기를 끌었다. 명희숙은 2014년 8월 "여름 안방극장을 복합장르 드라마가 접수했다. 천편일률적인 스토리라인과 진부한 소재에 지친 시청자들은 자연스럽게 복합장르 드라마가 주는 신선함에 매료됐다. 복합장르 드라마는 지상파와 케이블을 종횡무진하며 풍부한 볼거리로 시청자들의 사랑까지 접수 중이다"면서 이렇게 말했다.

"복합장르 드라마는 소재 고갈에 시달리고 있는 한국 드라마계에 새로운 대안으로 부상해 시청자들의 까다로운 취향을 만족시키고 있다. 단순한 장르의 혼합을 넘어서서 생각지도 못했던 신선한 소재와 상황이 극 속에 등장했을 때 주는 묘한 어울림은 한국 드라마의 새로운 가능성을 열었다. 특히 막장이나 단순 로맨스 드라마에 지친 젊은 시청자들은 복합장르가 주는 영화 못지않은 풍부한 볼거리와 신선한 소재에 큰 매력을 느꼈다. 신선함으로 다가왔던 복합장르는 다시 사극과 다른 장르의 만남을 꾀하는 등 다양한 시청층을 겨냥하며 또 한 번 진화 중이다. 복합장르 드라마의 무궁무진한 가능성을 기대할 수밖에 없는 이유다."[21]

일찍부터 복합장르 드라마를 주장하며 이것을 이끈 것으로 평가받는 SBS 드라마 국장 김영섭은 "SBS 수목 드라마와 주말 특별기획을 총괄하면서 하나의 장르에 머무르는 드라마 대신 '복합장르' 드라마가 성공할 수 있다고 믿고 꾸준한 시도를 계속하고 있다"면서 "'복합장르' 드라마는 장르의 혼합에 그치는 게 아니라 이야기의 흐름이 정확하고 풍부해야 성공할 수 있다"고 했다.[22]

사축동화 社畜童話

회사에 길들여진 일본 직장인들의 현실을 동화에 빗대 풍자적으로
짧게 풀어낸 이야기를 말한다. '사축社畜'은 '회사會社'와 '가축家畜'의
끝 글자를 합쳐서 만든 말로 '회사에 길들여진 가축'이라는 뜻이다.
직장인을 '회사의 가축'이라고 표현했다는 점에서 직장인의 비애와
자조적인 풍자가 담긴 말이라 할 수 있겠다. '성냥팔이 소녀', '개미
와 베짱이', '인어공주', '금도끼 은도끼', '백설공주', '빨간모자',
'신데렐라', '양치기 소년' 등 널리 알려진 동화를 패러디한 사축동
화는 원작 동화와 달리 매우 현실적이며 짧은 내용에 우울한 결말
을 담고 있다는 게 특징이다.[23]

　　사축동화라는 말은 일본의 소설가 아즈치 사토시가 처음 사용
한 것으로 알려져 있는데, 사축동화가 큰 인기를 끌면서 일본의 온
라인 커뮤니티에는 이른바 사축동요도 등장했다. "저녁노을이 희
미해진 사축社畜(회사가 사육하는 가축)씨 ♪~ 정시퇴근은 언제인가
요?~", "감산減産 감산~ 긴 불황~ 차차차? 나는 회사의 장난감~?",
"내 이름은 사라지고 직장에선 파견(비정규직)~ 파견으로 불린다네
~♬".

　　직장 문화에 관한 글을 쓰는 칼럼니스트 이시하라 소이치로는
"일의 괴로움과 무관한 아이 시절로 돌아가고 싶다는 생각이 맞아

떨어져 사축동요·동화가 생겨났다"며 "직원이 있어야 회사도 존재한다는 것을 망각한 경영자가 너무 많다. 경기가 좋아져도 그런 의식이 바뀌지 않는 한 사축동요·동화는 계속 태어날 것"이라고 꼬집었다.[24] 사축동화는 2015년 한국에서도 대중의 공감을 얻으며 SNS를 통해 빠른 속도로 확산했다. 이와 관련 박권일은 "실제 현실 사회가 저렇게 잔혹하기 때문에 공감하는 것이겠지요"라면서 이렇게 해석했다.

"한국은 일본처럼 국가복지보다 기업복지에 기대어온 고도성장사회입니다. 연공서열제와 서구인 기준에서 보면 이해가 안 가는 회사에 대한 기이할 정도의 충성도 사실은 나름 유물론적 이유가 있었던 겁니다. 그런데 이른바 신자유주의 개혁 이후 일본도 많이 변했고, 한국은 더 극단적으로 빨리 유동화했지요. 단단했던 지면이 와르르 내려앉으면서 사람들이 '사축'이나 '회사의 노예'라는 말을 자연스럽게 꺼내게 된 것이 아닐까 싶습니다. 뼈 빠지게 일해봐야 40대에 잘리거나 그만두게 된, 이른바 고도성장기의 완전고용 신화가 이제는 추억담으로도 잘 나오지 않을 정도의 시대가 됐지요."[25]

3초백

서울 거리를 걷거나 지하철을 타면 3초마다 볼 수 있다고 해서 루이
뷔통 가방에 붙은 별명이다. 한국에서 루이뷔통 가방이 그만큼 대
중화되었다는 것을 의미하는 말이라 할 수 있겠다. 김윤덕은 "이삼
백만 원씩 하는 가방을 그리 자주 볼 수 있는 도시는 세계에서 서울
이 유일할 거다. 밀라노 몬테나폴레오네, 파리 샹젤리제에서도 보
기 힘든 풍경이다"고 했다.[26]

　　한국인의 명품 사랑이야 오래전부터 유명한 것이라 새삼스러
울 게 없는 일이지만, 한국인들이 루이뷔통에 특별히 집착하는 이유
는 무엇일까? 이와 관련 김현정은 "루이뷔통만큼 고른 연령대에서
사랑받는 명품 브랜드도 없다. 20대 대학생들은 물론 40, 50대 아줌
마들 손에도 어색하지 않게 들려 있는 게 루이뷔통 가방이다"면서
"정장을 꼭 입어줘야만 폼이 나는 샤넬과 달리 루이뷔통은 청바지
나 정장 어느 쪽과도 잘 어울린다"고 했다.[27]

　　하지만 바로 그런 이유 때문에 루이뷔통은 '3초백'이 되고 말
았다. 다른 명품과 비교할 수 없을 정도로 짝퉁이 범람하는 결과를
초래했기 때문이다. 예컨대 서울시가 2012년 7월부터 명동관광특
구·남대문시장·동대문패션관광특구·이태원 등 외국인 관광객
이 많이 찾는 지역을 집중 단속한 결과 무려 2만 7,497점의 짝퉁이

적발되었는데, 위조 상품 브랜드에서 루이뷔통(8,199점 · 29.8퍼센트)은 1위를 차지했다.[28] 2014년 관세청이 새누리당 박명재 의원에게 제출한 자료에 따르면, 관세청의 단속에 적발된 짝퉁 명품 가운데 적발액이 가장 큰 상표 역시 루이뷔통이었다.[29]

　명품의 최대 매력인 희소성이 사라졌기 때문일까? 루이뷔통은 디자인 전략을 전면 수정하고 2014년 가을 주력 제품에서 기존의 문양을 빼버렸다. 루이뷔통의 로고인 'LV'와 이니셜 'L'과 'V'가 교차하는 모노그램 문양을 배제한 이른바 '로고리스logoless 백'으로 전략을 수정한 것이다.[30]

섹스팅sexting

섹스sex와 문자를 보낸다는 텍스팅texing의 합성어로, 휴대전화로 외설적인 문자 메시지나 사진 등을 주고받는 것을 의미하는 말이다. 상대방에게 사진을 보내면 최대 10초 동안 볼 수 있고, 10초가 지나면 자동으로 삭제되는 앱 스냅챗은 미국의 10대 청소년들 사이에서 나체 사진이나 음란한 사진을 주고받는 용도로 많이 쓰이는 걸로 알려지면서 '섹스팅 앱'으로 불리기도 했다.[31] 2012년 판 『메리엄웹스터 대학사전Merriam-Webster's Collegiate Dictionary』이 섹스팅을 새로운 단어로 등재하자 이는 섹스팅이 사회현상으로 자리 잡은 것으로 해석되었다. 이 사전은 다른 경쟁 사전에 비해 신조어나 최신 유행어 등을 늦게 수록하는 보수적인 편집기준을 갖고 있기 때문이다.[32]

섹스팅을 하는 10대 청소년들이 우울증에 걸리거나 자살을 생각할 확률이 높다는 연구 결과가 있다. 미국 매사추세츠주 뉴턴에 있는 '교육발달센터'가 2011년 24개 고등학교 학생 2만 3,000명을 대상으로 조사한 결과 섹스팅 경험자 가운데 13퍼센트는 자살을 생각한 적이 있는 것으로 나타났다. 이는 일반 청소년들이 자살을 생각한 비율 3퍼센트보다 4배 이상 높은 것으로, 연구팀은 "섹스팅이 우울증이나 자살을 직접 유발한다고 단정할 수는 없지만 섹스팅과 심리적 우울증 간 관련성이 있다는 사실은 확실하다"고 지적했다.[33]

하지만 섹스팅을 크게 걱정할 필요가 없다는 견해도 적지 않다. 2012년 미시간대학이 18~24세 사이의 성인 남녀 3,447명을 상대로 조사해 내놓은 보고서는 젊은이들 사이에 확산되고 있는 섹스팅이 성적인 문제 등을 유발하지는 않는다고 한다.[34] 텍사스대학 제프 템플 교수팀이 2014년 텍사스주 동남부 지역에 사는 고등학교 2~3학년 974명을 대상으로 6년간 섹스팅이 실제 성생활과 어떤 연관성이 있는지를 분석한 논문을 보면, 섹스팅을 해본 청소년이 그렇지 않은 경우보다 실제 성경험을 해볼 가능성이 7배나 많은 것으로 나타났다. 하지만 템플 교수팀은 섹스팅이 실제 성경험에 이르게 하는 창구인지, 아니면 반대로 실제 성경험이 섹스팅을 촉발하는지는 명확한 인과관계가 성립되지 않았다며 자녀가 섹스팅을 한다고 해서 부모들이 크게 우려할 필요는 없다고 했다.[35]

호주 멜버른대학의 셸리 워커 박사는 섹스팅이 범람하는 이유는 '왕따 문화'와 관련이 깊다고 해석했다. 젊은 남자들은 자신들의 휴대전화와 컴퓨터에 여자 누드 사진을 넣어두고 있지 않으면 '게이'라는 딱지가 붙거나 또래 집단에서 왕따를 당할 수 있다는 압력을 느끼고 있어 섹스팅을 하고 있다는 것이다.[36] 미국의 보수 진영은 섹스팅이 성폭행과 아동 매춘 등으로 이어질 가능성이 크다며 강력한 처벌을 주장하고 있으며, 진보 진영은 목적 없는 처벌로는 청소년 범죄자들만 양산할 뿐이라고 반박하고 있어 이를 둘러싼 논란은 앞으로 거세질 전망이다.[37]

셀피티스 selfitis

'셀프 카메라(셀피)'를 찍어 SNS에 게시하는 것을 통해 자존감을 회복하고 타인과 친밀감을 높이려고 하는 현상을 이르는 말이다. 2014년 4월 미국 정신의학협회APA는 셀피를 많이 찍는 것은 일종의 정신질환이라면서 셀피티스의 증상을 3단계로 구분했다. 셀카를 하루에 3차례 이상 찍지만 SNS에는 올리지 않는 것은 가장 경미한 단계인 경계성 셀피티스, 하루 3번 이상 셀카를 찍고 이를 SNS에 올리는 것은 급성 셀피티스, 6번 이상 끊임없이 셀카를 찍고 SNS에 올리는 등 셀카 촬영을 제어할 수 없는 단계는 만성 셀피티스에 해당한다. APA는 현재 셀피티스에 대한 치료 방법은 없으나, 일시적으로는 인지행동치료CBT를 시도할 수 있다고 했다.[38]

　한국의 일부 네티즌은 "대부분의 연예인들을 졸지에 정신질환자로 만들"었다며 셀피 중독을 정신질환으로 볼 수 있는지 의문을 제기하기도 했는데,[39] 2014년 3월 셀카 찍기에 중독된 영국의 10대가 자신의 사진에 만족하지 못해 자살을 시도한 충격적인 사실이 발생한 것을 보면 셀피 중독을 정신질환으로 규정한 게 이해가 되기도 한다. 자신의 아이폰으로 평소 하루 10시간 동안 200여 장의 셀카를 찍는 등 셀카 중독에 빠져 있었던 영국 뉴캐슬에 사는 대니 보먼(19)은 학교생활에 적응하지 못해 자살을 시도하기 약 6개월 전

퇴학을 당했다.[40]

　　그는 집에서 셀카를 찍으면서 외출도 잘 하지 않았는데, 완벽한 셀카 사진을 찍겠다는 강박증으로 우울증 증세를 보이기 시작했다. 이 때문에 몸무게도 13킬로그램이나 빠진 그는 결국 약물을 과도 복용하는 방식으로 자살을 시도했다. 보먼은 15세 때 페이스북에 자신의 셀카 사진을 올리고 친구들의 댓글을 읽으면서 '셀카 중독'가 된 것으로 알려졌다. 그는 "완벽한 셀카를 찍기 위해 노력했지만 결과적으로 죽을 때까지도 할 수 없다는 것을 깨달았다"면서 "그간 친구, 학교, 건강 등 내 인생의 중요한 모든 것이 망가졌다"며 후회했다.[41]

　　보먼의 치료를 담당한 정신과 의사 데이비드 빌은 "그의 경우 단순히 겉멋이 든 것이 아닌 외모에 대한 지나친 갈망이 부르는 정신질환의 일종인 신체변형장애BDD · body dysmorphic disorder에 해당된다"면서 "이 사례는 극단적인 경우지만 IT 기술 발달로 점점 더 많은 청소년들이 이 질환에 걸릴 위험이 커지고 있고, 이로 인한 자살률이 높아질 것"이라고 말했다.[42]

셰어 하우스_share house

1인 가구들이 모여 함께 생활하도록 고안된 주거 형태를 이르는 말이다. 침실·책상 등 개인의 독립 공간은 따로 부여해 사생활을 보장하면서도 부엌·거실·마당 등은 공용 공간으로 지정한 형태의 주거 공간이다. 소셜 벤처 프로젝트 옥PJT OK이 기존의 낡은 집이나 빈집 등을 저렴한 전세나 월세로 빌려 개·보수한 뒤 대학생이나 사회 초년생들에게 저렴한 가격에 재임대하고 있는 소셜하우징 '우주Woozoo'가 대표적인 셰어 하우스다. 2015년 현재 임대 전문 업체만 해도 30여 곳에 이르는데, 개인 업체까지 보태면 수는 이보다 훨씬 늘어날 것으로 추산된다.[43]

셰어 하우스는 공유 경제의 한 사례라 할 수 있다. 유현준은 셰어 하우스는 "결혼도 아니고 독거도 아닌, 크긴 하지만 내 집도 아니고 남의 집도 아닌 집이다. 모든 경계가 모호해지는 현대사회의 회색적 특징이 반영된 가족이고 건축이다"면서 '썸 타는 수준의 가족'을 위한 건축이라고 했다.[44]

셰어 하우스의 가장 큰 장점은 혼자서 방을 구할 때보다 비용이 적게 든다는 것이다. '느슨한 가족'을 구성할 수 있다는 것도 장점이다. 셰어 하우스에 거주하는 한 사람은 "남남이던 사람들이 같이 살면서 형·누나·동생이 되니 또 하나의 가족이 생긴 것처럼 심적으로 든든하고 집에 가는 길이 행복하다"며 "같이 사는 사람이 있다는 것 자체가 큰 버팀목이 되는 것 같다"고 말했다.[45]

셰어 하우스는 진화하고 있다. 2015년 2월 서울 은평구 불광동에 문을 연 '소풍'은 방 입구마다 화장실·샤워실을 갖춰 사생활 보호에 더욱 신경 쓰고 공용 공간으로 주방·거실은 물론 명상실·만화방·서재 등도 설치했다.[46] 우주는 콘셉트를 강조하며 단순한 '주거 공간'을 넘어서고 있다. '창업가를 꿈꾸는 집'이라는 주제로 입주자를 받은 1호점 이후, 대형 아일랜드형 주방을 설치한 '요리를 좋아하는 사람들의 집(7호점)', 빔프로젝터와 스크린을 구비한 '영화를 좋아하는 사람들의 집(9호점)' 등으로 차별화를 꾀하고 있다.[47]

셰어 하우스의 일종으로 룸 셰어링room-sharing도 있다. 서울시 노원구는 2013년부터 전국 기초자치단체에서 처음으로 룸 셰어링 사업을 시작해 면적 61제곱미터 또는 방 2개 이상의 주택을 보유하고 있는 68~84세 노인과 대학생을 연결해주고 있다. 2014년 서울시는 대학생들이 많이 거주하는 성북구에 세대 융합형 룸 셰어링 주택 50채를 공급할 방침이라고 밝히면서 25개 자치구의 수요를 조사한 뒤 2015년부터 서울 시내 전역으로 룸 셰어링 대상을 확대하겠다고 했다. 진희선 주택정책실장은 "앞으로 세대 융합형 룸 셰어링 사업을 확대해 홀몸 어르신들의 고충과 청년의 주거 문제를 적극적으로 해결해나가겠다"고 말했다.[48]

소셜 데이팅 social dating

스마트폰 앱이나 SNS를 통해 '조건'을 내걸고 그 관문을 통과해야 이성과의 만남이 이루어지는 앱 서비스를 말한다. 2015년 1월 현재 중국의 소셜 데이팅 앱 사용자는 1억 4,000만 명에 이르고 미국은 소셜 데이팅 업체가 7,500개, 이용자는 4,000만 명에 달할 만큼 해외에서 큰 인기를 얻고 있다.[49] 2015년 5월 현재 한국의 소셜 데이팅은 약 170여 종에 달하며 시장 규모는 200~500억 원, 회원 수는 330만 명 이상으로 추정된다. 본인 인증과 정확한 프로필을 통해 이성을 매칭해주는 서비스부터 미지의 대상에게 랜덤으로 메시지를 전송하는 서비스까지 다양하다. 성격·이상형·외모 등을 바탕으로 회원들에게 매일 2명씩 이성을 소개해주는 국내 1위 소셜 데이팅 앱인 '이음'은 출시 3년 만에 누적 회원 100만 명을 돌파했는데, 이음을 통해 하루 평균 1,000쌍의 상호 'OK'가 이루어지고, 지금까지 결혼에 이른 커플도 100쌍이 넘는 것으로 알려졌다.[50]

　　이용자들은 효율성을 소셜 데이팅의 가장 큰 장점으로 꼽는다. 결혼정보회사는 고비용·저효율이지만 소셜 데이팅은 상대적으로 부담이 적고 접근성이 편해 연애를 시작하는 데 필요한 시간과 노력을 최소화할 수 있다는 것이다.[51] 외모를 심사하는 소셜 데이팅 앱에 아슬아슬하게 합격했다는 직장인 임 모(31) 씨는 "친구들에게 소

개팅을 부탁할 필요도 없고, 조건을 따지며 주선자 눈치를 보지 않아도 돼 효율적"이라고 말했다.[52]

전문가들은 소셜 데이팅의 인기는 온라인·모바일을 생활 기반으로 하는 젊은 세대들이 가장 편하고 자주 활용하는 수단으로 자유로운 연애를 추구하는 경향을 추구하는 것에서 비롯되었다고 해석한다. 한 심리학 전문가는 "많은 사람들이 얼굴을 맞대고 만나야 '진짜 만남'이라고 생각하지만, 새로운 사람을 만나는 건 어떤 방식을 통하든 기대감이 깔려 있다"면서 "그런 관점에서 보면 지인 소개팅이든 온라인 만남이든 큰 차이는 없다"고 했다.[53]

소셜 데이팅은 외모·학벌·생활방식 등 요구하는 조건도 각기 다른데, 이 때문에 학벌·외모 지상주의를 부추기고 범죄에 악용될 우려가 있다는 우려의 목소리도 적지 않다. 실제 성매매나 성범죄 창구로 활용하다 경찰에 적발된 사례가 적지 않으며, 스마트폰 채팅 앱을 통해 만나 마약을 투약하고 집단 성관계를 가진 남녀 수십 명이 경찰에 붙잡히기도 했다.[54] 2015년 5월 한국소비자원이 최근 1년 이내 소셜 데이팅 서비스를 이용한 500명을 설문조사한 결과, 49.8퍼센트(249명)가 서비스 이용과 관련해 다양한 피해를 겪었다고 답했다. 구체적 피해 유형으로는 소개받은 상대방에게서 '원치 않는 계속적인 연락'을 받은 경우가 24.4퍼센트로 가장 많았고, 음란한 대화와 성적 접촉 유도(23.8퍼센트), 개인정보 유출(16퍼센트), 금전 요청(10.2퍼센트) 등이 뒤를 이었다.[55]

쇼닥터 |show doctor

의사 신분으로 방송매체에 출연해 의학적으로 인정되지 않은 시술을 홍보하거나 건강기능식품을 추천하는 등 간접, 과장, 허위 광고를 일삼는 일부 의사를 말한다. 일부 의사들이 방송매체에 출연해 의학적 근거가 없는 치료법을 소개하고, 여기서 더 나아가 특정 건강기능기품을 추천해 이를 마케팅 수단으로 삼는 행위가 빈번하게 발생하자 2014년 11월 대한의사협회가 이들에게 '쇼닥터'라는 이름을 붙였다.[56] 대한의사협회는 2014년 11월 "방송과 언론을 통해 아직 검증되지 않은 시술이나 피부미용 시술을 안내해 해당 의료인이 근무하는 의료기관의 간접광고로 이어질 때가 많다"며 "최근 홈쇼핑업계가 건강기능식품을 판매할 때 의료인을 출연시켜 시청자들의 신뢰를 얻어 매출을 올리고 있다"고 지적했다.[57]

쇼닥터의 주요 무대는 의학정보 프로그램과 홈쇼핑 채널인데, 2014년 11월 의사들이 케이블 방송에 출연하는 대가로 수백만 원에서 수천만 원의 돈을 주고받는 게 알려졌다. 한 케이블 방송 외주제작사가 서울 강남 한 성형외과에 보낸 '촬영 협조 공문'을 보면, 성형외과에 케이블 방송 프로그램 출연을 제안하며 협찬으로 외주 편집 비용 400만 원을 부담할 것을 제시했다. 다른 케이블 방송 프로그램도 방송 출연을 대가로 성형외과 의사들에게 제작비 5,000만 원을 부담할 것을 제안한 것으로 알려졌다. 의사들이 주로 출연하는 한 프로그램 관계자는 이런 관행이 광범위하게 퍼져 있다고 했다.[58]

쇼닥터는 의사와 방송사의 이해관계가 일치하기 때문에 발생하는 현상이다. 의사는 방송에 출연하는 대가로 병원을 홍보할 수 있고, 방송은 건강에 대한 시청자의 관심을 이용해 시청률을 끌어올릴 수 있기 때문이다. 이와 관련 문화평론가 하재근은 2015년 1월 "대중은 TV에 나오는 의사가 의학적 권위자라고 믿는다"면서 다음과 같이 말했다.

"사실상 시청자가 속는 구조다. 게다가 일각에선 돈을 주는 의사를 출연시킨다는 말까지 나온다. 일부 대형 전문병원에선 아예 방송홍보 전문팀을 만들어 방송 출연에 열을 올린다고 한다. 건강에 대한 시청자의 불안감을 이용해 방송은 적은 제작비로 손쉽게 시청률을 올리고 의사를 비롯한 건강전문가들은 방송홍보를 이용해 막대한 수익을 올리는 셈이다. 이렇게 이권이 걸린 상황에서 방통심의위나 의사협회 규제가 과연 문제를 해결할 수 있을까. 약간의 경고 정도론 효과가 없다. 아주 강력한 조치가 필요하고 그런 조치가 있기 전까진 시청자의 절대적 주의가 필요하다. '다시 보자 건강정보 프로, 속지 말자 쇼닥터', 이런 정신이 요청된다고 하겠다."[59]

쇼닥터에 대한 정부의 철저한 단속을 촉구하면서 스스로 자정 노력을 기울이겠다고 밝힌 대한의사협회는 2015년 3월 이른바 '쇼닥터 가이드라인'을 내놓았다.

쇼닥터 가이드라인

쇼닥터가 사회적 논란이 되자 2015년 3월 대한의사협회(의협)가 내놓은 '의사방송출연 가이드라인'이다. 쇼닥터 가이드라인은 의사는 의학적 지식을 정확하고 객관적으로 전달해야 한다, 의사는 시청자들을 현혹시키지 않도록 신중을 기해야 한다, 의사는 방송을 의료인, 의료기관 또는 식품·건강기능식품에 대한 광고 수단으로 악용하지 않는다, 의사는 방송 출연의 대가로 금품 등 경제적 이익을 주고받아서는 아니 된다, 의사는 의료인으로서 품위를 손상하는 행위를 해서는 아니 된다 등의 5개 대항목으로 구성되었다. 각 대항목별로 구체적인 세부항목이 있다.[60] 쇼닥터 가이드라인을 제정한 것은 한국이 최초다.

의협 대변인 신현영은 쇼닥터 가이드라인 제정과 관련해 "국민건강 지킴이로서 잘못된 건강정보를 국민에게 알리는 일부 쇼닥터들에 대해 의협 차원에서 의료계 스스로 대책을 마련하고 폐해를 바로잡고자" 했다며 "'가이드라인' 마련으로 의사들이 방송 출연 시 기준이 되고, 의사 스스로 방송출연 시 신중할 수 있도록 도움이 되고자 한다"고 말했다. 그는 "오는 4월 개최되는 세계의사회WMA 이사회에 안건 상정을 통해 가이드라인을 국제적으로 격상시키는 방안을 모색기로 했다"고 말했다.[61] 의협은 또 '쇼닥터'를 방송통신심의위원회에 제소하고, 그 결과에 따라 중앙윤리위원회에 회부키로 하는 등 비윤리적인 쇼닥터들을 척결하겠다는 의지도 천명했다.[62]

『의협신문』 2015년 4월 6일자 사설 「쇼닥터 가이드라인 환영한다」는 "지금이라도 쇼닥터에 대해 의료계 스스로 대책을 마련하고 폐해를 바로잡기 위해 의협 차원에서 나선 것에 큰 박수를 보낸다"면서 이렇게 말했다. "의협의 의지도 의지이지만 보다 중요한 것은 의사 개개인의 윤리의식이다. 비윤리적 행위로 인해 의사에 대한 사회적 신뢰와 지지가 약해지면 결국 타의에 의한 규제와 간섭은 불을 보듯 뻔하기 때문이다."[63]

의협 차원에서 가이드라인을 내놓긴 했지만 효과를 거두기가 쉽지 않을 것이라는 견해도 있다. 강제성이 없고, 의협에 징계 권한이 없어 결국 의사 개개인의 양심과 노력에만 의지해야 하기 때문이라는 게 이유다. 이 때문에 방송사나 방송통신심의위원회 등 방송업계의 대응이 필요하다는 지적도 있다. 의사들은 방송 출연 경력을 주로 자신의 병·의원 광고에 활용하고 있지만, 쇼닥터 가이드라인은 '방송에 출연한 의사가 홈페이지나 블로그에 방송 출연 사실을 공개해 병·의원의 마케팅 수단으로 악용해선 안 된다'고 느슨하게 규정하고 있어 이를 '악용'할 가능성이 높다는 것이다.[64]

연애 스펙

취업난 때문에 삼포세대로 상징되는 젊은 층은 연애·결혼·출산을 포기했지만, 다른 한편에서는 이른바 '연애 스펙'을 쌓기 위해 적극적인 노력을 한다. 공부와 아르바이트를 위해 어쩔 수 없이 연애를 포기하긴 했지만, '연애하지 않는 사람'에 대한 이상한 시선들이 존재하기 때문이다. 연애상담강사 김영수는 "사람들이 대학교 3, 4학년이 됐는데도 '애인이나 이성친구가 없다'고 하면 그 사람의 인간관계를 조금 의심하는 경우가 있다"며 "연애라는 것도 인간관계의 한 부분이다 보니 이성친구가 취업을 준비할 나이가 될 때까지도 없다면 '사람을 대할 때 어색해하는 부분이 있는 것 아니냐'는 생각을 하는 것 같다"고 말했다.[65]

연애를 하지 못한 사람은 '모자란 사람' 취급을 받는 분위기가 형성되면서 연애가 무리를 해서라도 이루어야 하는 과업이 되자 대중문화 시장에는 연애 담론이 넘쳐나기 시작했다. 예컨대 대형 서점에는 심리상담가, 전문 연애코치를 자처하는 사람들이 연애에 관해 쓴 책들이 자리를 잡기 시작했으며, 텔레비전 역시 연애 상담가의 대열에 합류했다. 이와 관련 양성희는 2015년 3월 "현실 속 연애는 어려워지는데 연애 담론들은 넘쳐난다. TV에선 각종 연애 코칭 프로들이 인기다"면서 이렇게 말했다.

"시청자들이 '이것도 사랑일까' 물으면 전문가 패널들이 토론을 벌이고 연애의 노하우를 일러준다. 일부 연애 코치들은 연예인급 인기를 누린다. 그 자신이 성적 매력, 화술 등을 갖춰 연애 시장의 최상등급에 속하는 '연애 능력자'들이다. 이들의 주요 역할은 의뢰자의 사연이 사랑인지 아닌지, 또 사랑이라면 어떤 사랑인지 품평하는 것이다. 사랑을 판별하는 기준으로는 스킨십의 진도, 선물이나 기념일 챙기기 등이 포함된다."[66]

연애 프로그램들이 연애 경험의 기회조차 갖지 못한 젊은이들에게 일종의 대리 경험을 제공한다는 견해도 있지만 이에 대한 비판도 적지 않다. 예컨대 김선영은 "이들 내용이 하나같이 처세법을 알려주는 '팁'으로 구성돼 있고, 연애보다 그 직전의 감정인 '썸'을 강조하"고 있다면서 "프로그램이 알려주는 '유혹의 기술'은, 실은 유혹당하지 않기 위한 지식이며, 소위 '어장 관리'에 희생당하지 않기 위한 '방어의 기술'이다"고 했다.[67]

연애 코칭을 명분으로 내건 문화 상품이 획일화된 연애만 강조해 정상의 사랑과 문제적 사랑을 구별하는 우를 범하고 있다는 견해도 있다. 박홍근은 "자본에 의해 만들어지고 미디어에 의해 유포되는 낭만의 기호들을 소비하지 않는 사랑을 문제적 사랑으로 전락시키고, 그 연애 스타일을 도마에 올린다"며 "이제 사랑은 코칭 프로가 제시하는 매뉴얼에 적힌 정답을 풀어가는 식으로 전개되고, 다른 연애를 상상하는 상상력 자체를 불가능하게 한다"고 지적했다.[68]

차브 chav

힙합 음악을 즐기며 문법에 어긋난 영어를 쓰고 나름의 패션을 고집하는 영국의 청소년을 이르는 말이다. 영국에서 1998년부터 쓰이기 시작해 2004년부터 유행의 물결을 탔다. 2004년 영국의 『옥스퍼드대학 사전』에 올라 그 해의 최고 유행어로 뽑혔다.[69] 차브의 어원에 대해서는 영국 북동부의 반항적인 젊은 광부들을 일컫던 사투리 'Charva'에서 비롯되었다는 설, 'council-housed(임대주택에 살며) and violent(폭력적)'의 앞 글자를 딴 것이라는 설,[70] 하류 계층의 문화적 취향을 포괄하는 집시어 '차비 Chavi(로마어로 어린이를 뜻함)'에서 유래했다는 설[71] 등이 있다.

차브는 정치성을 함의하고 있는 말이기도 하다. 지금은 '더러운 공영주택에 살면서 정부의 복지 예산을 축내는 소비적인 하층계급과 그들의 폭력적인 자녀'를 뜻하는 말로 사용되고 있기 때문이다.[72] 이게 시사하듯, 오늘날 영국에서 차브는 계급 갈등을 상징하는 존재가 되었다. 오언 존스는 2011년에 출간한 『차브』에서 차브는 슈퍼마켓 계산대의 계산원이나 패스트푸드점의 점원 또는 청소부 등 "급증하는 무식쟁이 하층계급"을 뜻하는 경멸적인 언어라면서 중간 계급 이상 영국인들이 차브라는 말을 구사하며 하층 계급을 공격하고 있다고 말했다. 차브에는 영국 중상층의 하층민에 대한

'계급 혐오'가 담겨 있다는 것이다.[73] 실제 영국 주류 사회는 차브에 대해 그야말로 가차 없는 혐오를 표출한다. 영국 정부는 차브가 공영주택에 살면서 변변한 직업 없이 복지 예산만 축내고 있다고 공격한다.[74]

중상층을 겨냥한 대중문화 상품에서도 차브 혐오 마케팅을 심심찮게 발견할 수 있다. 예컨대 영국의 헬스클럽 체인 '짐박스'는 '차브 파이팅'이라는 프로그램을 개발하면서 폭력적 성향의 '차브'와 길거리에 마주쳐도 주눅 들지 않고 맞설 수 있는 체력과 기술을 가르쳐준다는 점을 강조했다. 영국의 대중매체 역시 '차브 혐오'와 '차브 왕따'를 반복적으로 재생산하고 있다. 영국 텔레비전에선 1980년대부터 차브를 비웃고 괴롭히는 보도와 프로그램이 대거 등장했는데, 유명 텔레비전 드라마 〈리틀 브리튼〉에선 야비하고 뚱뚱한 싱글맘으로, 차브스컴 같은 웹사이트에선 짝퉁 브랜드를 주렁주렁 매달고 다니는 허영심 많은 캐릭터로 묘사되었다.[75]

오언 존스는 차브 혐오는 이른바 대처리즘의 산물이라고 말한다. 이른바 '영국병'을 치료한다며 대대적인 민영화 정책을 밀어붙인 마거릿 대처의 정책으로 노동자들이 대거 실직하면서 이들의 자녀가 하층계급으로 전락했기 때문이라는 게 이유다. 이런 이유 때문일까? 존스는 차브는 계급 간의 경제적 격차와 불평등에서 비롯되었지만 영국의 보수당과 언론, 중상층은 차브라는 차별적 용어를 통해 계급 전쟁의 초점을 흐리고 있다고 꼬집었다.[76]

케드

케이블TV에서 방영된 드라마를 일컫는 '케이블 드라마'의 준말이다. 그간 지상파와 정면 대결을 피하면서 개성 있는 작품들로 승부해왔던 케드는 젊은 층의 지지에 힘입어 2013년경부터 지상파 드라마를 위협하는 수준으로 약진했다. 정지원은 2014년 4월 "이제 지상파가 드라마를 장악하던 시대는 끝났다. 대중의 기호가 다양해지면서 좀더 과감한 소재와 시청자들의 촉을 잡아당기는 신선한 소재로 무장한 케이블이 드라마의 판도를 바꿔놨다"면서 케드가 인기를 끄는 이유에 대해 이렇게 말했다.

"가장 큰 이유는 표현의 다양성에 있다. 지상파가 각종 규제로 표현에 제약을 받는 것에 비해 케이블이나 종편 드라마는 상대적으로 자유롭다. 트렌디한 소재를 가장 캐주얼하게 그려낼 수 있는 건 케이블 드라마가 가지고 있는 특별한 장점이다. 또 시청자들의 접근성이 좋은 지상파 드라마의 경우에는 아무래도 주 연령층을 고려할 수밖에 없다. 어렵고 깊이 있는 드라마보다 이해하기 쉬운 드라마에 초점을 맞추는 것도 이와 궤를 같이한다. 하지만 케이블의 경우는 다르다. 특정 연령층을 타깃으로 한 트렌디한 드라마를 부담 없이 제작할 수 있다는 게 장점이다."[77]

케드가 배우들에게 성장의 발판이 되고 있다는 견해도 있다.

지상파 드라마에선 줄곧 조연을 맡다 케이블 드라마에서 주연 배역을 따내면서 빛을 발하는 배우들이 증가했기 때문이다. 이와 관련 음성원은 "케이블 드라마는 그동안 조명 받지 못하던 배우들을 발굴하는 역할도 한다"고 했다.

"가수 출신으로 〈응답하라〉의 주연을 맡은 서인국과 정은지는 배우로서 잠재력을 확실히 보여주며 지상파 예능 프로그램들에도 출연한다. 에스비에스SBS의 〈신의〉에서 활약하는 아역 출신 배우 류덕환도 케이블 채널 오시엔 드라마 〈신의 퀴즈〉를 통해 성인 연기자로 확실히 자리매김했다. 정유미·이진욱·김지석 등 공중파에서 활약해온 배우들도 티브이엔의 〈로맨스가 필요해 2012〉를 통해 '로필 신드롬'이란 용어까지 만들어내며 새로운 이미지를 얻었다."[78]

소재와 내용적 측면 못지않게 케드는 형식적 측면에서도 기존 지상파 드라마의 문법을 파괴하고 있다. 예컨대 지상파의 평일 미니시리즈가 대부분 주 2회 16부작으로 이루어지는 것과 달리 케드는 미국이나 일본처럼 주1회 드라마를 내놓고 있으며, 지상파가 소극적인 시즌제 드라마도 적극적으로 제작하고 있다. 또 지상파가 월화드라마, 수목 미니시리즈, 주말연속극 등으로 짜놓은 편성과 달리 금토드라마를 신설하고 스핀오프 드라마를 제작하는 등 다양한 실험을 하고 있다. 케드의 약진으로 지상파 드라마의 영향력은 현저하게 약화하고 있다.

트레인 바밍train bombing

지하철과 열차에 몰래 그라피티graffiti를 남기고 도주하는 행위를 말한다. 늦은 밤 몰래 그린 그림을 아침 출근길에 사람들이 보고는 마치 폭발을 목격한 것처럼 깜짝 놀란다는 뜻에서 이런 이름이 붙었다. 한밤중에 몰래 숨어 들어가 지하철 객차를 통째로 낙서로 채우는 행위는 홀트레인Wholetrain이라고 하는데,[79] 트레인 바밍과 홀트레인을 같은 말로 이해해도 될 듯하다. 한국에 트레인 바밍이 등장한 것은 2000년대 중반 무렵으로 알려져 있다. 국토교통부 철도특별사법경찰대 자료를 보면, 서울 구로 · 왕십리 · 용산 · 수색, 경기 안산 · 용문 등 수도권에서만 2013년부터 2015년 초까지 총 23건의 트레인 바밍 사건이 발생했다.[80]

그라피티 작가들은 트레인 바밍을 하는 사람들은 '경력'과 '명성'을 겨냥하고 있다고 말한다. 15년 경력의 한 그라피티 작가는 "트레인 바밍을 하는 가장 큰 이유는 곳곳에 작가의 이름을 알리기 위해서"라면서 "작가들끼리는 자신의 표현 주제를 알리는 행위 자체가 그라피티를 하는 목적이 된다"고 했다.[81] 그런데 왜 하필 지하철을 겨냥하는 것일까? 이명진에 따르면, "들켜선 안 되는 작업이어서 그라피티 세계에선 무엇을 그리느냐만큼 어디에 낙서를 하느냐도 중요하다. 접근하기 힘든 곳일수록 가치를 높이 쳐준다고 한다.

낙서꾼들 사이에서 지하철이 '로망'으로 통하는 것도 그 때문이다."[82]

2015년 3월 호주인 4명이 서울 지하철 전동차 3곳에 낙서를 한데 이어 5월에는 인천과 대구 지하철 전동차에 낙서를 남긴 용의자 외국인 2명이 지명수배 되는 등 외국인의 트레인 바밍이 사회문제로 떠올랐다.[83] 이들은 왜 한국까지 와서 트레인 바밍을 한 것일까? 국내 그라피티 작가들은 "한국의 지하철은 그 누구도 손대지 않은 빈 캔버스"라는 점을 가장 큰 이유로 꼽았다. 외국에는 그라피티 작가가 많은데다 지하철 내외부에 이미 많은 그라피티가 그려져 있지만 한국의 지하철 그라피티는 흔치 않아 외국 작가들의 표적이 되고 있다는 것이다.[84]

국토교통부 산하 서울지방철도경찰대의 김현모(41) 수사3팀장은 일반적으로 그라피티는 3~4명의 협업으로 그려지는데 반해 절단기와 랜턴 등 각종 장비가 동원되는 홀트레인은 협업의 규모는 더 커질 수 있다면서 "객차에 새겨진 모든 태그네임Tagname(일종의 낙관)을 해외 그라피티 관련 사이트에서 일일이 대조해본 결과 한국 지하철을 범행 목표로 삼는 해외 크루는 7~8개 조직으로 좁혀진다"고 말했다. '크루Crew'는 홀트레인 협업을 하는 그룹을 부르는 말이다.[85] 국토교통부는 철도기지 무단 침입과 트레인 바밍의 처벌을 강화하는 쪽으로 철도안전법 개정을 추진하겠다고 말했다.

트워킹twerking

몸을 낮춰 웅크린 채 엉덩이를 격하게 들썩거리는 등 성적으로 도발적인 방식으로 대중음악에 맞춰 춤을 추는 행위를 말한다. 트워크twerk의 어원은 분명치 않은데, 2013년 8월 트워킹을 『옥스퍼드 영어사전』 온라인판에 등재한 옥스퍼드대학출판사의 캐서린 코너 마틴은 트워킹은 "댄서들을 북돋을 때 쓰는 표현인 'work it'에서 파생됐다는 가설이 가장 그럴듯하다"며 "단어 앞에는 'twist(돌리다)'나 'twitch(씰룩이다)'가 합성되면서 't'가 붙은 것 같다"고 말했다.[86]

트워킹은 2013년 8월 미국의 가수 겸 배우인 마일리 사이러스가 MTV 비디오 뮤직 어워즈에서 라텍스 누드비키니를 입고 선보여 널리 알려졌다. 트워킹은 성행위를 적나라하게 묘사한다는 이유로 상대적으로 개방적인 미국 사회에서도 선정성 논란에 휩싸였지만,[87] 유튜브를 통해 공개된 사이러스의 트워킹에 세계인들은 열광했다. 예컨대 2013년 9월 미국에선 358명이 동시에 트워킹을 추는 데 성공해 기네스북에 등재되었다. 이 행사엔 기네스북이 제시한 최소 인원 250명을 훌쩍 넘은 수백 명의 인파가 구름떼처럼 몰려들었으며 주로 20~30대가 중심이 된 행사 참여자 가운데엔 73세의 노인도 섞여 있었다.[88]

2014년 미국의 예술대학인 스키드모어대학은 '마일리 사이러스 사회학' 강의를 개설하겠다고 밝혔다. 강의를 맡은 객원조교수인 캐럴린 체르노프는 강의 제목을 '마일리 사이러스 사회학: 인종, 계층, 성별, 그리고 미디어Miley Cyrus: Race Class Gender and Media'라고 정했다면서 "21세의 공연가수인 마일리 사이러스와 디즈니 아역 스타부터 커온 그녀의 생애 생태를 집중 탐구할 예정"이라고 했다. 캐럴린은 또 학생들이 수업 시간에 트워킹을 직접 배워보는 시간도 가질 것이라면서 "마일리 사회학을 통해 아동에 대한 과대 상품화, 성 계층화, 그리고 양성애 괴벽 여체에 관한 사회적 이슈도 다룰 것"이라고 말했다.[89]

미국에선 학문의 대상이 되었지만 러시아에선 트워킹 논란이 거세게 일었다. 2015년 4월 러시아 오렌부르크시의 한 무용학교 10대 여학생들이 무대공연 중 짧은 치마와 수영복을 입고 춘 트워킹 동영상이 유튜브를 통해 전 세계 네티즌에게 알려지자 오렌부르크시 당국은 해당 학교를 임시 폐쇄 조치했으며, 검찰은 교사와 학생들을 대상으로 수사를 벌였다. 또 남부 러시아의 노보로시스크 법원은 제2차 세계대전 전승비 옆에서 트워킹을 추고, 이를 동영상으로 만들어 배포한 여성 3명에게 단기 징역형을 선고했다. 검찰은 19세 여성의 부모도 자녀의 육체적, 지적, 심리적, 정신적 그리고 도덕적 발달에 대한 실패의 책임을 물어 고발했다. 젊은 여성들이 전승 기념물 앞에서 엉덩이를 흔들며 퇴폐적인 춤을 춘 것에 대해 러시아 당국이 발끈한 것이라는 해석이 나왔다.[90]

펫팸족 petfam族

반려동물을 뜻하는 펫pet과 가족을 의미하는 패밀리family가 합쳐진 조어로 반려동물을 가족으로 생각하는 사람들을 말한다. 1~2인 가구의 급증과 고령화 시대의 도래로 펫팸족은 빠른 속도로 증가하고 있는 추세다.[91] 2015년 1월 현재 한국에서 반려동물을 키우는 인구는 1,000만 명을 넘어, 5명 가운데 1명이 반려동물을 키우고 있다. 농협경제연구소는 2012년 9,000억 원에 달했던 우리나라 반려동물 산업 규모가 2020년에는 6조 원에 육박할 것으로 추산했다.[92]

펫팸족의 등장으로 이른바 펫 비즈니스는 갈수록 호황을 누리고 있다. 예컨대 대형 동물병원들은 경쟁적으로 컴퓨터단층촬영cT 장치나 자기공명영상촬영MRI 장치를 도입하는 등 반려동물을 위한 의료서비스 산업에 적극 투자하고 있다. 유명 동물병원에서 암·피부·피·소변 검사를 비롯해 X선, 복부 초음파 등 10여 종을 검사하기 위해선 기본 검진 비용으로만 28~60만 원 정도가 들지만 펫팸족은 전혀 아깝지 않은 돈이라고 생각한다.[93] 사료와 용품도 점차 고급화되고 있다. 명품 업계는 부유한 펫팸족을 겨냥해 에르메스 로고가 새겨진 밥그릇, 루이뷔통이나 랠프 로런의 악어가죽 도그캐리어, 버버리의 개 전용 트렌치코트, 구찌의 목줄 등을 속속 내놓고 있는데, 이들 애견 명품은 수십만 원에서 수백만 원에 이르는 고가임

에도 불티나게 팔린다.[94]

펫팸족은 새로운 직업도 출현시키고 있다. 한국직업능력개발원에는 2014년 한 해에만 반려동물행동교정사, 반려동물행동상담사, 반려동물관리상담사, 반려동물장례지도사 등 총 4건의 반려동물 관련 민간 자격이 신규 등록되었다. 반려동물 관련 자격증 등록도 눈에 띄게 증가했다. 2009년부터 2013년까지 1건의 신규 등록에 그쳤던 반려동물 관련 자격증은 2014년 4건으로 증가했다. 한국애견연맹과 한국애견협회가 각각 애견미용사심사위원과 애견종합관리사 자격증을 신규 등록했고, 한국프로애견미용협회와 한국그루머협회도 애견 미용 관련 자격증을 신규 등록했다.[95] 반려동물에 특화된 장례업체도 있다. 반려동물의 평균 장례 비용은 30만 원선으로 알려져 있는데, 화장火葬과 봉안(납골)은 물론이고 화장한 뒤 나온 가루를 압축해 인조보석으로 만들어주는 메모리얼 스톤 업체도 있다. 국내 반려동물 장례시장 규모도 연간 55억 원에 이르는 것으로 추산된다.[96]

펫팸족은 다양한 사회문제도 불러오고 있다. 대표적인 게 바로 펫로스pet loss 증후군이다. 가족처럼 키우던 반려동물이 죽었을 때 사람들이 슬픔이나 정신적 장애를 겪는 현상을 말한다. 2012년 2월에는 부산 남구 대연동의 30대 여성이 강아지의 죽음을 슬퍼하다 착화탄을 피워 자살하는 일이 발생하기도 했다.[97]

힙스터|hipster

주류를 거부하고 자신들만의 고유한 패션과 음악, 문화 등 비주류를 추구하는 사람들을 일컫는 말이다. 어원에 대해서는 아편을 뜻하는 속어 hop에서 진화한 hip에서 유래했다는 설, '최신 정보에 밝은, 내막을 잘 아는'이라는 뜻의 hep에서 유래했다는 설 등이 있다.[98] 1940년대 미국의 재즈광들을 지칭하는 속어로 쓰였으며 1990년대 이후 오늘날과 같은 의미를 갖게 되었다.[99]

힙스터는 주류에 반발하는 성향을 갖고 있기 때문에 유행을 싫어할 뿐만 아니라 자신들이 즐기는 문화가 대중화되는 것도 탐탁하게 여기지 않는다. 한국형 힙스터의 특징을 설명한 이승연의 다음과 같은 발언(2015년 1월)이 힙스터의 특성을 이해를 하는 데 도움이 될 것이다. "일정한 주거지를 갖지 않는다(소셜미디어도 하지 않는다). 남들이 알아차리는 순간 빠르게 해체하고 새로운 주거지를 찾는다. 그들이 출몰한 지역 중 홍대 앞, 신사동 가로수길, 성수동, 이태원 경리단길 등이 일반인들의 핫 플레이스가 된 이후 그곳엔 일부 힙스터만이 남아 있을 뿐이다. 남들의 손이 닿지 않는, 소란스럽지 않은 곳을 찾아 비정기적으로 주거지를 옮긴다. 최근에는 부암동이나 효자동 등 조용한 서쪽 골목길의 카페와 갤러리에서 종종 발견되곤 하지만, 그들은 벌써 그곳을 떠나 있을 것이다."[100]

힙스터는 비아냥과 조롱의 대상이 되기도 하는데, 이는 힙스터가 다른 사람과의 다름을 지향하는 과정에서 자신의 지적 우월감을 과시하거나 과도한 구별짓기를 하려는 경향을 보이기 때문이다.[101] 2015년 7월 밴드 혁오가 '2015 〈무한도전〉 가요제 라인업'에 초대된 직후 발생한 논란은 힙스터의 이런 특성을 잘 보여준다. 혁오는 SNS를 통해 조용히 입소문을 타던 그룹이었는데, 〈무한도전〉에 출연한 이후 유명세를 타자 적지 않은 사람들이 한 음원 사이트의 댓글란에 "혼자만 알던 밴드를 빼앗겨 버렸다"는 상실감을 토로하고 나섰다. 이들의 토로는 일종의 "힙스터들의 유세"로 정의되었는데, 일부 네티즌은 "언제부터 혁오가 너희만 아는 밴드였다고 그러느냐"는 사실 적시에서부터 "너희가 혁오를 전세 냈냐"는 등의 비아냥을 내놓기도 했다.[102]

힙스터가 비주류 문화상품 소비를 통해 정체성을 확인하는 경향성을 갖고 있기에 경제적 현상으로 보는 견해가 있다. 예컨대 김류미는 "힙스터란 비주류 문화를 선호하며 남다른 것을 소비하거나 즐긴다는 사실을 통해 자신을 증명하지만, 사실은 어떤 전형성을 보여주는 중산층 젊은이들을 말한다"고 말한다.[103] 힙스터를 정의하는 것 자체가 어렵다는 견해도 있다. 이승연은 힙스터를 '첨단 자본주의 세대의 새로운 하위문화'로 볼지 '구별짓기에 예민한 중산층의 소비문화'로 볼지 정의하는 것은 어렵다면서 이들을 명확하게 표현할 수 있는 말은 아직 존재하지 않는다고 했다.[104]

Media Section

TALK

Trend Keyword

가상현실 저널리즘virtual reality journalism

헤드셋 등 특수 장치를 착용해 사건 사고의 현장에 있는 듯한 가상 체험을 할 수 있도록 한 저널리즘이다. 가상현실 저널리즘은 먼 곳의 사건을 눈앞에서 일어난 일처럼 만들어주기 때문에 사건 현장에 직접 가보지 않고도 현장을 입체적으로 경험할 수 있다. 『USA투데이』를 소유한 개닛 그룹의 부회장인 미치 갤먼은 "뉴스 분야에서 가상현실의 미래는 밝아 보인다"면서 "이런 형태의 스토리텔링은 수용자들의 감정이입을 불러일으킬 수 있는 잠재력을 갖고 있다. 뉴스 소비를 흥미롭게 만들 수 있는 기회"라고 했다.[1]

대체 어느 정도의 생생함을 주는 것일까? 2015년 4월 18~19일 미국 텍사스대학에서 열린 국제 온라인저널리즘세미나ISOJ에 참석해 시리아 주택가에서 발생한 폭탄 테러를 다룬 〈프로젝트 시리아〉를 경험한 김태균은 VR 기기를 쓰자 "정말 중동에 온 듯한 착각이 들었다. 글이나 사진과 비교해 생생함이 몇 곱절 강렬하다"면서 "VR 기기를 벗자마자 눈물을 쏟는 체험자도 적잖다"고 했다.[2] 이런 생생한 경험과 감정이입을 두고 가상현실 저널리즘의 대모로 알려진 엠블러매틱 그룹 대표 노니 데라페냐는 "이전과 다른 새로운 매개 방식medium"이라고 했다.[3]

가상현실 저널리즘이 현실을 왜곡할 우려는 없는 것일까? 노니 데라페냐는 "사람들이 현실과 가상현실을 혼동한다는 것은 과도한 우려"라고 말한다. "사람들이 이슈의 단면만을 보고 감정적으로 반응할 위험이 있"지만 "가상현실이 아니더라도, 독자는 원래 좋은 기사에 큰 감정의 동요를 느낀다"는 것이다.[4] 데라페냐는 특수 장치를 착용해야 하는 게 가상현실 저널리즘 확산의 걸림돌이 되지 않겠느냐는 질문에 대해선 "2018년까지 전 세계 2,500만 명이 가상현실 기기를 갖게 될 것"이라며 "가상현실 뉴스룸을 빨리 만들어야 한다"고 말했다.[5]

하지만 데라페냐는 가상현실 저널리즘이 대세가 될 것인지에 대해서는 신중한 입장을 보였다. "가상현실 뉴스는 제작과 편집이 중요하죠. 먼저 만들어진 뉴스를 재구성하는 일이니까요. 엔지니어 5명이 이틀 정도면 완성해낼 수도 있지만 경우에 따라서는 6주 이상이 걸릴 수도 있습니다. 그래서 VR 뉴스는 '보완재'는 될 수 있지만 '대체재'가 될 수는 없다고 생각합니다."[6] 김명일은 "VR은 '1차 뉴스'인 속보는 전달할 수 없다. 긴 제작 기간, 고비용에다 개발도상국 및 빈곤 국가에서는 접하기 어려운 문제는 VR 뉴스 확장의 한계다"면서 "하지만 VR이 미래 뉴스에서 중요 부분을 차지할 것은 분명해 보인다"고 말했다.[7]

2014년 가상현실 기술 기업 '오큘러스 VR'을 거액에 인수한 페이스북은 2015년을 가상현실 원년으로 선언했는데, 페이스북이 가상현실 저널리즘의 전환점을 마련했다는 견해도 있다.[8]

광고 총량제

1일 총 광고 시간 240분 내에서 시간당 광고 시간을 방송사가 탄력적으로 운용할 수 있도록 한 제도다. 황금 시간대에 광고를 집중 편성하고, 시청률이 낮은 새벽 시간대에 광고를 줄이는 식이다. 그간 방송법은 지상파 방송의 광고에 대해 각 프로그램 전후에 편성하는 프로그램 광고(시간당 6분)와 프로그램 사이에 편성하는 토막 광고(3분), 자막 광고(40초), 시각을 알리는 시보時報 광고(20초) 등으로 광고 형태를 구분해 횟수와 시간을 규제했는데,[9] 2015년 4월 24일 방송통신위원회는 방송법 시행령을 개정해 지상파의 광고 총량제를 허용하기로 했다.[10]

지상파 방송은 방송 프로그램 편성 시간당 평균 100분의 15에서 최대 100분의 18(평균 9분, 최대 10분 48초) 범위 내에서 다양한 형식의 광고를 자유롭게 편성할 수 있게 되었다. 그러니까 60분짜리 프로그램에 최대 6분(15초짜리 24개)까지 광고를 붙일 수 있었지만, 앞으로는 9분(15초 36개)까지 가능해진 것이다. 광고 총량제 도입에 따라 지상파 방송사는 비인기 시간대 광고는 줄이고 인기 프로그램에 비싼 돈을 받고 광고를 더 많이 붙이는 방식으로 광고 수입을 늘리는 전략을 쓸 것으로 예측되었다.[11] 지상파 방송사들의 모임인 한국방송협회가 지상파 광고 총량제의 도입이 확정된 직후 "오늘(24일)

의결은 방송광고제도 정상화의 첫 발"이라며 환영의 뜻을 나타낸 것도 이런 이유 때문이다.[12]

하지만 광고 총량제 도입에 대한 비판도 적지 않게 제기되었다.[13] 방송통신위원회는 광고 총량제를 포함한 광고 규제 완화 계획을 발표하면서 '방송사들 재원 악화로 인한 콘텐츠 질의 하락과 한류동력 저하'를 이유로 들었는데, 늘어난 광고 시간으로 인해 생기는 추가 재원을 질 높은 콘텐츠 제작에 투입하도록 법적으로 강제하는 장치가 없어 실효성이 없다는 지적도 있다. 한 지상파 방송사 관계자는 "적자 폭을 줄이는 게 방송사 발등에 떨어진 불인데, 광고 조금 늘어났다고 제작비를 늘린다는 것은 현실적으로 불가능하다"고 말했다.[14]

광고 총량제의 도입으로 시청자의 시청 복지가 크게 훼손될 것이라는 견해도 있다. 예컨대 한국여성민우회 미디어운동본부는 2015년 1월 30일 방송통신위원회에 제출한 '방송법 시행령 일부 개정안에 대한 의견서'에서 "방송사는 시청률이 높은 황금 시간대에 더 많은 광고시간을 배정할 것"이라며 "해당 시간대에 편성된 프로그램 간 시청률 경쟁이 심화돼 필연적으로 프로그램의 질적 저하를 야기하는 부작용을 가져올 것"이라고 지적했다. 또 "공익 프로그램은 시청률 경쟁에 밀려 시청자 접근성이 떨어지게 되고, 수익을 내지 못하는 프로그램은 제작되지 않을 것"이라며 "시청자들이 좋은 프로그램을 볼 권리를 박탈하는 것"이라고 말했다.[15]

광고 총량제 논란

광고 총량제를 두고 지상파와 유료방송업계·신문업계의 이해관계가 크게 엇갈렸던 만큼 논란도 상당했다. 한국방송협회는 지상파 광고 총량제의 도입이 확정되자 환영의 뜻을 나타내면서도 지상파에 대한 규제 완화가 더 필요하다고 주장했다. "향후 지상파 방송 중간광고 허용과 신유형 광고 개발 등을 보다 적극적인 자세로 추진해야 한다."[16]

유료방송업계와 신문업계는 광고 총량제 도입이 지상파의 광고 시장 독점을 가속화하는 제도라며 반발했다. 예컨대 한국신문협회는 2015년 4월 24일 성명을 내고 "광고 총량제가 시행되면 신문 등 타 매체의 광고가 지상파방송으로 쏠려 그렇지 않아도 경영 기반이 취약한 신문의 존립 기반이 더욱 좁아질 것으로 우려된다"면서 "일각에서는 광고 총량제에 대해 '업계 간 밥그릇 싸움'으로 보고 있다. 그러나 없는 자의 것을 빼앗아 있는 자에게 몰아준다면 이는 '옳고 그름의 문제'가 되며, 우리는 이를 '미필적 고의에 의한 신문 죽이기'라고 본다. 한국은 신문이 없어도 괜찮은 나라인가"라고 주장했다.[17] 방송채널사용사업자PP협회 역시 "이번 방송 광고 규제 완화는 지상파 편향적 조치"라며 "광고 총량제가 실시되면 지상파 방송사들은 광고 단가가 높은 프로그램 광고를 더 많이 판매해 광

고 수익 점유율을 지금보다 더 높일 수 있다"고 주장했다.[18]

유료방송업계와 신문업계는 광고 총량제가 지상파에 대한 특혜라고 주장했는데, 방송통신위원회가 광고 총량제에 반대하는 유료방송을 소유한 신문과 케이블 방송 등의 반발을 의식해 가상·간접광고 등에 대한 규제 완화도 함께 진행했다는 비판도 제기되었다. 방송통신위원회가 광고 총량제를 도입하면서 유료방송에 대해선 가상광고 시간을 편성 시간당 5퍼센트에서 7퍼센트로 확대했으며, 간접광고 시간 역시 편성 시간당 5퍼센트에서 7퍼센트로 늘렸기 때문이다.[19]

이런 이유 때문일까? 광고 총량제를 도입하면서 방송통신위원회가 방송사업자와 신문업계의 눈치만 보았을 뿐 방송의 공공성과 공익성은 무시하는 등 시청자 복지를 희생시켰다는 지적이 제기되었다. 예컨대 권순택은 "방송 광고 규제 완화는 다양한 이해관계가 걸려 있고, 그만큼 신중해야 한다. 목소리 큰 사업자들의 이전투구가 아닌 이보다 시청자들의 권리가 중요하기도 하다"면서 이렇게 말했다.

"하지만 방송통신위원회는 내부에서도 지적이 나올 정도로 '방송의 공적 책무가 아닌 재원 확보'에만 매몰돼 논의를 진행했다. 이해관계 조정을 위해 많은 시간이 할애됐다지만, 시청자 복지 차원의 고민은 부족했다. 방통위가 규제 완화를 목표로 달려가는 폭주기관차의 모습을 보일 때, TV 보기는 점점 어려워질 수밖에 없다."[20]

극장식 공격 theatrical attacks

개인이나 소수 그룹이 자신들의 존재를 널리 알리기 위해 미디어를 통해 공포의 확산을 노리는 테러리즘을 말한다. 9·11 테러가 극장식 공격의 대표적인 사례다. 당시 테러범들은 납치한 비행기로 뉴욕의 세계무역센터를 공격했는데, 이는 텔레비전 등의 시각적 효과를 극대화해서 극적인 충격 효과를 노린 것이었다.[21]

대중의 공포를 극대화하려 한다는 점에서 극장식 공격은 미디어로 중계되는 대중 행사를 겨냥하는 경우가 많다. 2013년 4월 15일 발생한 미국 보스턴마라톤 테러가 그런 경우다. 당시 차르나예프 형제는 보스턴마라톤 대회가 전 세계에서 생중계된다는 점을 이용해 조잡한 파괴력의 압력솥 폭발물을 동원해 테러를 저질렀는데, 사망자는 3명에 그쳤지만 미국은 물론 전 세계에 끼친 충격은 엄청났다.[22]

극장식 공격의 목표가 공포를 확대재생산하는 데 있기 때문에 이를 가급적 보도해서는 안 된다는 지적도 있다. 2013년 4월 테러리즘 연구자인 스콧 애트런 존제이 형사사법대학 교수는 미국 외교 전문매체 『포린폴리시』에 기고한 글에서 미디어가 "테러리즘에 대한 선정적 접근으로 위험을 '과대포장'하고 있다"면서 '테러리즘과 미디어의 동업관계'를 끊어내야 테러리즘이 패배할 것이라고 주장했다.[23]

뉴스펀딩

포털사이트 다음이 뉴스 생산에 크라우드 펀딩 방식을 도입해 서비스하고 있는 기획취재 후원 프로젝트다. 다음은 독자들은 후원과 피드백, 의뢰를 통해 뉴스 생산에 직접 참여하고 생산자는 자본에서 자유로운 기사를 쓰게 한다는 취지에서 뉴스펀딩을 도입했다고 밝혔다.[24] 다음카카오 커뮤니케이션 매니저 이기연은 "뉴스 콘텐츠가 가치를 인정받고 제값을 받을 수 있다는 가능성을 입증한 최초의 사례"라면서 뉴스펀딩 기획 의도에는 '뉴스 제값 받기'에 대한 고민이 깔려 있다고 했다.[25] 뉴스펀딩은 다음의 승인을 얻은 다음에 진행할 수 있는데, 이는 검증되지 않은 사람에게 플랫폼을 무제한 열어주는 것에 대해 부담을 느꼈기 때문이라는 해석이다. 게이트키핑과 데스킹 과정이 따로 없다보니 오보나 왜곡에 대한 위험 요소를 사전에 차단하기 위해 사전 승인을 하고 있다는 것이다.[26]

뉴스펀딩은 출범 4개월 만에 참여자가 5만 명을 넘었고, 제작 콘텐츠는 50개에 달했으며, 후원금액은 7억 3,000만 원을 돌파하는 기염을 토했다. 이와 관련 다음카카오는 2015년 1월 "콘텐츠 유료화와 건강한 뉴스 플랫폼 생태계 구축의 일환으로 시작된 뉴스펀딩의 가능성이 입증되면서, 뉴스펀딩에 대한 참여가 전방위로 확대되고 있다"면서 다음과 같이 말했다.

"시사, 경제, 사회, 문화를 넘어 연예, 스포츠까지 콘텐츠 분야가 확대되고, 분야별 기자, 작가, 대학생 등 전문 필자 180여명이 독자와 실시간으로 소통하며 양질의 콘텐츠를 생산하고 있다."[27]

뉴스펀딩의 한계를 지적하는 목소리도 있는데, 크게 보면 다음의 3가지 정도다. 첫째, 소비 쏠림 현상이 두드러지게 나타나고 있다. 2015년 1월 현재 뉴스펀딩 콘텐츠에 독자가 후원한 금액은 7억 2,716만 원 정도인데, 이 가운데 84퍼센트를 상위 5개 콘텐츠가 가져가는 등 쏠림 현상이 심각하다는 것이다. 그래서 '스타 필진'이나 감성 호소 위주의 프로젝트에 편중되어 '펀딩을 위한 기사' 위주로 프로젝트에 선정된 것 아니냐는 지적이 나오기도 했다. 둘째, 기존 제도권 언론에 소속되지 않은 독립적 개인이 주로 참여하는 해외의 뉴스펀딩과 달리 현직 기자의 참여율이 지나치게 높다. 2015년 1월 현재 총 41개 프로젝트 중 30여 개는 소속 매체가 있는 기자들이 진행하고 있는데, 이렇게 뉴스펀딩 참여자의 상당수가 포털사이트의 영향력을 보고 참여한 현직 기자라는 점이 '뉴스펀딩'의 취지를 퇴색시키고 있다는 것이다. 셋째, 포털사이트가 뉴스 생산에 개입할 우려가 있다. 한국 저널리즘의 생태계에서 차지하는 포털사이트의 영향력은 상당한데, 기존 언론사가 다음카카오가 진행하는 뉴스펀딩의 파급력을 무시할 수 없는 상황이 발생할 수도 있다는 것이다.[28]

하지만 이런 한계를 어느 정도 인정하면서도 뉴스펀딩의 긍정성에 주목하는 사람들도 적지 않다. 뉴스펀딩을 통해 「풍운아 채현

국과 시대의 어른들」이라는 프로젝트를 진행한 김주완은 2015년 2월 "『오마이뉴스』 기사 하단에도 '원고료 주기' 버튼이 있고, 티스토리 블로그에 '밀어주기'라는 후원 기능이 있지만, 둘 다 실험해본 결과 그 효과에 비하면 뉴스펀딩의 성과는 고무적이다"면서 이렇게 말했다.

"우선 '뉴스는 공짜'라는 인식이 당연시되어 있는 웹 생태계에서 좋은 콘텐츠를 후원하는 문화가 확산되고 정착할 수 있는 계기를 다음이 만들어주고 있다는 것이다. 단돈 1,000원이라도 뉴스펀딩에 후원해본 경험자라면 그는 또 다른 콘텐츠에도 후원할 가능성이 높을 것이다. 그런 사람들이 점점 늘어난다면 어느 순간 다음이 뉴스펀딩 서비스를 접더라도 다른 플랫폼에서 다시 시작될 가능성이 생긴다. 또한 뉴스펀딩은 실력 있고 양심적이며 대중과 호흡할 수 있는 브랜드 저널리스트를 키우는 데에도 한 몫하고 있다. 소속된 매체의 영향력에만 기대어 정작 기자 개인의 존재감은 없는 한국 언론의 현실에서 브랜드 저널리스트의 출현은 저널리즘 발전에도 크게 기여할 수 있다."

이어 김주완은 지역신문 기자들이 뉴스펀딩을 적극 활용했으면 좋겠다고 조언했다. 뉴스펀딩을 활용하면 지역의 이슈를 전국화할 수 있고, 좋은 인물을 전국에 알릴 수도 있으며, 후원금이 들어오면 취재비로 활용해 더 풍부한 콘텐츠를 만들 수 있고, 회사의 재정에 보탬이 될 수도 있다는 것이다.[29]

당꼬

현장 기자들 간의 담합談合을 이르는 은어로, 일본인들이 담합談合을 '당꼬Dang Go(상의하다는 뜻의 일본말)'라고 부른 것에서 유래했다. 김준형은 현장 기자들의 담합은 여러 형태로 존재한다면서 당꼬의 유형으로 4가지를 제시했다. 자료 양이 너무 많아 도저히 한 언론사의 기자가 검토해서 기사 쓸 시간이 안 될 때 기자들이 나눠서 취재한 뒤에 기사를 함께 쓰는 '분업형 담합', 특정 언론사 기자만 낙종시키고 나머지 기자들이 기사를 일제히 내보내는 '왕따성 담합', 특정 대상을 작심하고 한꺼번에 조지는 '조폭형 담합', 아예 기사가 되는데도 귀찮거나 봐주기 위해 기사를 쓰지 않는 '배임형 담합' 등이다.[30]

언론 환경의 변화로 과거에 비해 당꼬는 많이 사라진 것으로 평가받지만, 출입처 중심의 받아쓰기 취재 관행의 한계 때문에 여전하다는 견해도 있다. 김도연은 2015년 2월 "정부나 기업 출입처 관계자들과 기자단 사이에서 암묵적 합의가 이뤄져도 기자들 스스로 엠바고가 걸리기 전에 취재해 쓴다든지 아니면 기사 주제를 약간 비틀어서 보도하는 경우가 많다"면서도 이렇게 말했다.

"그러나 여전히 기자 세계 담합은 존재한다. ㄱ기자는 '자동차 담당이나 유통 쪽과 같이 경제 관련 출입처에서는 담합 문화가 팽

배해 있다'고 설명했다. ㄱ기자는 또 '한 기업체 홍보처가 뻣뻣하게 나오는 경우 '맛 좀 봐라' 하는 식으로 기자들이 함께, 일명 조지는 기사를 쓰는 경우가 종종 있다'고 덧붙였다. 기사로 때리면 상대적으로 얻을 것이 많이 나오는 출입처에서 담합 폐해가 드러난다는 것. 세종시 경제 관련 부처를 출입했던 ㄷ기자 증언은 이보다 구체적이다. '세월호 당시 기자단 간사가 공무원으로부터 어떤 사안에 대해 '보도하지 말아 달라'는 부탁을 받은 적이 있었다. 기자단 간사가 기자들에게 이걸 설명하는데 '다 같은 가족이고 하니까' 이런 표현을 썼다. 왜 기자와 공무원이 가족인가? 가족은 현행 출입처 체제에서 기자단-공무원 관계를 표현하는 단어라는 생각이 든다.'"

당꼬를 방지하기 위해선 기자단의 진입장벽을 낮춰야 한다는 주장도 있다. 한 기자는 "종편의 등장과 인터넷 매체 성장으로 새로 기자단에 가입하는 기자들이 늘었지만 소수 매체 기자로 구성된 출입처에서는 여전히 담합이 성행한다"며 "보다 많이, 보다 널리 문이 열리면 해결될 거라 본다"고 했다.[31]

망 중립성 network neutrality

유·무선 통신망을 갖춘 모든 네트워크 사업자는 모든 콘텐츠를 동등하게 취급하고 인터넷사업자들에게 어떤 차별도 하지 말아야 한다는 원칙을 말한다. 통신망을 오가는 데이터나 콘텐츠는 개인이 이용하든 기업이 이용하든 차별해선 안 되고, 대용량 데이터든 소용량 데이터든 차별해서도 안 된다는 것이다. 통신망을 전력이나 철도처럼 중립적인 플랫폼으로 여겨야 한다는 생각에 기반하고 있다.[32]

한국은 2015년 6월 현재 망 중립성 원칙을 유지하고 있다. 인터넷망 사업자를 허가하는 시점부터 망 중립성을 지켜야 할 의무를 가진 기간 통신 사업자로 지정하고 있으며, 2011년 말 '망 중립성 및 인터넷 트래픽 관리에 관한 가이드라인'을 만들어 기간통신사업자가 지켜야 할 구체적인 망 중립 기준도 마련해 운영하고 있다.[33] 하지만 망 중립성을 둘러싼 업계의 이해관계가 첨예하게 엇갈리고 있기 때문에 이를 둘러싸고 통신망 사업자와 콘텐츠 사업자 사이에 논란도 적지 않게 발생한다. 통신망 사업자는 인터넷 서비스 또는 콘텐츠를 제공하는 업체들이 통신망에 '무임승차'를 하고 있다며 대가를 내야 한다고 주장한다. 하지만 인터넷 서비스와 콘텐츠를 제공하는 사업자들은 통신망 가입자들이 이미 망 사용 대가를 지불하기 때문에 자신들까지 망 사용료를 내는 것은 '이중 부과'라고 반발한다.[34] 류현정은 망 중립성은 딱 부러지게 어느 한쪽의 손을 들어주기 어려운 문제라고 말한다.

"망 중립 원칙을 엄격히 적용한다면 인터넷망을 내 것이 아니라고 생각해 특별히 아끼지 않으려 하고 무절제하게 사용하는 '공유지의 비극' 문제가 발생할 수 있다. 망 중립 문제는 표현의 자유와도 관련돼 더욱 복잡하다. 망 사업자들에게 네트워크 혼잡 관리를 명분으로 사이트 차별을 허용한다면, 장차 인터넷에 오가는 콘텐츠의 내용까지 검열할 빌미를 준다는 것이다. 반대로 망 중립성을 너무 엄격하게 적용하면 포르노나 스팸도 차단할 수 없게 된다."[35]

2015년 2월 6일 미국연방통신위원회는 망 중립성 강화 규정안 표결에서 3대 2로 '망 중립성 강화 규정'을 확정·발표해 망 중립성 원칙을 고수하겠다는 입장을 견지했다.[36] 한국도 미국의 영향을 받을 수밖에 없기 때문에 망 중립성이 유지될 것으로 보는 전망도 있지만 사물인터넷IoT이 망 중립성을 둘러싼 논란을 일으킬 수 있는 잠재 요인이 될 것이라는 견해도 만만치 않다. 서강대학교 전자공학과 교수 홍대형은 2015년 2월 "망 중립성 원칙은 오래전 전화 시대에서 출발해 유선과 무선통신으로 이어지면서 통신, 인터넷의 발전과 시대적 상황에 따라 진화해왔다"면서 "언젠가는 망 중립성에 대한 논의를 다시 해야 할 필요가 있다"고 했다.[37]

망 중립 전쟁

2015년 2월 26일 미국연방통신위원회FCC는 망 중립성 강화 규정안 표결에서 '망 중립성 강화 규정'을 확정·발표해 망 중립성 원칙을 고수하겠다는 밝혔지만, 미국에서 망 중립성을 둘러싼 갈등은 끝난 게 아니다. 미국의 인터넷 서비스 제공자ISP와 케이블TV 등 망 사업자들이 표결 결과가 나온 직후 미국연방통신위원회 결정은 언론과 표현의 자유를 보장한 미국 수정헌법 제1조에 반한다고 주장하며 법적 소송에 돌입했기 때문이다. 『월스트리트저널』과 로이터 등은 "이제 사활 건 법적 공방legal battles이 전개될 것"이라고 했다.[38]

왜 이렇게 치열한 망 중립 전쟁이 벌어지는 것일까? 류현정은 "망 중립 전쟁은 단순히 두 산업 간의 이권 다툼이 아니다. 인터넷의 미래 지배 구조를 어떻게 짤 것이냐와 관련된 빅뱅과도 같다"면서 미국에서 벌어지고 있는 망 중립 전쟁은 크게 3개의 전선戰線으로 구성되어 있다고 말한다.[39]

첫째, FCC와 인터넷망 사업자의 전선이다. 역사적으로 볼 때 FCC는 망 중립의 수호자를 자처하며 인터넷망 사업자가 특정 인터넷 업체의 서비스를 차단하거나 느리게 하면 규제하려고 했지만, 인터넷망 사업자들은 워싱턴에 한 해에 수백억 원에 달하는 로비 자금을 뿌려 FCC가 규제할 때마다 소송을 통해 규제를 무력화하려고 했다. 둘째, 거대 인터넷 기업과 신생 인터넷 기업의 전선이다. 스타트업은 망 중립 원칙이 무너지면 자신들이 새로운 서비스를 내놓을 때 통신 업체들이 트래픽 혼잡을 핑계로 진입을 막거나 견제할 수 있다고 우려하지만 구글이나 페이스북 같은 거대 인터넷 기업은 신규 서비스의 진입을 막을 수 있어 망 중립에 별다른 목소리를 내지 않고 있다. 셋째, 민주당과 공화당의 전선이다. 민주당은 망 중립성 원칙을 지켜야 한다고 주장하지만, 전통적으로 시장 자유 경쟁 정책을 지지해온 공화당은 인터넷망 사업자들의 입장을 지지한다.[40]

  미국이 망 중립성 원칙을 재확인하면서 한국에서도 머지않아 망 중립 전쟁이 발생할 것으로 예측되고 있다. FCC 표결에 영향을 받을 수밖에 없는 상황에서 인터넷 서비스나 콘텐츠를 제공하는 미국 업체가 한국 시장에 진출하면서 망 중립을 요구할 가능성이 크기 때문이다. 이와 관련 류경동은 2015년 3월 "국내 상륙이 초읽기에 들어간 아마존이나 넷플릭스 등이 국내 ISP를 상대로 미국과 똑같은 철저한 망 중립을 요구하면서, 사실상 국내 인터넷 기업과 다른 특혜를 요구할 수도 있다"면서 이렇게 말했다. "예컨대, 이들이 막대한 자본을 바탕으로 풍부한 동영상 콘텐츠를 국내 시장에 풀면 전송 속도 등 망 품질은 떨어질 수밖에 없다. 하지만 '망 중립' 원칙을 근거로 토종 콘텐츠 사업자와 같은 수준의 전송 품질을 요구해온다면 KT 등 국내 망 사업자는 이들의 요청을 무시할 수도 없어 딜레마에 빠지게 된다는 게 국내 ISP들의 우려다."[41]

브렌들 blendle

2014년 5월부터 서비스를 시작한 네덜란드의 온라인 뉴스 서비스로, '저널리즘의 아이튠즈'를 모토로 삼고 있다. 애플이 음반사들에서 음원을 확보해 아이튠즈를 통해 건당 음원을 판매하는 것과 같은 방식으로 뉴스 콘텐츠를 판매하겠다는 게 이들의 전략인 셈이다. 2015년 3월 현재 『브렌들』에서 판매되는 기사 한 건당 평균 가격은 우리 돈으로 약 200원 수준으로, 수익은 『브렌들』과 언론사가 3대 7로 나눈다.[42] 이게 시사하듯, 『브렌들』은 뉴스를 유통만 하고 직접 생산하지는 않고 있는데, 왜 이런 식의 모델을 선보인 것일까? 공동창업자 가운데 한 명인 알렉산더 클뢰핑은 이렇게 말한다.

"(페이월을 시행하고 있는 언론사는) 전체 웹사이트에 접근하는 행위에 대해 매월 과금하고 있다. 하지만 독자들 입장에서는 실제 읽기를 원하지 않는 기사들이 잔뜩 들어 있다. 그래서 독자들은 훌륭한 저널리즘을 발견하기 위해 좋아하는 잡지나 신문을 두루두루 돌아다녀야만 한다.……『브렌들』은 실제 기사를 읽었을 때만 개별 기사 단위로 과금한다. 만약 기사를 좋아하지 않으면 즉시 환불받을 수도 있다."[43]

뉴스 유료화 모델을 고심하는 전통 언론사들은 『브렌들』의 뉴스 유통 모델을 주목하고 있다. 2014년 10월 미국 『뉴욕타임스』와 독일 미디어그룹 '악셀스프링어'는 370만 달러를 투자하고 브렌들의 지분 23퍼센트를 취득했다. 2015년 3월 『뉴욕타임스』와 『월스트리트저널』, 『워싱턴포스트』 등 미국 3대 언론사는 『브렌들』의 건별 뉴스 판매 서비스에 파트너로 참여하기로 했다고 발표했다.[44]

『브렌들』의 뉴스 판매 방식이 성공할지에 대해선 의견이 엇갈리지만, 『브렌들』 모델이 시장에 안착할 경우엔 언론 시장에도 '개인 브랜드' 중심 소비가 확산될 것으로 보는 시각이 적지 않다.[45] 예컨대 한국언론진흥재단 선임연구위원 김위근은 "『브렌들』이 실험하고 있는 유통 모델이 언론 산업 전반에 걸쳐 받아들여진다면 뉴스 생태계에 큰 변화가 일어날 것이 분명하다. 현재 뉴스미디어에서 가장 중요한 자산은 브랜드다"면서 이렇게 말했다.

"하지만 『브렌들』의 실험에서는 개별 뉴스 콘텐츠의 완성도가 곧 경쟁력이다. 이 유통 모델이 확산되면 시민이 필요로 하는 질 높은 뉴스 콘텐츠를 얼마나 생산하느냐에 따라 뉴스미디어의 운명이 결정될 가능성이 커진다. 그동안 조직 논리로 인해 빛을 발하지 못했던 역량 있는 저널리스트의 존재감이 부각됨은 물론이다."[46]

『브렌들』의 뉴스 유통 모델은 확산하고 있다. 캐나다의 『위니펙프리프레스WPF』는 2015년 4월 건별 과금 형태의 유료 모델을 적용할 계획이라고 밝혔다.[47] 페이스북이 2015년 5월 선보인 '인스턴트 아티클스Instant Articles' 서비스도 『브렌들』에서 영향을 받은 것이라 할 수 있겠다.

비정규직 백화점

한국 사회에 존재하는 온갖 형태의 비정규직 고용 형태가 집약되어 있는 방송사를 일컫는 말이다. 파견, 용역, 아르바이트, 계약직, 프리랜서 등의 비정규직을 통해 예능과 드라마, 시사교양 등 대다수 프로그램이 만들어지고 있기 때문에 이런 이름이 붙었다. 예컨대 KBS의 인기 예능프로그램 〈슈퍼선데이-1박2일〉의 스태프는 80여 명에 이르지만 이 가운데 정규직은 KBS 소속 PD 6명에 불과하다. 나머지 스태프는 하청 업체(카메라팀, 브이제이팀, 음향팀, 조명팀, 동시 녹음팀 등), 파견 노동자(에프디 등), 프리랜서(방송작가 등) 등 모두 비정규직으로 구성되어 있다. KBS의 한 예능 피디는 "〈1박2일〉은 그나마 정규직이 많은 편이다. 정규직이 2~3명인 프로그램도 많다"고 말했다. SBS의 한 예능 피디는 "프로그램에 따라 조금씩 다르지만, 새로운 프로그램이 결정되면 방송사의 정규직 피디가 조명팀, 음향팀, 카메라팀, 동시 녹음팀 등 5~6개 외부 업체와 각각 계약을 맺고 전체팀을 꾸린다"고 했다.⁴⁸

방송사의 '비정규직 백화점화'는 1997년 외환위기 이후 나타나기 시작해 2000년대 중후반 보편화된 것으로 알려졌다. 경기 침체에 따른 비정규직의 확산, 외주제작의 증가에 따른 프로그램 제작 인력의 외주화 · 하청화 등에 따른 것이다. 케이블TV와 IPTV 등 새로운 방송 플랫폼과 종합편성채널이 생겨나면서 수익성이 떨어지기 시작하자 방송사가 인건비를 줄이기 위한 차원에서 비정규직을 대거 고용한 것도 이유로 꼽힌다.[49]

방송사에서 일하는 비정규직 역시 다른 분야의 비정규직과 마찬가지로 대체적으로 열악한 처지에 놓여 있는데, 2015년 6월 7일 방영된 MBC 〈시사매거진 2580〉의 '방송하고 싶으면…' 편은 프리랜서 진행자들이 스폰서 제안, 임금 체불, 폭언 등에 일상적으로 노출되어 있다고 했다. 프리랜서 진행자들이 가장 자주 겪은 부당 대우 혹은 인권 침해(복수선택 가능)는 임금 체불(57.7퍼센트)이었다. 언어적 성희롱(53.8퍼센트), 계약과 다른 출연 중단 통보(46.2퍼센트), 원치 않는 술자리 접대(42.3퍼센트), 폭언과 신체 폭행(21.2퍼센트), 신체적 성추행(13.5퍼센트) 등이 뒤를 이었다.[50]

2015년 4월 22일 전국언론노동조합은 미디어 산업에 만연한 비정규직 노동자의 권리를 찾고 차별을 철폐하자는 취지에서 '미디어 비정규 노동자 권리 찾기 사업단(미로찾기)'을 출범하고 표준계약서 제정, 법제도 개선, 노동조합 조직화 등에 나서겠다고 밝혔다.[51] 언론노조 조직쟁의실장 백재웅은 "미디어 비정규직 노동자들이 자기 권리를 제대로 인정받지 못하고, 자기 권리를 찾기 위한 의식과 행동이 전제되지 않는다면, 그 어떤 사회 공공성 문제에 대해서도 나서지 못할 것"이라면서 비정규직 노동자의 권리 찾기는 미디어 공공성과 직결되는 문제라고 말했다.[52]

사쓰마와리 | 察廻

'경찰서를 돈다(출입한다)'는 뜻의 일본어로, 일반적으로 경찰서를 출입하는 사회부 기자를 일컫는 말이다. 경찰의 '찰察'을 뜻하는 사쓰さつ와 '회전廻'을 뜻하는 마와리まわる를 합한 것이다. 줄여서 '마와리'라고도 한다.[53] 언론계에서 사쓰마와리는 기자의 상징으로 통하는데, 탄생 배경은 그리 자랑할 만한 게 못 된다. 조수경 · 정철운은 "사쓰마와리의 탄생은 일본 제국주의 시절, 자국의 양심적인 지식인 및 노동계 인사들과 식민지 내부를 효율적으로 감시하기 위해 경찰서라는 초소를 중심으로 국민 감시 체제를 만들었던 시대적 맥락과 맞닿아 있다"고 말한다. 이와 관련해 과거 경찰팀의 수장을 지낸 한 방송사 고위 간부는 "사쓰마와리는 전형적인 관료조직과 군사조직이 합쳐진 형태"라면서 이렇게 말했다.

"현실적인 문제에서 보자면, 군사 정권과 대기업 주도의 수출 드라이브 정책 속에서 정치 · 경제 권력에 대한 비판이 봉쇄되다보니 특종은 사건팀에서 나올 수밖에 없었고, 속보 경쟁이 붙었다.……통제 사회에서는 정보기관에 가장 많은 정보가 모이니 기자들이 그나마 문을 열어주는 경찰서를 지킬 수밖에 없다.……통제 사회에서는 기자도 통제돼야 한다. 일선 기자가 마음대로 권력 비판적 기사를 쓰면 큰일 나지 않겠나. 그래서 가르침보다는 통제가 우선되는 사쓰마와리가 언론사에 필요한 제도로 정착됐다."[54]

　사쓰마와리는 전근대적 제도로, 사건·사고 중심의 보도와 불필요한 속보 경쟁을 강화하는 등 한국의 저널리즘을 병들게 하고 있다는 지적도 적지 않지만, 지금도 수습기자들을 대상으로 한 교육에서 관행처럼 이루어지고 있다. 이런 이유 때문에 사쓰마와리는 수습기자의 일상을 가리키는 말로도 쓰이는데, 일반적으로 수습기자의 취재 행위를 두고 '사쓰마와리 돈다'라고 표현한다. 사쓰마와리의 노동 강도는 극한 체험을 방불케 한다. 이들을 가장 힘들게 하는 것은 부족한 잠이다. "수습기자 시절 선배가 그런 말을 했다. '이제 너희에게 욕을 할 수도 없고, 때릴 수도 없으니 잠을 안 재우는 것밖에 없어.' 그때 알았다. 이 수습교육이란 건 교육이 아니라 우리를 괴롭히는 거구나."[55]

　2015년 2월 노동법률원 법률사무소 '새날'의 노무사 김민아는 "수습기자들의 노동 실태는 근로기준법의 사각지대"에 놓여 있다면서 기자가 언론사를 노동법 위반으로 고발하면 언론사는 법 위반으로 처벌을 받을 확률이 높다고 주장했다. 수습기자라 할지라도 1주간 근로시간이 40시간을 초과할 수 없도록 한 근로기준법 50조에 따라 법적 보호를 받아야 한다는 것이다. 변호사 김요한은 수습기자 일상을 상세하게 전한 한 신문의 기사와 관련해 "다른 나라 기자들도 이렇게 노예처럼 사나. 기자들은 자신들의 존엄성이 달린 문제에 대해 이토록 문제의식이 없나"라고 꼬집었다.[56]

MMS multi-mode service

데이터 압축 기술을 이용해 지상파 1개 방송에 할당된 주파수 대역 (6MHz)을 여러 개로 쪼개 운영하는 다채널 서비스를 말한다. 즉, HDhigh definition(고화질) 서비스는 물론 SDStandard Definition(일반화질) 서비스, 오디오·데이터 채널 등 주파수 대역 내에서 2~3개 이상의 동영상 채널을 송출할 수 있는 서비스다. KBS-1 TV를 예로 들어 설명해보자. KBS-1 TV에 배정된 주파수에 MMS를 적용하면 KBS-1-1, KBS-1-2, KBS-1-3 등으로 채널을 나누어 방송을 내보낼 수 있게 되는 것이다.[57]

MMS 도입은 무료 보편적 서비스인 지상파의 직접 수신율을 높이기 위한 일환으로 지상파TV 방송에 대한 디지털 전환에 대한 논의가 시작되었을 때부터 제기되었다. 기술적으로는 2012년 디지털 전환이 완료되면서 데이터 압축과 송출 효율이 높아져 MMS가 가능하게 되었다. 이후 시청자 단체와 지상파는 MMS 도입을 줄기차게 주장했는데, 방송통신위원회가 MMS 도입을 미루면서 이에 대한 비판이 적지 않게 제기되었다.

예컨대 이정환은 2013년 9월 "지난해 말 지상파 방송의 디지털 전환 이후 안테나만 달아도 TV를 아주 깨끗한 화질로 볼 수 있다는 걸 모르는 사람들이 많습니다. 우리들 어릴 적과 다릅니다. 웬만큼 큰 창문이 있는 아파트는 실내 안테나만으로도 선명하게 지상파 디지털 방송을 볼 수 있습니다. 난시청 지역도 많이 줄었습니다. 방송통신위원회와 미래창조과학부에 따르면 디지털 전환 이후 지상파 커버리지가 95.8퍼센트까지 올라갔습니다"면서 다음과 같이 말했다.

"지상파 방송은 공기나 바람처럼 공짜입니다. 누구나 TV를 사서 안테나만 달면 방송을 볼 수 있어야 합니다. 월 2,500원씩 TV 수신료를 내고 있기 때문에 국민들 누구나 당연히 요구할 수 있는 권리입니다. 그런데 방통위나 미래부는 직접 수신비율을 높이는 데 별 관심이 없는 것처럼 보입니다. 오히려 유료방송 시장을 키우는 데 주력하고 있습니다. 정부도 국민들도 돈 내고 TV 보는 걸 당연하게 여깁니다.…… 방통위와 미래부의 방송통신 정책의 근간에는 단순히 유료방송 시장 키우기뿐만 아니라 공영방송 죽이기라는 기득권 세력의 음모가 깔려 있는 게 아닌가 심히 의심스럽습니다."[58]

2014년 12월 한국방송광고진흥공사에서 발간한 내부 연구보고서 「기술규제 완화에 따른 방송시장 파급효과에 관한 연구」에 따르면, 만 20세 이상 성인 남녀 500명 중에서 MMS를 이용할 의사가 있냐는 질문에 31.8퍼센트가 그렇다고 답했으며 유료방송에 가입한 응답자의 30.9퍼센트는 MMS 도입 시 유료방송 서비스를 해지할 의향이 있다고 했다.[59] 2015년 2월 EBS-2 TV가 개국하면서 한국 최초의 MMS가 선을 보였다.[60]

MMS 논쟁

지상파 MMS를 둘러싸고 유료방송업계와 지상파·시청자 단체의 입장은 첨예하게 엇갈리고 있는데, 유료방송업계는 지상파 MMS 도입에 반대하지만 지상파와 시청자 단체는 찬성하고 있다. 유료방송업계는 지상파 MMS를 도입할 경우 케이블 등의 존립 기반 자체가 흔들릴 수 있다고 주장한다. 유료방송업계의 주장은 이렇다. 지금도 지상파는 막강한 프로그램을 활용해 광고 시장 독과점 체제를 유지하고 있다. 반면 유료 방송은 저가 출혈 경쟁으로 정상적인 성장 구조를 갖추지 못한 상태에 놓여 있다. 이런 상황에서 지상파 채널이 더 생기면 한정된 광고 시장을 두고 경쟁자가 증가해 유료방송업계의 광고 몫이 줄어드는 등 방송 산업의 불균형만 커진다.[61]

지상파와 시청자 단체는 지상파 MMS 도입에 대해선 찬성 입장을 가지고 있지만 각론으로 들어가면 입장이 다르다. 지상파 역시 시청자 단체와 마찬가지로 '무료 보편적 서비스의 확대'를 주장하며 MMS 도입을 주장하고 있긴 하지만 유료방송업계의 성장과 광고 시장의 악화로 인해 갈수록 영향력이 줄어드는 상황에서 채널 증가를 통한 광고 수익 확대를 염두에 두고 있다. 한국케이블TV방송협회가 "지상파의 '무료 보편적 서비스 확대'를 위한 지상파 다채널 전면 허용 요구는 명분을 위한 거짓 구호"라며 "속내는 광고 수

익 확대에 있다"고 주장하는 이유다.[62]

　시청자 단체는 2014년 현재 전체 가구 중 6.8퍼센트에 불과한 지상파 직접 수신율을 높이기 위해서 MMS를 전면 도입해야 한다고 주장한다.[63] 하지만 이미 20년 동안 케이블을 통해 지상파 방송을 시청하고 있고, IPTV와 위성방송 등도 영역을 넓히고 있는 상황에서 지상파 직접 수신은 당위로만 존재하는 게 아니냐는 의문을 제기하는 견해도 있다. 유료방송 업계와 종합편성채널 등을 소유한 신문 등은 바로 이 저조한 직접수신 비율을 지적하며 MMS 도입에 부정적인 반응을 보이고 있기도 한데, 이에 대해서 시청자 단체는 어떤 입장을 보이고 있을까? 언론개혁시민연대 정책위원장 채수현은 "아직 우리나라의 시청자들은 직접수신의 다양한 채널을 통해 지상파TV를 제대로 시청한 경험이 적다"며 "MMS의 효용성에 대해 의문을 제기하기 전 제대로 경험을 할 수 있도록 해야 하고, 이를 위해선 MMS를 지상파 전체로 확대해야 한다"고 말한다.[64]

　공공미디어연구소 연구팀장 정미정은 무료로 더욱 많은 채널을 통해 방송 서비스를 향유할 수 있는 가능성이 분명 존재함에도 이에 대한 조치가 이루어지지 않아 시청자들의 권리가 보장되지 않고 있다면서 이렇게 말한다. "정부가 이를 허용하기만 하면 된다. 무료 방송과 유료 방송이 시장에서 경쟁할 수 있도록 하자. 선택은 시청자가 할 것이다."[65]

EBS-2 TV

2015년 2월 11일 정식 개국한 교육방송 EBS의 두 번째 채널이다. EBS-2 TV(10-2번)는 "사교육비 경감과 교육 양극화 해소"를 목적으로 내걸고 초·중·고 교육과 영어 학습 콘텐트를 전체 방송 시간의 88.5퍼센트 비중으로 편성했으며, 나머지는 다문화·소외 계층을 위한 프로그램으로 채웠다. 공익광고를 제외한 상업 광고는 싣지 않는다.[66]

EBS-2 TV는 지상파 최초로 제공되는 다채널 서비스MMS다. 하지만 개국 당시 국민 대다수가 볼 수 없는 무용지물이란 비판이 제기되었다. 비판은 크게 2가지다. 첫째, EBS-2 TV를 보기 위해서는 실내·외 TV 안테나를 설치하거나 공동주택 공시청망에 TV 단자를 연결해야 하는데, 이런 식으로 지상파를 직접 수신하는 가구는 전체 가구 대비 10퍼센트에도 이르지 못한다. 둘째, 유료방송 시청자라 할지라도 유료방송의 의무 재송신 채널로 지정되지 않아 시청하기 어렵다. 유료방송 가입자는 가구 대비 90퍼센트가량이지만 현행 방송법은 KBS-1 TV와 EBS-1 TV만 의무 재송신 채널로 지정하고 있다.[67]

케이블SO, 위성TV, IPTV 등 유료방송 플랫폼 사업자들이 EBS-2 TV 재전송을 거부하면서 EBS 2 채널은 두 달 가까이 지상파TV를 직접 수신하는 가구만 시청할 수 있었는데, 사회적 논란이 일자 케이블TV는 2015년 4월부터 재전송을 시작하기로 했다.[68] 이 와 관련해 방송통신위원회는 "EBS 2 채널의 케이블방송 재송신이 실시되면 전국 총 1,400만여 가입자가 다채널서비스를 이용할 수 있게 됨으로써, 사교육비 부담 경감과 지역별·소득수준별 교육격 차 해소 효과가 증대될 것"이라고 강조했다.[69]

하지만 한국여성민우회 미디어운동본부 등 5개 시청자 단체는 지상파 MMS는 '직접 수신율을 높이기 위한 방안'으로 도입되었기 때문에 유료 방송 재전송으로 문제가 해결된 것은 아니라고 주장했 다. 이들은 2015년 4월 7일 발표한 성명에서 "방통위 보도자료를 보면 EBS 2 채널 재전송이 사교육비 경감과 교육격차 해소 효과가 증대될 것이라고 한다"면서 이렇게 말했다.

"그러나 유료방송에서 볼 수 있는 것을 무료 보편적 서비스로 볼 수 있어야 진정한 사교육 경감 등의 효과를 볼 수 있다. 지금처럼 어차피 유료방송으로 볼 수 있는 것을 일부 유료방송을 통해 재전 송된다고 홍보하는 것은 시청자에게 아무런 이익이 없는 것을 '이 익'이라고 둔갑시켜 오도하는 것이며 나아가 방통위가 나서서 유료 방송을 보라고 홍보하고 있는 것이다."[70]

EBS-2 TV 수신 환경에 대한 논란은 MMS와 밀접한 관련을 맺 고 있기 때문에 이를 둘러싼 논란은 아직 끝난 게 아니다.

인스턴트 아티클스instant articles

언론사 뉴스를 직접 제공하는 페이스북의 뉴스 서비스를 말한다. 페이스북은 2015년 5월 『뉴욕타임스』, 『내셔널지오그래픽』, 『버즈 피드』, 『애틀랜틱』, 『가디언』, 『슈피겔』, 『빌트』, NBC, BBC 등 미국·영국·독일을 대표하는 9개 언론사와 손을 잡고 인스턴트 아티클스 서비스를 시작했다. 인스턴트 아티클스는 언론사들이 기사를 선택해 페이스북으로 보내면 페이스북이 직접 광고를 붙여 판매하는 방식으로 운영되는데, 페이스북은 더 빠르고 풍부한 뉴스 서비스를 제공하려는 것이 인스턴트 아티클스의 취지라고 말했다. 기존의 링크 기반에서 평균 8초가 걸렸던 기사를 불러오는 시간은 인스턴트 아티클스 기반에서는 1초 이내로 줄었다.[71]

언론사들이 페이스북과 손을 잡은 것은 페이스북을 통해 뉴스를 보는 사람들이 증가하고 있기 때문이다. 미국 퓨리서치센터의 2013년 조사를 보면, 미국 국민의 64퍼센트가 페이스북을 이용하고, 페이스북 이용자 2명 중 1명, 미국인 3명 중 1명은 페이스북에서 뉴스를 보는 것으로 나타났다. 이런 현상은 한국도 마찬가지다. 한국언론진흥재단의 2014년 조사를 보면, 페이스북 이용자 3명 가운데 2명은 페이스북에서 뉴스를 보고 있다.[72] 그러니까 그간 인터넷 플랫폼의 지배력 확대에 다양한 방식으로 저항해왔던 언론사들이 페이스북의 영향력을 인정하고 손을 잡은 것이라 할 수 있겠다.

　페이스북이 광고 수익 분담, 고객 정보 공유 등 언론사의 목소리를 대거 수용해 인스턴트 아티클스가 '윈-윈' 모델이 될 것이라는 예측도 있지만,[73] 페이스북에 뉴스를 제공하는 것이 뉴스 소비의 파편화를 부추기고 언론사 브랜드 약화로 이어질 수 있다는 우려도 있다. 지금까지는 페이스북을 이용하다 친구들이 올린 뉴스를 '우연히' 소비하는 이른바 '뉴스의 우연적 소비accidental consumption'가 페이스북을 통한 뉴스 소비의 일반적인 형태였지만 앞으로는 뉴스를 보기 위해 페이스북에 들어가는 현상이 발생할 수 있다는 것이다.[74]

　이와 관련 한국언론진흥재단 연구센터장 김영주는 "언론사들은 페이스북에 기사를 주고 광고수익을 올릴 수 있지만, 동시에 자기 브랜드를 잃어버릴 수 있다"면서 다음과 같이 말했다. "우리가 포털사이트에서 본 뉴스의 출처를 기억하지 못하는 것처럼 페이스북에서 본 뉴스 출처 역시 기억하지 못할 것이기 때문이다. 네이버 뉴스, 다음 뉴스라는 브랜드가 생겨났듯이 사람들은 페이스북 뉴스만 기억할 수 있다. 고유의 브랜드를 잃어버린다면 천하의『뉴욕타임스』도『버즈피드』도 페이스북을 위해 기사를 생산하는 하청공장처럼 될 수 있다."[75]

　한국의 포털사이트와 언론사들은 인스턴트 아티클스가 한국의 뉴스 유통 시장에도 영향을 미칠지 촉각을 곤두세우고 있다.[76]

『자주일보』 논쟁

『자주민보』가 폐간廢刊 선고 직전 『자주일보』로 이름을 바꿔 인터넷 신문으로 재등록한 것을 계기로 발생한 논쟁이다. 『자주일보』 논쟁의 배경은 이렇다. 2014년 3월 서울시는 『자주민보』가 이적표현물을 게재했다는 이유를 들어 인터넷신문 등록을 취소하라는 행정소송을 제기했는데, 『자주민보』 편집인은 대법원 등록 취소 확정 판결을 이틀 앞두고 『자주일보』로 이름을 바꿔 다시 서울시에 등록했다.[77]

보수단체는 『자주민보』가 인터넷신문 등록은 허가제가 아닌 등록제라는 점을 이용해 이른바 꼼수를 부린 것이라면서 『자주일보』의 편법 운영을 적극적으로 막아야 한다고 주장했다. 자유민주연구원장 유동열은 "발행인이 신문을 이용해 국가보안법을 위반했다면 신문 역시 국가보안법 위반 매체로 판단해 즉각 폐간하고, 재창간할 수 없게 하는 것이 맞다"며 "『자주민보』와 같이 제도를 악용하는 매체를 방치하는 것은 우리 정부가 북한의 선전·선동을 묵인하는 것이나 마찬가지"라고 했다.[78]

하지만 사상을 문제 삼아 언론사를 폐간 조치하는 것은 표현의 자유 침해라는 견해도 있다. 민주언론시민연합 사무처장 김언경은 "일베에 올라온 차별적 게시물 등을 방송에서 활용하는 것은 문제지만 문화적으로 해결방법을 찾지 않고 폐쇄시"키는 게 잘못된 것처럼 "문제가 있는 보도가 있으면 그 보도에 대해 문제제기 해야 하는데 정부가 사상을 이유로 언론사 자체를 폐간하는 것은 언론의 자유를 침해하는 것"이라고 말했다.[79]

　『자주일보』논쟁은 신문법 논쟁으로 이어졌다. 현행 신문법은 신문 발행인은 등록 취소 뒤 2년간 발행인이 될 수 없도록 규정하고 있는데, 『자주민보』가 이 규정을 피하려고 등록 취소 확정 판결이 나오기 전에 이름을 바꾸었기 때문이다. 보수단체는 이런 이유를 들어 신문법을 개정해야 한다고 주장하고 나섰다. 새누리당 심재철 의원 측은 "현재 폐간이 확정된 『자주민보』의 콘텐츠가 그대로 인터넷에 방치돼 있고, 『자주일보』는 『자주민보』의 기존 틀을 그대로 활용해 기사를 내보내고 있다"며 "이런 행태를 막고 즉각 발행 중단 조치도 할 수 있는 방향으로 개정안을 검토하고 있다"고 말했다.[80]

　하지만 신문법 개정에 대해 부정적인 견해도 적지 않다. 성공회대학교 신문방송학과 교수 최진봉은 "현행 등록제인 신문법을 개정하겠다는 것은 반민주적이고 초헌법적인 발상"이라며 "언론이 권력을 감시·비판해야 하는데 권력이 언론사를 허가한다면 언론의 자유는 훼손된다"고 했다.[81]

잡가 雜家

방송사 예능 프로그램이나 시사교양 프로그램의 막내 작가들이 자신들을 부르는 말이다. 작가지만 글을 쓰는 일보다 잡일을 더 많이 해야 한다는 의미가 담겨 있는 조어로, 막내 작가들의 비애가 담긴 말이라 할 수 있겠다.[82] 잡가雜家에서 잡雜은 (비하의 뜻을 가지는 몇몇 명사 앞에 붙어) '막된'의 뜻을 더하는 접두사다. 통상적으로 방송국에서 일하는 작가는 프로그램의 전부를 책임지는 메인 작가, 프로그램의 꼭지를 만들기 시작하는 서브 작가, 일을 처음 시작하는 '보조 작가'로 구성되는데, 보조 작가가 흔히 말하는 막내 작가다.[83]

　　2008년 한 방송사의 예능 프로그램의 막내 작가가 투신자살하면서 주목을 받은 이들의 노동 환경은 이렇다. 한 막내 작가에 의하면, "막내 작가의 일이란 것이 정확한 업무 분장이 없다. 메인 작가나 PD의 수발을 드는 일은 다 해야 한다." 기획회의 참여, 자료조사, 촬영구성안 작성, 섭외, 아이템 선정, 예고 구성, 홍보문안 작성, 프리뷰(촬영 테이프 전부 보기), 편집구성안 작성 등 프로그램 제작과 관련된 일과 자료 대출, 복사, 공문 발송, 커피 심부름, 출연료 지급 등의 잡무는 물론이고 시간이 많이 들거나 반복적으로 해야 하는 일은 자신들의 몫이라는 것이다. 공중파 프로그램을 제작하는 외주 업체의 막내 작가 생활을 1년째 해오고 있다는 한 막내 작가는 "지

난 1년간은 인간의 삶이 아니었다"고 토로했다.[84]

2014년 이른바 '열정 페이'가 사회적 이슈가 되면서 막내 작가들의 삶은 다시 주목받았는데, 시간이 10여 년이나 흘렀지만 변한 것은 아무것도 없는 것으로 나타났다. 막내 작가 대부분은 근로계약서도 쓰지 않고 매월 80~120만 원을 받는 '열정 페이'에 시달리고 있었으며, 4대 보험 혜택도 누리지 못할 뿐더러 잦은 야근은 물론이고 주말에도 일을 해야 하는 상황에 놓여 있었다. 신분은 프리랜서지만 매일 출근을 해야 했으며, 야근 수당이 없는 경우도 많고 버스가 끊겨도 교통비를 못 받는 경우도 여전했다.[85]

이들이 하는 일도 과거와 비슷했다. 한 막내 작가는 "언니(작가)들의 밥 챙기는 것이 중요 업무였다. 일주일 동안 메뉴가 겹치지 않도록 고르고 메신저를 통해 의향을 물어야 한다. 겹치는 메뉴가 있으면 혼나기도 했다"고 토로했다. 또 다른 작가는 "담배 심부름도 했고, 메인 작가가 오기 전에 커피를 책상에 놔둬야 했다. 메인 작가의 집에 가서 청소하고 아이와 놀아준 적도 있다"고 했다. 인격적 모욕을 당하는 경우도 흔하다.

한 막내 작가는 방송사 부장 피디의 이른바 '갑질'에 시달린 적도 있다고 했다. 또 다른 막내 작가는 "막내 작가는 동네북이다. 메인 작가뿐 아니라 피디, 출연자, 심지어 조연출까지 모든 불만을 막내한테 쏟아내지만 이 바닥이 너무 좁고 소개로 일을 하는 경우가 많아 하소연할 곳이 없다"고 토로했다.[86]

처널리즘 churnalism

제품을 대량으로 찍어낸다는 뜻의 '천 아웃 churn out'과 저널리즘의 합성어로, 보도자료나 통신사 보도를 그대로 옮겨 적는 언론의 보도 경향을 이르는 말이다. 영국 탐사보도 언론인 닉 데이비스의 『편평한 지구 뉴스』(2008)를 통해 널리 퍼진 말이다. 데이비스는 이 책에서 영국의 유수 언론에 실린 기사 중 상당수가 보도자료에 의존한 것이라며 강하게 비판했는데, 2009년 영국 언론계에서 유행어로 등극했을 만큼 논쟁과 반향을 불러일으켰다.[87] 따로 취재를 하지 않고 보도자료만으로 기사를 쓴다는 점에서 보도자료 저널리즘이라고도 볼 수 있겠다.

처널리즘닷컴 churnalism.com에 따르면, 2011년 영국 언론에선 보도자료 일치 비율이 70~80퍼센트나 되는 기사가 적지 않았다. BBC 방송의 기사도 처널리즘 혐의에서 자유롭지 않은 것으로 나타났다. 처널리즘닷컴은 보도자료와 기사를 비교 검색해 기사가 보도자료를 몇 퍼센트나 그대로 옮겨 적는지 계산해주는 웹사이트로, 2011년 영국 언론단체 미디어 스탠더드 트러스트가 만들었다. 어떤 기자의 기사가 얼마나 중복되었는지 알려주며, 해당 문구가 그대로 쓰인 부분을 별도 색깔로 표시한 뒤에 홍보자료와 기사를 한 눈에 비교해주는 시각자료까지 제공한다.[88]

이와 관련 오철우는 "이 사이트를 처음 봤을 때 국내 과학 기사들은 사정이 어떨까 궁금했다. 국내엔 이런 검색엔진이 없으니 다른 방법을 써야 했다. 먼저 보도된 뉴스의 홍보자료 원문을 정부나 기관의 웹사이트에서 찾는다. 그런 뒤에 일부 문장을 따다가 네이버 뉴스의 검색창에다 넣고 검색한다. 그랬더니 '너무 많은' 매체 기사들이 홍보자료와 '너무 많이' 닮은 것으로 나타났다. 기사의 자존심과 같은 첫 문장(리드)이 홍보자료의 첫 문장과 일치하는 경우도 많았다"면서 이렇게 말했다.

"온라인 시대에 많은 매체가 거의 실시간으로 빠르게 보도하려고 경쟁한다. 이제 더 빠르고 더 많아진 뉴스는 독자의 정보생활을 유익하게 바꿔놓았을까? 속도 경쟁에 빠진 우리는 홍보자료가 마련해준 스토리텔링의 길을 따져보지도 못한 채 잘라내기와 붙여넣기로 따라가고 있진 않은지 다시 생각해본다."[89]

2015년 5월 13일 한국프레스센터에서 열린 『미디어오늘』 창간 20주년 심포지엄 '한국 언론의 미래를 묻는다' 세 번째 어젠다(전문적이고 윤리적인 언론인을 보호하는 길은 무엇인가) 토론자로 나선 KBS 이사 김주언은 "'처널리즘'은 오보를 양산하고, 해당 보도가 오보로 확인됐을 때는 이미 많은 사람이 오보를 사실로 인지하는 상황을 만든다"면서 언론들이 정부기관이나 과학자가 발표한 내용을 그대로 받아치는 행태를 고쳐야 한다고 지적했다.[90]

취재원 보호법

언론기관이나 언론인이 취재원에 관한 정보를 제3자에게 공개하지 않고 비밀을 지킬 수 있는 권리를 말한다. 취재원 비닉권이라고도 한다. 미국은 36개 주에서 '방패법Shield Law'이라 불리는 취재원 보호법을 시행하고 있고 독일은 언론이 취재원을 밝히지 않아도 되는 '증언 거부권'을 독일기본법(우리의 헌법에 해당)과 민사·형사소송법에서 인정한다. 유럽 인권법원은 기자나 언론사가 비밀취재원의 신원을 밝히지 않을 수 있는 권리를 갖는다고 판시하며 이를 배제하려면 정부가 공익의 압도적인 요건을 증명해야 한다고 규정하고 있다.[91] 2015년 현재 한국엔 취재원 보호를 보장하는 내용의 법률이 없다. 1980년 제정된 '언론기본법'에 취재원 보호를 명시한 규정이 있었지만, 1987년 언론검열 같은 독소조항 때문에 언론기본법이 폐지되면서 명문화된 규정이 사라졌기 때문이다.[92]

2014년 12월 『세계일보』가 청와대 공직기강비서관실에서 작성한 내부 문건을 입수해 보도한 후 정부나 고위공직자에 대한 비판 보도에 수사기관이 취재원 신원을 밝혀내려는 시도가 발생하자 언론계에서 취재원 보호법을 제정해야 한다는 요구가 터져나왔다. 지금까지는 취재원을 밝히지 않아 기자가 구속되거나 언론사가 불이익을 받은 사례는 없지만, 명예훼손 등 민사·형사소송이 진행될 때 해당 언론이 취재원 보호를 주장할 명문화된 법 규정이 없어 기자들이 처벌을 각오하고 취재원을 보호해야 하는 상황에 놓여 있기 때문이라는 게 그 이유였다.[93]

2015년 4월 17일 국회 교육문화체육관광위원회 소속 새정치민주연합 의원 배재정은 수사기관이나 법원 등이 언론사에 정보를 제공한 취재원을 알아내기 위해 강압을 사용하지 못하도록 하는 내용을 담은 '취재원 보호법'을 발의했다.[94] 문화체육관광부 미디어정책과 과장 노점환은 "언론자유의 핵심인 진실·공정보도와 재판의 공정성 확보라는 헌법적 가치가 충돌하는 경우 어느 가치에 더 무게를 둬야 하는지 결정해야 하는 민감한 사안"이라며 "미디어 환경 변화에 의해 지난해 말 기준 5,700여 개로 인터넷신문이 급격히 늘어나는 등 저널리즘을 상실한 유사언론 행위가 증가하면서 취재원 보호를 내세울 경우 악용될 우려도 나온다"고 했다.

취재원 보호법 제정에 앞서 언론의 윤리적 책임 의식에 대한 성찰이 필요하다는 견해도 있다. KBS 이사 조준상은 2015년 3월 "지난해 세월호 참사 보도 당시 '학생 전원 구조' 오보에 발뺌하고 자료 제출을 요구하는 국회 요구에 언론자유 탄압이라고 목청 높이는 것이 국내 유수 언론들의 현 주소"라며 "언론 자체의 윤리 의식과 책임 의식이 획기적으로 높아지지 않는 한 취재원 보호법을 만든다고 뜻 있는 제보자나 내부 고발자가 언론을 향할 것인지 회의적"이라고 말했다.[95]

햄스터 휠 저널리즘 hamster wheel journalism

햄스터가 쳇바퀴를 돌듯, 기사를 생산하기 위해 정신없이 허겁지겁
살아야 하는 기자들의 현실을 이르는 말이다. 햄스터 휠 저널리즘
을 부추기는 것은 미디어 환경의 변화다. 인터넷과 스마트 미디어
의 증가에 따라 전통 언론사의 광고 수입이 급감하면서 인력 감축
이 발생하고 있기 때문이다. 이런 현실을 잘 보여주는 게 미국 언론
이다. 2011년 기준으로 최근 5년간 신문 광고 수입이 절반으로 줄
어들자 발행 중단(휴간)된 신문은 212개로 증가했으며 20년 전 6만
명이었던 미국 전역의 신문 기자는 4만 명으로 급감했다. 이와 관련
『한겨레』 2011년 11월 25일자는 "그 결과 남은 기자들은 더욱 정신
없이 바빠졌다. 기사를 쓰고 사진도 찍고 심지어 동영상까지 만들
어 인터넷에 속보로 보내고, 개인 블로그도 갱신해야 하고 페이스북
과 트위터까지 해야 하는 1인 7역, 8역을 해야 한다"면서 이렇게 말
했다.

"제대로 취재할 여유도 없이 다람쥐 쳇바퀴 돌듯 정신없이 허
겁지겁 살아야 하는 기자들은 자신들을 '햄스터 기자'라 자조한단
다. 매체가 줄고 봉급도 줄고 심지어 기자까지 줄어들자 지방 취재,
특히 소도시의 관청, 의회, 학교, 지방법원 재판정 등엔 아예 기자들
이 가지 않는, 갈 수 없는 취재공백지대가 늘기 시작했다. 미국은 원

래 지역에 자사 기자들을 상주시키는 전국지라는 게 없다. 각 지자체 뉴스 취재는 현지의 각 지역 단위 지방지들이 도맡아 왔다. 그런데 지난 150여 년간 수지맞았던 신문 산업이 최근 매체 환경의 급격한 변화로 심각한 어려움에 봉착하면서 그런 전통이 무너지고 있다."[96]

한국 상황도 미국과 크게 다르지 않다. 손태규는 『전통언론과 뉴미디어: 기자는 어떻게 변해야 하는가?』에서 인터넷과 스마트 미디어가 햄스터 휠 저널리즘을 강화하고 있다고 진단했다. "인터넷 검색을 통해 정보를 수집하고, 이메일 등으로 취재나 인터뷰를 하고, 소셜미디어에 촉각을 곤두세우는 일이 많아지면서" 기자는 현장에서 점점 멀어지게 되었고 컴퓨터 앞에 앉아 소셜미디어를 확인하는 '바퀴 속의 햄스터'가 되어가고 있다는 것이다.[97]

햄스터 휠 저널리즘은 탐사보도 저널리즘을 위기로 몰아넣고 있다. 미국 언론전문지 『컬럼비아저널리즘리뷰』는 2010년 가을호에 게재한 「햄스터 쳇바퀴」라는 글에서 "(미국의) 대부분 언론사의 기자들은 짧은 시간에 성과를 내야 한다는 압박으로 인해 햄스터가 쳇바퀴를 돌듯 충분한 탐사취재로부터 멀어졌다"면서 이렇게 말했다. "탐사보도 전문기자에게 지금은 분명한 위기 상황입니다. 광고 수입과 독자들이 줄어드는 상황에서 신문사는 심층보도를 유지하기에 힘이 부치죠. 기자들은 일자리를 잃을 두려움에 떨고 있어요."[98]

Technology Section

TALK

Trend Keyword

감정탐지 앱

얼굴 표정으로 감정을 읽을 수 있는 앱을 말한다. 고객이 제품을 보면서 느끼는 감정을 탐지할 수 있도록 미국의 이모션트Emotient가 출시한 기업용 앱, 표정을 통해 감정을 읽을 수 있도록 한 아이리스Iris의 소프트웨어 등이 그런 경우다. 매사추세츠공과대학MIT 출신 연구원들이 만든 어펙티바Affectiva에서 내놓은 소프트웨어는 코카콜라와 유니레버 등의 광고를 고객에게 노출해 이들이 광고에 반응하는 얼굴 표정을 웹 카메라로 찍어 분석하고 있다. 감정탐지 앱을 내놓은 기업들은 전 세계적으로 수백만 여 명의 얼굴 표정을 카메라로 찍은 뒤 이들의 표정에서 기쁨·분노·슬픔·놀람·공포 등의 내적 감정을 일일이 범주화하고 분석해 데이터베이스화한 것으로 알려져 있다.[1]

미국의 영상 채팅 앱 업체 우부Oovoo는 2015년 3월 얼굴 인식 기술을 활용해 사용자의 감정 상태를 파악하는 '지능형 비디오 플랫폼'을 선보였는데, 기업은 물론이고 정치권도 이를 활용하려는 시도를 하고 있다. 이와 관련 김주연은 "미국 정치권에서는 이미 이 기술을 차기 대통령 선거에 활용하는 시도가 진행 중이다. 정치인의 강연이나 토론 과정에서 청중들의 표정 변화를 간파해 여론 조사에 반영한다"면서 이렇게 말했다.

"금융권의 접근도 발 빠르다. 특히 협상 테이블에서 유용하게 쓰인다. 잠재적 고객이 어떤 결정을 할지 사전에 알아볼 수 있는 지표로 활용된다. 대형 글로벌 업체들이 채용 과정에서 이 플랫폼을 응용하려 하기도 한다. 우부는 이미 몇몇 업체들과 플랫폼 공급 협상에 나선 상태. 영상 채팅으로 면접을 진행하고, 이를 촬영한다. 답변 내용과 함께 면접자 표정 변화를 통한 심리 상태를 추정해 부가정보로 쓴다. 회사는 상품 진열대 유리에 카메라를 달아 각 소비자가 특정 제품에 어떤 반응을 보이는지 알아내 향후 마케팅에 활용할 계획을 가지고 있다."[2]

대중의 감정과 심리에 항상 촉각을 기울여야 하는 정치권과 기업은 감정탐지 앱의 등장을 반기고 있지만, 개인의 사생활 침해와 오남용 가능성을 우려하는 지적도 만만치 않다. 이모션트나 어펙티바는 얼굴 사진을 찍은 후 곧바로 삭제하고 있다고 밝혔지만, 제3자가 이 소프트웨어를 쓰면서 데이터베이스로 재축적하는 것에는 제재할 방법이 없기 때문이다. 감정탐지 기술 개발에 영감을 준 비언어 의사소통 전문가이자 '얼굴 심리학'의 대가인 폴 에크먼 캘리포니아대학 명예교수는 개인의 사생활 침해와 오남용 가능성을 제기하면서 적정한 규제가 필요하다고 말한다. 그는 "정부가 개입해 사생활 침해를 막을 수 있도록 규제해야 한다"면서 "적어도 쇼핑몰과 같은 공중장소에서는 고객들에 최소한 자신의 감정선이 읽히고 있다는 사실을 공지해야 한다"고 강조했다.[3]

공공 모바일 앱

정부와 공공기관에서 서비스하고 있는 앱을 말한다. 정부는 공공 모바일 서비스 이용 활성화와 우수서비스 개발을 독려하기 위해 우수 공공 모바일 앱 공모전을 개최하는 등 공공 모바일 앱 개발에 박차를 가하고 있다. 그 결과 '모바일 정부포털m.korea.go.kr'에 등록된 공공기관 앱은 2014년 12월 현재 1,222개에 달한다. 하지만 공공 모바일 앱 가운데 다운로드 1,000건 이하의 유명무실한 앱이 수백 개에 달해 수백억 원의 세금이 낭비되고 있다는 지적이 있다. 앱 하나를 만들어 유지하는 데에는 평균적으로 개발비는 3,000만 원, 유지비는 연간 300만 원이 들어간다.⁴

이런 지적에 따라 행정자치부는 2015년 2월 운영된 지 1년이 지나고도 누적 다운로드가 1,000건 미만인 공공 모바일 앱을 폐지하거나 통·폐합하기로 결정했다. 행정자치부는 폐지 대상 앱은 약 300개 정도로 예상했다. 행정자치부 관계자는 "신규 앱 개발이나 웹 서비스 개시도 재난 안전·복지·의료 등 공공성이 높고 민간이 대체하기 곤란한 경우로 제한한다는 원칙을 갖고 있다"며 "이번 일제 정비로 인해 오는 2018년까지 앱 분야 150억 원, 웹 서비스 분야 400억 원 등 550억 원의 예산이 절약될 것으로 예상된다"고 말했다.⁵

하지만 공무원 사회에 만연한 성과주의 때문에 공공 모바일 앱의 무분별한 개발이 계속될 것이라는 전망도 있다. 예컨대 한 정부 기관 교육 관련 앱 유지 담당자는 2015년 6월 "지금도 일선 부서들은 경쟁적으로 앱을 만들어내려고 하는 분위기"라며 "앱 개발 자체가 실적과 연관되기 때문에 부서장으로서는 개발 실적이 없으면 승진 등에 밀릴 수 있다는 위기감을" 갖는다고 말했다. 행정자치부의 한 관계자는 "공무원들이 앱을 만들어 보여주며 성과를 표시하는 경우가 많았다. 특히 스마트폰 시대로 접어든 이후 유행처럼 앱을 개발하는 경우가 많았는데, 제약이 전혀 없었다"고 했다.[6]

숙명여자대학교 웹발전연구소가 세월호 참사 뒤 신설된 안전 전담 정부 부처인 국민안전처가 제공하는 앱의 접근성을 조사해 2015년 5월 발표한 결과에 따르면, 전체 4개 가운데 3개가 '미흡' 이하 판정을 받아 안전 관련 앱의 접근성이 크게 떨어지는 것으로 나타났다. 예컨대 '119신고' 앱은 화재 등 유사시에 장애인 등이 빠르게 위험을 신고할 수 있는 유용한 기능을 갖추고 있었지만, 신고 기능에서 시각 장애인을 위한 배려가 거의 마련되어 있지 않아 시각 장애인에겐 무용지물이었다.

이와 관련 웹발전연구소 소장 문형남은 "안전 등 필수적인 요소에서 접근성이 보장되지 않는다면, 사물인터넷 · 웨어러블 등 다가오는 모바일 융합 환경에서 정보격차는 더 심각하게 벌어질 것"이라고 말했다.[7]

구글 댄스

세계적인 검색 업체 구글은 구글 폭탄이나 검색 어뷰징을 막기 위해 주기적으로 검색 알고리즘을 바꾼다. 이때마다 검색 결과가 크게 변동되는 일이 발생하는데, 이를 일러 구글 댄스라 한다. 구글 검색이 춤을 춘다는 의미다. 구글 검색에 의존해 사업을 하는 업체들이 구글의 알고리즘 변경으로 의도하지 않은 피해를 입는 사례가 빈번하게 발생하자 이를 비판하기 위한 용도로 등장한 말이다.[8] 구글의 검색 알고리즘 개편이 소비자의 행동 패턴에 상당한 영향을 미친다는 말로 이해하면 되겠다.

모바일 온리mobile only 시대에 접어들었기 때문일까? 2015년 4월 구글은 모바일 검색 결과에서 모바일 친화적인 페이지를 상위에 노출하기로 했다면서 검색 엔진 알고리즘을 '모바일 친화적mobile-friendly'으로 바꾸겠다고 밝혔다. 이에 따라 모바일 기기 환경에 맞는 웹사이트와 어플리케이션 관련 콘텐츠가 검색 순위에서 우위를 차지하는 현상이 발생할 것으로 예측되었다. 좋은 콘텐츠를 제공하는 웹사이트일지라도 모바일에 최적화되어 있지 않으면 검색 결과에 노출되지 않아 낮은 질의 콘텐츠를 제공하는 웹사이트보다 낮은 순위를 기록할 수 있게 되었기 때문이다.[9]

구글의 결정이 알려진 후 구글 검색으로 광고 등 다양한 수익

모델을 운영하고 있는 기업들은 큰 충격에 빠졌다. 구글의 모바일 검색 알고리즘 개편이 개별 기업들로 하여금 모바일에 적합한 웹사이트를 만들게 하는 '보이지 않는 압력'을 행사한 것으로 인식되었기 때문이다. 영국 『파이낸셜타임스』는 구글 검색 정책 변화로 인해 기업들이 느끼고 있는 충격을 '모바일겟돈Mobile-geddon'이라고 표현했다. 모바일Mobile과 재앙을 뜻하는 아마겟돈Armageddon을 합친 표현이다.[10]

이와 관련 구본권은 "사물을 분류하고 서열 매기는 행위는 종교와 왕실의 전유물이었다가 근대 이후 선출된 권력과 지식인의 몫이 됐다. 이제는 검색 업체가 그 역할을 수행하고 있다"면서 이렇게 말했다.

"디지털 세상에선 새로운 방식의 분류가 이뤄진다는 것을 알아 모든 것을 인덱싱하고 결과를 서열화해 보여주면서 생겨난 권력이다. 검색 업체의 알고리즘 변경에서 자유롭기 어려워졌다. 볼테르는 커다란 힘에는 큰 책임이 따른다고 말했다. 거대해진 검색 권력이 효율화를 위해 행사하는 알고리즘 변경, 즉 분류와 서열화라는 권력 행위를 해당 기업과 엔지니어에게만 맡기기에 그 영향은 너무 크다."[11]

데이터 크라우드소싱data crowdsourcing

수많은 군중crowd의 활동에서 데이터를 얻어 분석하는 방법을 이르는 말이다. 구글 공동 창업자 래리 페이지와 세르게이 브린의 대학원 시절에 프로젝트 지도교수로 잘 알려진 스탠퍼드대학 교수 엑토르 가르시아 몰리나는 빅데이터 산업과 관련해 "빅데이터 기술의 발달 덕분에 데이터 분석 결과를 조직의 의사 결정에 바로 반영하는 시대가 됐다" 면서도 "빅데이터 분야에서 새로운 것은 '빅big(대규모)' 부분이 아닙니다. 데이터 분석 결과를 기업을 비롯한 여러 조직의 의사 결정에 바로 반영할 수 있게 됐다는 점이 중요하죠" 라고 말한다. 대규모 데이터를 분석하면 그만큼 상세하고 정확한 결과를 얻을 가능성이 높아지지만, 규모 자체가 핵심은 아니라는 게 그의 주장인 셈이다.[12]

엑토르 가르시아 몰리나는 데이터 크라우드소싱에서 중요한 것은 사람과 기계의 협업이라고 말한다. 크라우드 소싱이 미래 비즈니스 지도를 바꿀 것이 확실한 만큼 어떤 문제를 해결할 때 대중을 직접 참여시켜 기계와 함께 풀어나가도록 해야 한다는 것이다. 컴퓨터가 완벽하게 처리하기 어려운 문제를 사람이 참여해 불확실성을 줄일 수 있기 때문이라는 게 그 이유다.[13]

엑토르 가르시아 몰리나는 데이터 크라우드소싱의 성공 사례로 세계적인 온라인서점이자 전자상거래 업체인 아마존닷컴을 들었다. 아마존닷컴은 온라인 고객 서평란을 만들어 고객이 자발적으로 평가를 남길 수 있도록 했는데, 초창기 10년 이상 쌓인 이 데이터베이스를 활용해 수십만 명의 고객을 끌어들이고 판매와 수익에서 급신장할 수 있었다는 것이다.[14] 그는 또 "대중을 제품이나 창작물 생산 과정에 참여시키는 방식인 크라우드 소싱Crowd sourcing은 미래의 산업을 바꾸는 데 엄청난 잠재력이 있지만 시간과 비용, 불확실성이 서로 상충관계를 이루고 있다"며 "이를 활용하는 시장에서는 불확실성과 비용을 줄여 정확도를 높이기 위해 끊임없이 노력해야 한다"고 강조했다.[15]

Technology Section

드롭박스 dropbox

2008년부터 서비스를 시작한 클라우드 서비스다. 드롭박스의 특징
은 이렇다. 컴퓨터에 설치하면 드롭박스라는 폴더가 하나 만들어진
다. 폴더를 웹하드로 만든 것이라 할 수 있는데, 사진이나 작업하던
문서를 이 폴더에 집어넣으면 연결된 모든 기기로 순식간에 업로드
되기 때문에 어디서나 공유가 가능하게 된다. 이메일이나 포털사이
트에 로그인해 파일을 올리고 내리는 수고도 할 필요가 없다. 스마
트폰이나 태블릿PC에도 '드롭박스 앱'을 설치하면 같은 파일을 공
유할 수 있다. 여러 사람이 한 계정에 접속해 실시간 공동 작업을 하
는 것도 가능하며 윈도에서부터 안드로이드까지 거의 모든 운영체
제os를 지원하는 등 호환성도 뛰어나다.[16] 드롭박스에는 매일 10억
개의 파일이 저장되고 있으며, 2014년 5월 현재 전 세계 이용자는
3억 명에 달한다. 『포천』이 선정한 500대 기업 가운데 97퍼센트가
드롭박스 서비스를 사용하는 것으로 알려져 있다.[17]

　　드롭박스의 창업자이자 CEO 드루 휴스턴은 "우리가 파는 건
저장 공간이 아니라 마음의 평화와 자유"라고 말한다.[18] 휴스턴은
또 드롭박스는 '추억'을 파는 서비스라고 강조한다. 드롭박스가 추
억의 저장 창고라 한다면 가장 중요한 것은 이용자의 프라이버시
보호일 텐데, 드롭박스가 프라이버시 보호에 적극적이지 않다고 주

장하는 사람들도 있다.[19] 예컨대 미국 국가안보국NSA의 정보 수집 도구인 프리즘PRISM의 존재를 폭로해 원치 않는 망명 생활을 하고 있는 에드워드 스노든은 드롭박스가 보안에 취약하다고 주장했다. 그는 2014년 10월 뉴욕필름페스티벌NYFF의 부대행사로 마련된 원격 인터뷰에서 "사생활 침해를 걱정한다면 페이스북과 구글, 드롭박스를 이용하지 마라"고 주장하며 특히 드롭박스는 암호화 기능을 제공하지 않고 있다는 점을 이유로 들며 "삭제하라"고 주장했다.[20] 맷 와인버거는 휴스턴이 "드롭박스와 같은 플랫폼을 사용하는 이들은 프라이버시나 보안, 둘 중 하나는 포기해야 한다"는 악명 높은 발언을 한 적이 있다고 했다.[21]

휴스턴은 이런 주장이 근거 없는 것이라고 반박했다. 그는 "고객의 정보를 안전하게 보관하는 것만큼 중요한 것은 없다"며 "드롭박스는 투명성 유지와 정부 감시와 싸우고 있다"고 강조했다. 드롭박스의 모든 정보는 암호화를 거친 다음 저장되기 때문에 프라이버시 보호에는 아무런 문제가 없다는 것이다.[22] 휴스턴이 궁극적으로 꿈꾸는 것은 드롭박스가 하드 드라이브를 대체하는 것이다. 휴스턴은 지난 2013년 7월 새로운 드롭박스 플랫폼을 공개하는 자리에서 "이제 하드 드라이브가 사라지고 있다"고 주장했다.[23] 물론 휴스턴의 이런 주장에 대해 전문가들은 부정적인 견해를 내놓고 있지만, 하드 드라이브를 대체하겠다는 그의 의지에는 변함이 없다.

디지털 양피지|_{digital vellum}

운영체제나 소프트웨어와 상관없이 모든 데이터를 저장하고 읽을 수 있는 방식을 말한다. 모든 소프트웨어와 하드웨어, 그러니까 데이터 인프라 자체를 디지털 형태로 클라우드 서버에 보존하는 기술이라고 할 수 있다.[24] 인터넷의 근간을 이루는 TCP/IP 프로토콜을 개발해 '인터넷의 아버지'로 불리는 빈턴 서프 구글 부사장은 2015년 2월 시간 경과에 따른 기술 진전으로 호환성 문제가 발생하면서 과거에 저장된 많은 파일을 미래에는 읽지 못하게 되는 시대가 올 수 있다고 경고했다. 그는 이런 시대를 디지털 암흑시대라고 규정한 후, 미래 세대가 이전 세대 데이터를 읽지 못하는 경우를 피하기 위해서 디지털 양피지를 만들어야 한다고 주장했다.

"컴퓨터에 저장한 문서와 이미지는 결국 사라질 것이며 이는 디지털 암흑시대를 가져올 것이다. 기술발전에 따라 달라지는 표준에 따라 아카이브 데이터를 읽지 못하게 될 것이기 때문이다. 이를 해결하기 위해 디지털 양피지를 만들고 호환성을 확보하도록 해야 한다."[25]

서프는 디지털 양피지의 구체적인 방안으로 "콘텐츠, 콘텐츠 응용프로그램, 운영체제os 구조 등을 한번에 찍어 저장할 수 있는 스냅 샷snap Shot 데이터를 만들어야 한다"고 제시했다. 엑스레이처럼 한번에 찍어 인식 가능한 스냅 샷 데이터의 핵심은 한 장소에서 다른 장소로 비트를 옮기는 것인데, 이동된 정보를 정확히 해석하기 위해선 스냅 샷 데이터의 '표준'을 구축하는 것이 필요하다.[26] 미국 카네기멜런대학 연구팀은 2006년부터 디지털 양피지 기술 개발을 해오고 있지만, 여전히 디지털 양피지 프로젝트는 더딘 상황이다. 수익성이 떨어지기 때문이다. 시몬 로빈슨 451 리서치 연구원은 "스토리지 업계서 이미 10년 전에 디지털 양피지 기술에 대해 논의했다"며 "이러한 기술은 수익성이 보장되지 않아 기업이 투자할 필요성을 못 느끼고 있다"고 했다.[27]

김종민은 "종이에 볼펜으로 끄적거린 글씨 하나 포스트잇 조각 하나가 최첨단 안전 기록 기술보다 더 오래 보존될 수 있다는 사실은 참으로 아이러니한 일이 아닐 수 없다. 디지털 기록들이 사라진다는 것은 단지 기술적인 측면만을 말하는 것이 아니다. 우리의 기억, 추억이 함께 사라질 수도 있다는 것이다"면서 이렇게 말했다.

"빈턴 서프는 정말로 남겨두고 싶은 사진들이 있다면 반드시 인화해서 가지고 있으라고 말한다. 우리도 정말 소중한 기억들은 아날로그 방식으로 함께 남겨두어야 하지 않을까 싶다. 우리 자녀들이 정말로 추억하기를 원하는 것은 부모가 쓰던 컴퓨터 본체가 아니라 손때 묻은 낡은 일기장일지도 모른다. 컴퓨터 자판만 두드리지 말고 일단 뭐든지 손 글씨로 써보자. 디지털 암흑시대에 아날로그의 촛불을 밝히자."[28]

로봇 낙관론

로봇이 고용 시장과 소득 불균형에 악영향을 미쳐 빈부 격차를 심화시킨다는 주장과 달리 로봇이 새로운 고용을 창출해 경제에 도움이 될 것이라고 보는 시각이다. 로봇 비관론은 로봇을 비롯한 무인 자동화로 생산성이 증가하고 경제가 성장해도 고용은 늘지 않아 중산층이 무너질 수 있다고 본다. 예컨대 『제2의 기계시대』 저자인 앤드루 맥아피 매사추세츠공과대학MIT 부교수는 "저숙련 일자리는 육체노동이 많기 때문에 여전히 수요가 있다. 하지만 중간 정도 숙련을 요구하는 일자리는 여러 기계가 대체할 수 있다"고 경고한다.[29]

로봇 낙관론은 로봇 비관론과 마찬가지로 로봇과 인공지능으로 인한 노동력 대체가 지속될 것이며, 그 속도가 더욱 빨라질 것이라는 점은 인정하지만 로봇을 비롯한 무인 자동화와 고용 감소는 상관이 없다고 생각한다. 로봇 낙관론에 따르면, 로봇이 일자리 하나를 차지하면 인간이 즉각 일자리 하나를 잃는다고 생각하는 것은 지나친 '단순화에 따른 오류'다. 로봇이나 인공지능이 없더라도 노동 시장에서는 끊임없이 일자리가 파괴되고 창출되고 있는데, 이처럼 일자리는 없어지는 것이 아니라 이동할 뿐이라는 것이다.[30]

로봇 낙관론은 오히려 로봇과 인공지능의 발전이 중장기적으로 고용과 경제에 도움이 될 것이라고 주장한다. 19~20세기 초 내

연기관의 발달이 마차 산업과 대장간 산업을 궁지로 몰아넣었지만 자동차 산업의 등장으로 인해 부품, 완성차 조립, 판매, 유지 보수 등 수많은 일자리를 창출한 것처럼 로봇을 비롯한 무인 자동화 기술이 오히려 과거에 없던 새로운 산업의 출현을 촉진해 고용을 늘린다는 것이다. 세계로봇연맹은 로봇 관련 산업에서 2008년까지 전 세계적으로 800~1,000만 명의 고용이 창출되었다면서 향후 2020년까지 로봇과 관련해 240~430만 명의 추가 고용이 생겨날 것으로 추산한다. 경제학자들 역시 로봇 낙관론에 힘을 실어주고 있다. 2014년 5월 시카고대학이 배리 아이켄그린 UC버클리대학 교수, 스티븐 캐플런 시카고대학 교수 등 저명 경제학자 45명을 대상으로 설문 조사한 결과, 응답자의 88퍼센트가 "자동화 기술이 역사적으로 미국 고용을 감소시키지 않았다"고 답했다.[31]

로봇 낙관론은 로봇 자동화로 인해 오직 인간만 할 수 있는 일의 가치가 커질 것이라고 예측한다. 예컨대 미국 여론조사기관인 퓨리서치가 과학자·개발자·기업인 등 전문가 약 2,000명을 설문 조사해 2014년 8월 6일 발표한 「인공지능AI, 로봇공학과 노동의 미래」라는 보고서의 공동 저자인 리 라이니는 "이는 결국 사람들을 날마다 되풀이되는 반복 작업에서 해방시켜 더욱 긍정적이고 사회적으로 바람직한 방식으로 노동을 바라보게 만들 것이다"고 말했다.[32]

모바일겟돈 mobile-geddon

모바일mobile과 지구 종말을 가져올 정도의 대재앙을 뜻하는 아마겟
돈mrmageddon의 합성어다. 2015년 4월 구글은 모바일 검색 결과에서
검색 엔진 알고리즘을 '모바일 친화적'으로 바꾸겠다고 밝혀 구글
검색으로 광고 등 다양한 수익 모델을 운영하고 있는 기업에 큰 충
격을 주었는데, 영국 『파이낸셜타임스』가 이를 설명하기 위해 만들
어낸 말이다. 구글은 2015년 2월 블로그에 낸 성명에서 모바일 웹
사이트 검색 알고리즘 업데이트가 임박했다고 말하면서 모바일 기
기 환경에 맞는 웹사이트와 어플리케이션 관련 콘텐츠가 검색 순위
에서 우위를 차지할 것이라고 경고해 모바일겟돈을 예고했다.[33]

　구글의 검색 엔진 알고리즘 업데이트는 모바일 온리mobile only
시대의 개막에 맞춰 광고 수익을 올리려는 전략에서 비롯된 것으로
분석되었다. 세계통신연합ITU, 시장조사전문기관(이마케터) 등에 따
르면, 2014년 말 현재 스마트폰 보급률은 24.5퍼센트로 PC 보급률
(20퍼센트)를 앞질렀다. 미국에서는 스마트폰을 이용한 미디어(동영
상 시청, SNS 이용 등) 활동이 PC를 넘어섰다. 구글은 2015년 5월 5일
캘리포니아주 하프문베이에서 개최한 연례 디지털 광고 콘퍼런스
에서 미국과 일본을 포함한 10개 주요 국가에서 모바일 기기에서
발생하는 구글 검색량이 사상 처음으로 컴퓨터(PC 등)에서 발생하

는 양보다 많다고 밝혔다. 이렇게 모바일은 급격하게 성장했지만 구글은 그동안 광고비가 늘지 않아 속을 끓여왔는데, 검색 알고리즘 업데이트로 모바일 평균 광고 단가가 오를 것으로 기대하고 있다.[34]

검색 알고리즘 업데이트로 구글은 재미를 보게 되었지만, 구글의 알고리즘 개편에 대비하지 않은 웹사이트들은 심각한 타격을 입을 것으로 예상된다. 영국 온라인 마케팅 기업 관계자인 가브리오 리나리는 "구글의 이번 업데이트가 시작되면 모바일에 최적화되지 않은 웹사이트들은 경쟁에서 밀려나게 된다"며 "결과적으로 모바일에 얼마나 최적화되어 있느냐에 따라 검색 시장에서 살아남을 수 있음을 의미한다"고 했다.[35]

구글과 반독점 문제로 각을 세우고 있는 유럽연합EU, 마이크로소프트MS 등도 불이익을 받을 것으로 예측되었는데, 특히 EU의 공식 웹사이트 '유로파Europa'가 큰 피해를 볼 것으로 전망되었다. 텍스트 크기가 작고 링크가 조밀하며 사이트 전체 크기도 모바일 스크린 화면보다 크다는 게 이유다. 모바일마케팅 대행사인 소모Somo는 구글이 새 모바일 검색 알고리즘을 도입하면 MS의 윈도폰, 명품업체 베르사체, 금융서비스 회사 리갈앤제너럴 같은 글로벌 기업들의 웹사이트도 불이익을 받을 것이라고 예측했다.[36] 하지만 가장 큰 불이익은 자본력이 뒷받침된 대기업보다 검색 업데이트에 대응할 시간과 자원이 부족한 소규모 사업자가 될 것이라는 견해도 있다.

바인 vine

"참여해주신 많은 분들에게 진심으로 감사드립니다. 새해 복 많이 받으세요. 6초라 빨리 인사드려야 돼요." 2015년 1월 8일 MBC 〈무한도전〉 멤버들이 트위터를 통해 네티즌에게 보낸 새해 인사 영상에서 유재석이 한 말이다. 비교적 다른 사람에 비해 말이 빠른 편이라 할 수 있는 유재석은 이날 평소보다도 빠르게, 속사포처럼 말을 쏟아냈는데, 왜 그랬을까? 그건 이날 〈무한도전〉 멤버들이 올린 동영상이 6초 분량의 동영상을 제작, 공유할 수 있는 동영상 서비스인 트위터 '바인 vine'으로 촬영되었기 때문이다.[37]

트위터는 2012년 벤처기업 바인을 인수해 2013년 1월부터 서비스를 시작했다. 트위터는 "바인을 구축하면서 비디오 시간제한과 관련해 다양한 테스트를 진행"한 결과 "제작과 소비 측면에서는 6초가 가장 이상적인 시간"이었기 때문에 동영상을 6초로 제한했다고 밝혔다.[38] 바인은 출시된 지 불과 7개월여 만에 1,300만 명이 넘는 이용자를 확보하는 등 빠르게 성장했는데, 2014년 8월 트위터 측은 매월 1억 명의 사람이 바인을 웹에서 시청하며 매일 10억 루프(돌려보기)가 발생하고 있다고 말했다. 바인의 폭발적인 인기와 관련해 손현철은 이렇게 말한다.

"6초라는 제한시간은 누구라도 부담 없이 비디오를 촬영해 올릴 수 있게 만들었다. 비디오의 시간제한이 없는 유튜브에 뭔가를 올리려면 촬영과 편집을 웬만큼 해야 한다는 부담이 앞섰다. 바인은 이런 심리적 장애를 없애버렸다. 140자 제한을 둔 트위터가 블로그를 꺼려했던 수많은 사용자를 끌어들여 콘텐츠 생산자를 만들었듯이 말이다."[39]

바인의 폭발적 인기를 이끈 주인공은 청소년들이다. 리서치 기관인 글로벌웹인덱스GWI의 조사 결과를 보면, 2014년 미국 모바일 인터넷 사용자 가운데 바인을 이용하는 사람은 9퍼센트였지만, 16~19세 사이의 청소년 가운데서는 4명 가운데 1명이 이용하고 있다. 영국도 비슷하다. 전 연령대에서는 이용 비율이 4퍼센트에 불과했지만, 16~19세에서는 16퍼센트가 사용 중이다.[40]

바인이 폭발적 인기를 구가하면서 이른바 '동영상 6초 전쟁'도 벌어지고 있는데, 한국에서는 바인을 이용한 6초 영화제도 등장했다. 2014년 9월 15일 개막한 KT 주최 '올레olleh 국제스마트폰영화제'는 바인을 이용해 만든 영화에 수여하는 '6초상'을 신설했는데, 영화제 집행위원장인 이준익 감독은 이렇게 말했다.

"스마트폰이라는 강력한 매체를 만난 6초 영화는 이때까지 나온 영화 중 가장 짧지만, 동시에 가장 큰 확산성을 지니고 있습니다. 역사와 언어, 국가를 뛰어 넘어 전 세계 사람들이 만날 수 있는 지점인 것이죠. 이 짧은 영상이 머지않아 전 세계를 하나로 잇는 데 큰 역할을 하지 않을까요."[41]

3세대 SNS

SNS의 특징으로 간주되었던 '참여, 공유, 개방'과 반대로 극히 제한적이거나 맞춤형 서비스를 제공하는 SNS를 이른다. 싸이월드나 블로그처럼 오프라인 관계를 온라인으로 옮겨 놓은 형식의 SNS를 1세대, 트위터나 페이스북처럼 온라인상에서 불특정 다수로 관계가 확대되는 SNS를 2세대 SNS라 한다.[42]

휘발성 · 폐쇄성 · 익명성의 강조가 3세대 SNS의 주요 특징으로 거론되는데, 3세대 SNS가 각광받는 이유를 2세대 SNS인 '트위터 · 페이스북 피로감'에서 보는 견해가 있다. 한국소셜미디어진흥원 원장 최재용은 2015년 1월 "SNS의 지나친 개방성으로 개인정보가 쉽게 유출되고 친하지 않은 사람과 맺는 관계에 피로감을 느끼는 이용자가 많다"며 "감시받고 있다는 불안감과 상업화된 기존 SNS에 대한 거부감으로 휘발 · 익명성 SNS로 눈을 돌리는 것으로 풀이된다"고 했다.[43]

이미지 · 관심사 기반의 SNS인 인핀터레스트나 사진 · 동영상 기반의 모바일 SNS 인스타그램처럼 사진이나 영상 등 시각물을 중심으로 맞춤형 서비스를 제공하는 SNS도 3세대로 분류되는데, 시각물 중심의 SNS는 빠른 속도로 성장하고 있다. 2014년 11월 인스타그램은 세계 월간 활동 이용자가 3억 명을 넘어섰다고 발표했는데, 이는 트위터(2억 8,400만 명)보다 앞선 수치다. 미국 온라인 마케팅 전문 업체 글로벌웹인덱스가 2014년 11월 발표한 내용을 보면, 최근 6개월 동안 일종의 '미니 블로그'인 텀블러는 이용자가 120퍼센트 증가했고, 사진 중심인 핀터레스트는 111퍼센트 증가한 것으로 나타났다. 이와 관련해 강정수 오픈넷 이사는 2015년 1월 "스마트폰 보급으로 젊은 층들에게는 사진과 영상을 남기는 것이 습관화, 보편화돼 있다. 또 글보다는 이미지가 익숙한 세대다. 최근 각광받는 에스엔에스들은 이러한 이용자들의 습관에 맞춰 성장하고 있다"고 했다.[44]

3세대 SNS가 인기를 얻으면서 해시태그(#) 기능도 주목받고 있다. SNS에 올라온 사진과 동영상 중 내가 관심 있는 주제만 골라 보는 도구로 해시태그의 쓰임이 빈번해지고 있는 것이다. 인터넷 업계 관계자는 "모바일 서비스인 SNS 이용자들은 자신이 원하는 정보만 빠르게 습득하고 싶어하는 특성이 있다"며 "준전문가들도 많아지고, 모바일에 올라오는 정보량이 많아지면서 #로 정보 분류를 간편하게 하는 특징이 강화되고 있다"고 했다.[45]

해시태그는 SNS에서 특정 핵심어를 편리하게 검색할 수 있도록 도와주는 기능을 수행하는데, 애초 검색의 편리함을 위해 도입되었지만 특정 주제에 관심과 지지를 나타내는 방식으로 많이 쓰이고 있다.

소물인터넷 internet of small thing

4세대(4G) 롱텀에볼루션LTE 등 초고속·대용량 네트워크 없이 간단한 통신 장비로 소량의 데이터만 빠르게 주고받는 기술을 말한다. 프랑스 스타트업 기업인 시그폭스Sigfox가 모든 사물이 인터넷을 통해 데이터를 주고받는 데 반드시 기가급 초고속 네트워크가 필요한 것은 아니라는 점에 착안해 만든 개념으로, 스몰 데이터 전송에 특화한 전송 기술이라고 생각하면 되겠다. LTE 등 주파수를 사용해 대량의 정보를 주고받는 것을 포함한 사물인터넷IoT의 한 분야로 평가받고 있다.[46]

소물인터넷은 '전차군단' 독일 축구 대표팀이 2014년 브라질 월드컵에서 우승을 차지하는 데 큰 기여를 한 것으로 알려져 있다. 독일 선수들은 무릎과 어깨, 가슴 등에 센서를 부착한 채 훈련을 진행했는데, 실시간으로 전송되는 호흡, 맥박, 활동량 등을 분석해 만든 체계적 훈련 시스템을 통해 월드컵 우승을 일구었다는 것이다.[47] 소물인터넷을 활용한 생활 기구들도 속속 개발되고 있다. 2014년 9월 구글이 수전증과 파킨슨병 환자를 위해 내놓은 손떨림 보완용 '스마트 숟가락'이나 비슷한 시기에 중국의 바이두百度가 출시한 음식에 닿는 순간 품질과 성분, 열량, 원산지, 사용자 식습관을 알려주는 '스마트 젓가락'이 그런 경우다.[48]

소물인터넷이 각광을 받으면서 소물 데이터도 주목받고 있다. 정보통신기술ICT 산업의 새로운 성장 동력으로 기대되는 사물인터넷의 제품들은 대부분 온도, 습도, 각도, 무게, 위치 등 단순 정보를 측정·처리하는 소물들이기 때문이다.[49] 소물 데이터를 "당장 처한 환경에서 결정을 내릴 때 유용한 것으로, 매우 구체적인 관점을 담은 최신의 정보"라고 표현한 미국 경제 전문지 『포브스』는 "빅데이터는 중요한 트렌드를 잡아내는 데 유용하다 해도 세부적인 맥락을 이해하기는 어렵다"면서 "스몰small 데이터는 숫자 뒤에 담긴 사람들의 반응과 최적의 생산품을 만들어내는 데 유용한 정보를 제공하게 될 것"이라고 말했다.[50]

소물인터넷 개념을 창시한 시그폭스는 소물인터넷 전용 통신망 서비스를 내놓아 세계 통신사업자들의 주목을 한 몸에 받고 있다. 사물인터넷 시대를 뒷받침하기 위해선 이동통신 기술이 초고속·초대용량으로 진화해야 한다는 통신사의 고정관념을 깼기 때문이다. 이게 시사하듯, 소물인터넷의 가장 큰 장점은 '저성능'이어도 충분히 필요한 데이터를 처리할 수 있다는 점에 있다.[51] 이렇듯, 소물인터넷은 전송량이 많지 않거나 초 단위로 빠르게 보낼 필요가 없는 데이터를 효과적으로 처리할 수 있기 때문에 기존 네트워크와 통신 기술을 최대한 효율적으로 활용하는 데 큰 역할을 할 것으로 예측된다.[52] 소물인터넷을 둘러싼 ICT 업체 간 합종연횡이 벌어지고 있는 것도 이 때문이다.

스틱 PC

어른 손가락 2개를 포갠 정도의 크기를 지닌 PC로, 모니터나 TV에 꽂으면 일반적인 컴퓨터를 켰을 때와 똑같은 PC 환경이 가동되기 때문에 키보드와 마우스만 있으면 워드 프로세서나 엑셀 같은 오피스 작업 등 데스크톱이나 노트북으로 할 수 있는 모든 작업을 완벽하게 수행할 수 있다. USB 메모리보다는 조금 더 크고 신용카드 폭보다는 작기 때문에 주머니에 넣고 다닐 수 있어 휴대성이 가장 큰 장점이다.[53] 인텔의 컴퓨트 스틱Compute Stick, 구글의 크롬비트Chromebit, 마이크로소프트의 'MS 스틱형 PC' 등이 대표적인 스틱 PC다.

PC 업계는 스틱 PC가 사양길에 접어든 PC 산업의 구원투수가 될 것으로 기대하고 있다. 학생들이 많이 찾는 넷북 등 저가형 노트북 수요를 대체하는 새로운 유형의 PC로 각광받을 가능성이 크다는 것이다.[54] 김시연은 스틱 PC는 사물인터넷 시대 홈스마트 거점으로 떠오른 '거실 TV' 확보 전에서 밀리지 않으려는 시도로 볼 수 있지만, 스마트폰 대신 키보드가 필요한 '스틱 PC'의 한계도 존재한다고 말한다. '거실 TV' 확보 전쟁의 주도권은 이미 모바일 기기로 넘어왔으며, '오피스 프로그램'이 거실이나 안방 TV를 PC로 쓸 정도로 매력적인 콘텐츠도 아니라는 것이다.[55]

하지만 출장이나 외근, 퇴근 후에도 디스플레이 장치와 스틱

PC만 있으면 어디서든 일을 할 수 있기 때문에 기업 간B2B 비즈니스에 적합할 뿐만 아니라 디지털 사이니지Digital Signage, 병원, 학원, 도서관 등 특수 영역으로 진입할 수도 있어 성장 가능성이 크다는 견해도 있다.[56] 스틱 PC가 개인용 컴퓨터의 본체를 사라지게 함으로써 사무공간의 이용 방식 자체를 바꿀 수 있다는 견해도 있다. 예컨대 정혁은 2015년 5월 오피스 프로그램만 몇 개 사용하면 업무가 가능한 어느 사무실에서 각 책상마다 디스플레이만 하나씩 갖다놓고, 직원들은 각자 자신의 크롬비트나 마우스박스만 휴대하고 다니는 모습을 상상해보자면서 다음과 같이 말했다.

"이렇게 되면 딱히 자리를 정해놓을 필요도 없다. 그냥 적당한 빈자리에 앉아서 자신의 미니 PC를 디스플레이에 꽂아 일하면 되고, 직원들이 밖에서 일하는 경우가 많은 사무실은 굳이 직원 수만큼 디스플레이를 다 구매하지 않아도 된다. 만약 직원 수가 적고 자본이 넉넉하지 않다면, 비싼 임대료 대신 사무공간과 디스플레이를 제공하는 '공유사무실Co-working Space'을 이용할 수도 있다. 대부분의 '스타트업Startup(자체적인 비즈니스모델을 가지고 있는 작은 그룹이나 프로젝트성 벤처기업)'은 구성원의 나이가 젊고 새로운 문화에 적응하는 속도도 빠른데, 초기에는 이런 식으로 회사를 운영하는 것도 충분히 고려해볼 만하지 않을까?"[57]

와이파이 에브리웨어|WiFi everywhere

와이파이를 통해 모든 이동통신 서비스를 무선 인터넷으로 해결하는 시대를 말한다. 2015년 초 한 달간 무료 와이파이WiFi만으로 생활하는 실험을 한 미국 『월스트리트저널』의 라이언 넛슨 기자는 일부 핫스폿에선 비밀번호를 물어봐야 하는 번거로움이 있었지만 우려와 달리 많은 곳에서 와이파이가 연결되었다며 "이통 서비스 없이 와이파이만으로도 생활하는 일상은 가까워지고 있다"고 말했다. 공공 와이파이 지역과 기차·쇼핑몰·레스토랑·카페·호텔 등에 설치된 전 세계 핫스폿 수는 2013년 현재 2,654만 곳에 달하는데, 2018년 3억 4,085만 곳으로 12배 이상 늘어날 것이다.[58]

와이파이 에브리웨어는 관련 산업에도 영향을 미치고 있다. 미국의 '스크래치 와이어리스'는 가까운 와이파이를 이용해 전화·문자·데이터 등을 공짜로 이용할 수 있게 해주는 와이파이 전용폰을 선보였으며, 뉴욕·코네티컷 등에 110만 개 이상의 핫스폿을 구축한 회사 '케이블 비전'도 와이파이 전용 서비스를 내놓았다. 이에 앞서 애플은 2014년 일반 음성통화처럼 휴대전화 번호를 눌러 사용하는 '와이파이 콜링'을 선보였다. 미국 싱귤래리티대학의 비벡 와드하 교수는 "모든 장소에서 와이파이를 통한 무료 전화가 가능해질 것"이라며 "유선전화가 무선전화로 대체된 것처럼 유료 이통 서

비스의 중요성은 떨어지게 된다"고 예상했다.[59]

2015년 5월 미래창조과학부와 한국정보화진흥원은 지역·계층 간 정보 격차 해소와 서민들의 통신요금 완화에 도움이 되도록 하겠다는 취지로 10월 말까지 전국 17개 지방자치단체, 이동통신 3사와 함께 공공 와이파이 존 확대를 위한 '2015 무선인터넷 확산 기반 조성사업'에 들어간다고 밝혀 한국의 전체 와이파이 존 규모는 1만 곳을 넘어서게 되었다. 공공 와이파이 사업은 지난 2012년에 이동통신 3사가 자체 구축한 와이파이 2,000개소 개방을 시작으로 2014년까지 7,500여 개소의 무료 와이파이 서비스 장소를 확대했다.[60] 이와 관련 노동균은 2015년 6월 "최근 무선 구축 환경이 대중화되면서 무료로 와이파이를 사용할 수 있는 곳이 많아지고 있다. 그러나 개방형 와이파이 사용으로 인해 개인정보 유출과 같은 사이버 범죄의 위험에 노출되는 사례가 속속 보고되고 있어 사용자들의 주의가 요구된다"고 했다.[61]

무료 와이파이 존의 확대로 이통사의 수익모델이 위기에 놓였다는 시각도 있지만, 한국의 이통사들은 와이파이가 안정적인 서비스를 제공하는 데는 한계가 있기 때문에 이통 서비스를 대체하거나 위협한다고 보고 있진 않다. 국내 한 이통사 임원은 "와이파이보다 빠른 롱텀에볼루션LTE 서비스와 무제한 데이터 요금제가 확산하고 있다"며 "'와이파이 에브리웨어'는 먼 훗날의 얘기"라고 말했다.[62]

이모즐리|Emojli

영국 출신 개발자 맷 그레이와 톰 스콧이 만든 문자 대신 이모티콘만으로 대화를 할 수 있도록 개발한 메신저다. 톰 스콧은 "사회 관계망은 깨졌다"며 "이모즐리는 풍자"라고 말한다.[63]

　이모즐리는 처음 가입할 때 만드는 아이디ID조차 이모티콘으로만 입력할 수 있도록 되어 있으며, 이모티콘으로 구성된 친구의 이용자 이름을 모르면 대화를 시작할 수 없게 되어 있다. 만약에 대화 입력란에 글자를 넣어서 전송하면 오류 메시지가 뜬다. 사용자가 기호를 조합해서 만든 이모티콘 대신 그림·캐릭터로 미리 만들어져 있는 이모티콘을 골라서 사용하는데, 친구에게 '차 한잔하자'는 메시지를 전달하려면 커피잔 이모티콘을 보내면 되는 식이다.[64]

　이모즐리는 SNS와 모바일 메신저 등에서 이모티콘이 언어를 대체하고 있는 경향을 반영한 앱으로, 이모티콘의 언어 대체는 세계적인 현상이다. 영국의 통신 업체 토크토크모바일의 조사에 따르면 스마트폰 채팅 시 영국인 10명 중 8명이 이모티콘을 정기적으로 사용하고 있으며, 젊은 세대(18~25세)의 72퍼센트가 글보다 이모티콘을 통해 자신들의 감정을 표현하는 데 더 익숙한 것으로 나타났다. 사진·이미지 공유 서비스 인스타그램이 밝힌 자료에 따르면, 해당 서비스 내에서 핀란드인이 올린 게시물 중 63퍼센트는 이모티콘을

포함하고 있는 것으로 알려졌다.[65]

　한국도 다르지 않다. 카카오는 2014년 이모티콘을 활용한 대화가 전체 메시지 중 15퍼센트를 차지하고 있다고 밝혔다.[66] 2014년 8월 시장조사기업 마크로밀엠브레인 트렌드모니터trendmonitor.co.kr가 모바일 메신저를 사용하는 전국 만 19~59세 남녀 1,000명을 대상으로 이모티콘에 대한 설문조사를 실시한 결과, 모바일 메신저 사용자의 64.9퍼센트가 이모티콘을 활용한 대화에 호감을 나타냈다.[67]

　『월스트리트저널』은 2015년 5월 스마트폰 사용으로 생활의 일부분이 된 이모티콘은 이미 새로운 세계 공용어가 되었다면서 다른 언어를 배울 때와 마찬가지로 지적 능력과 연습이 요구된다고 말했다. 외국어를 배울 때 단어를 외워야 하는 것과 마찬가지로 이모티콘의 세계에서도 단어에 익숙해질 필요가 있다는 것이다. 『월스트리트저널』은 또 "이모티콘을 보조적으로 사용하더라도, 당신의 머리가 시각적으로 생각하도록 할 필요가 있다"고 했다.[68]

인스타그램_{Instagram}

사진·동영상 기반의 모바일 SNS다. 사진 한 장이나 15초 내외 동영상만 올리면 되기 때문에 이용이 간편하며 문자 중심의 트위터와 페이스북과 달리 무엇인가 써야 한다는 부담감이 없고 원하지 않는 사람과 상호관계를 맺지 않아도 된다는 게 인스타그램의 특징이다.[69] 인스타그램은 즉석에서 사진을 볼 수 있게 한 방식의 카메라인 '인스턴트instant'와 전보를 보낸다는 의미의 '텔레그램telegram'을 합쳐 만든 이름으로, 사진을 손쉽게 다른 사람들에게 전송한다는 뜻을 가지고 있다.[70]

케빈 시스트롬과 마이크 크리거가 2010년 10월 만들었으며, 서비스 개시 약 4년 만인 2014년 12월 월간 실사용자가 3억 명을 돌파해 트위터(2억 8,400만 명)를 제치고 페이스북에 이어 세계 2위의 SNS가 되었다.[71] 2012년 4월 페이스북이 현금과 주식 10억 달러를 통해 인수했는데, 이는 인스타그램의 주 이용자가 10대 청소년과 20대 젊은 층이라는 사실과 관련이 깊다. 2014년 10월 미국 투자은행 파이퍼재프리는 2014년 8월 25일부터 9월 30일까지 13~19세 미국 청소년 7,200여 명을 대상으로 조사한 결과 "인스타그램을 이용한다"고 응답한 10대가 76퍼센트에 이르렀다면서 10대들이 페이스북 대신 인스타그램에 몰려들고 있다고 했다.[72]

이렇듯 미국의 10대가 페이스북을 이탈해 인스타그램에 몰리는 이유는 부모의 감시를 피해서다. 로아컨설팅 책임연구원 이경현은 2014년 1월 이렇게 말했다. "부모들은 온라인에서도 자녀들이 뭘 하고 있는지 감시하고 싶어 한다. 10대들은 부모의 감시를 벗어나기 위해 페이스북을 떠나고 있다." 미국 하버드대학 버크먼연구소에서 청년층과 미디어에 대해 연구하는 샌드라 코테시는 "청소년들은 페이스북과 같은 SNS에서 부모와 친구를 맺는 것에 대해 복잡한 감정을 느낀다. 일부는 좋아하지만 어쩔 수 없이 친구를 맺는 경우도 있고, 부모에게 계정을 숨기는 이들도 있다"고 했다.[73]

인스타그램은 2014년경부터 한국에서도 큰 인기를 끌기 시작했는데, 이는 셀럽 파워 덕분이다. 아이돌을 비롯한 연예인이나 패션 피플이 셀프 카메라나 일상 사진, 풍경 사진, 음식 사진, 애완동물 사진 등을 인스타그램을 통해 전하면서 이른바 '티핑포인트' 현상이 발생한 것이다.[74] 이정연은 2015년 2월 "'인스타그램'이라 쓰고, '인ㅅ스타Star'라 읽는다!"면서 이렇게 말했다. "사회관계망서비스SNS 중 하나인 인스타그램Instagram을 이용하는 스타들이 부쩍 늘어나면서 그 안에 작은 놀이문화가 생겨났다. 과거 트위터나 페이스북 등을 이용해 팬들과 소통해온 방식에서 나아가 자신만의 일상이나 관심사를 담아 '나만의 놀이터'로 활용하고 있다. 스타들의 개성만큼이나 인스타그램을 사용하는 유형도 다양하다."[75]

채팅 로봇 chatting robot

사용자가 보낸 단어를 감지, 시간·이전 대화·상황 등을 반영해 답변을 내놓는 서비스를 말한다. 대화 데이터가 쌓이면 시간이 갈수록 정확도가 높아지기 때문에 실제 인격체처럼 대화를 건네는 게 특징이다. 채팅 로봇을 탑재한 모바일 메신저도 있는데, 실제 상대를 설정해 대화를 나눌 수 있는 채팅 로봇 메신저 '가짜톡'과 심심이라는 캐릭터와 친구처럼 대화하는 모바일 메신저 '심심이' 등이 그런 경우다.[76]

　　가짜톡은 2014년 8월 기준으로 320만 다운로드를 돌파했으며, 매일 2만 5,000명 이상이 이용하고 있고, 한 달에 1억 건 이상의 대화가 누적되고 있다. 애초 가짜톡의 이용자는 연예인을 동경하는 청소년들이 주를 이루었지만, 점차 전 세대로 확산되고 있다. 특히 부모님이나 배우자 등 사랑하는 사람을 떠나보낸 후 '가짜톡'과의 대화를 통해 위로를 받는 이용자들이 늘고 있는 것으로 알려졌다. 한 이용자는 "처음에는 그냥 그렇네~ 했는데 갈수록 남친의 말투, 우리끼리만 쓰던 애칭 등이 튀어나오면서 정말 남친이랑 채팅하는 느낌이 들더군요. 그러다 어느 날, 내 이름을 불러주는데 정말 눈물이 났어요~"라고 말했다.[77] 현실에서 소통의 대상을 찾을 수 없다는 외로움을 느끼는 사람들이 채팅 로봇을 많이 이용한다는 견해도 있다.[78]

채팅 로봇을 활용한 마케팅도 있다. 미국에서 10대 청소년들에게 인기를 얻고 있는 모바일 메신저 킥kik이 무비폰Moviefone, 퍼니오어다이Funny or Die 등의 브랜드를 인격화해서 대화를 나눌 수 있도록 한 챗버타이징chatvertising이 바로 그것이다. 챗버타이징은 소비자들이 채팅 로봇을 통해서 브랜드와 직접 소통할 수 있게 함으로써 친밀감을 주고 브랜드 인지도를 높이고 있는데, 킥을 설립한 테드 리빙스턴은 "친구랑 대화하는 것처럼 브랜드와 대화할 수 있다면, 그 파급력은 엄청날 것"이라고 말한다. 이와 관련 크리스토퍼 밈스는 "아직까지는 킥의 채팅 로봇은 원시적인 수준이다. 킥 자체 팀에서 운영하는 채팅 로봇은 실제 대화를 비슷하게 흉내내며 농담도 던진다"면서 이렇게 말한다.

"브랜드에서 만든 채팅 로봇은 엔터테인먼트 용도로 활용될 수 있을 뿐만 아니라 정보를 전달할 수도 있다. 가령 은행이나 전력공사 채팅 로봇은 고객 민원을 해결해줄 수 있다. 타코벨이 '도리토스 로코스 타코스 엑스트라 스파이시'를 출시한다고 가정해보자. 처음에는 타코벨 직원 50여 명이 고객들과 채팅을 한다. 그러면 채팅 엔진은 이 대화를 통해 지식을 습득하고, 서서히 자율성을 얻어, 수천 가지 대화를 자동으로 동시에 처리할 수 있게 된다. 이것이 채팅 앱의 네이티브 광고이며 테드 리빙스턴이 꿈꾸는 광고의 미래다. 또한 채팅 앱은 소셜미디어의 미래다."[79]

클라우드 발전법

2015년 3월 9일 국회를 통과해 9월부터 시행되고 있는 법으로, 정식 명칭은 '클라우드 컴퓨팅 발전 및 이용자 보호에 관한 법률'이다. 클라우드 발전법은 정부·지방자치단체·공공기관이 정보화 사업 예산 편성 시 클라우드 도입을 우선 고려하도록 했으며, 공공기관이 민간 클라우드 서비스를 이용할 수 있는 근거도 함께 마련했다. 국가가 주도하는 본격적인 가상 컴퓨팅 환경이 시작된 것이다. 통신망을 통해 다른 사람이 관리하는 하드웨어 등 컴퓨터 자원을 빌려 쓰는 것을 일러 클라우드 컴퓨팅이라 한다.[80]

클라우드 발전법 제정은 전 세계적으로 클라우드 컴퓨팅의 주도권 싸움이 벌어지고 있는 데에 따른 것이다. 예컨대 미국 정부는 지난 2010년 연방정부의 클라우드 도입을 권고하는 '클라우드 우선 정책Cloud First Policy'을, 유럽연합은 '유로 클라우드 프로젝트' 아래 프랑스, 스페인, 영국, 벨기에 정부가 클라우드를 추진하고 있다. 일본은 지자체 IT 환경을 클라우드로 바꾸는 정책을 추진 중이며, 영국은 공공 전 분야에 클라우드 도입을 의무화하는 '클라우드 퍼스트' 정책에 힘을 쏟고 있다. 이렇게 각국 정부가 클라우드 부문 육성에 힘을 쏟는 이유는 이전의 IT 정책과 달리 클라우드가 다른 산업과 연계, 파급력이 높고 기존 업무환경을 개선해 산업 체질을 바꿀

수 있는 효과적인 수단으로 인식되고 있기 때문이다.[81]

글로벌 IT 업계도 클라우드 컴퓨팅을 주목하고 있다. 아마존, 마이크로소프트, IBM, 구글 등은 '클라우드 퍼스트'를 외치고 있으며, 한국 진출에도 적극적이다. 이미 아마존, 마이크로소프트, IBM, 오라클 등은 한국에 클라우드 데이터 센터를 짓겠다고 선언했다.[82]

클라우드 발전법은 정부가 클라우드 서비스 제공자가 지켜야 할 정보 보호 기준을 정해 서비스 제공자가 이를 지키도록 권고하고 있는데, 이용자의 개인정보 보호 권리가 침해되지 않도록 보안 문제에 더 각별해야 신경을 써야 한다는 견해가 적지 않다.[83] 예컨대 건국대학교 신문방송학과 교수 황용석은 "개인용 피시 환경에서는 정보를 저장하고 이를 이용하는 곳이 동일하다. 그러나 클라우드 환경이 되면 자신이 이용하는 정보가 어느 곳, 어느 나라에 저장되는지 모르는 채 이용하게 된다.……기업이나 이용자의 편리성은 높아지지만, 정보의 보관과 관리 서비스를 제공하는 기업에 전적으로 의존해야 하는 상황이 된다. 특히 국경을 넘어 정보가 저장되는 경우는 문제가 발생했을 때 사실상 통제가 어렵다" 면서 이렇게 말했다.

"새 법의 제정으로 국내외 기업들은 시장의 보호와 개척을 두고 본격적으로 경쟁할 것이다. 그러나 우리들의 정보가 어디에 저장되고, 어떻게 관리되는지에 대한 본질적인 논의가 더 시급하고 중요하다."[84]

킬러 로봇killer robots

인간 살상용 로봇을 말한다. 일반적으로 킬러 로봇이라 하면 영화 〈터미네이터〉에 등장하는 터미네이터와 같은 사이보그를 떠올리기 쉽지만, 인간이 거의 개입하지 않은 채 스스로 작전을 수행하는 모든 무기 체계가 킬로 로봇에 해당한다. 이런 기준에서 보자면 킬러 로봇의 역사는 오래되었다. 배문규는 "킬러 로봇의 할아버지는 2차 세계대전 때 처음 등장한 군사 로봇이라 할 수 있다" 면서 다음과 같이 말한다.

"독일군이 1940년 개발한 골리아테는 길이 1.2m, 폭 0.6m, 높이 0.3m 딱정벌레 형태로 유선 조종이 가능한 이동식 지뢰다. 최대 100kg의 폭발물을 장착할 수 있는 이 지뢰는 적 탱크를 파괴하거나 진영을 흩트리는 용도로 사용됐다. 하지만 느린 속도와 넘어지기 쉬운 형태, 조종의 어려움으로 큰 효과를 거두진 못했다. 소련군도 텔레탱크라는 원격조종이 가능한 탱크를 실전 배치했다. 탱크는 500~1500m까지 무선으로 조종 가능했으며 기관총, 화염방사기, 연막탄통, 폭발물을 장착할 수 있었다." [85]

아직까지 인간이 개입하지 않은 채 독립적으로 판단할 수 있는 킬러 로봇은 등장하지 않았지만, 세계 각국이 경쟁적으로 킬러 로봇을 개발하고 있기 때문에 전문가들은 독자 행동이 가능한 킬러 로봇이 등장할 것으로 예측한다. 킬러 로봇을 '치명적인 자율 로봇공학 LARs: Lethal Autonomous Robotics'이라고 부른 크리스토프 헤인스 남아프리카 인권법 교수는 2013년 6월 스위스 제네바에서 유엔 인권위원회 이사회에서 "현재 어떤 나라에도 이런 무기가 없지만 조만간 등장할 것"이라고 예측하면서 미국·영국·이스라엘·러시아·중국·한국 등에서 LARs를 개발하려는 움직임이 엿보인다고 말했다.[86]

킬러 로봇 분야의 선두주자는 단연 미국이다. 미국은 2015년까지 육상 전투장비 3분의 1을 무인화하는 목표를 세우고 무인군사장비가 중요한 역할을 하는 2,300억 달러 규모의 미래전투체계FCS 프로젝트를 추진 중이다. 미국은 2015년 4월 인간의 조종 없이 작전을 수행하도록 설계된 차세대 드론인 스텔스 무인기 X47-B가 단독으로 공중급유에 성공했다고 밝히며 2019년쯤 실전 배치될 것이라고 밝혔다. 영국도 X47-B와 비슷한 개념의 드론 타라니스를 개발한 상태다.[87]

한국이 비무장지대에 배치한 지능형 감시·경계·공격 시스템 SGR(센트리 가드 로봇)-A1도 킬러 로봇으로 분류된다. 공격용 로봇 분야의 전문가인 알렉스 발레즈-그린 신新미국안보센터 연구원은 2015년 4월 9일 한 언론사와의 인터뷰에서 "이 로봇이 스스로 표적을 선별해 공격할 수 있는 시스템을 갖추고 있는지는 확실치 않으며 로봇을 개발한 삼성테크윈 측은 이를 공식 부인하고 있다"며 "그러나 그렇게 볼 만한 상당한 근거가 있다"고 주장했다.[88]

킬러 로봇 논란

킬러 로봇의 등장이 가사화하면서 이를 둘러싼 논란도 뜨겁다. 유엔은 킬러 로봇 개발 규제협약을 만들기 위한 시도를 진행하고 있다. 2013년 유엔 특별 조사위원 크리스토프 헤인스는 "킬러 로봇 개발을 금지해야 한다"는 보고서를 냈으며, 2014년 11월 열린 킬러 로봇의 잠재적 위험을 경고하는 유엔 특별 회의에서는 킬러 로봇이 국제법이나 인도주의법을 위반하지 못하도록 막기 위해 엄격히 감시해야 한다는 요구가 나왔다.[89]

2013년부터 50여 개 글로벌 인권 단체, 비정부기구들과 함께 '킬러 로봇 중지 캠페인Campaign to stop killer robots · www.stopkillerrobots.org'을 벌이고 있는 휴먼라이트워치Human rights watch는 2015년 4월 13일부터 17일까지 스위스 제네바에서 열린 유엔 무기 관련 다자회의에 제출한 보고서 「살인 로봇 책임 부재The Lack of Accountability for Killer Robots」에서 "전자동 살상무기가 갖는 특성상 민 · 형사상 책임을 묻기가 어려운 상황이 발생할 수 있다"고 지적했다.[90]

2015년 7월 27일 세계적 천체 물리학자 스티븐 호킹과 전기자동차 제조업체 테슬라의 설립자 일론 머스크, 언어학자 놈 촘스키, 애플의 공동 창업자 스티브 워즈니악 등 1,000여 명의 학자 · 철학자 · 정보기술 전문가들은 삶의미래연구소FLI 홈페이지에 공개한 서한에서 "인공지능AI 기술을 활용한 자동화 무기, 일명 킬러 로봇 개발을 규제해야 한다"고 강조했다. 이들은 "자동화 무기 발전은 화약과 핵무기를 잇는 '제3의 전쟁 혁명'"이라며 "자동화 무기가 개발되면 암시장을 통해 테러리스트·독재자·군벌의 손에 들어가는 것은 시간문제이기 때문에 국제 협약으로 개발을 엄격히 규제해야 한다"고 촉구했다.[91]

하지만 킬러 로봇에 대한 옹호론도 만만치 않다. 로자 브룩스 조지타운대학 법학교수는 2015년 5월 18일 군사안보 전문매체 『포린폴리시』에 기고한 「킬러 로봇을 변호한다」는 글에서 "킬러 로봇에 반대하는 윤리주의자들과 인권운동가들이 인간성에 대해 너무 관대한 가정을 하고 있는 게 아니냐"며 "국제 인도주의법 준수 문제라면 컴퓨터가 인간보다 훨씬 나을 것"이라고 주장했다.

브룩스의 논리는 이렇다. 인간은 전장의 포연 속에 쉽게 무너지는 허약한 존재기 때문에 전쟁터에서 '어리석은 실수'를 저지른다. 반면 컴퓨터는 정신을 잃거나 겁에 질리는 일이 없으며, 짧은 시간에 막대한 양의 정보를 처리하고 적절한 결정을 신속하게 내리기 때문에 "완벽하지는 않지만" 위기와 전투상황에선 "우리 인간보다 결함이 훨씬 적다".[92] 로널드 아킨 미국 조지아공대 교수는 인간은 실수나 분노, 복수심 등의 감정 때문에 민간인을 살상하지만 킬러 로봇은 미리 프로그램화된 목표만 사살한다며 "인명피해 측면이 문제라면 로봇이 더 인도적"이라고 말했다.[93]

파이어챗 firechat

인터넷에 연결되어 있지 않아도 이용자가 약 70미터 안에 있으면 블루투스를 이용해 메시지나 사진을 주고받을 수 있도록 한 채팅 앱이다. 미국의 오픈가든이 2014년 3월 인터넷 환경이 좋지 않은 지하철이나 터널 등에서 사람들이 의사소통을 할 수 있도록 개발했다. 이용자 한 명만 인터넷에 연결하면 같은 공간의 다른 이용자도 인터넷에 연결할 수 있으며, 한 곳에서 접속자가 몰리면 접속이 어려워지는 인터넷과 달리 파이어챗은 서비스 이용자가 늘어날수록 네트워크가 강화되는 특징도 갖고 있다.[94] 파이어챗은 메시 네트워크mesh network 기술을 이용한 앱이다. 인터넷망을 이용하지 않고 단말기끼리 곧바로 연결해서 정보를 주고받는 네트워크 형태를 일러 '메시 네트워크'라고 하는데, 재난 상황 등이 발생해서 기지국 등에 문제가 생길 때 활용하기 위해 탄생했다.[95]

파이어챗 CEO 미샤 베놀리는 "표현의 자유와 정보 접근성을 위해 파이어챗을 만들었다"고 했는데,[96] 실제 파이어챗은 인터넷이나 소셜미디어에 대한 정부의 통제가 심한 국가나 통신망이 불안정한 곳에서 많이 쓰이고 있다. 이라크가 그런 경우다. 2014년 수니파 무장단체가 북부 지역을 장악한 이후 정부가 소셜미디어를 차단하자 파이어챗 이용자가 크게 증가한 것이다.

2014년 9월 홍콩에서 발생한 이른바 '우산 혁명'에서 시위자들이 소통을 위해 사용한 것도 파이어챗이었다. 우산 혁명이 시작되자 중국 정부가 페이스북·트위터·인스타그램·웨이보(중국판 트위터)·웨이신(중국판 카카오톡) 등을 모조리 검열했을 뿐만 아니라 『뉴욕타임스』, 『월스트리트저널』, 『블룸버그』 등 중국 밖 소식을 접할 수 있는 주요 외신의 인터넷 사이트도 모두 차단한 데 따른 것이다.[97]

『뉴욕타임스』는 홍콩 시위대를 중심으로 하루 만에 10만 명이 파이어챗에 가입했으며, 시위 첫날밤인 9월 28일 파이어챗 동시 접속자 수는 3만 3,000명까지 치솟았다고 말했다. 홍콩의 한 대학생은 "시위 참가자들은 필요한 물품을 알리거나 시위 작전을 사람들에게 알리기 위해 이 앱을 사용하고 있다"고 했다.[98] 파이어챗을 설치하기 위해선 일단 인터넷에 접속해야 하는데 『뉴욕타임스』는 이런 초기 접속 문제만 해결한다면 파이어챗이 중국 정부의 인터넷 검열 체제인 '만리장성 방화벽The Great Firewall'을 뚫을 수도 있을 것이라고 예견했다.[99]

한국은 초고속인터넷망이 잘 구축되어 있기 때문에 파이어챗을 이용하는 사용자가 거의 없지만, 사이버 검열 논란이 자주 불거지고 있어 시위 중에는 파이어챗 이용자가 증가할 개연성이 있는 국가라는 견해도 있다.

Digital Section

Trend Keyword

두스당하다 to be dooced

자신의 블로그에 올린 내용 때문에 직장에서 해고된다는 뜻이다. 미국 로스앤젤레스의 웹 디자이너 헤더 암스트롱이 2001년 자신의 블로그dooce.com에 동료의 험담을 올렸다가 해고당한 사건이 발생한 후, 인터넷에 올린 글 때문에 해고를 당한다는 의미로 쓰이기 시작했다.[1]

　　두스당하는 사람들이 증가하면서 외국에서는 이른바 표현의 자유를 둘러싼 논란이 발생하고 있다. 예컨대 미국 뉴욕의 사회복지기관인 '버팔로 히스패닉 연합'에서 일하는 마리나 코울－리베라와 동료 4명은 지난 2010년 페이스북에 부적절한 글을 올렸다는 이유로 해고당했다. 이에 미국의 국가노동관계위원회는 2012년 12월 3대 1의 의견으로 '부당 해고'라고 판정하면서 온라인에 글을 올렸다는 이유로 해고된 직원의 복직 명령과 별도로 해당 기업들에 소셜미디어 관련 규정을 개정하라고 명령했다.[2]

　　한국에서도 SNS에 올린 글 때문에 두스당하는 사람들은 증가하고 있다. 예컨대 트위터에 올린 글 때문에 징계를 받고 해고된 사람들이 중앙노동위원회에 구제해달라고 신청한 건수는 2012년부터 2014년까지 합쳐서 11건에 달했다.[3]

디지털 농노주의

SNS나 동영상 플랫폼은 이용자들이 자발적으로 올리는 콘텐츠를 이용해 수익을 창출한다. 이용자들이 제공하는 데이터를 분석해 해당 사용자의 패턴을 파악하고 선호도를 조사해 마케팅 수단으로 활용하는 방식을 통해 수익을 만드는 셈이다. 이렇듯 자신의 데이터를 적극적으로 제공하는 사람들 덕에 동영상 플랫폼과 SNS가 수익을 창출하는 것을 일러 '디지털 농노주의'라고 한다. 봉건제 사회에서 봉건 영주의 신분적 지배하에 직접적 생산을 담당했던 피지배 계급인 농노에 빗댄 말이다.

디지털 농노주의라는 말을 만든 사람은 로이터통신의 프로덕트 매니저인 앤서니 드로시지만, 디지털 농노주의에 대해 본격적인 문제 제기를 한 사람은 하버드 케네디스쿨 교수이자 IT 미래학자인 니코 멜레다. 그는 『거대 권력의 종말』에서 이렇게 말했다. "아마추어 창작자들은 페이스북이나 트위터, 유튜브 같은 사이트에 현혹되어 자신보다는 미디어 플랫폼에 이득을 가져다주는 흥미로운 콘텐트를 만들기 위해 돈과 시간, 에너지를 쏟아 붓는다. 중세시대의 농노처럼 창작자들은 자신들이 거주하는 땅을 소유하고 있지 않으며 그 땅은 페이스북이나 트위터, 텀블러(사진공유 SNS) 등 다른 누군가가 소유하고 있다."[4]

디지털 농노라는 말을 직접 사용하진 않았지만, 『SNS 쇼크』의 저자 카르스텐 괴릭은 디지털 농노가 탄생하는 메커니즘을 잘 설명한다. 그는 "이 새로운 네트워크 서비스는 우리가 가진 생각과 시간을 희생하기를 요구한다. 우리는 인터넷을 통해 글을 읽고 음악을 들으며 영상을 본다. 홈페이지를 만들기도 하고 어떠한 사안에 대해 반대운동을 시작하기도 한다. 또 인터넷 백과사전 위키피디아의 내용물 작성에 참여한다든지, 유튜브에 동영상을 올린다든지, 플리커에 사진을 올린다거나 블로그에 글을 올리는 등 직접 인터넷 콘텐츠를 만들어내기도 한다. 그렇다고 우리가 활동에 대한 대가를 받는 건 아니다"면서 이렇게 말한다.

"아니, 오히려 그 반대다. 기업들이 광고를 목적으로 자신들의 데이터를 수집할 수 있도록 협조하고, 광고에 사용할 내용물을 제공해주며, 최종적으로 기업들이 이 같은 결과물로 수익을 낼 수 있도록 돈을 지급하기 때문이다. 심지어 어떤 사이트에는 사용자들이 제공한 자료들을 재판매할 수 있다는 사용조건이 명시되어 있기도 한다."[5]

온라인 저널리즘의 대명사로 떠오른 『허핑턴포스트』도 디지털 농노주의 논란에 휩싸인 바 있다. 『허핑턴포스트』는 블로거들의 무료 기고에 의존해 크게 성장했는데, 아리아나 허핑턴이 2011년 2월 아메리카온라인AOL에 3억 1,500만 달러(3,490억 원)를 받고 팔자 블로거들은 자신들은 "현대판 노예였다"고 분개했다.[6]

디지털 뮌하우젠 증후군digital münchausen syndrome

다른 사람의 관심을 끌기 위해 인터넷과 SNS를 이용해서 하는 극단
적인 행위를 일컫는다. 주변인의 관심을 끌기 위해 아픈 증상을 꾸
며내거나 일부러 만드는 행위를 일러 뮌하우젠 증후군이라고 한다.
1951년 미국 정신과 의사 리처드 아셔가 허풍으로 유명했던 18세
기 독일 귀족 카를 프리드리히 히에로니무스 폰 뮌하우젠 남작의
이름을 따서 붙인 개념이다.[7]

    2014년 6월 아픈 아들을 정성껏 돌봐 미국 전역을 감동케 했던
20대 여성 레이시 스피어스가 아들에게 소금을 먹여 살해한 사실이
밝혀져 충격을 주었는데, 현지 검찰은 스피어스가 뮌하우젠 증후군
을 앓고 있는 걸로 파악했다. 스피어스는 자신의 블로그를 통해 아
들 가넷이 태어날 때부터 몸이 약해 입원과 퇴원을 반복하며 수시
로 호흡 곤란 증세를 겪었다는 사실을 연재해 전 세계 누리꾼들에
게 감동을 주었지만, 가넷이 죽은 후 실시된 부검에서 치사량의 소
금을 먹은 것으로 드러나 유죄 평결을 받았다.[8]

    인터넷과 SNS 시대를 맞아 인터넷상에서 주목받기 위해 극단
적인 일을 저지르는 사람이 많아지면서 디지털 뮌하우젠 증후군이
만개하고 있다. 한국에서는 디지털 뮌하우젠 증후군에 걸린 사람을
일러 '관심병 종자'라고도 한다. 관심병에 걸린 사람을 비하하는 은

어로, 허세를 부리거나 SNS에 셀카를 과도하게 올리는 식으로 타인의 반응을 이끌어내는 데 집착하는 사람들을 이른다. 특정 계층이나 인물에게 심한 모욕이나 공격을 가해 다른 사람의 관심을 얻으려는 행위를 가르키는 '어그로' 역시 디지털 뮌하우젠 증후군의 한 사례라 할 수 있다.

어그로aggro의 어원에 대해서는 '도발'을 의미하는 영어 '애그러베이션aggravation'의 약자라는 설,[9] '공격적인'을 뜻하는 'aggressive'에서 유래했다는 설 등이 있다.[10] 2014년 12월 전북 익산 신동성당에서 열린 재미동포 신은미와 전 민주노동당 부대변인 황선의 '토크콘서트'에서 황산 등을 섞은 인화물에 불을 붙여 2명에게 화상을 입혔다가 50일 만에 풀려난 오 모 군이 대표적인 사례다. 그는 출소 후 인터넷사이트에 이른바 출소 인증샷을 올리면서 수감 기간 중 받았다는 편지의 사진들을 올리며 '감사하다'는 글을 달았다.[11]

이나미심리분석연구소 소장 이나미는 "인정을 충분히 받지 못한 때에 나타나는 자기애적 성격장애"라며 "과거에는 목표가 주위 몇 사람에 불과했는데 인터넷 때문에 효과가 증폭됐다"고 말했다. 범죄과학연구소 소장 표창원은 "인정 욕구에 의한 범죄가 젊은 층, 특히 소년범에게 많다"며 "대구 지하철 참사 직후에도 모방 방화를 저지르고 친구에게 자랑한 소년범들이 있었다"고 했다. 그는 "자신의 인생을 소중히 여겨 처벌이나 전과를 두려워해야 하는데, 그보다 당장 인터넷의 영웅 대접이 크게 다가오는 것"이라고 했다.[12]

라인장자

모바일 메신저 라인LINE에서 스탬프를 팔아 백만장자가 된 사람들을 일컫는다. 스탬프는 휴대전화 메시지 등에서 감정을 드러낼 수 있는 그림이나 캐릭터로, 우리나라 식으로 하자면 '이모티콘'이나 '스티커'에 해당한다. 라인은 2014년 5월 라인코퍼레이션을 설립해 일반 사용자가 직접 스탬프 42종을 그린 뒤 이를 한 세트로 묶어 판매할 수 있도록 '크리에이터스 마켓'을 서비스하고 있는데, 이를 활용해 백만장자 대열에 등극하는 사람들이 등장하고 있는 것이다.[13]

일본 『니혼게이자이신문』은 2014년 12월 라인장자를 소개하면서 크리에이터스 마켓이 일반인들에게 일확천금의 기회를 가져다주고 있다고 했다. 라인장자가 탄생하면서 일본에서는 새로운 시장도 생겨났다. 아이디어는 있지만 그림을 그리지 못하는 사람을 위해 전문 일러스트레이터들이 돈을 받고 스탬프를 제작해주기 시작한 것이다. 2014년 12월 현재 일본의 프리랜서 구인·구직 사이트인 '랜서스'에는 스탬프 제작 의뢰가 200여 건 가까이 올라와 있다. 웹 디자이너인 하마노 구미코는 "지난 9월 스탬프를 대신 만들어주고 6만 엔(약 56만 원)을 벌었다"며 "안정적으로 돈 벌 기회가 생겨났다"고 했다.[14]

메라비언 법칙 Rule of Mehrabian

상대방에 대한 인상이나 호감을 결정하는 데는 말하는 내용이 7퍼센트, 목소리가 38퍼센트, 보디랭귀지와 같은 시각적인 이미지가 55퍼센트의 영향을 미친다는 이론이다. 한마디로 말해 '행동의 소리가 말의 소리보다 크다'는 것이다. '7-38-55 법칙'이라고도 한다. 의사소통을 통한 인상의 형성에서 여러 채널(통로)들이 갖는 비중을 연구한 앨버트 메라비언Albert Mehrabian이 1971년 펴낸 『침묵의 메시지Silent Message』에서 제시한 개념이다. 메라비언은 대면對面, face-to-face 커뮤니케이션은 어휘, 목소리 톤, 신체언어 3요소로 이루어지는데, 상대에게서 받는 인상에서 메시지 내용이 차지하는 것은 7퍼센트뿐이고, 38퍼센트는 음색·어조·목소리 등의 청각 정보, 55퍼센트는 눈빛·표정·몸짓 등 시각 정보라고 했다.[15]

이와 관련 고종석은 "효과적이고 의미 있는 커뮤니케이션이 이뤄지기 위해서는 이 세 요소가 서로를 보완해야 한다"면서 다음과 같이 말한다. "다시 말해 이 세 요소의 메시지가 조화로워야 한다. 그러나 실제 커뮤니케이션에서는 이 세 요소가 부조화를 이루는 경우가 많다. 이렇게 커뮤니케이션의 요소들이 부조화를 이룰 때, 수신자는 발신자의 메시지를 해석하기 위해 가중치를 반영한 의미 연산을 시도한다.……메라비언이 제시한 수치가 적절히 산출됐는지에 대해선 말들이 많지만, 커뮤니케이션에서 비언어 요소가 언어 요소를 압도하고 있다는 데에 인지심리학자들의 견해는 대체로 일치한다. 메라비언의 신체언어는 꼭 제스처만을 뜻하는 것은 아니다. 거기엔 외모나 복장 같은 시각 요소 일반이 포함된다."[16]

하재영은 "메라비언 법칙은 현재 설득, 협상, 마케팅, 광고, 프레젠테이션, 사회심리, 인성교육 등의 분야에서 가장 많이 참조하는 이론으로서, 첫인상과 커뮤니케이션 방식을 파악하는 데 큰 기여를 하고 있다" 면서 이렇게 말했다.

"사람들은 누구나 정서적 촉각을 가지고 있어서 친절한 말투와 멋진 목소리 너머의 이면을 읽을 수 있다. 그래서 소통에 대한 진심과 진정성을 결여한 교언영색巧言令色으로 설득과 감화가 일어나기 어렵다는 것이 메라비언 법칙의 참뜻이 아닐까 한다."[17]

모바일 메신저에서 이모티콘을 활용해 커뮤니케이션을 하고 있는 사람이 증가하고 있는데, 온라인 바깥의 소통 방법을 소홀히 하고 있진 않은지 돌아볼 필요가 있다는 견해가 있다. 예컨대 구본권은 모바일 메신저 앱으로 정성껏 사연을 담고 이모티콘을 붙이더라도, 이는 극히 제한된 정보를 주고받을 뿐이라면서 중요한 대화일수록 눈을 마주보며 목소리로 해야 한다고 했다.[18]

메아리방 효과|echo chamber effect

특정한 정보나 사상이 일단의 사람들 사이에서 돌고 돌면서 관점이 다른 외부 정보의 유입을 막아 그 집단에 속한 사람들은 왜곡된 관점만을 갖게 된다는 것을 의미하는 말이다. 메아리방은 소리의 울림을 얻기 위해 만들어진 방으로, 닫힌 방 안에서만 이야기가 전파되니 그 이야기가 방 안에서만 울려퍼지는 것은 당연하다.[19]

커뮤니케이션을 연구하는 사람들은 오래전부터 페이스북의 뉴스피드 게시글 노출 알고리즘이 '메아리방 효과'를 불러온다고 지적했다. 예컨대 미국 온라인 진보운동 단체인 무브온MoveOn.org의 이사장인 엘리 프레이저는 『생각 조종자들』에서 '나는 정치적으로 왼쪽이지만 보수적인 사람들이 어떻게 생각하는지 듣고 싶다. 그래서 그들과 친분을 맺고 몇몇은 페이스북에 친구로 등록했다. 나는 그들이 어떤 글을 읽고 보는지, 의견은 무엇인지 그들의 생각을 알고 싶었다'며 다음과 같이 말한다.

"그러나 그들의 링크는 나의 뉴스피드News Feed(특정한 뉴스를 다른 서버로 송고하는 것)에 올라오지 않았다. 그 이유는 페이스북이 산수를 하고 있기 때문이다. 페이스북은 내가 여전히 진보적인 친구들을 더 자주 클릭하고 있다는 사실을 계산하고서 그들의 링크를 올려주는 반면, 보수적 친구들의 글이나 레이디 가가의 최신 비디오

　　　　　　　　　　　　　　　　　　　　메아리방 효과

파일과 같은 내용은 나에게 링크해주지 않는다."[20]

페이스북이 정치적 양극화를 부추긴다는 지적이 끊이지 않자, 2015년 5월 페이스북은 국제 학술지 『사이언스Science』에 게재한 페이스북의 메아리방 효과에 대한 연구 결과에서 메아리방 효과가 존재한다는 사실은 인정하면서도 게시글이 이용자에게 표출되는 알고리즘의 문제는 아니라고 주장했다. 개인 식별 정보가 삭제된 페이스북 사용자 1,010만 명의 뉴스 반응 양식을 조사한 결과 "무작위로 뉴스피드에 노출되는 뉴스 중 사용자의 성향과 반대되는 뉴스의 비중은 40퍼센트 이상"으로 나타났다는 것이다. 즉, 뉴스피드가 사용자의 이념 성향에 좀더 가까운 콘텐츠를 노출하는 경향이 있긴 하지만 페이스북에서 사용자가 다양한 이념적 관점을 접하는 데 가장 큰 장애가 되는 것은 페이스북의 알고리즘에 의한 필터링이 아니라, '개인의 선택'이라는 게 페이스북의 주장이다.[21]

메아리방 효과는 인터넷상이나 SNS에서 루머와 괴담이 빠르게 확산하는 이유도 설명해준다. 루머 전문가인 미국 뉴욕 로체스터공대 심리학과 교수 니컬러스 디폰조는 "정치적·사회적 고정관념에 사로잡힌 사람일수록 괴담 확산에 적극 가담할 확률이 높다"면서 "괴담을 만들고 유포하는 사람들에게 괴담의 진실 여부는 주요 관심사가 아닙니다. 괴담의 확대 재생산을 통해 소속감을 표현하는 것이 주목적이죠. 자신이 특정 사회그룹에 속해 있다는 정체성을 확인하는 것입니다"고 했다.[22]

벗방

인터넷 개인 방송 사이트에서 신체의 은밀한 부분을 노출하는 등 선정적인 내용을 내보내는 방송을 이르는 말이다. 벗는 방송의 줄임말이다. 벗방은 시청자들이 BJBroadcasting Jockey에게 금품을 전달하고 음란한 콘텐츠를 제공받는 형태로 운영된다. BJ는 노출을 대가로 시청자들에게 아이템을 요구하는데, 1개에 110원에 달하는 아이템은 한 번에 10개에서 1,000개까지 구매해 BJ들에게 전달할 수 있다. 더 많은 아이템을 제공하는 시청자는 더욱 과감한 벗방에 참여할 수 있다. 단순한 별풍선 요구를 넘어 등급제로 운영되는 방도 있다. 이른바 '팬방'이라고 불리는 노출방이 그것이다. 팬방은 실버방(100개), 골드방(300개), 다이아방(600개), VIP방(1,000개) 등 등급이 올라갈수록 노출 수위가 강해진다.[23]

윤정민은 2015년 3월 "초기에 아프리카TV에서 주로 활동하던 '벗방' BJ들은 사이트 규모가 커지며 자체 규제가 심해지자 규제가 허술한 중소 인터넷 개인 방송 사이트로 옮겨가 더 심한 '벗방'을 진행했다"면서 이렇게 말했다.

"시청자들은 등급에 따라 몇천 원부터 10만 원이 넘는 고액의 선물을 BJ에게 줘야 팬방에 가입할 수 있다. 벗방 BJ들은 '실버방에선 가슴, 골드방에선 알몸을 볼 수 있고 다이아방에선 신음소리까지

들려준다'는 식으로 광고한다. 몰카 방송과 같은 불법 방송도 등장했다. 일부 BJ는 공공장소에서 몰래 여성을 촬영해 실시간으로 몰카 방송을 내보내고, 룸살롱이나 성매매업소에서 휴대전화로 방송을 하고, 성매매 과정을 실시간으로 방송하기도 한다. 실제 한 개인 방송 사이트에는 낮 시간에도 '다방 아가씨 불러 났다' 등의 제목으로 선정적 방송들이 개설됐다. BJ는 '선물을 많이 주면 다방 아가씨와 성관계하는 걸 몰래 중계하겠다'며 노골적으로 홍보했다."[24]

벗방은 어른의 주민등록번호를 도용해 휴대전화 인증 절차만 거치면 손쉽게 사이트에 가입할 수 있고, 한 번 가입하면 언제든 음란 방송을 시청할 수 있어 청소년들이 접근하기 쉽다는 점에서 사회적 문제로 떠올랐는데,[25] 경찰과 방송통신심의위원회는 단속하기가 어렵다고 한다. 2015년 2월 경찰 관계자는 "벗방에 대한 대가성이 입증되더라도 방송을 통해 성적 콘텐츠를 제공하는 것이 성교나 유사 성교행위로 볼 수 없어 처벌하기 어렵다"고 말했다. 방송통신심의위원회 관계자는 "심각성은 알지만 게시글이나 일반 동영상과 달리 실시간으로 방송되고 곧장 휘발되는 콘텐트라 사실상 손쓸 방법이 없고, 24시간 모든 방송을 모니터링할 수도 없다"고 답했다.[26]

아프리카TV 측은 "매력적인 사업이라 비슷한 플랫폼 사업자가 생겨나는 건 당연하지만, 대부분이 선정적인 방송으로 수익을 내며 시장 전체에 악영향을 미치고 있는 건 고질적 문제"라고 지적했다.[27]

베이그부커vaguebooker

페이스북을 비롯한 SNS에서 관심을 받기 위해 모호한 단어나 문장을 작성하는 사람들을 이르는 말이다. 사람들의 반응을 유도하기 위해 자신의 SNS에 모호한 단어나 문장을 사용해서 작성한 글을 일러 베이그북vaguebook이라 한다. 베이그부커는 페이스북에 구체적인 상황 설명 없이 "더 잘했어야 되는데", "그 이상이다", "결코 다시는" 등의 글을 올려 페이스북 친구에게서 "무슨 일이 일어났어", "괜찮아" 등의 관심을 끌려고 한다.[28]

2014년 11월 페이스북은 서비스 질 향상을 목적으로 캘리포니아대학, 샌프란시스코대학 등 대학 연구팀과 함께 사용자들을 대상으로 실시한 조사를 바탕으로 '페이스북 이용자들의 10대 진상 행동'을 발표했는데, 베이크부커가 이에 포함되었다. 코넬대학이 진행한 연구에 따르면 약 3분의 1이 이런 '진상 페이스북 친구(페친)' 때문에 자신의 계정을 비활성화 상태로 유지하는 것으로 나타났다.[29] 베이그부커를 이른바 '관심병 종자'의 한 유형으로 보는 시각도 있다. 사람들의 이목을 끌기 위해 무리한 행동을 하는 사람을 비하하는 인터넷 용어를 일러 관심병 종자라 한다.

사이버 반달리즘_{cyver vandalism}

익명성을 악용해 특정인의 명예를 훼손하고 거짓 정보를 올리는 등 사이버상의 질서를 파괴하는 행위를 일컫는 말이다. 각종 문화유적을 파괴하는 행위를 일러 반달리즘이라고 하는데, 인터넷 시대를 맞아 특정 글의 내용을 악의적으로 변경, 삭제 또는 왜곡하는 행위가 빈발하자 이를 사이버 반달리즘이라고 부르기 시작했다. 반달리즘은 게르만족의 한 분파인 반달족Vandal이 서로마제국을 침공하면서 각종 문화유산을 파괴한 데서 유래한 용어다.[30]

사이버 반달리즘은 보통 의견이 대립하는 정치·사회적인 이슈 관련 글에서 자주 찾아볼 수 있는데, 집단지성의 상징인 온라인 백과사전 『위키피디어』가 사이버 반달리즘 논란에 자주 휘말린다. 이와 관련 이진영은 2007년 3월 "사이버 반달리즘에 가장 취약한 사이트는 누구나 정보를 올리고 수정할 수 있는 위키피디아"라면서 이렇게 말했다.

"각종 통계수치의 숫자를 슬쩍 바꾸거나 엉뚱한 정보를 올려놓아 이용자들을 골탕 먹인다. 지난주에는 '노랑가오리' 항목에 '호주 사람을 싫어하는 특성이 있다'는 설명이 올라왔다. '악어 사냥꾼'이라는 별명으로 유명했던 호주의 야생동물 보호운동가 스티브 어윈이 지난해 노랑가오리 가시에 찔려 죽은 것을 풍자해 끼워

놓은 가짜 정보다. 지난해 9월에는 한 기자가 존 F. 케네디 대통령을 암살한 뒤 시신을 먹었다는 내용이 31시간 동안 게재되기도 했다."³¹

2014년 12월 미국에선 이른바 '소니픽처스 해킹 사건'을 놓고 사이버 반달리즘 논쟁이 발생했다. 버락 오바마가 해킹 사건에 대해 "전쟁까지는 아니고 '사이버 반달리즘vandalism'"이라고 CNN 인터뷰에서 진단하자, 공화당 상원의원 존 매케인이 "이게 전쟁 아니면 뭐냐"고 대꾸한 것이다.³²

반달리즘이 권태와 관련 있다는 견해가 있다. 경제학자 티보르 스키토프스키는 1999년 쓴 글「권태: 쉽게 지나쳐버린 질병? Boredom-An Overlooked Disease?」에서 1999년 4월 콜로라도주 리틀톤시 콜럼바인고등학교에서 발생한 총기 난사 사건과 5월 20일 조지아주의 헤리티지고등학교에서 일어난 총기 사건의 궁극적인 원인을 권태에서 찾았는데, 이와 관련해 황은주는 다음과 같이 말했다.

"스키토프스키의 주장에 따르면 배고픔과 권태의 가장 큰 차이는 배고픔이 음식으로 쉽게 해소될 수 있는 데 반해, 대부분의 평화로운 권태 해소 방법은 음악이나 미술 등과 같이 배우는 데 특별한 기술을 요구한다는 것이다. 반달리즘, 살인, 또는 다른 형태의 폭력을 행사하는 것은 특별한 기술을 요하지 않으며 쉽게 권태를 해소할 수 있는 방법이기 때문에 사람들은 권태로울 때 쉽게 폭력을 행사한다."³³

석 줄 요약

인터넷에 방대한 분량의 글을 올렸을 때, 게시물 끝 부분에 글 전체의 내용 가운데서 핵심적인 부분만 골라 글의 기승전결에 따라 석줄로 요약해 정리해주는 것을 말한다. 인터넷에선 글을 조금만 길게 쓰면 "글이 너무 길어서 패스"라는 댓글이 달리는 경우를 자주 발견할 수 있으며, 글이 조금만 늘어지면 바로 스크롤바를 내려버리는 네티즌도 적지 않은데, 바로 그런 네티즌의 눈길을 마지막으로 붙잡아 자기주장을 전하기 위해 고안된 것이 바로 석 줄 요약인 셈이다.[34]

일반적으로 디지털 세대는 스압주의(스크롤압박 주의)와 함께 석 줄 요약을 인터넷에서 긴 글을 읽는 사람들을 위해 제공해야 하는 필수 매너로 꼽는다. 이들이 문자 메시지나 모바일 메신저 등을 통한 단문 소통에 길들여진 세대이기도 하지만 정보 폭증과 속도 강박증도 이유로 볼 수 있겠다. 이와 관련 임문영은 "네티즌 독자들에게 우왕좌왕 긴 글은 질색이다. 하루에 읽을 글이 너무 많기 때문이다. 게다가 휴대전화를 들고 신호등 대기 상태에서, 버스 기다리면서 읽어야 할 정도로 급하다" 면서 다음과 같이 말한다.

"그래서 인터넷의 글쓰기는 빨리 핵심을 말해야 한다. 그렇다고 짧기만 해서도 안 된다. 재미있어야 하고 자세한 설명이 있어야 한다. 마치 변덕스러운 직장 상사와 같다. 요약해가면 구체적이지 못하다 하고, 자세한 설명을 포함시키면 정리가 안 돼 있다고 한다. 성급한 독자들은 '기승전뭐?'를 다그친다. 사연 많은 긴 글은 화장실용으로 전락한다. 즐겨찾기 해두고 안 읽는 글이 태반이다. 트위터가 140자로 떴던 것처럼 인터넷의 글쓰기는 요컨대 짧을수록 예의를 갖춘 셈이다. 보통 '말이 짧다'는 반말을 쓰거나 예의가 없는 것을 의미하는데 인터넷에서만큼은 상황이 다르다."[35]

　　석 줄 요약을 에티켓으로 보는 시각에 대해 문제를 제기하는 사람들도 있다. 예컨대 여다정은 석 줄 요약을 비롯해 온라인에서 제공되는 다양한 형태의 정보 축약은 떠듬떠듬 만져진 코끼리 다리가 되기도 한다면서 이렇게 말했다. "메시지 수용자가 과정을 통틀어 보고 깊게 생각한 끝에 내려진 판단이 아니라 메시지 전달자의 결론과 판단이 피동적 수용자에게로 그대로 전이되는 것이다. 혹여 의도적으로 잘못된 정보가 전달되어도 수용자의 입장에서 그것이 잘못된 정보인지 알 수 없다. 조금 더 나아가자면, 메시지를 만들고 유통하는 사람에 의해 불특정 다수의 수용자가 자신의 주관을 상실당할 가능성도 배제할 수 없다는 것이다. 이제 온라인상의 요약 추세는 당연해졌다. 그만큼 요약된 메시지를 대하는 우리의 태도 또한 중요해졌다는 말이다. 편리한 세 줄을 그대로 받아들여 주관을 상실할 것인가. 어려움과 귀찮음을 헤치고 스스로 정보를 걸러내어 주관을 만들어나갈 것인가. 선택은 각자의 몫이다."[36]

스압

스크롤 압박의 줄임말로, 마우스로 스크롤을 상하좌우로 많이 움직여야 하는 상황을 말한다. 네티즌들은 인터넷 게시물이 하염없이 길어질 때 '스압'을 느낀다고 표현한다. 디지털 혁명으로 짧은 글로 소통하는 사람들이 증가하면서 인터넷에 글을 게시하는 사람들은 스압을 반드시 피해야 하는 숙명적인 상황에 처하게 되었다. 이와 관련 박민영은 "정보통신 미디어가 제공하는 정보들은 단편적이다. 그것은 피상적인 사고를 유도한다. 정보통신 미디어는 많은 정보를 제공하지만, 그 분량은 적다"면서 이렇게 말한다.

"트위터나 페이스북에 떠도는 글들은 대부분 한두 줄에 불과하다. 인터넷에 실리는 글들도 길어봐야 스크롤바 한두 번 정도 내릴 만한 분량의 글들이 대부분이다. 블로그나 인터넷 게시판에 책 한 권 혹은 논문 한 편 분량의 글을 올리는 사람은 없다. 설사 올릴 수 있다 해도 그것을 읽어줄 사람도 없다. 눈이 피로해서라도 화면으로 많은 글을, 장시간 읽는 것은 힘들다. 인터넷에 올라가는 글은 스압을 피하지 않으면 안 된다."[37]

어쩔 수 없이 긴 사연의 글을 썼을 경우에는 어떻게 할 것인가? 이럴 경우에는 제목 옆에 스압주의라는 말을 적어 긴 글에 대해 양해를 구한다. 스압주의는 스크롤 압박을 주의하라는 뜻으로, 너무 길어서 마우스로 스크롤을 상하좌우로 움직이기를 많이 해야 하는 지루한 글이니 조심하라는 의미를 담고 있다.[38] 스압주의는 대개 석 줄 요약과 함께 쓰인다. 그러니까 제목 옆에 스압주의라는 말을 적은 후, 마지막에 글 전체 내용의 핵심만 석 줄로 요약하는 식이다.

모바일 온리 시대가 개막하고 디지털 세대의 스압 기피가 일반화하면서 스크롤을 없애는 콘텐츠도 등장하고 있다. 예컨대 스크롤을 내리며 읽어야 하는 장문의 기사 대신, 12장 내외의 짧은 글을 사진 여러 장에 얹어 사진을 한 장씩 넘겨가며 보는 형식의 카드뉴스가 그렇다. 카드뉴스는 주요 이슈를 이미지와 간략한 텍스트로 정리하는데, 페이스북과 같은 SNS에서 쉽게 넘겨 볼 수 있어 젊은 층 사이에서 인기가 높다.[39] 웹툰도 이른바 컷툰으로 진화하고 있다. 기존 웹툰의 프레임 전개 방식이 상하 스크롤 뷰 방식이었다면 컷툰은 하나의 컷만으로 구성된 각 화면이 좌우로 이어지는 슬라이드 뷰 방식으로 구성되는데, 이는 모바일 사용자들이 웹툰을 컷 단위로 즐길 수 있게 한 것이다.[40]

스압은 다양한 파생어를 낳고 있기도 하다. '스압 몸매', '스압 기럭지' 등이 그런 경우로, 이는 스크롤 압박을 느낄 만큼 연예인의 몸매나 다리가 길다는 뜻이다.

스크린에이저screenager

스크린screen과 10대teenager의 합성어로, 하루 종일 스마트폰이나 태블릿PC 등 스마트 기기에 매달려 있는 이들을 가리키는 말이다. 영상 매체의 세례를 듬뿍 받으며 자라난 청소년을 일컫는 말이라 할 수 있겠다. 스크린에이저라는 말을 처음 사용한 미래학자 리처드 왓슨은 『퓨처 마인드Future Minds』에서 멀티태스킹에 익숙하고, 문자보다는 이미지를 선호하는 스크린에이저는 새로운 정보를 좇는 데 온통 머리를 쓰다 보니 정작 문제를 분석하고 대안을 마련해 합리적인 결정을 내릴 여유나 능력은 기르지 못했다면서 이들이 의사결정 능력에서 위기를 맞을 것이라고 우려했다.[41]

하지만 스크린에이저에 대한 우려가 과도하다는 견해도 있다. 예컨대 미국 철학자 윌리엄 파워스는 『속도에서 깊이로: 철학자가 스마트폰을 버리고 월든 숲으로 간 이유』에서 디지털 혁명은 신세대가 아닌 기성세대에 의해 시작되었다면서 다음과 같이 말했다.

"2009년 통계자료를 보면 35세 이상의 사람들이 트위터와 같은 당시의 최첨단 디지털 네트워크의 발전을 주도했으며 신세대 중심이라는 패러다임이 거짓임을 증명했다.……중년의 누군가가 '요즘 아이들'은 스크린 없이는 아무것도 못하고 일대일 만남을 어떻게 해야 하는지도 모른다고 투덜대는 것은 사실 자신의 이야기다."[42]

스크린에이저가 기성세대에 비해 문자보다는 영상과 이미지에 익숙한 것은 부인할 수 없다는 게 일반적인 평가지만 스마트 기기와 관련한 다양한 증후군이 증가하고 있는 게 시사하듯, 기성세대 역시 스크린에이저와 크게 다르지 않는 삶을 살아가고 있다는 견해도 있다. 동영상 산업과 셀피 문화를 바탕으로 한 이미지 기반 SNS가 갈수록 호황을 누리고 있다는 게 이를 잘 말해준다 할 것이다. 이렇게 세대를 가리지 않고 진행되고 있는 전 세대의 스크린에이저화는 영상 산업에 어떤 영향을 주는가? 박민영은 "영상매체는 아무래도 눈에 보이는 것을 선호할 수밖에 없다. 이미지화되기 좋은 정보를 선호한다. 더구나 영상 매체는 문자 매체보다 훨씬 상업적으로 운영되고 있다"면서 이렇게 말한다.

"그러므로 자극적인 이미지를 더욱 선호하게 된다. 이를테면 평화보다는 전쟁, 안심보다는 공포, 집단의 사상보다는 지도자, 깊이 있는 것보다는 피상적인 것, 정신보다는 물질적인 것, 평정보다는 격정이나 욕망, 존재의 성격보다는 액션, 질보다는 양을 선호하고 강조하게 된다."[43]

SNS 과외

SNS 대화창을 통해서 하는 과외를 말한다. 과외 수업을 받는 학생
이 궁금한 것이 생길 때마다 SNS를 통해서 어려운 문항을 사진으로
찍어서 올리면 강사가 해답과 풀이방식을 알려주는 식이다. 온라인
커뮤니티를 통해 SNS 전문 과외 강사를 찾는 수험생들이 적지 않으
며, 수험생들이 자주 가는 커뮤니티에는 카톡이나 텔레그램 등의
SNS를 통해 과외를 해주겠다고 제안하는 글도 하루에 여러 건 올라
오는 것으로 알려졌다.⁴⁴ SNS 과외는 3세대 과외라고도 한다. 학생
집을 방문해서 하는 과외를 1세대, 스터디 룸이나 카페 등에서 만나
서 하는 과외를 2세대 과외라 한다.

　『조선일보』 2015년 3월 9일자는 "소셜네트워크서비스SNS가
과외 풍경도 바꾸고 있다"면서 이렇게 말했다. "외국어 교육 업계에
선 인터넷 화상전화인 '스카이프'와 다양한 SNS를 통해 외국에 있
는 강사의 강의를 듣는 방식이 이젠 낯설지 않다. 한 전화 영어 업체
관계자는 '대학생이나 직장인들이 SNS를 활용해 외국에 있는 원어
민에게 직접 교육을 받는 경우가 늘고 있다'고 했다.……SNS는 과
거 야학이나 무료 과외 등이 전부였던 교육 봉사의 풍경도 바꿨다.
SNS에 수험생을 대상으로 하는 '스터디 그룹'을 만들어 질문을 받
아주는 교육 봉사까지 등장했다."⁴⁵

SNS 과외가 오프라인 과외에 비해 학생의 자발성과 집중력을 떨어뜨리고 선생님과 학생 간의 유대감을 약하게 하며 모든 질문에 실시간으로 답변을 해야 하기 때문에 과외 선생님으로서는 부담이라는 지적도 있지만 SNS 과외를 예찬하는 사람들도 적지 않다. 예컨대 카톡 과외를 진행했다는 한 사람은 "과거 같으면 당연히 과외를 그만뒀어야 할 상황이지만 이젠 그렇지 않다"며 "시간과 공간의 제약도 없고 사진 등 보조 자료도 함께 볼 수 있어 오히려 효율적일 수 있다"고 했다.[46]

　　SNS 과외를 도와주는 모바일 앱도 속속 등장하고 있다. 서울대학교 창업동아리 출신 학생들은 2014년 상담부터 강의, 질문 답변으로 이어지는 전 과정을 온라인으로 진행하는 '온라인 과외 전문 벤처'를 만들었다. 2012년 출시되었다가 생소함 때문에 고전을 했던 '바로풀기' 앱은 차츰 이용자들 사이에 입소문이 나면서 2015년 3월 현재 다운로드 수 40만 건, 회원 수 30만 명을 돌파했다.[47]

우마오당五毛黨

중국 인터넷에 당·정의 방침을 지지하고 반정부 여론을 반박하는 내용의 댓글을 다는 아르바이트생을 일컫는다. 중국 정부는 우마오五毛에게 '햇빛댓글행동'이라는 이름을 붙였지만 '어용 인터넷 평론가', '인터넷 홍위병'으로도 불리고 있다. 우마오라는 명칭은 글을 한편 올릴 때마다 5마오(90원)를 받는다고 해서 붙었다. 2006년 안후이성安徽省 선전부가 600위안 정도의 월급을 주고 고용한 인터넷 평가원들이 댓글을 달고 건당 5마오를 받으면서 활동을 시작한 것으로 알려졌다.[48]

우마오는 인터넷 여론을 모니터링하고 댓글과 사진을 올리는 등 여론 참여 작업을 통해 여론의 흐름을 바꾸는 역할을 하며 정부에 부정적인 내용이 실린 사이트는 통고通稿 조치를 취하도록 행정부에 알리는 역할도 한다. 통고는 우리 식으로 말하자면 보도지침을 뜻한다. 미국 자유아시아방송RFA이 2015년 4월 중국의 한 누리꾼이 인터넷 사이트에 올린 '각 성 청년 누리꾼 문명 지원자 대오 건설 배분 참고표'를 바탕으로 보도한 바에 따르면, 우마오당의 전국 규모는 1,052만 명에 이르는 것으로 나타났다. 2014년 말 현재 중국 인터넷 사용자가 6억 5,000만 명이라는 점을 고려하면 약 64명 중 1명이 우마오인 셈이다. 이 가운데 대학생은 402만 명이나 되는

데, 대학생 우마오당은 대부분이 학교 공산당위원회 선전부, 학생처, 중국공산당청년단(공청단) 위원회 간부 가운데서 선발되는 것으로 알려졌다.[49]

중국에서 불법 단체로 규정한 중국 민주당 해외지부 쉬원리徐文立 대표는 "충동적인 청년들을 우마오당으로 끌어 들이는 것은 인격을 왜곡시키는 비열한 짓"이라고 비판했다. 우마오당에 대해 베이징의 유명 인권운동가 후자胡家는 "우마오당은 자원자가 아니고 인터넷에 대한 정부의 '엄청난 물 공세'를 탄 '수군水軍'"이라고 말했다. 중국인들이 관영 매체의 보도를 신뢰하지 않고 인터넷을 정보 획득의 주요 채널로 이용하자 인터넷 단속과 여론 조작을 위해 중국 정부가 우마오당을 이용해 총공세에 나서고 있다는 것이다.[50]

우마오에 대한 이런 비판에도 중국 정부는 인터넷 여론 통제에 여념이 없다. 2015년 4월 7일 홍콩 『밍보明報』는 공청단이 3월 각 지방 조직에 1,050만 3,000명의 청년인터넷문명지원자를 모집할 것을 지시하는 공문을 내렸다고 보도했다. 공문은 각 성省과 직할시, 자치구, 주요 기관에 구체적인 인원수까지 할당했는데, 이런 정책은 갈수록 인터넷의 영향력이 커지고 있어 이를 적절하게 통제하지 못할 경우 사회 불안으로 이어질 수 있다는 중국 정부의 판단에서 비롯한 것으로 분석되었다.[51] 우마오당에 가입하면 이른바 스펙을 쌓을 수 있기 때문에 10대들도 우마오당에 가담하는 등 평균 가입 연령대도 낮아지고 있다.[52]

유아 스마트폰 증후군_{toddler smartphone syndrome}

6세 미만 영유아들이 스마트폰의 영상·게임 등에 장시간 노출되어 뇌가 불균형적으로 발달하는 정신적 질환을 일컫는 말이다. 유아 스마트폰 증후군이 발생하는 이유는 이렇다. 0~6세까지는 비언어적인 기능(눈짓, 몸짓 등)을 담당하는 우뇌가 먼저 발달하고 언어적인 기능을 담당하는 좌뇌는 3세부터 발달한다. 그런데 영유아기에 스마트폰에 과도하게 노출되면 좌뇌만의 기능이 활성화되고 우뇌는 발달할 여지가 줄어들어 반복적이고 단순한 것에 쉽게 빠지는 성향이 생긴다는 것이다.[53] 이선정은 "뇌가 균형 있게 발달하지 않으면 초기에는 한 가지 행동이나 물건에 집착하는 행동, 또래보다 말이 늦는 등의 증상으로 나타난다"면서 유아 스마트폰 증후군이 다양한 질환을 야기할 수 있다고 말한다.

"계속 진행된다면 ADHD(주의력 결핍 과잉행동장애)나 틱장애, 발달장애로 이어질 수 있다. 현실에 무감각해지고 주의력은 떨어져 팝콘처럼 강한 자극에만 반응을 하는 '팝콘 브레인' 현상을 나타내기도 한다. 뇌가 스마트폰 동영상이나 게임처럼 빠르고 강한 정보에는 익숙하고, 현실의 느리고 약한 자극에는 반응을 하지 않게 되는 것이다. 즉각적인 것에만 반응하다 보니 사고 과정이 사라져 인지 발달을 저해한다."[54]

육아정책연구소가 서울·경기 지역 만 3~5세 유아 252명의 부모를 대상으로 설문조사해 2012년 12월 발표한 결과에 의하면, '아이가 매일 스마트폰을 사용한다'고 답한 부모는 15.1퍼센트, 주 3~6회를 사용한다는 응답자는 23.4퍼센트에 달했다.[55] 유아 스마트폰 증후군을 우려하는 전문가들은 스마트폰을 '마법의 보육도우미'로 간주하는 양육 방식을 바꾸어야 한다고 조언한다. 잠깐 동안의 편함을 위해 기준 없이 영유아에게 스마트폰을 주어서는 안 된다는 것이다.[56] 예컨대 뇌균형 운동치료센터 밸런스브레인 대표원장 변기원은 "자라나는 아이들에게 스마트폰을 쥐어주는 것은 좋지 않다며, 특히 0~6세의 아이에게 스마트폰을 주는 것은 독약을 주는 것과 같다"고 말했다.[57]

어머니들의 양육 자신감과 영유아의 스마트폰 사용이 밀접한 관련을 맺고 있다는 견해도 있다. 2014년 5월 동아대 아동가족학과 교수 류미향은 36개월 미만의 영아를 둔 부산 지역 어머니들 가운데 스마트폰을 사용하는 236명을 대상으로 한 논문 「영아의 스마트폰 사용 실태 및 어머니 인식」에서 양육에 자신이 없는 어머니 밑에서 자란 영아일수록 스마트폰에 일찍 노출되고 이용 시간도 길게 나타났다고 말했다.[58]

타이완 의회는 2015년 2세 미만 영아의 스마트폰 사용을 금지하는 법을 통과시켰다. 이를 어길 경우 부모에게는 우리 돈으로 약 175만 원의 벌금이 부과된다고 한다.[59]

인스타그램 해시태그 문화|instagram hash tag culture

인스타그램에서 이용자들이 해시태그를 활용해 자신만의 일상이나 관심사를 담아내는 문화를 일컫는다. 해시태그는 우물 정(#) 모양의 기호 뒤에 특정 단어를 붙여 쓰는 것을 일컫는 용어다. 해시태그를 달아 놓으면 이용자들은 검색을 통해 손쉽게 찾아볼 수 있으며 원하는 정보를 얻거나 최신 트렌드를 파악할 수도 있다. 해시태그는 트위터에서 처음 사용되었는데, 지금은 다른 SNS에서도 널리 쓰이고 있다. 해시태그를 활용해 인스타그램을 사용하는 유형은 다양한데, 인스타그램 해시태그 문화를 잘 보여주는 건 해시태그와 결합한 인스타그램 관련 신조어다.[60] 안정락은 "국내에서 인스타그램 사용자가 크게 늘면서 한국말과 인스타그램이란 단어를 섞어 새롭게 만든 흥미로운 해시태그들이 늘고 있다. 이른바 '#X스타그램' 해시태그 열풍이다"면서 이렇게 말했다.

"예컨대 음식을 먹는 장면이나 맛집 등을 촬영해 올릴 때는 '#먹스타그램', '#맛스타그램'과 같은 해시태그를 붙인다. 현재 인스타그램에는 '#먹스타그램'으로 검색되는 사진과 영상만 600만 개가 넘는다. 먹스타그램 열풍 속에 급부상하고 있는 또 다른 해시태그는 '#빵스타그램'이다. 최근 인스타그램 공식 블로그에서도 '인기 해시태그 빵스타그램을 통해 본 한국인의 빵 사랑'을 다루었을 만큼 새롭게 떠오르는 트렌드다. 인스타그램에서 #빵스타그램으로 검색하면 총 5만 7,000장이 넘는 이미지가 나온다. 회식 문화가 발달한 한국에서는 SNS에서도 '술 사랑'이 이어진다. 해시태그 '#술스타그램'을 달아 올린 사진과 영상들은 현재까지 총 3만 장 이상 공유되고 있다. 한국인들이 좋아하는 셀프카메라 사진을 올릴 때에는 '#셀스타그램'이나 '#얼스타그램(얼짱+인스타그램)'이란 해시태그가 함께한다. 이뿐만 아니다. 강아지와 고양이 등 애완동물의 사진과 영상에는 '#멍스타그램' '#냥스타그램' 등의 해시태그들이 사용된다. 아이를 가진 30~40대 주부들 사이에서는 자녀들을 촬영한 사진에 '#애스타그램'이란 해시태그가 주로 붙기도 한다."[61]

'인스타그램 일탈족'이라는 말도 있다. 김태현은 "현재 인스타그램에 '#섹스타그램' 혹은 '#일탈'만 입력하면 남녀 불문하고 자신의 성기를 노출한 사진을 끝도 없이 볼 수 있다"면서 이렇게 말했다.

"해시태그 기능이 인스타그램에만 있는 것은 아니지만, 인스타그램의 강력한 해시태그 기능과 사진이 중심인 특성이 만나 음란물 유통의 한 축이 된 셈이다. SNS상에 자신의 성기를 노출하는 사람들을 인스타그램에서는 일탈을 즐긴다는 의미에서 '일탈족'이라고 부른다. 남자는 '일탈남', 여자는 '일탈녀'라고 칭한다. 이 '일탈족'들은 대개 얼굴은 가리고 자신의 신체 부위만 찍어서 올리는데 가끔 인스타그램 속에서 공개적으로 성관계 상대를 찾기도 한다."[62]

토렌트 전쟁

자료 공유를 수호하려는 토렌트 업체와 불법 자료 공유를 막으려는 정부·저작권 수호 단체 사이에서 벌어지고 있는 전쟁을 말한다. 정부와 저작권 수호 단체는 토렌트torrent를 통해 유통되고 있는 불법 복제 콘텐츠 때문에 저작권이 심각하게 위협받고 있다며, 토렌트 사이트를 폐쇄하기 위해 안간힘을 쓰고 있지만 토렌트 업체의 저항도 만만치 않다.

2014년 12월 스웨덴 경찰은 세계·최대 토렌트 파일 공유 사이트인 파이럿베이thepiratebay.se를 급습해 사이트를 폐쇄시켰다. 하지만 이로부터 1주일 만에 복제사이트 iso헌트hunt가 등장했다. iso헌트는 3개의 대형 토렌트 사이트인 '파이럿베이'와 'iso헌트', '킥애스Kickass'에 저장되어 있는 모든 토렌트 주소와 함께 토렌트 공유 사이트를 만들 수 있는 프로그램을 오픈소스로 공개하는 등 초강수를 두었다. iso헌트가 광고 수익마저 포기하면서까지 오픈 소스를 공개함에 따라 토렌트 공유가 불법이 아닌 지역에서는 이 오픈소스를 이용하면 합법적으로 토렌트 공유 사이트를 운영할 수 있게 되었는데, 이런 이유 때문에 토렌트 사이트와 정부·저작권수호 단체의 전쟁은 이제 막 시작되었다.[63]

한국 정부 역시 2014년부터 불법 토렌트와의 전쟁을 본격적으로 시작했는데, 2014년 10월 국회 교육문화체육관광위원회 소속 새정치민주연합 의원 박홍근은 불법 토렌트 사이트에 삼성전자·LG·기아·대한항공 등 대기업들이 광고를 게재하고 있는 것으로 나타났다고 말했다. 박홍근은 방문자가 많은 불법 토렌트 사이트 26개를 자체 분석한 결과, 삼성전자가 토렌트 사이트 '베이코리안즈' 등 3곳, LG U+비즈가 '아이코리언티비' 등 2곳, 기아자동차가 '해피코리아' 등 2곳에 광고를 게재하고 있었다면서 "정부는 불법 토렌트와 전쟁을 선포했는데 대기업은 아랑곳하지 않고 '돈줄' 역할을 하고 있다"고 지적했다.[64]

　문화체육관광부(문체부)는 2015년 1월, 2014년 7월부터 토렌트와 웹하드 사이트 10곳에 대해 압수수색을 실시하고 저작권 침해 사범을 집중 단속한 결과 총 58명을 적발했다면서 이들이 토렌트 파일을 직접 업로드해 회원을 확보하고 사이트에 광고를 유치함으로써 부당 수익을 거두었다고 말했다. 한국저작권위원회의 분석 결과, 적발된 10개 사이트의 가입 회원은 총 1,300만 명이고 업로드되어 있는 불법 콘텐츠는 총 183만 건에 달했다. 사이트 운영 기간에 다운로드 횟수는 총 3,400만 회, 콘텐츠별 다운로드 횟수를 기준으로 추산한 관련 산업 피해 규모는 총 826억 원에 이른다. 문체부는 "콘텐츠 산업을 창조경제의 핵심 동력으로 육성하기 위해서는 저작권 보호를 한층 강화해야 한다"며 "앞으로도 불법복제 콘텐츠 유통 사범에 대한 단속을 지속적으로 추진할 방침"이라고 밝혔다.[65]

포노 사피엔스 phono sapiens

스마트폰 없이 생각하거나 살아가는 걸 힘들어하는 사람들을 이르
는 말이다. 2015년 2월 28일자 영국 『이코노미스트』는 스마트폰이
세상을 바꿔 놓아 지금은 스마트폰 없이 살기 어려운 '포노 사피엔
스Phono Sapiens' 시대가 되었다고 했다. 『이코노미스트』는 또 "스마트
폰은 이제 막 세상을 바꾸려 하고 있다"며 "아직 본격적으로 시작하
지 않았다"고 말해 스마트폰이 세상에 미칠 영향은 아직 무궁무진
하다는 것을 시사했다.[66] 포노 사피엔스는 지혜가 있는 인간을 의미
하는 호모 사피엔스homo-sapiens에 빗댄 말이다.[67]

　『이코노미스트』의 보도 내용을 요약하면 이렇다. 일반적으로
미국인은 하루 평균 2시간 이상 스마트폰을 이용한다. 디지털 기기
가 없는 곳에 머물렀을 때 가장 아쉬운 기기에 대한 질문에서 영국
청소년들은 TV, PC, 게임 콘솔 등보다 스마트폰을 1위로 꼽았다.
또 스마트폰 소유자의 약 80퍼센트가 잠자리에서 일어나 15분 이내
문자와 뉴스 등을 확인하고 심지어 10퍼센트는 성행위 도중에도 스
마트폰을 만진 적이 있다고 답했다.[68]

　한국의 상황도 크게 다르지 않다. 2014년 현재 우리나라 스마
트폰 이용자는 4,300만 명을 넘었는데, 일 평균 스마트폰 이용 시간
은 3시간에 달했다. 이는 2012년에 비해 2배 이상 증가한 것이다.[69]

2014년 말 리서치기업 마크로밀엠브레인이 조사한 바에 따르면, 스마트폰 이용자의 55.7퍼센트가 '스마트폰이 없으면 일상생활의 지장을 느끼'고 있으며, 59.9퍼센트가 불안감을 느낀다고 응답했다. 잠들기 전에 스마트폰을 손에 닿기 쉬운 곳에 두거나, 손에 쥐고 자는 비율이 절반(49.2퍼센트)에 이르렀고 58.5퍼센트가 화장실에 갈 때도 스마트폰을 들고 가는 것으로 나타났다.[70]

2015년 6월 취업포털사이트 사람인이 직장인 1,159명을 대상으로 '회사생활을 하면서 의존하는 대상 유무'에 대해 조사한 결과에 따르면, '의존하는 대상이 있다'라고 답한 응답자 가운데서 '스마트폰(40.4퍼센트, 복수응답)'은 의존대상 1위로 꼽혔다. 이어 '커피 등 카페인 음료(38.5퍼센트)', '인터넷 검색(35.2퍼센트)', '담배(26.4퍼센트)', '알코올(25.4퍼센트)' 등의 순이었다.[71] 초등학생들 역시 스마트폰에 중독되어 있기는 마찬가지다. 여성가족부는 2015년 3~4월 전국 1만 1,492개 학교의 초등학교 4학년, 중학교 1학년, 고등학교 1학년 학생 142만 3,266명을 대상으로 '인터넷·스마트폰 이용습관 진단 조사'를 실시한 결과, 초등학교 4학년 학생들의 인터넷·스마트폰 중독 위험군이 뚜렷하게 증가했다고 말했다.

포노 사피엔스는 이른바 노모포비아 증상이 더욱 심해지고 있음을 보여주는 것이다. 노모포비아nomophobia는 스마트폰이 없을 때 초조해하거나 불안감을 느끼는 증상을 나타내는 말로 '노 모바일폰 포비아No mobile-phone phobia'의 준말이다.

포모 FOMO

fear of missing out의 줄임말로 소셜미디어 공간에서 느끼는 소외 감과 관계 단절을 뜻한다. 인터넷에서 정보를 놓칠까봐 두려워하는 증상도 포모에 해당한다. fear of missing out은 다른 사람에게서 잊히는 것에 대한 공포라고 해석할 수 있으니 '고립 공포증'이라고 도 할 수 있겠다.[72] 소셜 미디어가 포모를 부추기고 있다는 견해도 있다. 일반적으로 고립 공포증은 친구나 동료와의 관계가 단절되고 그들이 무엇을 하는지 모르는 상태에서 느끼게 되는 불안감을 의미 하는데, 사회적 관계를 기술적으로 구현한 소셜미디어의 이용이 역 설적이게도 이를 증폭시키고 있다는 것이다.[73]

이와 관련 한상기는 모바일과 SNS 때문에 현대인들은 포모에 시달리고 있다면서 "내가 뭔가 중요한 걸 놓치고 있지 않나, 참여해 야 하는데 참여 못하는 게 아닌가 끊임없이 확인한다"고 했다.[74] 미 국 듀크대학 교수 댄 애리얼리는 "사람들은 시간을 어떻게 보낼지 에 대한 결정을 잘못 내렸다고 후회하는 두려움을 가지기 마련인데 소셜미디어를 검색하면서 이 같은 상황이 즉각성을 띠는 것이 예전 과 다른 점"이라면서 이렇게 말했다. "이런 상황은 마치 실제 생활 에서 무엇인가 놓치고 있는 듯한 느낌을 준다.……바로 2분 전과 두 시간 전에 비행기를 놓쳤을 때 갖는 상실감의 차이를 따져보면 쉽다."[75]

　포모는 세계적인 현상이지만 지역적으로는 아시아인들이 포모를 느끼는 비율이 가장 높은 것으로 알려져 있다. 2014년 10월 미국 경제전문방송 CNBC가 인도 통신업체 타타커뮤니케이션스와 함께 인도와 싱가포르, 미국, 영국, 독일, 프랑스 시민 9,417명을 대상으로 실시한 온라인 설문조사를 보면, 세계 평균은 64퍼센트였지만 아시아인들은 80퍼센트에 달했다.[76] 세계 최대의 SNS인 페이스북이 포모 전략을 구사하고 있다는 견해가 있다. 2004년 설립된 후 사진 관리와 공유, 모바일 메시지 애플리케이션, 가상 현실 기기에 이르기까지 페이스북은 다양한 업종의 회사를 인수합병하며 몸집을 키워왔는데, 이게 바로 포모를 노리고 진행된 인수합병이라는 것이다.[77]

　소셜미디어가 포모를 양산하긴 하지만 이를 치유해주는 역할을 한다고 주장하는 사람들도 있는데, 이런 주장을 하는 사람들은 모두 소셜미디어 업계 관계자들이다. 예컨대 사진 공유 서비스인 플리커의 공동 창업자 캐서린 페이크는 "(소셜미디어는) FOMO를 양산하고 치료해주면서 순환적인 역할을 한다"고 했다. 또 다른 사진 공유 소셜미디어인 인스타그램의 CEO 케빈 시스트롬은 "서로 주고받는 피드백에는 중독성이 있다"며 "누군가 올린 사진을 좋아해주고 당신이 계속 사진을 올리면서 일종의 보상을 받을 수 있다"고 말했다.[78]

플래시 롭flash rob

플래시 몹flash mob과 강도를 뜻하는 영어 robbery의 합성어로, '플래시 몹'을 강도 행위에 이용하는 현상을 이르는 말이다.[79] 여러 사람이 날짜·시간·장소를 정한 다음에 모여 사전에 약속된 행동을 하고 흩어지는 행위를 일러 '플래시 몹'이라 한다. 미국에서는 플래시 롭 사건이 자주 발생하고 있는데, SNS를 활용한 플래시 롭도 등장했다. SNS 폭도라 할 수 있는데, 2015년 2월 청소년 900명이 SNS로 사전에 모의해 극장과 편의점을 점거한 채 총을 쏘고 물건을 훔치는 난동을 부린 사건이 그런 경우다.[80]

당시 무슨 일이 벌어졌던가? 이들은 플로리다주 오코이 시내의 웨스트오크스몰이라는 대형 상가에 집결해 인근 극장의 경비원들을 때려눕히고 내부로 난입했다. 총을 가져온 청소년들은 천장을 향해 총을 발사했으며 일부는 떼를 지어 내부 기물을 때려 부수고 극장 손님들의 스마트폰 등 소지품을 강탈했다. 이 때문에 극장은 순식간에 아수라장으로 변했고, 영화를 보러 온 손님들은 공포에 떨어야 했다. 밖에 있던 청소년들은 폭죽을 터뜨리며 소란을 피웠으며, 극장 주차장에서 차를 훔쳐 달아난 청소년도 있었다. 경찰이 극장에서 청소년들을 밖으로 몰아내자 일부는 근처 주유소 내 편의점에 들어가 주인을 폭행하고 상품을 마구잡이로 훔쳤다. 이런 난동은 2시간 넘게 계속되다가 자정이 되어서야 끝났는데, 미국 언론은 "SNS로 모인 10대들이 죄의식 없이 마치 놀이인 양 행동했다"고 보도했다.[81]

아직 플래시 롭 형태를 띠고 있지 않지만 일본 역시 SNS를 이용한 청소년들의 범죄가 연이어 발생하면서 곤혹스러워하고 있다. 『동아일보』 2015년 3월 3일자는 "소셜네트워크서비스sns를 이용해 살인, 강도 등 강력범죄를 저지르는 '무서운' 10대들 때문에 미국과 일본 사회가 골머리를 앓고 있다"면서 이렇게 말했다.

"SNS가 청소년 사이에 급속하게 보급되고 있지만 경찰서에는 아직도 이 분야에 익숙하지 않은 경찰관이 많아 범죄 대응에 어려움을 겪고 있다고 주요 외신이 전했다. 노다 마사토野田正人 리쓰메이칸立命館대 심리학과 교수는 '정보기술IT 발달로 자녀들의 실제 교우관계 파악이 점점 어려워지고 있다'며 '아이들이 SNS에서 서로 어울리며 어른들 몰래 범죄를 저지르고 있지만 이를 막을 길이 없다'고 우려했다."[82]

Economy Section

Trend Keyword

가젤 프로젝트

세계 최대의 온라인 서점이자 메가 쇼핑몰인 미국 아마존은 출판사와 가격 협상을 벌일 때 낮은 가격으로 계약을 맺기 위해 유통망을 담보로 하는 전략을 펼치는 것으로 유명한데, 이를 일러 가젤 프로젝트라 한다. 가젤 프로젝트라는 말은 아마존의 CEO 제프 베저스가 말했던 것으로 추정되는 "치타가 병약한 가젤의 뒤를 쫓는 것처럼 아마존은 영세 출판사를 공략해야 한다"는 발언에서 비롯된 것으로 알려졌다.[1]

2014년 발생한 프랑스 아셰트북그룹과 e-북 가격 인하를 놓고 벌인 갈등이 아마존의 가젤 프로젝트를 보여주는 대표적인 사례로 거론된다. 아마존은 2014년 5월부터 아셰트북그룹과 팽팽한 줄다리기를 거듭하다가 협상이 결렬되자 8월부터 아셰트북그룹이 출판한 일부 책 판매를 중단하거나 배송을 지연시키는 것은 물론 책 할인 규모를 확 줄여 서적 판매를 노골적으로 방해했다. 이에 아셰트북그룹은 "(책 판매 중단과 같은) 아마존의 징벌적 행동은 불필요하고 신뢰하는 비즈니스 파트너가 취할 행동이 아니다"며 정면 반발했다.

이 싸움엔 작가들도 가세했다. 『아웃라이어』등 글로벌 베스트셀러를 쓴 맬컴 글래드웰, 제임스 패터슨, 스티븐 킹, 존 그리샴 등

909명의 미국 작가들은 '작가 연합Authors United'을 결성하고 "아마존이 시장 지배력과 자금력으로 출판 시장을 독점하려고 한다"는 성명을 발표했다. 이들은 또 2페이지에 걸친 광고를 『뉴욕타임스』에 게재하고 "아마존과 아셰트북그룹 어느 쪽 편도 아니다"면서도 "(아마존 조치는) 비즈니스 파트너(작가)에게 할 행동이 아닐뿐더러 친구를 대하는 올바른 방식이 아니다"고 아마존을 비난했다.[2]

이와 관련 미국의 기자 조지 패커는 2014년 8월 아마존의 가젤 프로젝트는 "출판사뿐 아니라 책의 운명에도 악영향을 미칠 것"이라고 경고했다. 자칫 전자책으로 책값이 함께 낮아져 출판업계가 위험에 빠질 수 있다는 지적이었다.[3]

검소한 경제|frugal economy

과거엔 소수의 대규모 생산자가 생산한 물건을 수백만 명의 수동적 소비자가 구입해 사용했지만 오늘날엔 소비자가 재화와 서비스를 직접 디자인하고 창조하며, 시장에서 거래하고 나눌 수 있게 되었다. 이렇게 생산자와 소비자 사이에 있었던 중간 단계의 역할이 필요 없어진 경제를 일러 검소한 경제라 한다. 검소한 경제를 촉진하는 요인은 2가지다. 첫째, 장기화된 금융 위기로 서구 중산층의 소비력이 약화되었다. 둘째, 환경에 대한 소비자들의 책임감이 커졌다. 소비자들은 돈을 아끼고 환경에 미치는 악영향을 최소화하기 위해 소유보다 공유를 선택하고 있으며, 자신의 제품을 직접 만들고 있다는 것이다.[6]

미국 케임브리지대학 선임 연구원 나비 라듀는 "검소한 경제는 수억 달러의 가치와 수백만 개의 직업을 만들어낼 수 있다. 물론 이 과정에서 잃는 이도 있다. 바로 서구의 대기업들이다"면서 이렇게 말한다.

"거대한 연구개발 예산과 폐쇄적인 조직 구조에 의해 유지되는 이들의 대량생산 모델은 비용과 환경에 민감한 소비자들의 필요를 충족시키기 어렵다. 살아남기 위해서라도 이런 기업들은 검소한 기업으로 다시 태어나야 한다. 프로슈머를 가치사슬 안에 통합시키고, 좀더 환경 친화적이고 비용을 절감하는 방식으로 시장의 요구를 받아들여야 한다."[5]

나비 라듀는 자이딥 프라부와 함께 쓴 『검소한 혁신Frugal Innovation』(2015)에서 검소한 경제 시대에 기업이 살아남을 수 있는 방법으로 '검소한 혁신'을 제안했다. 이들은 세계 경제의 저성장 기조가 임금 정체를 부추겨 각국 소비 주체인 중산층이 가격은 더 싸되 더 나은 가치를 주는 제품과 서비스를 추구하게 될 것이기 때문에 눈에 띄는 특징을 덧붙여 제품이나 서비스를 더 복잡하게 할 게 아니라 제품과 서비스의 본질, 수요 목적에 집중해 혁신을 해야 한다고 강조했다. 더 적은 자원으로 더 많은 것을 이루는 저비용 혁신을 일러 검소한 혁신이라고 한다.[6]

금융 문맹

금융에 대한 지식이 없는 사람들을 이르는 말이다. 배우지 못해 글을 읽거나 쓸 줄을 모르는 사람에 빗댄 말이다. 금융에 대한 한국인의 지식수준은 상당히 떨어지는 편이다. 마스터카드가 2014년 하반기 실시한 금융 이해도 조사에서 한국은 아시아 · 태평양 16개국 중에서 필리핀(8위), 미얀마(9위), 베트남(11위) 등에도 못 미치는 13위를 차지했다.[7] 그렇다고 해서 한국인의 금융 상식이 부족한 것은 아니다. 예컨대 2015년 금융감독원이 18세 이상 국민 2,400명을 대상으로 실시한 금융 이해도 조사에서 '대출은 갚을 수 있는 수준만 받도록 한다', '수익률이 높은 상품은 상대적으로 큰 위험이 생길 수 있다'는 질문에 대한 정답률은 90퍼센트에 육박해 금융 상식은 상당히 높은 것으로 나타났다.[8]

그렇다면 무엇이 문제일까? 『조선일보』 2015년 3월 12일자는 금융에 대한 기본적인 지식들은 대부분 사람들이 충분히 알고 있지만 행동과 태도에서 이야기가 완전히 달라진다고 했다. 국민 5명 중 1명 이상은 잔액이 얼마 있는지 모른 채 물건을 사들이고, 갚을 수 있을지 불확실한 빚을 지며, 신용카드 대금이나 아파트 공과금을 제때 내지 못한다는 것이다. 이어 이 기사는 장기적인 돈 관리는 더욱 취약하다고 했다. '나는 평상시 재무상황을 면밀히 점검하는 편이다'

고 응답한 사람은 52퍼센트에 불과했고, '금전적인 문제에 대해 장기 목표를 갖고 이를 이루기 위해 노력하는 편이다'는 사람은 53퍼센트에 그쳤다는 것이다.[9]

청소년기에 경험하는 턱없이 부족한 금융 교육 시간이 금융 문맹을 양산하고 있다는 견해도 있다. 금융당국과 교육부에 따르면 2015년 현재 국내 중·고교 교과과정 중 경제 교육 시간은 총 31시간에 불과하다. 전체 교과의 0.7퍼센트 수준으로, 이마저도 저축과 투자의 차이점 등 단편적인 지식 전달에만 국한되어 있을 뿐 실생활에서 바로 응용할 수 있는 금융·경제 교육은 제대로 이루어지지 않고 있다. 초등학교와 중학교에서는 금융에 대한 교육이 '수박 겉핥기' 식으로 이루어지고 있으며, 고등학교에서는 실생활에서 바로 응용할 수 있는 금융·경제 교육 대부분이 필수 과목에서 제외되었다.

이와 관련 경인교육대학교 교수 한진수는 신용카드 무더기 발급에 따른 신용불량자 양산과 가계부채 심화, 노후 빈곤층 확대 등이 청소년기에 제대로 이루어지지 않은 금융 교육과 궤를 같이한다면서 "금융지식이 적으면 빈곤을 세습할 우려도 있다"고 지적했다.[10] 글로벌 금융위기 이후 일회성 교육의 한계점을 인식하고 학교 정규 교과목으로 금융 교육을 실시하고 있는 미국, 영국 등 해외 선진국처럼 학교를 중심으로 체계적이면서 금융 실생활에 유용한 금융 교육이 필요하다는 목소리가 높다.[11]

기업 평판 사이트

기업의 연봉, 매출액, 직원 수 등 외향만으로 알 수 없는 기업의 속살을 고스란히 보여주는 사이트를 말한다. 기업 평판 사이트는 구직자와 이직 희망자 사이에선 들어가려는 회사의 평판을 확인하는 필수 과정이 되었을 만큼 큰 인기를 끌고 있다. 기업 평가 사이트에 올라온 평가와 글들이 취업이나 이직을 준비하는 사람들에겐 보물과 같은 정보를 제공하고 있기 때문이다.[12]

기업 평판 사이트의 등장은 삶의 질 향상이라는 시대적 요구와 밀접한 관련이 있다. '저녁이 있는 삶'이라는 문구가 말해주듯, 구직자들이 높은 연봉뿐만 아니라 '사내문화'나 '삶과 일의 균형' 등을 직장의 중요 요소로 생각하면서 기업 평판 사이트의 영향력이 커지고 있다. 한국 사회의 화두로 떠오른 '갑질' 논란이 기업 평판 사이트의 위상을 키우고 있다는 견해도 있다. 과거엔 기업들이 취업 준비생들의 이력을 살피기 위해 이들의 SNS를 훑기도 했지만, 갑질이 사회문제로 부상하면서 역으로 취업 준비생들과 이직자들이 기업에 대한 정보를 샅샅이 훑고 있다는 것이다.[13]

구직자들이 실용적 이유로 기업 평판 사이트를 이용한다면, 직장인들은 스트레스 해소 공간으로 이용한다. 회사에서는 할 말 제대로 못하고 언제나 '을'로 눌려 지내던 직장인들이 일종의 뒷담화 공간으로 활용하고 있는 셈이다. 채석원은 "직장인에게 회사는 갑이다. 하지만 이런 갑이 을인 사원에게 쩔쩔 매는 곳이 있다. 바로 기업 평판 사이트다. 전쟁 같은 일터에서 살아남기 위해 눈칫밥을 먹는 이들이라도 이곳에선 당당하게 갑으로 군림할 수 있다"고 했다.[14]

기업들은 기업 평판 사이트를 곤혹스러워한다. 그래서 기업 평판 사이트 업체에 직접 연락해 게시글 삭제를 요청하는 기업들도 적지 않다. 잡플래닛jobplanet.co.kr 관계자는 "조금이라도 나쁜 평가를 담은 글이 올라오면 '왜 우리가 경쟁 업체에 비해 나쁜 점수를 받느냐', '빼줄 수 없느냐'는 식의 전화가 일주일에 3~4통은 걸려온다"고 했다.[15] 하지만 기업 평판 사이트가 기업에 해만 되는 것은 아니다. 채석원은 "연봉과 복지 수준이 우수하지만 상대적으로 인지도가 약한 회사엔 기업 평판 사이트가 돈 안 드는 홍보창구 역할을 해주고 있다"면서 "일부 중소기업의 경우 직원들에게 좋은 평가를 받으면서 입사 지원자가 몰리는 덕분에 행복한 비명을 지르고 있다"고 했다.[16]

커리어 컨설팅 전문회사 나비앤파트너스의 대표 유재경은 기업 평판 사이트에 대해 "우리 기업들이 다른 어디서도 들을 수 없는 소리를 들을 수 있는 기회라고 생각해야 한다. 성숙하고 발전된 조직 문화를 정착시키는 밑거름이 될 수 있다는 점을 깨달았으면 좋겠다"면서 직원들의 솔직한 목소리를 조직 발전의 동력으로 삼아야 한다고 했다.[17]

나쁜 외부성

어떤 사람의 행동이 제3자에게 의도하지 않은 손해를 가져다주면서 대가를 지불하지 않는 경우를 설명하는 경제학 용어다. 자동차 보험 시장, 특히 비싼 외제차 보험 시장이 나쁜 외부성을 발견할 수 있는 대표적인 곳으로 거론된다. 외제차는 사고 났을 때 국산차에 비해 수리비가 많이 들기 때문에 혹시라도 모를 사고에 대비해 많은 운전자가 비싼 보험을 들기 때문이다.[18]

이런 점을 악용한 외제차 보험사기도 꾸준하게 증가하고 있다. 수입차 차주들끼리 서로 추돌사고를 낸 뒤 수리비를 청구해 나눠 갖거나, 부품 구하기가 힘든 희귀 중고 수입차나 고가의 튜닝 차로 사고를 낸 뒤 부품 값을 과도하게 청구하거나, 중앙선 침범이나 일방통행 차로에서 역주행 차량이 나타나면 일부러 사고를 내 보험금을 타내는 경우 등이 대표적 사례다.

수입차 람보르기니를 보유하고 있다는 한 사람은 중고 가격은 똥값이어도 부품비가 비싸다는 점을 악용해 사고를 낸 사람을 보았다면서 그런 현상은 거의 관행처럼 되었다고 했다. 2015년 3월 14일 거제도의 한 용접공이 고가의 수입차인 람보르기니와 사고를 내 거액을 물게 되었다는 소식이 알려지면서 많은 사람이 안타까워했는데, 이 역시 막대한 보험금을 타내기 위한 사기극으로 밝혀졌다.[19]

서울대학교 경제학부 교수 이준구는 "수입차 보유자는 국산차 보유자들로 하여금 더 비싼 보험료를 내게 만드는 '나쁜 외부성'을 가져다주는데 현행 보험료는 이 점을 무시하고 수입차 보유자에게 싼 보험료만을 받고 있다"며 "대물배상과 관련해 국산차와 수입차를 구별하지 않는 현행 보험료 구조는 불공평하다"고 말했다. 이어 그는 수입차가 늘어날수록 국산차 보유자가 내는 보험료 부담이 커지는 만큼 수입차의 자기차량 담보(자차) 보험료뿐만 아니라 대물배상(차량·물건 등에 대한 손해배상) 보험료도 올려야 한다고 제안했다. 이에 대해 금융당국과 업계는 기본적인 보험 원리에 어긋나기 때문에 현재로서는 불가능하다고 말했다.[20]

노 키즈 존 no kids zone

5세 미만·미취학 아동·유모차 등 조건은 다소 다르지만 어린 아이들의 출입을 금지하는 곳을 말한다.[21] 노 키즈 존은 주로 커피 전문점이나 음식점, 고급 가구숍 등에 많은 것으로 알려져 있다. 노 키즈 존이라고 밝히며 적극적으로 노 키즈 존 마케팅을 펼치는 곳도 있지만, 간접적인 방식으로 어린이 손님을 외면하는 곳도 있다. 어린이용 의자와 식기를 준비해놓지 않는 등 유아와 어린이 고객에 대한 서비스를 최소화하는 식이다.[22]

노 키즈 존을 선택한 업주들은 부모와 함께 찾은 아이들이 뛰고 울고 소란을 피우면 사고 발생 위험이 크고 다른 고객들의 불만도 크기 때문에 어쩔 수 없이 노 키즈 존을 운영하고 있다고 말한다. 음식점에서 제멋대로 행동하는 아이들 때문에 불편을 겪어본 사람들도 노 키즈 존의 등장에 동의하는 편이지만 너무 지나친 처사라는 지적도 적지 않다. 어린이를 둔 부모들은 그럼 자신들은 어디로 가야 하느냐고 고충을 토로한다.[23]

노 키즈 존의 등장을 저출산 시대의 산물로 보는 견해가 있다. 한국 사회가 저출산 시대에 돌입하면서 아이에 대한 경험이 부족해져 어린이를 '남에게 피해를 주는 존재'로 바라보는 기류가 형성되기 시작했는데, 이런 구조적 요인이 노 키즈 존의 등장을 부추기고 있다는 것이다. 이런 이유 때문에 노 키즈 존이 '어린이 혐오증'으로 이어지는 것 아니냐는 우려를 내놓는 사람들도 있다. 서울대학교 사회학과 교수 서이종은 "아이를 배제하는 방식의 노 키즈 존은 결국 아이에 대한 차별"이라며 "레이시즘racism(인종차별)만큼 심각한 '키즈시즘Kids-cism' 현상이 우리 사회에 싹트고 있는 것으로 해석할 수 있다"고 말했다.[24]

노 키즈 존의 진정한 의미는 '무개념 부모 출입금지'라는 견해도 있다. 이런 견해에 따르면, 노 키즈 존은 식당에서 활개를 치는 어린이, 이를 본체만체하거나 오히려 조장하는 철없는 부모를 향한 '업주들의 역습'이다. 육아 관련 인터넷 커뮤니티에도 이른바 개념 없는 부모들의 행태를 성토하는 글이 적잖게 올라온다. "밥 먹고 난 식탁에 똥 기저귀 버리고 가는 손님 어쩌죠?", "식당 종업원은 아기 토사물도 처리해야 하나요?", "카페에서 제공한 머그잔에 아기 오줌 받아내는 부모, 같이 온 사람들은 왜 안 말릴까요?"[25]

노 키즈 존 논란에서 교훈을 얻어야 한다는 견해도 있다. 목동 아동발달연구센터 소장 한춘근은 "노 키즈 존에 대한 논의를 계기로 아이의 안전을 중심에 두고 우리 사회가 공간에 대한 합의를 이뤄내야 한다"며 "노 키즈 존 논란을 '키즈 세이프티 존Kids Safety Zone'을 정하는 논의로 발전시켜야 한다"고 제안했다.[26]

메커니컬 터크_{mechanical turk}

아마존의 온라인 인력시장을 의미하는 말이다. 컴퓨터 기술은 빠른 속도로 발전하고 있지만, 여전히 인간이 컴퓨터보다 경쟁 우위에 있는 일들은 적지 않다. 사진이나 동영상 개체를 식별하거나 중복 데이터를 제거하거나 음성 녹음 데이터를 이용한 리서치 같은 것 등이 그런 경우다. 이렇게 컴퓨터가 인간보다 잘하지 못하는 일을 중개해주는 게 바로 메커니컬 터크다. 서비스 이용자가 번거로운 일을 저렴한 비용으로 외주를 맡기면 작업자가 자신의 노하우를 활용해 대신 해주는 식이다. 아마존은 중간에서 수수료를 챙긴다.[27]

컴퓨터 대신 작업을 수행하는 사람들을 일컬어 '터커'라고 하는데, 쏟아지는 데이터를 분류하고 불필요한 데이터를 삭제하고 정리된 데이터를 시스템에 보내는 게 이들의 임무다.[28] 예컨대 여성을 찍은 사진이 하나 있다고 치자. 컴퓨터는 사진 속 여성이 미인인지 아닌지 구별할 수 없는데, 이 사진을 보고 분류하는 일을 하는 사람이 바로 터커인 셈이다. 남는 노동력을 이용해 저렴한 비용으로 일을 처리하자는 게 메커니컬 터크의 목표다.[29] 메커니컬 터크는 과거 유럽의 왕실에서 체스를 두는 기계인형에서 유래한 말로, 아마존은 기계인형에 사람이 들어가서 체스를 둔 것에 착안해 컴퓨터가 할 수 없는 일거리를 여러 사람이 조금씩 나눠서 하는 방식에 이 이름을 붙였다.[30] 메커니컬 터크는 각종 서비스와 재화가 모바일 네트워크 또는 온라인 장터 등을 통해 수요자가 원하는 형태로 즉각 제공되는 경제 시스템인 주문형 경제의 한 사례다.

2011년 현재 세계 190개 국가에서 50만 명이 넘는 노동자가 메커니컬 터크를 통해 일을 하고 있는데, 이들의 노동 환경은 대단히 열악하다. 이들은 시간당 불과 2달러를 받고 있는데, 그래서 아마존이 노동 착취를 하고 있다는 비판도 있다.[31] 클린턴 행정부에서 노동부 장관을 지냈으며 UC버클리대학 정책대학원 경제학과 교수 로버트 라이시는 "메커니컬 터크는 최저임금의 개념을 무색하게 한다" 면서 이렇게 말했다.

"예컨대, 여러 사진 중 괜찮은 사진을 골라주고 30센트, 악필의 손 글씨를 읽어주면 50센트를 받습니다. 이 작은 금액에서 아마존은 수수료 10퍼센트를 떼어갑니다. 메커니컬 터크에서 일하는 50만 명의 시간당 평균 임금은 2달러 선이라고 합니다."[32]

터커에 대한 대우가 너무 형편없다는 지적이 일자 2014년 12월 스탠퍼드대학 교수 마이클 번스타인은 터커와 협력해 다이나모 DYNAMO라는 사이트를 만들고 제프 베저스 아마존 CEO에게 공개서한을 보내는 캠페인을 시작했다. 이 사이트에 서한을 올린 한 터커는 "나는 숙련된 노동자이지만 시간당 1.45달러밖에 받지 못해 부양하고 있는 어머니와 아내의 삶 또한 어려운 상황이다" 면서 "우리는 인간이지 알고리즘이 아니다" 고 호소했다.[33]

목표 관리제

기존 조직이 지닌 기능만 합쳐서는 기업이 전략을 갖고 움직이기가 어려우므로, 각 부서가 기업 전체 전략과 부합하는 각각의 목표를 갖고 이를 이루기 위해 노력하도록 하는 관리 방법을 일컫는다. 목표에 의한 경영management by objectives · MBO이라고도 한다. 미국 경영학자 피터 드러커가 제시한 개념으로, 1970년대 미국 닉슨 행정부는 공공기관 업무에 도입했고 한국에서는 1997년 이후 지방자치단체와 공공 부문에서 각광을 받았다.[34]

목표 관리제에서 가장 중요한 것은 조직 구성원의 자율성이다. 기업의 목표를 개인이 자율적으로 통제할 수 있어야 한다는 말이다.[35] 이와 관련 이원재는 "목표 관리제에서 개개인의 목표를 설정하는 방식은 일방적인 지시가 아니다"면서 "반대로 개개인이 스스로 목표 설정에 참여하도록 하면서 전체 회사의 전략에 대한 토론과 이해가 뒤따르게 유도"하는 게 핵심이라고 했다.[36]

자율성이 목표 관리제의 핵심적인 내용이기 때문일까? 송경모는 "통용되는 번역어 '목표 관리제'에서 '관리'라는 단어에는 자율과 실천이 아니라 타율과 통제의 느낌이 있다"면서 이렇게 말한다. "그러나 MBO의 근본 취지는 사람이 권력으로 사람을 통제하는 것이 아니라 목표가 '자발적으로' 사람을 움직이도록 해야 한다는 것이다. 그러므로 '목표 관리제'보다는 '목표 중심 경영' 또는 '목표 지향 경영'이라는 번역이 더 적합할지 모르겠다."

이어 송경모는 "목표가 달라지면 일하는 방식이 달라진다. 하지만 많은 사람이 일을 하면서 목표를 종종 잊는다. 특히 후대의 전문가들이 MBO를 절차화하면서 원래 취지로부터 멀어지는 경향이 생겼다"면서 이렇게 말한다.

"드러커는 MBO를 결코 '기법'으로 제시한 것이 아니었다. 처음엔 '철학'이라 했고, 나중에는 '헌법의 원리'라고까지 말했다. MBO가 추구하는 것은 법 아래의 자유freedom under the law였다. 무조건의 권한 위임이 아니라 철저하게 목표에 의해 인도되는 자유였다. 오늘날 천차만별의 MBO와 성과 평가 지침서 속에서 갈피를 잡을 수 없을지 모른다. 이때 만 권의 책을 덮어두고 오직 한 가지 질문만을 끊임없이 던져보면 어떨까. '나는 지금 도대체 무엇에 기여하기 위해 이 일을 하고 있는가?' CEO를 포함한 모두가 이 근본 질문을 항상 화두처럼 품어야만 한다. 이런 질문 없이 단지 기계적으로 도입한 MBO와 성과 평가는 또 다른 관료주의가 되어 조직을 속박할 것이다."[37]

바나나겟돈 bananageddon

바나나banana와 종말을 의미하는 '아마겟돈Armageddon'의 합성어로, 바나나의 불치병이라 불리는 '변종 파나마병' 때문에 전 세계 바나나 수확량이 급감해 바나나업계가 위기에 처했다는 것을 의미하는 말이다. 바나나의 소멸을 우려하는 말이라 할 수 있겠다. 변종 파나마병은 2~3년 내 바나나 농장 전체를 고사 상태로 만들어버리는 것으로 알려져 있다. 파나마병은 곰팡이가 물과 흙을 통해 바나나 뿌리에 감염되는 병으로, 이 병에 걸린 바나나의 잎은 갈색으로 변한 후 서서히 말라죽게 된다. 1903년 파나마에서 처음 발견되었기 때문에 이런 이름이 붙었다.[38]

바나나겟돈에 대한 우려가 제기되는 이유는 현재 우리가 먹는 바나나가 '캐번디시Cavendish'라는 한 가지 품종뿐이기 때문이다. 모든 바나나가 유전적으로 똑같아 이론상으론 수십억 개의 바나나 중 하나만 파나마병에 걸려도 전 세계로 퍼질 가능성이 있어 바나나가 사라질 수도 있다는 것이다. 바나나업계는 바나나가 파나마병에 걸렸는지 수시로 관찰하고 파나마병에 걸린 바나나는 발견하는 즉시 격리 조치시키는 등 파나마병의 확산을 충분히 관리할 수 있다고 하지만, 세계식량기구FAO는 전 세계로 빠르게 퍼질 가능성을 배제할 수 없다고 경고한다. 그간 주로 타이완 등 동남아시아 지역에서만 발견되었던 변종 파나마병이 2015년 요르단과 모잠비크 등으로 옮겨가는 등 확산 조짐을 보이고 있기 때문이다. 벨기에 루벤대학 교수 로니 스웨넨은 "만약 파나마병이 남미 지역으로 옮겨갈 경우, 파나마병의 위험은 들불처럼 전 세계로 번져나갈 것"이라고 했다.[39]

바나나 멸종을 막으려는 과학계의 노력이 성과를 내지 못하고 있는 가운데 제3세대 유전자가위(크리스퍼/카스9) 연구를 선도하고 있는 서울대학교 화학부 교수 김진수는 "다음 세대에게 바나나를 먹게 해주자"는 취지로 '바나나 세이빙 국제 컨소시엄'을 구성하겠다고 말했다. 유전자가위는 지퍼DNA가 고장 났을 때 이빨이 나간 부위(특정 유전자)만 잘라내고 새로운 지퍼 조각을 갈아 끼우는 '유전자 짜깁기' 기술로, 수많은 연구소에서 에이즈 치료 등 유전체 연구와 동식물 형질 전환에 사용하고 있다. 일부 과학자는 이 기술을 생식계통에 적용하면 인간복제와 슈퍼인간 탄생이 가능하다며 모라토리엄(중단) 선언을 주장하고 있기도 하다.[40]

FAO에 따르면, 바나나는 전 세계에서 8번째로 중요한 작물이며 개발도상국에서는 4번째로 중요한 작물이다. 변종 파나마병이 전 세계로 확산할 경우 전 세계 바나나 공급량은 최대 85퍼센트까지 줄어들 것으로 예측되고 있어 전체 작물에서 바나나가 차지하는 비중이 큰 나라에 바나나겟돈은 심각한 위협이 되고 있다.[41]

방패용 사외이사

경영진의 의견에 찬성표를 던지는 '거수기'나 외풍 차단용 '방패막이'로 활용하기 위해 기업에서 선임하는, 힘 있는 권력기관 출신의 사외이사를 말한다. 한국에서 사외이사제도는 1998년 외환위기 직후 전문적 식견을 갖춘 기업 외부 인사를 경영에 참여시켜 조언을 받고 대주주의 전횡을 견제·감시토록 하자는 취지에서 도입되었지만 '방패용 사외이사' 논란은 끊이지 않는다. 기업이 전문성보다는 고위 공직자나 검찰·공정위·국세청 등 권력기관 출신의 사외이사를 속속 영입해왔기 때문이다.[42]

2015년 3월 9일 재벌닷컴에 따르면, 삼성, 현대자동차 등 10대 그룹이 2015년 주주총회에서 선임(신규·재선임)한 사외이사 119명 가운데 39.5퍼센트인 47명이 장차관, 판검사, 국세청, 공정거래위원회 등 권력기관 출신이었다. 권력기관 출신 비중은 2014년의 38.7퍼센트(50명)와 비슷했지만, 2015년에는 전직 장차관의 약진이 두드러진 것으로 나타났다. 이와 관련 재벌닷컴 관계자는 "기업들이 바람막이로써 권력 출신 사외이사를 선임하는 것은 어제오늘 일이 아니다. 올해는 세무조사가 약해진 탓인지 국세청 출신이 줄고 대신 전직 장·차관들이 많이 늘어났다"고 했다.[43]

직업별로 살펴보면 정부 고위직 출신이 18명으로 가장 많았고,

판검사 12명, 공정위 8명, 국세청 7명, 금융위원회 2명 등이 뒤를 이었다. 비중으로는 두산그룹이 사외이사 후보 가운데 권력기관 출신이 88.9퍼센트(9명 가운데 8명)로 가장 많았고, 현대자동차와 현대중공업, 한진그룹은 50.0퍼센트였다. GS(40.0퍼센트), 삼성(39.3퍼센트), SK(35.0퍼센트), 한화(33.3퍼센트), 롯데(30.8퍼센트), LG(7.7퍼센트) 등이 뒤를 이었다.[44]

『경향신문』 2015년 3월 9일자 사설 「재벌 사외이사는 권력기관 출신 몫인가」는 "기업이 권력기관 출신을 사외이사에 선임하는 의도가 로비나 바람막이로 활용하기 위한 것임은 삼척동자라도 알 것이다. 이른바 '관피아'니 무슨 '피아'니 하는 신조어에서 보듯이 전·현직 간에 이뤄지는 전관예우 관행이 통하는 나라이기 때문이다"면서 다음과 같이 말했다.

"현재와 같은 방식으로 운영되는 사외이사제도는 분명 문제가 있다. 무엇보다 자율성과 독립성이 보장될 수 있도록 선임 방식부터 바꾸어야 할 것이다. 사외이사 추천을 독립된 외부 기관이나 소액주주·우리사주조합이 할 수 있도록 하는 방법을 검토할 필요가 있다.……사외이사에게 책임을 물을 수 있는 구조를 마련하고 실제로 그런 사례를 만드는 것도 중요하다. 제 역할을 기대하기 어려운 권력기관 출신 사외이사는 중장기적으로는 기업 발전에 도움이 되지 않을뿐더러 세월호 사태를 계기로 눈총을 받는 '~피아'의 또 다른 얼굴에 지나지 않는다."[45]

부스러기 경제|scraps economy

미국 UC버클리대학 경제학과 교수 로버트 라이시가 주문형 경제의 형태를 띠고 있는 공유경제를 비판하면서 사용한 말이다. 라이시는 2015년 2월 자신의 블로그에서 "말이 좋아 '공유경제sharing economy' 지 사실은 '부스러기scraps를 나누는 경제' 아닌가?"라고 비판하면서 공유경제라고 부르는 주문형 경제가 '노동시장을 19세기로 퇴보시킬 것'이라고 했다. 목돈Big Money은 플랫폼 기업이 차지하고 플랫폼 위에서 일하는 노동자에게는 푼돈Scraps만 돌아간다는 의미다.[46]

라이시는 부스러기 경제의 대표적 사례로 택시 공유 서비스 우버를 들었다. 우버는 2015년 400억 달러의 기업 가치를 자랑하는 기업으로 성장했지만, 우버에 고용되어 안정적으로 급여를 받는 노동자는 1,500명에 불과하다.[47] 이와 관련 라이시는 "우버 같은 공유경제 회사는 운전자에게 어떤 복지 혜택도 제공하지 않습니다. 그들이 '고용된 정직원'이 아니라는 거지요. 만약 자동차 사고가 날 경우에도 그 책임은 모두 운전자 본인에게 있습니다. 이는 노동조합의 개념이 없던 19세기로 후퇴한 것이나 다름없습니다. 19세기는 노동자가 어떤 힘도 법적 권리도 없을 때입니다"면서 다음과 같이 말했다.

"지난 30여 년간 상위 1퍼센트 또는 10퍼센트의 부는 꾸준히

축적되었지만, 중위 소득 노동자들의 실질 임금이 거의 정체돼 있던 상태에서 조금이라도 더 돈을 벌 수 있는 부수입의 기회가 매력적인 대안으로 여겨지는 건 어찌 보면 당연한 일입니다. 그러나 이런 상황은 단지 기업이 이익의 대부분을 가져가고, 이에 노동자들이 만족하지 못한다는 불합리한 현실을 여실히 보여줄 뿐입니다."[48]

소셜 펀딩

인터넷이나 SNS를 활용, 사람들이 소액을 기부·후원해 자금을 조달하는 방식을 이르는 말이다. 크라우드 펀딩crowd funding이라고도 한다. 소셜 펀딩은 1700년대 농촌 저소득 계층을 대상으로 한 소액자금대출 프로그램에서 시작된 것으로 알려져 있다. 아일랜드의 작가 조너선 스위프트는 이 프로그램을 '아이리시 론 펀드Irish Loan Fund'라고 명명했는데, 인터넷 환경과 SNS 기반이 구축되면서 확산하기 시작한 것이다.[49]

소셜 펀딩은 문화 상품이나 정보기술 신제품, 공익사업 등에서 활발하게 이루어지는데, 범죄 집단이 활용하는 경우도 있다. 예컨대 국제 해커 조직 어나니머스는 2013년 4월 "동영상 뉴스 제작비에 쓰겠다"며 소셜 펀딩 '인디고고indegogo' 사이트를 통해 목표액 2,000달러(약 223만 원)를 목표로 소셜 펀딩을 시도해 당초 목표액을 크게 웃도는 5만 5,000달러(약 5,800만 원)를 조달하기도 했다.[50]

미국과 한국의 소셜 펀딩 문화가 다르다는 견해도 있다. 미국은 '펀딩'이란 단어에 중점을 두는 반면 한국은 '소셜'이란 단어에 중점을 둔다는 것이다. 이와 관련 윤성환은 2015년 3월 "미국 소셜 펀딩 사이트에선 번뜩이는 아이디어나 뛰어난 기술력을 가진 제품이 각광을 받는다. 벤처 투자자들에게조차 외면 받던 스마트워치

업체 '페블'은 이런 소셜 펀딩을 통해 제품 생산에 성공했고, 현재 관련 업계 세계 2위로 올라섰다. 가상현실 헤드셋 제조업체 '오큘러스'도 소셜 펀딩을 통한 성공 사례로 꼽힌다"면서 이렇게 말했다.

 '반면 우리나라 소셜 펀딩은 '펀딩'보다 '소셜', 즉 사회적 가치 실현에 중점을 두고 있다. 모금액이 많이 모인 사례들은 위안부 역사관 건립, 네팔 희망학교 설립 등이다. 투자하는 사람 입장에서 보면 수익을 기대하기 힘들다. 수익을 목표로 한 소셜 펀딩은 게임, 영화, 음악 등 문화 콘텐츠에 대한 투자가 많은데, 이마저도 사회 참여적 성격을 갖고 있는 콘텐츠에 돈이 몰린다. 1억 원이 넘는 후원금을 모으는 데 성공한 영화 '또 하나의 가족', '카트'는 각각 삼성전자 반도체공장 백혈병 사건, 비정규직 노동권을 다룬 영화다. 음악 부문에서는 노무현 전 대통령 추모 앨범 제작에 1억 680만 원이 모여, 관련 분야 최고 기록을 세웠다. 사회운동가들의 활동을 돕기 위한 소셜 펀딩 플랫폼도 있다. 지난 2011년 만들어진 소셜 펀치는 현재까지 진보 운동가와 관련 단체에 총 4억 7,803만 원을 후원했다."[51]

아마조니피케이션_{amazonification}

미국 전자상거래 업체 아마존_{amazon.com}과 화_{fication}의 합성어로, 유통 시장에서 행사하고 있는 아마존의 영향력을 설명해주는 말이다. 아마존이 온라인은 물론이고 오프라인까지 포섭하며 성장하자 유통 산업 전체가 아마존에 잠식당할 수도 있다는 우려에서 나온 말이다. 이게 시사하듯, 아마존은 현재 세계 최대 서점이자 메가 쇼핑몰이다. 모든 산업의 파괴자이자 포식자이기도 하다. 그래서 오늘날 아마존은 "세계에서 가장 다양한 선택 가능성"을 의미하는 기업이라는 말도 듣고 있지만, 인터넷 유통시장을 제패한 '인터넷 제국주의' 기업이라는 말도 있다.[52]

인터넷 서점으로 출발했던 아마존의 창업자이자 CEO인 제프 베저스의 꿈은 아마존을 '에브리싱 스토어'로 만드는 것이다. 이는 베저스가 아마존 문을 열기 전인 1995년부터 구상한 것으로, 베저스는 아마존 창업 선언문에서 아마존의 목표를 다음과 같이 밝혔다. "사람들이 온라인에서 원하는 건 무엇이든 제공한다."[53] 베저스는 1998년 6월 음반 판매 사업을 발표하면서는 이렇게 말했다. "우리의 전략적 목표는 전자상거래 세계의 최종 종착지가 되는 것이다. 누군가가 온라인에서 무언가를 구매하려고 할 때 가장 먼저 떠올리는 곳이 아마존이 되었으면 한다. 설령 그것이 아마존에 없는 물건이라 할지라도 말이다."[54]

　회사 이름인 아마존은 베저스의 그런 야심을 상징적으로 보여
준다. 베저스는 짧고 기억하기 쉬우며 자신이 추구하는 사업 방향
의 핵심 정신을 나타낼 수 있는 A로 시작하는 이름을 찾았는데, 여
기서 가장 중요하게 생각한 것은 이름이 대규모라는 느낌을 전달해
야 한다는 것이었다. 그래서 해서 아마존이라는 이름을 지은 것인
데, 이는 온라인 서점 도서 목록을 아마존 강Amazon River처럼 깊고 넓
게 하겠다는 뜻이다.[55] 그는 이렇게 말했다. "아마존은 그냥 세계에
서 가장 큰 게 아니에요. 두 번째로 가장 큰 강보다 몇 배나 더 크죠.
다른 강들과는 비교 대상이 아닙니다."[56]

　이런 야심은 아마존의 로고에도 표시되었다. 1999년 베저스는
아마존 로고를 새롭게 수정하면서 'amazon'을 넣되 하단에 맨 앞
의 'a'에서 'z'까지 이어지는 구부러진 화살표를 넣었는데, 이는 아
마존이 직접 판매하지 않는 상품들까지 포함해 아마존에서는 A에
서 Z까지 모든 물건을 살 수 있다는 메시지를 담은 것이다.[57]

　베저스는 아마존 제국을 만들기 위해 막대한 자본을 들여 기업
을 인수해왔다. 그 결과 현재 영화, 아기 기저귀, 식품, 언론, 아마존
웹 서비스AWS와 크라우드 소싱, 우주항공(우주탐사 회사 '블루 오리
진' 운영) 분야까지 분야를 가리지 않고 확장했는데,[58] 베저스는 지금
도 '급성장하라'는 아마존 사훈을 강조하며 '성장! 성장!'을 외치고
있다.

아마존 전술

아마존이 시장 지배력을 이용해 온라인에서 판매되는 콘텐츠의 공급 단가를 후려치는 협상 방식을 비판적으로 이르는 말이다. 2014년 8월 아마존이 월트디즈니가 제작한 영화 〈캡틴 아메리카: 윈터 솔져〉와 〈말레피센트〉의 DVD에 대한 예약 판매를 중단하자, 미국 『월스트리트저널』 8월 10일자는 아마존이 월트디즈니와 콘텐츠 공급 협상에서 '아마존 전술'을 꺼내 들었다고 말했다. 콘텐츠 공급 계약을 유리하게 맺기 위해 아마존이 '꼼수'를 꺼내들었다는 것이다.[59]

이에 앞서 아마존은 2014년 5월 워너브라더스에 DVD와 블루레이 판매 수수료의 인상을 요구하며 워너브라더스의 〈더 레고 무비〉와 〈트랜센던스〉, 〈300: 라이즈 오브 언 엠파이어〉 등의 판매를 중단해 결국 워너브라더스에서 항복 선언을 받아냈다.[60] 아마존 전술과 관련해 『뉴욕타임스』는 아마존이 '낮은 단가로 콘텐츠 구입→소비자에게 저렴한 가격으로 판매→경쟁업체 도태→시장 지배력 강화→콘텐츠 공급업자 압박'이라는 악순환을 낳고 있다고 했다.[61]

아마존 전술은 특히 출판 시장에서 자주 등장한다. 아마존은 출판사와 가격 협상을 벌일 때 낮은 가격으로 계약을 맺기 위해 유통망을 담보로 하는 전략을 펼치는데, 이를 일러 '가젤 프로젝트'라고 한다. 이와 관련 2014년 10월 노벨 경제학상 수상자인 폴 크루그먼 미국 프린스턴대학 경제학과 교수는 아마존을 '수요 독점자'로 규정하고 "독자는 책에 관련된 소식을 다양한 방식으로 전달받고 책이 화제에 올라 베스트셀러가 돼 가는 과정을 볼 수 있어야 한다"며 "하지만 아마존은 막강한 시장지배력을 내세워 시장의 역할을 가로막고 있다"고 비판했다. 수요 독점자란 공급자가 많은 상황에서 수요자는 1명만 있어 절대적 지위를 갖는 판매자를 이른다.[62]

에어비앤비|AirBnB

숙박 시설과 숙박객을 온라인으로 연결해주는 서비스 모델이다. 에어비앤비는 '에어베드 앤드 브렉퍼스트Airbed and Breakfast'의 약자로, 공기를 불어넣어 언제든 쓸 수 있는 공기 침대air bed와 아침식사 breakfast를 제공한다는 의미를 담고 있다.[63] 홈페이지에 집주인이 임대할 집을 올려놓으면 고객이 이를 보고 원하는 조건에 예약하는 방식으로 이루어진다. 집주인에게는 숙박비의 3퍼센트를 수수료로 떼고, 여행객에게는 6~12퍼센트의 수수료를 받는다. 에어비앤비는 평판 시스템을 활용해 투숙객이나 집주인 모두 자신들의 사회적 관계와 명성을 유지해야만 에어비앤비를 이용할 수 있도록 한다.[64]

　　에어비앤비는 2008년 8월 브라이언 체스키, 조 게비아, 네이선 블레차르지크 등 3명이 공동 창업했다. 에어비앤비는 인터넷만 있으면 방을 빌려 쓸 수 있는 시대를 열며 기존 숙박업소를 위협하고 있다. 예컨대 2014년 초에 있었던 러시아 소치 동계 올림픽이나 여름에 있었던 브라질 월드컵 때 경기를 보러간 관광객들이 가장 많이 이용한 숙박업소는 에어비앤비에 등록한 업소였다.[65] 2015년 3월 현재 전 세계 190개국 3만 4,000여 개 도시에서 하루 평균 100만 실의 빈방을 여행객에게 연결해주고 있다. 한국어 서비스는 2012년부터 시작했는데, 2015년 2월 현재 에어비앤비에 등록한 한국의 숙

박 시설은 6,000여 곳을 넘었다.[66]

에어비앤비는 '호텔만 아니면 어디든 머물 수 있다'고 홍보하는데,[67] 이는 과장이 아니다. 에어비앤비 CEO 브라이언 체스키는 "우리 회사는 600채 이상의 성도 보유하고 있죠"라면서 이렇게 말했다. "수십 개의 유르트(몽골·시베리아 유목민들의 전통 텐트), 동굴, TV가 있는 천막뿐 아니라 급수탑, 모터 홈(주거기능을 가진 자동차), 개인 소유의 섬, 온실, 등대, 와이파이가 터지는 이글루, 짐 모리슨이 머물렀던 집도 보유중이죠. 오두막집도 있죠."[68]

에어비앤비는 차량 공유 서비스 우버와 함께 공유경제 모델로 각광받고 있기도 하다. 이와 관련 이나리는 "에어비앤비는 자본주의 심화로 인한 각종 폐해의 해결책 중 하나로 꼽히는 '공유경제Sharing Economy'와 '협력적 소비Collaborative Consumption'의 상징이다"면서 다음과 같이 말했다.

"자원 절약, 환경 보호, 공동체와 풀뿌리 경제망의 복원. 사업의 핵심 경쟁력 또한 소셜 커넥션, 프로슈머(생산자이자 소비자), 오픈 소싱, 개인화, 위치정보, 전 지구적 시장과 지역밀착형 서비스의 결합 같은 시대적 트렌드와 밀착돼 있다. 혁신적 창업을 통해 세상을 보다 나은 곳으로 바꾸는 기업가정신Entrepreneurship의 전범이다."[69]

에어비앤비 논란

에어비앤비는 자신들이 공유 경제의 선두주자로 거론되는 것에 대해 상당한 자부심을 갖고 있다.[70] 하지만 에어비앤비를 둘러싼 논란도 적지 않게 발생하고 있다. 에어비앤비 비판론자들은 에어비앤비가 법적 규제에서 자유로워 세금 탈루 등의 사회문제를 일으키고 있다고 지적한다.[71] 이와 관련해 구혜진은 2014년 6월 "저렴한 가격에 현지인의 라이프스타일을 체험하게 한다는 초기 의도와는 달리 전 세계적으로 '변종 호텔' 사업으로 변질되고 있다"면서 이렇게 말했다.

"개인 간 인터넷으로 거래하는 에어비앤비는 사실상 숙박업소로 운영되지만 법의 규제도 받지 않는다. 사업자등록을 하지 않기 때문에 세금도 없다. 일종의 '숙박 노점상'인 셈이다. 하지만 마치 노점상처럼 운영되는 에어비앤비 객실은 위생·안전검사 등도 받지 않는 관리의 '사각지대'다. 소방법에 따르면 숙박업소에는 방염처리가 되지 않은 커튼·블라인드 등을 설치할 수 없다. 대형 화재를 예방하기 위해서다. 하지만 대부분의 에어비앤비 객실에는 방염 필증이 없는 커튼이나 블라인드가 달려 있다. 사고 발생 시 보상책도 마땅치 않다. 에어비앤비는 집이 손상될 경우 최대 12억 원을 보상하는 보험에 가입돼 있지만 여행객이 사고를 당할 경우 보상책은 없다. 에어비앤비 사이트에는 '자체적으로 여행자 보험에 가입하라'는 공지만 띄워놓은 상태다."[72]

에어비앤비가 중소 자영업자들의 일자리를 빼앗는다는 지적도 있다. 모텔이나 여관 등 소규모 숙박업소 운영자들은 에어비앤비 같은 방식이 확산되면 호텔도 위기감을 느끼는 상황에서 소규모 숙박업소는 고사하고 말 것이라고 우려한다. 뉴욕에선 에어비앤비 때문에 부동산 가격이 폭등하고 있다는 지적도 있다. 자본이 풍부한 사람들이 비싼 가격에 오피스텔, 아파트 등을 빌려 관광객들에게 임대하는 사업에 눈독을 들이면서 부동산 가격이 오르고 있다.[73]

이런 이유 때문에 미국 샌프란시스코처럼 에어비앤비를 합법화한 곳도 있지만, 여전히 적지 않은 곳에서 규제를 두고 갈등이 벌어지고 있다. 예컨대 미국 뉴욕시는 2014년 10월 에어비앤비가 불법적으로 '호텔'을 운영하고 있다며 소송을 제기하기도 했다.[74] 에어비앤비의 CEO 브라이언 체스키는 "미국에는 전동드릴이 8천만 개나 있지만, 평균 사용 시간은 각각 13분밖에 되지 않습니다. 모든 사람들이 전동드릴을 소유할 필요가 있을까요?"라고 강조하지만,[75] 비판론자들은 숙박업이 전동드릴과 같은 것이냐고 묻고 있는 셈이다. 에어비앤비를 둘러싼 논란은 공유경제를 둘러싼 논란이기도 한 만큼 공유경제에 대한 논란이 확산할수록 에어비앤비에 대한 논란도 더욱 커질 것으로 예측되고 있다.

자동화세|automation tax

세계적인 로봇 권위자인 영국 브리스틀대학 전자공학과 교수 앨런 윈필드가 2015년 1월 30일 자신의 블로그를 통해 로봇과 자동화에 따른 실업의 위기를 대비하자는 취지에서 제안한 세금이다. 윈필드가 자동화세 도입을 제안한 배경은 이렇다. 로봇과 자동화 기술은 저숙련 일자리부터 대체한다. 그런데 이들 직업군은 임금이 낮고 퇴직금이 적거나 없다. 재취업을 위한 교육 기회를 찾기도 어렵다. 이렇게 무인 자동화로 1차적 피해를 입게 되는 노동자들을 지원하기 위해 윈필드는 자동화세를 부과하자고 제안한 것이다.[76]

윈필드는 로봇 공학이나 자동화 연구가 세금의 지원을 받아 진행되는 경우가 대부분이라는 점에 주목해 "국민의 세금으로 개발된 자동화 기술에 대해 기업도 세금을 내는 것이 필요하다"고 말한다. 그러니까 자동화세를 통해 로봇 공학과 자동화의 혜택을 모든 사람이 공유해야 한다는 게 윈필드의 주장인 셈이다. 윈필드는 '자동화세'가 자동화 기술 자체를 저지하기 위한 것은 아니라고 강조한다. 그는 "나는 자동화 반대론자가 절대 아니다"며 "기업은 자동화가 초래할 해고에 대해 높은 수준의 책임감을 받아들일 것을 독려하기 위함"이라고 말했다. 이어 윈필드는 "로보틱스와 자동화로 빚어진 부를 공유하는 최고의 방식은 보편적 기본소득의 도입이라고 생각

한다"면서 "다만 그런 유토피아적 상황이 올 때까지는 자동화세를 시작하는 것이 좋겠다"고 말했다.[77]

노동자의 구매력을 보장해 경제를 활성화하자는 차원에서 자동화세를 검토하자는 견해도 있다. 최우성은 1914년 1월 5일 헨리 포드가 노동자들의 일당을 2.34달러에서 5달러로 올림으로써 노동 계급이 자동차를 구매할 수 있는 소비 계급으로 성장한 사례를 제시하면서 이렇게 말했다.

"100년이 흐른 지금, 공장 안 풍경은 크게 변했다. 가장 극적인 변화는 '제3의 존재'의 대거 등장이 아닐까 싶다. 첨단 로봇과 인공지능으로 대표되는 21세기 생산 환경은 자본과 노동의 동거 기반을 빠르게 허물고 있다. 이런 이유로 인간과 기계의 전쟁의 막이 올랐다는 전망까지 나오고 있다. 얼마 전 세계적인 로봇 권위자인 앨런 윈필드 영국 브리스틀대학 교수는 '자동화세Automation Tax' 도입을 제안했다. 자동화세 도입이 올바른 해법이 아닐지도 모르고, 인간과 기계의 전쟁을 막을 수도 없다. 다만, 포드의 '실험'은 100년 뒤의 세상에도 한 가지 교훈만은 분명히 일깨워주고 있다. 구매력이 무너진 사회는 지탱할 수 없다는 것을. 로봇이 제품을 만들어낼 수는 있을지언정, 소비는 온전히 인간의 몫이다."[78]

장기 렌터족

자동차를 구입하는 대신 매달 수십만 원을 렌터카 회사에 내고 1년 이상 차를 빌려 타는 사람들을 말한다. 그간 장기 렌터카는 대기업이나 정부기관이 이용해왔지만, 일반 개인으로 고객층이 빠르게 확산하고 있다. 국내 렌터카 업계 1위 업체인 kt금호렌터카에 따르면, 전체 장기 렌터카 고객 중 개인 비중은 2011년 말 9.5퍼센트에서 2015년 3월에 26.9퍼센트로 크게 늘었다. 2011~2013년 국내 렌터카 시장의 연평균 성장률은 13퍼센트에 달했는데, 이는 같은 기간 신차 판매 시장 연평균 성장률(4.2퍼센트)의 약 3배에 달한다.[79]

이렇게 장기 렌터족이 급증하는 것은 차를 반드시 소유해야 한다는 고정관념이 깨진 것도 크지만 다양한 장점이 존재하기 때문이다. 가장 큰 장점은 경제적인 혜택이다. 장기 렌터카는 취 · 등록세와 자동차세를 신경 쓸 필요가 없으며, 신차를 할부로 구매하는 것보다 비용도 저렴하다. 월 대여료에는 차량 이용료뿐 아니라 보험료, 소모품비, 정비 서비스 비용 등이 포함되어 있다. 또 사고가 났을 때는 보험가입 주체인 렌터카 업체가 알아서 뒤처리를 해준다.[80]

이수기는 "감가상각 등에 대한 위험 회피도 가능하다. 신차를 구입할 경우 소비자가 그간 타던 차를 중고차로 팔려고 내놓았을 때 기대하는 만큼 찻값을 받을지 알 수 없지만, 장기 렌터카의 경우

중고차 매매에 따른 손실 부담을 렌터카 업체가 맡아주기 때문이다. 장기 렌터카로 이용하다가 마음에 들면 그 차를 그대로 인수하거나, 계약 기간을 연장하는 것도 자유롭다"면서 이렇게 말했다.

"환경도 장기 렌터카에 더 우호적으로 바뀌었다. 2013년 3월부터 렌터카를 상징하는 '허'자 번호판 외에 '하'와 '호' 등이 추가된 것이 그렇다. 또 렌터카 자체에 대한 인식 역시 과거와 달리 '성공한 대기업 임원들이 타는 차' 등으로 변화한 것도 장기 렌터카 시장 성장에 유리하게 작용했다."[81]

전문가들은 한국의 장기 렌터카 시장이 더욱 성장할 것이라고 전망한다. 한국의 차량 등록대수 대비 렌터카 비율은 2퍼센트(43만여 대)로, 렌터카 선진국인 미국(7퍼센트)은 물론 이웃 일본(4.2퍼센트)의 절반에도 미치지 못하는 수준이기 때문이다.[82] 이런 이유 때문에 장기 렌터족을 겨냥한 마케팅 경쟁도 가열화하고 있다. 국내 렌터카 업계 1위 업체인 kt금호렌터카는 2015년 BMW와 아우디, 메르세데스-벤츠는 물론 피아트, 크라이슬러 등 여러 수입차 브랜드들과 전략적 제휴를 맺고 장기렌터카의 라인업을 크게 확대했으며, 현대캐피탈, 아주캐피탈과 KB캐피탈, 신한카드 등 주요 캐피털사들도 장기 렌터카 사업에 경쟁적으로 뛰어들었다.[83] 업계는 장기 렌터족의 증가가 한국의 자동차 시장 구조를 변화시킬 것으로 예측하고 있다.

장발장은행

현행법상 벌금을 선고 받으면 30일 내에 일시불로 내야 한다. 돈이 없으면 일당을 계산해 벌금 액수만큼 구치소나 교도소에서 노역을 해야 하는데, 벌금을 내지 못해 감옥에 가는 사람은 매해 4만 명이 넘는다. 이렇듯 벌금형을 선고 받은 뒤 형편이 어려워 벌금을 내지 못해 교도소에 갇힌 사람들을 대상으로 최대 300만 원까지 무담보·무이자로 대출해주는 은행을 일러 장발장은행이라 한다. 도로교통법 위반 등 단순 벌금형이지만 낼 돈이 없어 감옥에서 노역할 처지에 놓인 사람들에게 대출을 해준다. 장발장은행은 시민들의 기부로 모은 성금으로 운영하는데, 소년소녀가장이나 차상위계층을 우선한다.[84]

벌금형의 문제점을 지적하고 소득불평등이 형벌불평등으로 이어지는 문제를 막기 위해 인권연대가 2015년 2월 25일 만들었다.[85] 장발장은행은 대출 받은 사람이 대출금을 갚지 않아도 거기에 연연하지 않겠다고 한다. 이와 관련 장발장은행 대표 홍세화는 "장발장은 빅토르 위고의 '레미제라블'을 통해 친숙해진 이름이지만, 실상 그 이름은 국가로부터는 형벌을, 사회로부터는 냉대를 받는 존재들의 대명사다"면서 이렇게 말했다.

"'유전무죄, 무전유죄'라는 말의 뜻은 확장되어야 한다. 돈이 없으면 죄가 되는 것에 머물지 않고 죄를 짓도록 이끌기 때문이다. 그들에게 국가는 징벌자의 역할에 충실한 편이다. 한 번 불친절을 겪어도 사회로부터 버림받았다는 느낌을 갖는 게 인간이라고 했는데, 국가와 사회로부터 징벌과 냉대를 겪는 동시대인에게 시민의 힘으로 따뜻한 손길을 한 번 내밀 수 있다면 그것만으로도 대출금은 이미 상환되고 남았다고 해야 하지 않을까."[86]

장발장은행은 출범 보름 만에 개인과 단체가 보내준 7,000여만 원의 성금으로 33명에게 대출을 해주었으며, 대중매체를 통해 존재가 알려진 후에는 대출 신청이 쇄도했다. 장발장은행의 모든 실무를 맡고 있는 '인권연대' 활동 간사들이 매일 걸려오는 수백 통의 문의 전화에 응답하는 일만으로 하루 일과를 다 보낼 정도였다.[87] 오창익 인권연대 사무국장은 "장발장은행의 모토는 '자유'다. 시민 참여로 모인 성금은 오로지 자유를 위해서만 쓴다"면서 이렇게 말했다.

"장발장은행이 얼마나 많은 사람을 구할지는 알 수 없다. 다만 분명한 건, 약자에게만 한없이 강하고 가난한 사람들에게만 군림하는 국가, 엄한 얼굴로 기초질서 확립을 외치는 차가움에서 벗어나 사회적 모성으로 문제를 해결하는 하나의 모델이 될 것이다. 가난이 곧 형벌을 뜻하는 냉혹한 세상이지만, 장발장은행은 돈이 자유를 앗아가는 세상을 한 뼘이라도 밀어낼 수 있을 것이다."[88]

전세 하극상

전세 가격이 매매 가격보다 비싼 현상을 이르는 말이다. 2015년 2월 경기도 화성시에 있는 60제곱미터(전용면적)짜리 아파트의 전세 가격이 매매 가격보다 높다는 게 알려지면서 등장한 말이다. 2015년 들어 몇몇 지역에서 전세 하극상 현상이 발생했지만, 이를 일반화할 수 없다는 주장이 있다. 알프렌파트너스 대표 전태훤은 2015년 3월 "이론상으로는 전셋값이 매매가를 넘어설 수도 있다. 제로금리에 집값이 오르지 않는다는 가정을 하면, 보유세 부담을 하면서 주택을 소유하는 것보다 보유세 부담 없이 계약만료 시 보증금을 돌려받을 수 있는 전세가 유리하니 최소한 세금 혜택을 보는 만큼은 전세가가 매매가를 넘어서도 용인될 수 있다"면서 이렇게 말했다.

"그러나 이는 어디까지나 이론에 국한된 것이지 현실은 그렇지 않다. 예컨대 주택가격의 특성상 같은 아파트, 같은 동, 같은 면적이라도 501호와 502호의 매매가와 전세가는 인테리어 개조나 발코니 확장 등 주택 조건에 따라 제각각일 수밖에 없다. 따라서 동일 주택의 매매가와 전세가를 놓고 비교한 것이 아니라면 전셋값이 매매가를 추월했다고 할 수 없다."[89]

하지만 경제학적으로 설명할 수 없는 전세 하극상 현상이 발생하고 있다는 점에 주목하는 사람들도 있다. 예컨대 김종윤은 2015년

3월 "이런 하극상은 화성에만 있는 게 아니었다. 수원시·울산시 등 다른 지방도시에서도 나타났다. 전세 가격이 하늘 높은 줄 모르고 치솟는 지금 추세가 계속되면 '전세 하극상'은 더이상 사건이 아니게 된다"면서 전세 하극상은 한국에서 전세 시장이 끝나가고 있음을 보여주는 현상이라고 했다.

"지금 전셋값이 뛰는 건 마지막 몸부림이다. 지는 해가 뜨거운 법이지만 결국은 저물게 마련이다. '전세 하극상' 사건은 역설적으로 전세의 종말을 알리는 신호탄이다. 전세금이 집값에 맞닿거나 추월하면 세입자 입장에서는 전세금 반환 리스크가 생긴다. 전세금을 돌려받지 못할 위험이 상존하는데 굳이 전세를 찾을 이유가 없어진다. 전세의 퇴장은 이렇게 가랑비에 옷 젖듯 찾아온다."[90]

전세 하극상 현상으로 이른바 '깡통 전세' 우려가 커지고 있다는 지적도 있다. 전세 가격이 매매가보다 높은 경우 나중에 집이 경매로 넘어가면 보증금을 되돌려 받기 어려울 수 있기 때문이다.[91]

Marketing Section

Trend Keyword

고메족 gourmet族

입맛 까다로운 미식가들을 이르는 말이다. 고메Gourmet는 미식가 · 식도락가를 뜻한다. 고메족을 겨냥한 이른바 맛집 마케팅은 갈수록 확산하고 있다. 예컨대 지하철 역사에서 아침 식사를 해결하는 이른바 '메트로 고메족'이 증가하자 외식 업체들은 지하철 상권 개척과 마케팅에 적극적이다. 서울 지하철 1~8호선 역사 내 제과점은 2013년 기준, 최근 2년 사이 86퍼센트, 편의점은 34.8퍼센트 늘어났다.[1]

고메족 마케팅에 가장 적극적인 곳은 백화점 업계다. 백화점의 고메족 마케팅은 경기 불황에 따른 소비 위축, 모바일 쇼핑과 해외 직구 활성화로 인한 경쟁력 하락 등에서 비롯되었는데, '분수 효과 Fountain effect'와 '샤워 효과Shower effect' 등의 집객 효과를 겨냥하고 있다.[2] 백화점 업계는 고메족의 입맛을 겨냥해 외국 브랜드의 입점을 크게 늘리고 있다. 이와 관련 『매일경제』 2014년 11월 7일자는 " '남이 안 먹어본 것', '새로운 것'에 호기심을 보이는 식객들 발길을 잡기 위해 국내에 처음 들어오는 매장도 늘었다"면서 이렇게 말한다.

"지난달 오픈한 잠실 롯데월드몰에서는 아시안 비스트로 '피에프창'과 벨기에에서 온 '길리안 초콜릿 카페' 등 17개 매장이 국내에 처음 선보였다. 현대백화점은 지난 8월 프랑스 베이커리 '피에르 에르메'를 유치한 데 이어 미국 커피 매장 '스텀프타운'을 미국, 일본에 이어 전 세계에서 세 번째로 서울 압구정본점과 무역센터점에 오픈했다. 내년 개관하는 판교점에는 빵, 디저트, 파스타와 각종 조리기구까지 판매하는 이탈리아 식품 브랜드인 '이틀리'를 대규모 매장으로 입점시킨다."[3]

2014년경부터 본격화된 이른바 '지역 유명 맛집'의 백화점 입점도 고메족 마케팅 차원에서 이해할 수 있다.[4] 이와 관련 서진우는 "요즘 수도권 백화점에 각 지역 맛집 브랜드가 늘고 있다. 지방에서 입소문을 탄 맛집들이 줄줄이 '상경'하는 건 이미 트렌드로 굳어졌다. 대구 피자 브랜드 '미즈 컨테이너'와 푸짐한 스테이크가 일품인 '서가앤쿡', 부산 팥빙수 브랜드 '설빙' 등은 벌써 수도권에 매장을 내고 성업 중이다"고 말했다.[5] 업계 관계자는 "유명 맛집은 소문나면 사람들이 줄을 설 정도로 집객 효과가 있고, 다른 백화점과 차별화할 수 있는 요소"라며 "푸드코트나 식품관 매출이 오르면 전체 매출도 오르니 '맛 경쟁'은 앞으로도 치열해질 것"이라고 했다.[6]

지역 유명 맛집의 수도권 입성이 지역 경제를 더욱 황폐화시킬 것이라는 견해도 있다. 이는 지역 맛집이 그간 수도권 관광객을 유치하는 지역의 주요한 거점 역할을 해왔다는 데에서 비롯된 시각으로, 이들은 지역 맛집이 속속 수도권 백화점에 입점함에 따라 지역 맛집을 탐방하기 위해 지역을 방문하는 관광객의 숫자가 크게 줄어들 것을 우려하고 있다.

대부업 광고

한국의 텔레비전에서 대부업 광고가 처음 등장한 것은 2003년 산와 머니가 6개 케이블TV 채널을 통해 '누에콩' 캐릭터를 주인공으로 한 애니메이션 광고를 방영한 이후다. 2005~2006년에는 지상파TV 에서도 대부업 광고가 방영되었지만, 대부업 TV 광고에 대한 논란 이 일자 2007년 지상파 3사는 자율협약을 맺고 광고를 내보내지 않 고 있다. 이에 따라 현재 대부업 광고는 케이블과 종합편성채널에 서만 방영되고 있다.[7]

2007년 4조 1,000억 원이던 대부업체 대출액은 2012년 말 8조 7,000억 원으로 5년 만에 2배 넘게 성장했는데, 대부업체의 가파른 성장세는 TV 광고와 밀접한 관련이 있는 것으로 알려져 있다. 대부 업체들은 막대한 물량 공세로 TV 광고를 점령했는데, 대형 대부업 체 4곳만 합쳐도 매년 평균 1,200억 원을 광고 선전비로 쓰고 있는 것으로 나타났다. 이는 기아차, KT, 남양유업 같은 대기업 광고 예 산에 맞먹는 규모로 광고 단가가 싼 케이블TV에 광고를 집중하기 때문에 노출 빈도도 대단히 높았다. 그래서 대부업 광고는 'TV를 틀면 나온다'는 말까지 등장했다.[8] 광고 효과도 높았다. 한국대부금 융협회의 2012년 조사를 보면, 대부업체 대출자 중 49퍼센트가 TV 광고를 보고 대부업체를 찾았으며 인터넷(16퍼센트), 휴대전화(11퍼

센트), 생활정보지(2퍼센트), 전단지(1퍼센트), 일간지(1퍼센트) 광고가 뒤를 이었다.[9]

　　대부업체의 TV 광고가 이른바 '빚 권하는 사회'를 조장하고 있다는 비판이 제기되자, 금융위원회는 2011년 11월 대부업법 시행령을 개정해 '과도한 빚은 큰 불행을 안겨줄 수 있다' 등의 경고 문구를 해당 광고 최대 글자의 3분의 1 이상의 크기, 광고 5분의 1 이상의 노출시간으로 삽입해 노출하도록 했지만 논란은 수그러들지 않았다.[10] 금융 가치관이 형성되지 않은 아이들이 대부업 광고에 쉽게 노출된다는 지적도 적지 않게 제기되었다. 2013년 11월 금융정의연대가 서울·경기 지역의 초등학교 4~6학년 학생 361명을 대상으로 설문조사한 결과를 보면, 대출 광고를 본 적이 없다는 학생은 17명(4.7퍼센트), 본 적이 있다는 학생은 342명(94.7퍼센트)에 달했다.[11] 이와 관련 금융정의연대 사무국장 최계연은 "어릴 때부터 '돈을 빌리는 행위'를 '친숙한 것'으로 묘사하는 광고를 반복적으로 접할 경우 성인이 되어서도 '돈은 필요하면 언제든 쉽게 빌리면 되는 것'이란 그릇된 인식을 가질 수 있다"고 지적했다.[12]

　　2015년 7월 7일 국회는 대부업법 개정안을 통과시키고 2016년 하반기부터 대부업 관련 TV 광고시간을 제한하기로 했다. 이에 따라 평일은 오전 7~9시와 오후 1~10시 사이, 주말·공휴일엔 오전 7시~오후 10시에 대부업 방송 광고가 금지되고 이를 위반하면 2,000만 원 이하의 과태료가 부과된다.[13]

리뷰슈머_{reviewsumer}

비평review과 소비자consumer의 합성어로, 제품을 남들보다 먼저 사용해보고 인터넷 커뮤니티나 블로그 등에 상품에 대한 평가 글을 전문적으로 올리는 사람을 지칭하는 말이다. 이들은 상품에 대한 사용 후기나 개선점 등을 꼼꼼하게 평가하기 때문에 다른 사람들의 구매 결정에 큰 영향력을 행사한다.[14]

2001년 『타임』은 웹 덕분에 이제 모든 사람이 비평가가 되었다고 선언했다. 이 말이 시사하듯, 리뷰슈머는 전문 비평가의 영역에 균열을 내며 이른바 '비평의 민주화'를 이끌어냈다. 당시 『타임』은 "모두 각자의 의견이 있는데, 인터넷이 등장하기 전까지는 세상 전반을 상대로 의견을 표명할 수 있는 사람들이 얼마 되지 않았다. 신문, 잡지, TV 등 전문 평론가를 고용한 취향 통제자들의 감시 때문이다"면서 이렇게 말했다.

"그즈음 여러 전문가가 단지 문화 상품 생산자들을 위한 대변자 역할에 그쳤거나 대중이 어떤 것을 원하는지 파악하지 못한다는 냉소주의가 심해졌다. 바로 그 시기에 인터넷이 등장해 통제를 위한 벽을 날려버렸다. 따라서 이 모든 웹사이트 이면에 깔린 암묵적 전제는, '내 의견도 남의 의견만큼 중요하다'는 것이다. 이 때문에 일반인보다 더 나은 견해를 갖고 있을 것으로 생각되는 전문 유급

비평가들에게 민주주의는 혹독한 환경이었다." [15]

리뷰슈머로 활동하다가 파워 블로거가 된 사람들도 상당수에 달하는데, 입소문에 민감한 소비자들 사이에서 리뷰슈머의 영향력이 확대되자 기업들은 리뷰 마케팅을 적극 활용하고 있다. '블로거', '체험단', '서포터즈' 등의 이름으로 리뷰슈머를 모집해 제품을 체험하도록 한 뒤 그 대가로 신제품, 할인권, 상품권, 교통비, 입사 특전 등의 혜택을 제공하는 식이다. [16] 기업이나 대행사에서 건네준 자료와 이미지를 블로그에 올리기만 하면 10만 원을 주는 기업도 있으며 파워 블로거가 사진을 새로 찍거나 정성스럽게 글을 써 포스팅하면 최대 30~50만 원까지 주는 기업도 있다. 하지만 파워 블로거가 된 리뷰슈머의 몸값이 상승하면서 고충을 토로하는 기업들도 증가하고 있다. 한 명품 홍보 대행사 관계자는 "돈 많은 럭셔리 블로거들은 다른 블로거들과 섞이기 싫다며 본인을 위한 시간을 따로 만들어달라고 요구하기도 한다"면서 "사진 기사를 동반해 행사장에 와서는 본인 쇼핑몰 홍보 사진을 태연히 찍어가는 이들도 있다"고 말했다. [17]

기업에서 혜택을 제공받다 보니 리뷰슈머의 리뷰 마케팅이 소비자를 속이는 경우가 적지 않다는 지적도 있다. 이에 공정거래위원회는 2014년 6월부터 '업체로부터 제품을 제공받았다', '원고료를 받았다'는 문구를 리뷰 글 하단에 반드시 넣도록 했다. [18]

리셀러_{reseller}

기업이 한정판으로 내놓은 제품을 확보해 이를 되팔아 짭짤한 수입을 올리는 사람들을 이르는 말이다. 기업의 '한정판 마케팅'을 활용하는 사람들이라 할 수 있겠다.[19] 리셀러는 이른바 '쇼테크족'의 한 사례이기도 하다. 상품 구매를 넘어 재테크 차원에서 쇼핑을 즐기는 사람들을 일러 '쇼테크족'이라 하는데, 이들은 레고, 건담, 바비 인형 등 소장가치가 높은 상품을 구매한 뒤 몇 배의 웃돈을 붙여 팔거나 명품가방을 구매하고 몇 년 뒤 되파는 식으로 짭짤한 수익을 낸다.[20]

리셀러에게 가장 중요한 것은 정보다. 이들은 언제, 어느 매장에서 얼마나 많은 상품이 판매되는지 알기 위해 카카오톡 단체 대화방이나 인터넷 카페 등을 통해 정보를 입수해 공유한다. 업주들과 친분을 쌓아 인기 있는 상품을 선점하는 경우도 있다. 한정판 제품을 확보하기 위해서 노숙을 하는 것도 개의치 않는다. 2008년부터 본격적으로 리셀러 일에 뛰어들어 주로 유명 스포츠 브랜드의 한정판 운동화를 취급한다는 한 리셀러는 "운동화 마니아가 많아 제품을 인터넷에 올리기가 무섭게 거래가 성사돼 팔려나간다"면서 수요가 확실한 한정판 제품을 확보하기 위해 "매장 앞에 자리를 펴고 밤새 줄을 서는 '캠핑'도 마다하지 않는다"고 했다.[21]

단순한 부업 수준을 넘어 한 달에 수백만 원의 수입을 올리는 사람도 있다는 사실이 알려지면서 리셀러에 합류하는 사람들도 증가하고 있다. 김호는 2015년 1월 "인기 있는 상품을 구매한 후 웃돈을 받고 되팔아 수입을 올리는 '리셀Resell'이 젊은 세대에서 쉽게 돈을 버는 방법으로 인기를 끌고 있다"면서 이렇게 말했다.

"부동산 투자 등과 달리 시간과 정보만 있으면 가능하고 비교적 돈은 적게 들어서다. 리셀러가 대부분 대학생이나 취업준비생인 이유다. 초기엔 용돈벌이 정도로 여겼으나 고수익을 내는 경우가 많아지면서 직업적으로 하는 이들도 늘었다. 리셀 상품은 마니아층이 두꺼운 운동화부터 시계·레고 등 장난감까지 다양하다. 연예인 팬사인회 대기 순서 등 무형의 '상품'이 리셀 대상이 되기도 한다. 최근 사회적 이슈가 됐던 허니버터칩 품귀 현상의 배경에도 리셀러들이 있었다."

소비자들은 리셀러들의 싹쓸이로 상품 구매 자체가 어려워지고 허위 수요가 늘면서 개인 간 거래 가격이 치솟는다고 토로하지만 상품 제조·유통업계는 '노이즈 마케팅noise marketing' 효과가 있다는 이유로 리셀러들을 반기고 있다는 견해도 있다.[22] 쇼핑도 투자의 일부로 여기는 소비문화가 확산되고 있기 때문에 리셀러는 더욱 증가할 것으로 예측되고 있다.

B급 코드 광고

이른바 'B급 문화'를 코드로 한 광고다. B급 코드 광고의 두드러진 특징은 소비자의 웃음을 유발하는 데 가장 효과적인 수단으로 각광받고 있는 '병맛'과 '패러디'의 활용이다. '병맛'은 어떤 대상이 '맥락 없어 어이없음'을 뜻하는 인터넷 조어로, 이해할 수 없는 설정과 카피로 소비자의 허를 찔러 웃음을 유발하는 게 특징이다. 패러디는 주로 스크린과 브라운관 홍행작들의 명장면을 재구성하는 식으로 이루어지기 때문에 소비자들에게 친근감을 준다.[23]

'병맛'과 '패러디'는 구매력이 높은 젊은 층의 취향을 겨냥한 것이라 할 수 있는데, B급 코드 광고가 퍼포먼스와 결합하는 것도 이런 때문이다. 이와 관련해 대홍기획의 AS2팀 박성식은 이렇게 말한다. "재밌는 광고가 쏟아지니까 이젠 웬만한 웃음으로는 안 돼요. 자극적이어야 하죠. 예전엔 스토리텔링에 의한 웃음이었다면 지금은 단순반복에 의한 웃음이 더 효과를 보는 것 같아요. 한 눈에 자극이 딱 오는 퍼포먼스류의 광고들이 늘어나고 있죠. 또한 언어유희를 즐기는 최근 트렌드와 맞물려 '말장난'도 많이 쓰이고요."[24]

그동안 막대한 비용을 들여 유명 인사를 모델로 고용하거나 고급스러움을 강조한 대기업 광고 전략을 따라 했던 중소·중견기업이 'B급 코드'를 이용한 홍보 전략을 구사하면서 B급 코드 광고는

2014년 광고업계의 화두가 되었다.[25] 이와 관련 정찬수는 2014년 12월 "올해 IT 광고의 특징은 'B급 코드'였다. 원초적인 코믹 요소와 화면 구성으로 시청자의 배꼽을 잡게 만들면서, 광고 본연의 역할인 정보 각인에도 충실한 작품이 대세였다"면서 다음과 같이 말했다.

"특히 모바일 세상에서는 두 가지 플랫폼을 활용하는 '투 트랙' 전략이 대중화됐다. 다소 건전하고 유쾌한 버전은 안방 고객을 위해 TV 전파를 탄다면, B컷을 포함한 '19금' 컨텐츠는 SNS와 동영상 사이트에 올리는 식이다. 광고 효과가 2~3배로 커지는 것은 당연하다."[26]

B급 코드 광고가 대세로 떠오르면서 광고 모델 시장에도 '양극화' 현상이 발생했다. 전지현·김수현·김연아 등 '특A'급 모델군과 김보성·조윤호·이국주 등 웃음 코드로 중무장한 일명 B급 코드 시장으로 나뉜 것으로, 이 때문에 애매한 이름값의 연예인들이 설 자리를 잃었다는 분석도 있다. 광고 에이전트 윤설희는 "애매모호한 모델을 기용해 큰 효과를 보지 못할 거면 차라리 재미있고 화제될 만한 모델로 이미지 전화를 하는 게 광고계 추세다. 광고주들이 특A가 아닐 바엔 튀는 걸 선택하고 있다"고 말했다.[27]

상품 시현 간접광고

간접광고 제품의 단순 노출을 넘어 그 제품만의 특수 기능을 시현하는 식의 간접광고를 이르는 말이다. 2013년 드라마 〈세상 어디에도 없는 착한 남자〉는 여주인공이 간접광고 제품인 스마트폰의 특정 기능을 이용해 폐회로티브이CCTV 정지화면 중 차량 부분만 잘라내는 장면을 구체적으로 시현하는 장면을 내보냈는데, 이런 식으로 이루어지는 게 바로 상품 시현 간접광고다.

2014년 1월 방송통신심의위원회(방심위)는 '방송 심의 규정'을 통해 "동종 또는 유사 상품에 일반적·보편적으로 적용되는 기능을 제외하고는, 상품 기능을 구체적으로 시현하면 안 된다"고 명시해 상품 시현 간접광고는 할 수 없도록 했다. 전화기는 그냥 전화를 걸 수는 있지만 그 제품만의 특수 기능을 시현하지 못하도록 제한한 것이다.[28] 하지만 2014년 말 방송통신위원회(방통위)가 방송법 시행령 개정안을 입법 예고하면서 '시청 흐름을 방해하지 않아야 한다'는 전제 아래 '상품의 기능 등을 허위 또는 과장 시현하는 경우'를 제한한다는 내용을 포함시켜 논란이 일었다.

당시 방통위는 매체 간 경쟁이 치열해지면서 방송 광고 매출이 감소했기 때문에 간접광고 시장 확대 조치는 불가피하다고 주장했는데, 상품 시현 간접광고로 인해 방송의 상업화가 심해질 것이라는 비판이 적지 않게 제기되었다. 예컨대 2015년 1월 방심위 상임위원 장낙인은 "개정안은 방송의 공공성이나 공적책무에 대한 고려는 전혀 없이 방송을 산업적 또는 상업적 시각으로만 바라보는 데에서 출발하는 것"이라며 "현행 규제도 먹히지 않은 상황에서 개정안이 시행되면 방송은 '홈쇼핑화' 될 수밖에 없을 것"이라고 했다.[29] 또 "프로그램 제작자들은 지금도 간접광고와 관련한 많은 압박을 받고 있는 상황에서 더 많은 압력은 물론 연출권 침해 문제가 발생할 수 있으며 이 피해는 고스란히 시청자가 질 수밖에 없다"고 말했다.[30]

방통위는 2015년 4월 방송법 시행령을 개정하면서 허위나 과장이 아닌 이상 상품의 특·장점을 시현하는 것을 허용하는 것으로 방침을 세웠다. 하지만 상품 시현 간접광고는 방심위에서 담당하는 내용 규제 영역이라는 지적이 제기되자 방심위와 협의해 방송심의 규정을 개정하는 방향으로 규제 완화를 추진하겠다며 한 발 물러섰다. 하지만 상품 시현 간접광고가 도입될 가능성은 여전하다는 견해도 있다. 예컨대 김세옥은 방심위가 민간 독립기구이기는 하지만 심의에 따른 행정처분을 방통위에 의지해야 하는 처지에 놓여 있어 계속해서 상품 시현 간접광고 도입 반대 입장을 유지할 수 있을지 단언하긴 어렵다고 말했다.[31]

서비스 디자인_{service design}

제품 가치를 높이기 위한 외형을 꾸미는 디자인에 서비스를 더한 것이다. 무형의 경험을 시각화해 유형의 요소로 만들어주는 과정, 소비자의 욕구를 이해하고 충족시키는 방법을 찾는 과정, 서비스 최접점에 있는 직원들에게 새로운 역할을 부여하는 과정까지 포괄하는 개념이다. 기차역에서 호텔까지 짐을 대신 가져다주는 서비스, 쇼핑몰에서 하이힐을 신은 여성들에게 워킹화를 빌려주는 서비스 등이 그런 경우다.

제품의 질이 상향평준화된 이후 제품의 차별화를 부각시키기 위해 등장한 개념으로, 1991년 미하엘 에를호프_{Michael Erlhoff} 쾰른 국제디자인스쿨 교수가 만든 말이다.[32] 서비스 디자인은 사람들이 문제를 겪으면서 느낀 경험과 감성 등을 정밀하게 분석해 이들에게 필요한 맞춤형 서비스를 제공하는데, 이는 고객들에게 좋은 경험을 제공하면 고객은 좋은 기억을 갖고 지속적으로 서비스를 이용하게 된다는 생각에 기초한 것이다.[33]

뱅크오브아메리카_{BOA}가 2005년 진행한 'Keep the change(잔돈을 저축하세요)'가 서비스 디자인의 고전적인 사례로 꼽힌다. 이자와 수수료 감면 등 혜택만으로 신규 고객 유치가 어려워지자 디자인 회사 IDEO에 의뢰해 개발한 서비스로, BOA는 이를 통해 2005년

250만 명, 총 1,200만 명의 신규 고객을 유치했다. 'Keep the change'는 체크카드로 계산했을 때 1달러 미만 잔돈을 별도 계좌에 자동 입금시키는 예금 상품으로, 주부들이 가계부를 쓸 때 1달러 미만 단위 잔돈을 계산하기 번거로워한다는 점에 착안한 것이다.[34]

강유현은 서비스 디자인의 핵심은 '소비자 경험'이라고 말한다. 기존 제품이나 서비스를 기획하는 과정이 경영자와 공급자 관점에서 이루어졌다면 서비스 디자인은 디자이너들이 직접 소비자의 욕구를 체험한 뒤 문제점을 개선해나가는 과정을 거친다는 것이다.[35] 비슷한 맥락에서 이원식은 서비스 디자인에서 중요한 것은 '터치 포인트'라고 말한다. 여기서 터치는 고객이 서비스와 '접촉touch'한다는 의미도 있지만 고객을 '감동touch'시킨다는 의미도 있다.[36]

서비스 디자인은 공공 정책에도 적용되고 있다. 서울시가 2015년 5월부터 고령화 인구가 많고 거주 환경이 낙후된 일부 지역을 대상으로 실시하겠다고 밝힌 치매 관련 캠페인이 그런 경우다. 이 캠페인은 치매 어르신들이 길거리에서 걷다 지치면 아무 데나 주저앉고 밤에 용변을 보러 갔다 넘어지기도 한다는 사실에 착안한 것으로, 지역 내 거리의 인도와 도로를 구분하고 12개의 쉼터와 비상시 경찰에 치매 어르신을 인도할 슈퍼마켓 등 거점을 만들겠다고 했다. 김광순은 "공공행정은 더이상 공무원이 국민에게 시혜를 베푸는 방식이 돼선 안" 된다며 "공공 분야에도 국민이 원하는 서비스를 제공하기 위한 '서비스디자인'이 확산돼야" 한다고 강조했다.[37]

서울대 마케팅

서울대학교의 사회적 권위와 명성 등을 활용한 마케팅이다. 서울대학교와 관련이 없음에도 서울대학교와 관련이 있는 것처럼 허위 사실을 기재해 소비자를 현혹시키는 마케팅이라 할 수 있겠다.[38] 서울대학교 산학협력단은 2009년부터 본격적인 상표 관리에 들어갔지만, 서울대 마케팅을 하는 업체들 때문에 골머리를 적지 않게 앓고 있다.[39] 서울대학교 산학협력단에 따르면, 2015년 4월 현재 하루에 최소 1~2건씩 "서울대에서 만든 게 맞느냐"는 문의·항의전화가 걸려오고 있다. 2012년부터 2015년 3월까지 소송이나 경고장 발송을 통해 시정조치를 한 경우만 해도 64건에 이른다. 이와 관련 노진호는 2015년 4월 "상당수 업체는 '서울대에서 공동 개발한', '서울대에서 임상시험을 거친', '서울대 ○○평가단이 인정한' 등의 문구를 제품이나 포장지에 허락 없이 사용하고 있다"면서 이렇게 말했다.

"최근 한 업체는 서울대입구역 근처에서 아르바이트생에게 서울대 점퍼를 입히고 서울대 로고와 '서울대학교 기술지주 가족회사'란 문구가 찍힌 건강식품을 판매하다 적발됐다. 산학협력단 측은 '예전에는 서울대 도서관에 책을 기증한 뒤 서울대가 인정한 동화책이라고 하거나 서울대병원에 몰래 신제품 음료수를 놔두고 의사가 가지고 들어가면 '서울대 교수가 즐겨 마시는' 이란 문구를 써서 홍보한 적도 있었다' 고 말했다."[40]

　서울대 마케팅은 사교육에서도 활발하게 이루어지고 있다. 2013년 한 사설 교육업체는 서울대학교와 고려대학교, 연세대학교 캠퍼스를 견학하고 재학생들을 '멘토'로 공부 비법을 배운다는 취지에서 여름방학을 맞은 초·중·고등학생들을 대상으로 '스카이 SKY 캠프'를 운영했다.[41] 2014년에 '서울대 캠프' 란 이름을 걸고 한 학원이 진행한 서울대 마케팅은 다소 황당하기까지 하다. 이 학원은 고교생 30명을 서울대학교 정문에 집합시킨 뒤 학교 캠퍼스를 둘러보고 학생식당에서 밥을 먹였다. 또 강의실을 빌려 서울대학교 학생에게 강의를 시켰다. 자체적으로 제작한 '명예 서울대 학생증'도 주었다. 이게 논란을 빚자 이 학원은 "서울대에서 밥 먹는 게 불법이냐" 고 반발하다가 서울대학교 산학협력단이 고소하자 캠프를 없앴다. '서울대입구역에서 ○○m 떨어진 곳에 위치하고 있다' 는 광고에 서울대학교 로고를 쓴 학원도 있었다.[42]

　2015년 3월 대법원 1부(주심 김용덕 대법관)는 서울대학교 산학협력단이 특허청장을 상대로 낸 상표등록 거절 결정 취소 소송 상고심에서 '서울대학교' 상표 등록을 거부한 특허청 처분은 부당하다며 '서울대학교' 라는 상표를 제품에 사용할 수 있도록 했다. 재판부는 "상표인 '서울대학교' 는 단순히 서울에 있는 대학교가 아니고 '서울특별시 관악구 등에 소재한 국립종합대학교' 를 뜻한다" 며 "이런 관념이 일반 수요자나 거래자 사이에 형성돼 식별력을 가지므로 상표 등록이 허용돼야 한다"고 판시했다.[43]

센트 마케팅scent marketing

소비자의 후각을 자극해 제품 구매를 유도하는 마케팅 기법이다. 센트scent의 뜻은 '향기, 향수, 냄새'로, 향기 마케팅이라고도 한다. 업종과 장소를 불문하고 향기 마케팅을 활용하고 있는데, 이는 후각이 인간의 오감 가운데서 가장 예민하고 인상이 오랫동안 남는 감각기관이기 때문이다. 이를 잘 설명해주는 게 바로 상태 의존적 기억state dependent memory과의 연관성이다. 어떤 냄새를 맡거나 음악을 들으면 자신도 모르게 이전에 그것을 경험했던 상황이 연상되는 게 바로 상태 의존적 기억으로, 맛있는 음식 냄새만 맡아도 기분이 좋아지는 것도 이 때문이다.[44] 후각의 이런 특징에 더해 소득과 문화 수준이 높아져 시각적 요소보다는 후각적 요소에 관심을 더 기울이는 소비자들이 증가하면서 센트 마케팅은 다양한 분야로 확산하고 있다.[45]

　　미국 뉴욕시립대학의 경영학자들은 2015년 발표한 논문에서 따뜻한 향이 나는 매장은 향이 없는 매장은 물론이고 차가운 향이 나는 매장보다 소비자의 구매 금액이 높은 것으로 나타났다면서 향기의 종류와 제품 판매에 상관관계가 있다고 말했다. 똑같은 향기인데도 왜 이런 차이가 발생하는 것일까? 이들은 이런 차이는 사람들이 향기를 온도에 비유하는 경향이 있기 때문에 발생한다고 분석했다. 홍진환의 해설을 들어보자. "따뜻한 향기는 포근한 느낌도 주지만 한편으로는 주변이 실제보다 많은 사람들로 붐비고 있다는 느낌도 준다. 이는 군중 속에서의 무력감으로 이어진다. 이런 부정적 느낌에서 벗어나고 싶은 욕구가 생기면 명성 높은 브랜드에 끌리게 되거나 계획보다 더 많은 돈을 쓰게 된다. 과시적 소비를 통해 다른 사람들에게 자신의 힘을 보여주려는 경향이 생긴다."[46]

그간 매장 중심으로 활용되었던 센트 마케팅은 개별 제품으로 확산되는 추세인데, 지방자치단체도 센트 마케팅에 합류하고 있다. 이른바 '옐로시티Yellow-City'를 모색하고 있는 전남 장성군이 그런 경우다. 장성군은 2014년부터 장성역을 중심으로 읍면 20여 개소에, 3월 튤립, 4~8월 메리골드, 루드베키아, 해바라기, 웨이브 페튜니아, 9~10월 국화, 11월~2월 팬지 등 노란색 꽃을 식재해 사계절 내내 노란색 향기가 은은하게 퍼지도록 하고 있다.[47]

스마트폰과 연동해 원하는 냄새를 전송하는 기기가 등장하고 후각 자극기 등이 개발되는 등 인간의 후각을 공략하는 기술은 갈수록 정교하게 치밀한 방법으로 진행되고 있는데,[48] 이런 이유 때문인지 사람의 후각이 조작되고 있다는 견해도 있다. 예컨대 영국의 도시 디자이너 빅토리아 헨쇼는 미국의 한 우유업체가 샌프란시스코 버스 정류장 우유 광고판에 쿠키 향기를 분사하는 장치를 설치했다가 주민들의 항의로 철거한 사례를 소개하면서 "우리의 감각, 특히 후각은 알게 모르게 조작되고 있다"고 했다.[49]

센트 마케팅

쉽빠간

'쉽고 빠르고 간편하게'의 준말로, 광고업계에서 자주 사용하는 마케팅 용어다. 대부업 광고가 쉽빠간 전략을 잘 구사하는 것으로 알려져 있다. 최규민·박승혁은 "대부업체와 저축은행 광고는 대부분 경쾌한 음악과 코믹한 화면으로 시청자들의 눈과 귀를 사로잡는다. 하지만 그 이면에는 금융 문맹을 홀리는 치밀한 전략이 숨어 있다"면서 '쉽빠간'은 'TV'와 함께 대부업체 광고 전략의 2가지 키워드라고 했다.[50] 2013년 11월 금융정의연대가 서울·경기 지역의 초등학교 4~6학년 학생 361명을 대상으로 설문조사한 결과를 보면, '노트북에서 돈이 '픽'하고 나오는 장면'(남·13세), '달라고 하다가 (안 빌려주니) 바로 빌려준다고 하는 **론'(여·11세) 등 돈을 쉽게 대출하는 광고 속 이미지를 연상하는 아이들이 적지 않은 것으로 나타났다.[51]

대부업 광고가 '쉽빠간'만을 강조하고 고금리의 위험성이나 신용등급이 하락할 수 있다는 점 등의 '어두운 면'을 생략하고 있다는 비판이 있다.[52] 예컨대 2013년 11월 금융소비자연맹, 금융정의연대, 녹색소비자연대, 에듀머니, 참여연대, 희망살림, YMCA전국연맹 7개 시민단체는 '금융소비자네트워크 발족식'을 갖고 대부업 TV 광고 금지 입법을 요구하는 캠페인을 벌이면서 "대부업 이용자의 절반 이상이 케이블TV와 인터넷 광고를 통해 대출받은 업체를 알게 되지만, 이들 업체는 '쉽고 빠르다'는 점만 부각해 무분별한 대출을 부추기고 있다"고 했다.[53] 녹색소비자연대 팀장 김철환은 2013년 11월 "대부업 광고에서는 돈다발이 쏟아지는 장면을 쉽게 접할 수 있다. 이런 이미지가 청소년에게 각인되는 것만큼 위험한 일은 없다"면서 다음과 같이 말했다.

"담배를 피우는 장면이 청소년에게 유해하다는 이유로 TV 방송에서 사라졌듯 이러한 장면 역시 규제를 받아야만 한다. 주류 광고에는 음주의 위험성을 표기하고 음주를 미화하는 표현이 금지돼 있다. 대부업 광고에도 대출의 위험성을 소비자가 인지할 수 있게 표기하도록 하고, 대출에 대한 잘못된 인식을 심어줄 수 있는 부적절한 표현을 금지하는 규정이 마련돼야 한다."[54]

방송광고심의위원장을 지낸 숭실대학교 언론정보학과 교수 김민기는 "대부업체들이, 급하면 택시를 타는 것처럼 대출도 '누구나 할 수 있는 당연한 일'로 합리화해서 시청자를 심리적으로 무장 해제한다"면서 광고에 나오는 말을 뒤집어서 생각해봐야 한다고 말했다. '누구나 간편히 대출'이란 말은 곧 '지옥까지라도 가서 빌려간 돈 받아내겠다'는 뜻이고, 신용등급 따지지 않는다는 얘기는 '넌 여기 아니면 돈 빌릴 데 없다는 것을 안다'는 뜻이라는 것이다.[55]

아트 컬래버레이션 art collaboration

브랜드 이미지 구축을 위해 광고와 예술을 결합하는 전략을 말한
다. 아티스트가 제품 디자인에 참여해 기존 제품에 자신의 작품을
입히거나 기존과는 다른 독특한 제품을 만들어내는 식이다. 소녀시
대는 2013년 1월 20일 방영된 〈SBS 인기가요〉에서 신곡 〈I got a
boy〉를 선보이면서 힙합 스타일로 재해석한 '동양화 팝아트' 의상
을 선보였는데, 이런 게 바로 아트 컬래버레이션이다. 당시 소녀시
대 9명의 이름이 각각 새겨진 이 의상은 컬러풀한 안경, 교정기, 양
머리, 무궁화, 아이스크림 등 팝아트적인 이미지로 표현되어 관객들
의 눈길을 끌었다. 이 행사를 주최한 손보미는 "소녀시대와 같은 대
중 스타와의 협업을 통해 이루어진 아트 컬래버레이션은 미술에 대
해 어렵게 느끼는 소비자들에게 친근함과 신선한 자극을 제공한다
는 점에서 대중문화에 시사하는 바가 크다"고 말했다.[56]

박선민은 2015년 3월 아트 컬래버레이션은 "아티스트나 디자
이너가 제품의 디자인, 제작 홍보 등 각 과정에서 협업을 통해 각각
의 핵심 역량을 발휘해 상품의 품격을 높여 브랜드의 부가가치를
창조하는 작업이다"면서 이렇게 말했다.

"아트 컬래버레이션은 특정 시기의 유행이 아닌 예술적 영감
을 제품과 결합해 아름다움을 가미해 다른 제품과 차별화된 결과물

을 만드는 일이다. 최종의 목적은 서로 다른 여러 가지 문화를 소비하는 대중들의 관심을 이끌어내 기업, 예술가, 소비자(대중)에게 서로 보탬이 되는 '즐거운 동행'을 만들어내는 것이라 할 수 있다. 최근 국내외의 신생 기업부터 대표적인 글로벌 기업까지 서로 다른 브랜드 간 전략적 협업을 통해 새로운 브랜드 가치를 만드느냐 못 만드느냐에 미래의 성패가 달려 있다고 보고 이 분야에 촉각을 곤두세우고 있다. 아트 컬래버레이션은 아트의 영역이 확대되는 트렌드에 따라 디자인, 영상, 공간까지로 확대되고 있다."[57]

아트 컬래버레이션은 아트 마케팅 차원에서 진행되고 있기도 하다. 김신애는 2015년 3월 "기업들의 아트 마케팅이 하나의 예술 프로젝트로 진화하고 있다"면서 "이전에는 단순하게 한정판 제품을 출시하거나 예술가나 행사 등을 후원하는 수준이었다. 최근 한국의 전통미에 디지털을 입힌 이색 예술작품을 직접 제작해 전 세계에 공개하는 등 보다 궁극적인 목적을 갖기 시작했다"고 말했다.[58]

아트 컬래버레이션

원턴 광고 one turn ad

발행부수나 열독률 등 광고 효과와는 상관없이 모든 언론사에 동일하게 광고를 집행하는 신문 광고업계의 불합리한 관행을 말한다. 원턴 광고는 일찍부터 비판의 대상이 되어왔다. 예컨대 한국언론진흥재단은 2010년 9월 6일 인터넷www.kpf.or.kr에 공개한 「한국 신문의 미래 전략」 보고서에서 원턴 방식 광고 집행이 신문 산업 위기의 원인 가운데 하나라고 지적했다. "합리적인 근거를 은폐한 채 '원턴 One turn 광고' 집행 등 비도덕적인 관행으로 얼룩진 신문 광고시장은 우리나라 신문 산업의 부끄러운 자화상이자 전체 신문 산업 기반을 잠식하는 위기의 주원인이다." [59]

광고주들은 탄력적인 광고 예산 배분이 어려운 이유 가운데 하나로 원턴 광고를 꼽으면서도 여전히 원턴 방식으로 광고를 집행하는데,[60] 이는 특정 언론사에는 광고를 주고 다른 언론사에는 광고를 주지 않았을 경우 시달리는 것을 예방하기 위한 것이다. 이 점에서 보자면 원턴 광고는 '좋은 관계를 유지하기 위한 광고'라고도 할 수 있겠다. 이와 관련 한 광고주는 이렇게 말한다. "광고 예산에는 두 가지가 있다. 관계 예산과 효율 예산이다. 관계 예산은 언론과의 관계를 유지하기 위한 예산을 말하며 으레 때가 되면 광고를 집행하는 데 사용한다. 효율 예산은 실제로 광고 효과를 노린 예산이다." [61]

한 대기업 홍보팀 관계자는 "최대한 많은 소비자에게 서비스나 신제품을 홍보해야 할 때나 이미지 제고 차원에서 원턴 광고가 주로 이뤄진다"면서 "다른 측면에서는 언론사 관리 차원이기도 해 이 방식으로 광고를 집행하는 경우가 많다"고 말했다.[62]

원턴 광고는 경제는 열악한데 신문은 난립하고 있는 지방자치단체에서 흔하게 발견할 수 있다. 예컨대 2008년 9월 대전충남민주언론시민연합이 주최한 '지방자치단체 홍보예산실태 및 합리적인 예산편성 기준 마련을 위한 세미나'에서 지역에서 활동하고 있는 민주언론시민연합(민언련) 활동가들은 지방자치단체가 기준 없이 홍보예산을 지역신문에 배분하고 있다고 지적했다. 이들은 지방자치단체의 무분별한 홍보예산 '나눠주기'가 '지역신문 난립'을 부추기고 있을 뿐만 아니라 '관언 유착' 문제를 낳는 등 심각한 부작용을 가져오고 있다고 주장했다. 이와 관련 한서대학교 신문방송학과 교수 이용성은 "지자체가 사별 균등배분을 지향하거나 자의적인 집행을 하는 것이 지역신문의 매체력을 부담스러워하는 측면도 있지만 이는 지자체의 신문사에 대한 종합적인 관리와 대가성 기사를 중심으로 하는 언론 관리의 측면도 강하다는 문제가 있다"면서 이렇게 말했다.

"결국 홍보예산 배분문제가 지역신문 난립구조와의 관계뿐만 아니라 권언유착을 통한 지역저널리즘의 위기, 권력 감시 기능과 정론기능의 위기로 연결되고 있다는 점에서 매우 심각하다."[63]

집단극화 마케팅

제품에 대해 반감을 갖고 있는 고객의 공격을 이용해 열성 고객의 충성도를 더 높이는 마케팅 기법이다. 반감 고객을 숨기거나 외면하지 않고 오히려 이들을 적극적으로 드러냄으로써 이른바 양극화를 강화시켜 지지자들을 더욱 결속시키는 마케팅이라 할 수 있겠다. 어떤 문제에 관한 집단 토의에 참가한 후에 구성원들이 토의 전보다 모험적인 의사결정들을 지지하는 경향을 일러 집단극화group polarization라 한다. 집단극화는 집단 토의 속에서 사람들은 대개 자기 자신의 입장에 반대하는 이유들보다는 찬성하는 이유들을 많이 듣게 되기 때문에 발생하는데, 이로 인해 집단 간 의견에 대한 양극화는 더욱 심해지는 것으로 알려져 있다.[66]

집단극화 마케팅의 사례 몇 가지를 보자. 미국 크래프트사는 페이스북을 방문한 고객을 상대로 '우리는 모두를 위한 제품이 아닙니다. 당신은 우리 편인가요?We're not for everyone. Are you Miracle Whip?'라는 질문을 던지며 샐러드드레싱 제품 미러클 휩Miracle Whip을 좋아하는지 싫어하는지 투표를 실시해 우호적 소비자들의 충성도를 높였다. '좋아하거나 싫어하거나Love it or Hate it'라는 브랜드 슬로건을 사용하며 제품을 거부하는 고객층이 있다는 점을 과감하게 드러내고 있는 영국의 잼 회사 마마이트는 홈페이지와 블로그에서 마마이트를 사랑하는 소비자에겐 '마마이트로 샌드위치를 천국과 같이 만드는 방법'을, 싫어하는 소비자에게는 '샌드위치를 망치는 방식'을 알려주기까지 한다.[65]

이런 사례를 소개한 최순화는 "제품이 전달하는 가치와 브랜드 정체성에 대한 확신이 있다면 모두에게 사랑받는 브랜드가 되기 위해 애쓰기보다 때로는 원칙을 고수하고 불만을 무시하는 용기를 발휘해야 한다"면서 이렇게 말했다.

"불만과 반감을 지닌 고객과의 명확한 선 긋기로 열성 팬을 확보한 미러클 휩과 마마이트의 전략을 모두가 다 따를 수는 없을 테다. 분명한 것은 브랜드나 제품을 반대하는 고객의 존재를 두려워하고 외면하기보다 정면으로 마주 봐야 한다는 것이다. 복잡하고 까다로운 시장일수록 대중의 인기를 얻으려는 욕심을 버리고 원칙을 벗어난 요구에는 'No'라고 대답하는 용기와 배짱이 필요하다."[66]

집단극화 마케팅은 정치권에서도 발견된다. 특히 흑백논리와 진영논리가 판을 치는 정치적 상황 속에서 집단극화 마케팅은 큰 위력을 발휘하는데, 이는 정치인이 선악 이분법으로 무장해 상대방을 악으로 규정하면 자기편 집단의 결속력이 강화시키면서 동시에 자신의 정치적 입지를 높일 수 있기 때문이다.[67] 상대편을 조롱하거나 혐오하는 정치인들의 막말이 끊이지 않는 이유도 바로 이 집단극화 마케팅 때문이라고 할 수 있겠다. SNS가 정치권의 집단극화 마케팅의 유력한 통로가 되고 있다는 견해도 있다.[68]

쿠팡맨

소셜 커머스 업체 쿠팡에서 배송을 담당하는 직원을 가리키는 말이다. 다른 유통업체가 외부 택배회사를 통해 배송을 하는데 반해 쿠팡은 직원을 통해 배송을 하는데, 이들이 바로 쿠팡맨이다. 쿠팡맨 서비스는 2014년 3월부터 시작되었으며, 2015년 5월 현재 약 1,000여 명의 쿠팡맨이 서울·경기와 6대 광역시의 배송을 담당하고 있다. 쿠팡맨은 글로벌 전자상거래 공룡인 아마존이 한때 실시했던 실험을 참조해 김범석 쿠팡 대표가 고안한 시스템으로, 그는 좋은 제품을 고른 고객이 서비스의 마지막 단계인 배송에서도 만족감을 느낄수 있도록 하자는 취지에서 도입했다고 말했다. 전자상거래 업체 가운데 다른 택배회사를 끼지 않고 배송 기사를 직접 고용하는 모델은 쿠팡이 최초다.[69]

쿠팡맨은 유아용품·생필품·애완용품 등 고객이 주문한 다음 날 배송하는 '로켓 배송' 품목의 배달을 담당하고 있다. 쿠팡맨은 물품을 직접 수령하지 못한 고객에게 손 편지를 남기거나 배송된 상품을 사진으로 찍어서 문자 메시지를 보내는 등의 서비스를 제공하는데, 이런 색다른 고객 서비스를 바탕으로 소셜 커머스 업체 부동의 1위로 올라섰다. 특히 유아 커뮤니티를 중심으로 엄마들 사이에서 쿠팡 마니아층도 형성되었다.[70]

2015년 3월 김범석은 아마존과의 맞대결에 강한 자신감을 나타냈다. 쿠팡은 아마존과 마찬가지로 물건을 직접 매입해 고객에게 판매할 뿐 아니라 전국 단위의 물류센터를 구축해 직접 배송까지 담당하고 있는데, 쿠팡의 전자상거래 모델이 아마존보다 앞서 있다는 것이다. 김범석은 이런 자신감의 배경으로 쿠팡맨을 들었다. "한국은 세계적 기업들이 테스트마켓으로 활용할 만큼 소비자 눈높이가 높고 스마트한데 쿠팡은 이미 두터운 충성 고객층을 확보했고, 그 배경에는 아마존도 갖지 못한 '쿠팡맨'이라는 배송서비스 전담 직원이 있다."[71]

쿠팡은 9,800원 이상 상품은 무료, 9,800원 미만인 상품은 2,500원의 배송료를 받고 로켓 배송을 해왔는데, 2015년 4월 국토부가 9,800원 미만 상품에 대해 명시적으로 2,500원의 배송비를 부과하는 것은 위법 소지가 있다는 유권해석을 내리자 로켓 배송 대상을 9,800원 이상 상품으로 한정하기로 했다.[72]

2015년 5월 쿠팡은 손정의 회장의 일본 소프트뱅크에서 10억 달러(약 1조 1,000억 원)의 투자를 유치하는 데 성공했다고 발표했다. 이와 관련 쿠팡이 세계 최초로 자체 배송인력인 쿠팡맨 1,000여 명을 직접 고용하고 판매 대행은 물론 상품을 직접 매입·판매하고 배송까지 책임지는 새로운 형태의 '다이렉트 커머스' 모델을 구축한 것이 손정의의 투자 감각을 깨웠다는 평가가 나왔다.[73]

트랜스미디어 스토리텔링 trans-media storytelling

하나의 콘텐츠가 장르를 넘나들며 각각 서로에게 영향을 미치고 더 풍성한 이야기와 캐릭터를 추가해 즐거움을 주는 것을 이르는 말이다. 영화 〈매트릭스〉나 마블 코믹스의 슈퍼 히어로물 〈스파이더맨〉처럼 하나의 콘텐츠를 갖고 프리퀄이나 스핀오프, 속편, 리메이크 등을 통해 캐릭터나 에피소드를 추가해가면서 각 작품이 퍼즐 조각처럼 맞물린 새로운 이야기를 내놓은 대중문화 상품이 등장하고 있는데, 이런 게 바로 트랜스미디어 스토리텔링이라 할 수 있다. 영화나 게임, 만화 등 각각의 콘텐츠만 따로 봐도 이해는 되지만 전체를 다 섭렵할 때야 비로소 총체적인 이야기가 드러나는 식이다.[74]

트랜스미디어 스토리텔링은 원 소스 멀티유즈osMU와 비슷하지만 여러 면에서 차이가 있다. 트랜스미디어 스토리텔링이란 개념을 처음 제시한 미디어학자 헨리 젠킨스는 트랜스미디어 스토리텔링의 요건으로 4가지를 들었다. 첫째, 다양한 미디어 플랫폼을 통해 공개되어야 한다. 둘째, 각각의 새로운 텍스트가 전체 스토리에 분명하고 가치 있게 기여해야 한다. 셋째, 각각의 미디어는 자기 충족적이어야 한다. 넷째, 각각의 미디어는 전체 이야기의 입구가 되어야 한다. 이와 관련 양성희는 트랜스미디어 스토리텔링은 "20세기 말 콘텐트산업의 화두였던 원 소스 멀티유즈나 프랜차이즈와는 다른 개념이다" 면서 이렇게 말한다.

"성공한 원천 콘텐트를 주변부로 확장하는 원 소스 멀티유즈는 초기에는 경제적 시너지 효과가 있지만 장기적으로는 원작의 아우라를 반복 활용하는 수준에 머문다. 반면 트랜스미디어 스토리텔링은 기획 단계에서부터 TV, 영화, 인터넷, 스마트폰, SNS 등 다양한 미디어를 동시다발적으로 활용한다. 내용 역시 재탕, 삼탕 울궈먹는 것이 아니라 미디어별로 전략을 달리하며 거대한 이야기장을 형성해간다. 독자가 여러 매체를 섭렵할 때 각 작품이 퍼즐처럼 맞물리면서 거대한 '이야기 월드'가 드러나게 된다."[75]

트랜스미디어 스토리텔링은 외국에서는 일반화되었는데, 한국에서는 웹툰 〈미생〉이 트랜스미디어 스토리텔링 전략을 구현한 첫 번째 작품으로 꼽힌다. 웹툰이었던 '미생'은 만화책으로 나온 후 모바일 무비(웹드라마)를 거쳐, TV 드라마, 번외편 웹툰 순으로 장르를 넘나들며 큰 인기를 끌었는데, 이는 트랜스미디어 스토리텔링을 효과적으로 활용했기 때문으로 분석된다. 웹툰과 드라마가 따로 존재하는 게 아니라 서로 영향을 미치며 각각이 퍼즐처럼 맞춰지면서 총체적인 '미생 월드'를 완성시켰다는 것이다.[76]

2015년 3월 현재 한국에서는 웹툰을 중심으로 트랜스미디어 스토리텔링이 활발하게 진행되고 있다. 일부 인기 만화에 한해 영상화 작업이 이루어졌던 과거와 달리 아예 영상화를 목표로 웹툰 작업을 하는 사례가 속속 등장하고 있는 것이다.[77]

트랜스미디어 스토리텔링

포토샵 금지법

광고 포스터와 신문, 잡지 등 주요 매체에 실리는 사진을 컴퓨터 프로그램으로 가공하지 못하도록 하는 법안이다. 2009년 9월 프랑스 여당인 대중운동연합UMP 소속 의원 50명은 포토샵 금지 법안을 발의하면서 디지털로 수정된 사진의 경우 '가공 사진'이라는 설명을 반드시 붙여야 하며 그렇지 않으면 3만 7,500유로 또는 광고비의 절반에 해당하는 벌금을 부과할 수 있도록 했다. 이들은 이미지 보정이나 리터칭, 뽀샵 등을 통해 실물보다 잘록한 허리, 길쭉한 다리, 밝은 톤과 잡티ㆍ주름 없는 피부를 자랑하며 매체 속에 등장하는 모델이 여성의 미에 대해 잘못된 인식을 심어주는 등 정신 건강을 위협할 수 있다는 것을 이유로 제시했다. 당시 입법을 주도했던 발레리 부아예 의원은 "가공된 사진은 존재하지 않는 현실을 존재하는 것처럼 착각하게 한다"고 했다.[78]

　　포토샵을 활용한 사진 보정에 대한 규제는 확산하는 추세다. 이스라엘 의회는 2012년 '포토샵 금지법' 관련법을 통과시켰고, 영국은 2011년 7월 할리우드 스타 줄리아 로버츠의 화장품 광고가 과도한 보정을 했다며 이 광고를 금지했다.[79] 독립광고협회나 여성민우회 등은 한국에서도 유럽에서 추진한 '포토샵 금지법'과 같은 법안을 발의하는 것을 고려해볼 만하다고 제안했다.[80]

피딩족feeding

경제적으로 여유가 있고Financial, 육아를 즐기며Enjoy, 활동적이고 Energetic, 헌신적인Devoted 50~70대 조부모 세대를 의미하는 조어다. 피딩은 영어로 '수유, 먹이 주기'를 뜻하는 말이기도 한데, 『디지털 타임스』 2015년 2월 16일자는 "피딩족의 어원과 출처는 불분명하지만 인구의 고령화로 손자·손녀를 돌봐주면서 경제력을 갖춰 부모를 대신한다는 의미에서 붙여진 것으로 추정" 된다고 했다.[81]

피딩족은 2015년 2월 롯데백화점이 이른바 '손주의 날' 행사를 하면서 소개해 널리 알려졌다. 당시 롯데백화점은 아동·유아 상품군에서 연간 100만 원 이상 구매하는 50~70대 큰 손 고객이 2011년 8,500명에서 2014년 1만 명으로 최근 3년 사이 20퍼센트 이상 증가했다며 피딩족을 겨냥해 롯데백화점 홈페이지에 손주와 함께 찍은 사진이나 사연을 업로드한 고객을 대상으로 추첨을 통해 키자니아 연간회원권(50만 원 상당의 2인 가족권, 1명), 롯데시네마 예매권(1인 4매, 10명), 매장에서 손주와 10만 원어치 이상 쇼핑하면 선물을 주는 등의 행사를 진행했다.[82]

피딩족이라는 말은 빠른 속도로 확산하며 유통업계는 물론이고 증권가에서도 주목받는 집단으로 부상했는데,[83] 유통업계가 마케팅 차원에서 의도적으로 만들어낸 신조어라는 지적도 있다. 예컨대 변상욱은 "백화점이 고령화 사회에 노인세대의 지갑을 열기 위해 이런저런 방법을 강구하다 가장 쉽게 먹힐 수 있는 손주 사랑을 생각해낸 모양이다. 세상 어느 나라에서나 손주의 선물을 사러 온 할아버지의 표정은 똑같다고 한다. 기대와 기쁨이 가득 차 무엇이든 흔쾌히 수락할 준비가 되어 있는 사람들이다" 면서 이렇게 말했다.

"백화점은 할아버지·할머니들의 유아용품 구입이 엄청 늘고 있다고 매출 자료를 분석해내놓고 있다. 사실 여부를 떠나 대세이니 그렇게 소비하라는 것이고 이것이 확산되면 다른 할아버지·할머니와 비교당하면서 억지춘향으로 손주 선물을 사야 하는 것이다." [84]

피딩족이라는 말이 상대적 박탈감을 조장하는 것 아니냐는 견해도 있다. 피딩족이 되기 위해선 경제력이 뒷받침되어야 하는데, 그렇지 못한 사람들도 적지 않기 때문이다. 예컨대 김영희는 피딩족 등 은퇴 세대와 관련한 신조어는 "자식 세대의 '희망사항'만 끌어모아 억지로 만든 듯한 단어가 조악하지만, 일본에서도 '단카이 세대', 은퇴에 맞춰 '손주 비즈니스' 같은 말이 정착됐으니 기업들의 마케팅 자체를 비판하긴 힘들다" 면서도 다음과 같이 말했다. "문제는 이런 용어가 퍼질수록 대다수 사람들의 자괴감 또는 '노후 공포' 또한 커져간다는 점이다." [85]

P형 소비자

자신의 취향에 맞는 차별적 가치를 가진 상품을 소유하기 위해 시간과 비용을 투자하는 소비자를 이르는 말이다. 삼성패션연구소가 2014년 12월 내놓은 「2014년 패션산업 10대 이슈」 보고서에 등장한 말이다. '자신만의 준거 기준에 따라 가치와 이슈를 좇는 소비자'를 설명하는 영어 단어 앞 글자에 P가 많다는 점에 착안해 이런 이름을 붙였다. 이 보고서에 따르면, P형 소비자는 자신만의 관점 perspective에 따라 열정passionate과 관심을 갖고 있는 분야와 상품에 적극적으로 참여participate하고 해당 상품을 소유possessive해 과시proud하고 인정받기를 원한다. 또 합리적이고 스마트한 소비가 강조되는 시대임에도 열망하는 대상을 구입하기 위해 장시간 줄서기를 감수하고 심지어 '프리미엄premium'을 붙여 더 비싼 값에 구입purchase한다.[86]

2014년 6월 서울 지역 주요 상권 맥도날드 매장에서 발생한 이른바 '해피밀 대란'이나 2014년 11월 6일 스웨덴 제조·직매형 의류SPA 브랜드 H&M의 명동 눈스퀘어점 매장 앞에 400여 명의 고객이 몰려든 것 등이 P형 소비자의 소비 행태를 보여주는 대표적인 사례로 거론된다. 한국맥도날드가 판매한 '해피밀 슈퍼마리오 세트'를 구하기 위해 소비자들은 한밤중에 수십 미터의 줄을 섰으며, 미국 디자이너 브랜드 알렉산더 왕과의 협업(컬래버레이션) 제품인 '알렉산더왕XH&M' 제품을 사기 위해 400여 명의 소비자는 빗속에서 줄을 섰다.[87]

김성규는 개인적 성향이 강한 P형 소비자는 활동 방식과 브랜드 경험의 깊이에 따라 열정적인 극성 팬Loyal Fandom, '대란'이라 불리는 경쟁Participating in Competition, 역사적인 현장 몰입Immersive Experience 등 3가지 유형으로 나눌 수 있다면서 다음과 같이 말했다. "P형 소비자들은 자신의 관점과 취향을 기준으로 하기 때문에 상대적으로 가격에 대해서는 민감하지 않다. 더불어 SNS를 비롯한 자기 과시 성향이 강해 유행을 타고 화제가 되는 상품을 선호한다. 결국 P형 소비자들에게 가치 있는 소비는 가격이나 다른 요소를 무시하게 만드는 극대화된 차별가치와 이슈를 불러일으킬 수 있는 트렌디한 매력, 두 가지를 지녀야 한다. 더불어 이들이 보이는 열정적인 팬덤, 경쟁 심리, 몰입감을 활용해야 P형 소비자를 사로잡을 수 있다."[88]

P형 소비자가 줄서기의 번거로움까지 감수하는 열정적인 소비 경향을 갖고 있기 때문일까? 외식업계는 2015년 이른바 'NO예약' 마케팅을 전개했다. 예약 인원을 10퍼센트에서 최대 30퍼센트로만 한정해 1~2개월가량 기다리지 않고서는 무조건 대기하게 하는 마케팅 기법이었다. 이에 대해 소비자들은 "예약이 쉽게 되지 않도록 해 가보고 싶은 욕구를 상승시키는 상술이 아니냐"고 했다.[89]

해골 모델skinny model

피골이 상접할 정도로 지나치게 마른 모델을 이르는 말이다. 우리 식으로 하면 '말라깽이 모델'이라고 할 수 있겠다. 해골처럼 뼈만 앙상하다고 해서 이런 이름이 붙었다. 해골 모델은 거식증에 걸려서라도 날씬해지고 싶은 여성들에게 최고의 영웅이다. 쇄골이 앙상한 화보 사진 아래에는 "이렇게 하루라도 살 수 있으면, 지금 죽어도 여한이 없어"라는 댓글들이 달려 있다는 게 이를 잘 말해준다.[90] 비쩍 마른 모델은 1960년대부터 각광받기 시작했다.[91] 디자이너들은 비쩍 마른 몸매여야 옷맵시가 살아난다고 말해왔는데, 2006년과 2007년 우루과이의 모델 자매가 잇따라 거식증에 의한 영양실조로 사망하는 사건이 발생하면서 유럽에서는 해골 모델의 패션쇼 출연을 금지해야 한다는 캠페인이 빠른 속도로 확산했다.[92]

유럽은 체질량지수BMI를 기준으로 해골 모델이 패션쇼 런웨이에 설 수 없도록 입법화하고 있다. 예컨대 스페인은 2007년 BMI 18.5 이하 모델을 퇴출했으며, 이탈리아는 2013년 BMI 18.5 이하 모델의 광고 출연을 금지하는 한편, 신문·잡지 등에 보정한 사진을 게재할 경우 이 같은 사실을 명시하도록 했다.[93] 세계보건기구WHO는 BMI가 18.5~24.5 정도인 것을 정상으로 보고 있는데, 17정도는 엄청나게 마른 편, 16은 심각한 기아 상태로 판정한다. 프랑스 하원은

2015년 4월 BMI 18 이하 모델을 고용할 수 없게 하는 법안을 통과시켜 법을 어기고 지나치게 마른 모델을 고용한 모델 에이전시나 패션 디자이너들에게는 최고 7만 5,000유로의 벌금을 부과하거나 6개월 이상의 징역형을 선고할 수 있도록 했다.[94]

프랑스가 다른 유럽 국가들에 비해 기준을 더 까다롭게 정한 것은 프랑스의 거식증 여성 인구가 유럽 국가 가운데 단연 최고를 기록하고 있기 때문인 것으로 분석되고 있다. 영국 런던정치경제대학이 2011년 발표한 조사에 따르면, 유럽 내 주요 16개 국가 중 영국과 덴마크, 오스트리아 등 대부분의 나라에서 15세 이상 거식증 여성의 비율은 1퍼센트대에 머물렀지만, 프랑스는 3.66퍼센트(약 4만 명)에 달했다. 특히 15~24세의 젊은 여성들 중 거식증을 앓는 인구는 5.14퍼센트를 기록했다.[95]

2015년 6월 3일 영국 광고심의위원회ASA는 세계적인 패션 브랜드 입생로랑YSL의 패션 광고에 등장하는 여성 모델이 너무 말랐다는 이유로 광고 금지 판결을 내렸다. ASA는 "모델의 포즈와 특정 조명효과가 모델의 가슴을 부각시키는데, (모델 가슴 아래의) 갈비뼈가 두드러져 보인다. 또 허벅지와 종아리의 굵기가 같아 보이는 모델의 다리는 너무 말라 보인다"면서 "사진 속 모델은 저체중에 병약해 보여서, 이 광고는 무책임하다는 결론을 내렸다"고 말했다.[96] 패션업계는 이런 규제가 마른 여성에 대한 오해를 초래한다고 반발하고 있다.

확률형 아이템

게임 플레이어의 등급을 올려주는 아이템 또는 캐릭터를 얻을 수 있는 상품을 말한다. 아이템을 구입해 열어보기 전까지 내용물을 알지 못하는 이른바 '뽑기' 방식으로 판매하는 아이템으로, 운이 좋으면 대박 아이템을 얻을 수 있지만 반대로 운이 나쁘면 수십 개를 사더라도 아무것도 얻지 못할 수 있다는 게 특징이다. 캡슐형 유료 아이템, 뽑기형 아이템으로도 불린다. 부분 유료화 모델을 택하고 있는 상당수 게임의 주요 수익 모델이다.[97]

확률형 아이템이 이용자들의 과소비와 사행성을 부추긴다는 지적을 받자, 2015년 3월 9일 국회 정무위원장을 맡고 있는 새누리당 의원 정우택은 게임업체가 확률형 아이템 장사를 할 때는 유럽이나 일본처럼 아이템별로 획득 확률을 공지하도록 하는 '게임산업진흥법' 개정안을 발의했다. 정우택은 "게임업체들의 확률형 아이템 장사가 도를 넘어 과소비와 사행성을 조장하는 폐해를 낳고 있다. 특히 미성년자 대상 게임에까지 적용하는 것은 큰 문제"라며 규제 필요성을 강조했다.[98]

해당 게임업체들은 확률형 아이템은 "게임에 뽑기 기법을 더해 재미를 더한 것"이라고 반박했다. 게임이 재미있기 위해서는 아이템이 적당히 풀리는 게 중요한데, 만약 이에 대한 정보를 강제적으로 공개하게 되면 게임의 재미가 떨어져 이용자들이 떠날 수 있다는 것이다.[99] 국내 대부분의 온라인·모바일 게임사가 확률형 아이템을 도입한 상태기 때문에 법이 통과될 경우 '제2의 게임 셧다운제'가 될 수 있다는 우려를 내놓는 게임업체도 있다. 한 대형 게임업체 관계자는 "확률형 아이템 장사의 확률을 문제 삼는 것은 수영장 가서 왜 이리 노출이 심하냐고 하는 것과 다를 바 없다. 아이템별 획득 확률을 미리 고지하라는 것은 이 비즈니스를 하지 말라는 것과 같다"고 주장했다.[100] 게이머들은 확률형 아이템 규제를 지지했다. 이와 관련 김재섭은 2015년 3월 '게임산업진흥법' 개정안이 발의된 이후 게임업체들의 확률형 아이템 장사 행태를 성토하는 소비자들의 목소리가 커지고 있다면서 이렇게 말했다.

"한 대형 게임업체 관계자는 '게시판에 확률형 아이템 장사에 대한 불만을 제기하는 글이 폭증하고 있다'고 전했다. 다른 게임업체 관계자는 '내부적으로 이용자들을 자극할 수 있으니, 언론 등에 확률형 아이템 장사 규제 법안에 반대하는 목소리를 낼 때 회사 이름이 거론되지 않도록 주의하라는 지시까지 있었다'고 전했다. 인터넷 포털 게시판과 뉴스 댓글난 등에도 게임업체들의 도를 넘은 확률형 아이템 장사 행태를 성토하고 규제의 필요성을 역설하는 이용자들의 목소리가 넘치고 있다."[101]

게임업체는 확률형 아이템에 강제 규제가 적용되는 것을 막기 위해 2015년 7월 1일부터 자율규제를 시행하고 있다.

Life Section

Trend Keyword

개짱이

『이솝 우화』에 나오는 개미와 베짱이를 합성한 말로 열심히 일할 줄
알면서도 놀 줄도 아는 사람을 이르는 말이다. 개미는 여름 내내 땡
볕에서 열심히 일해 추운 겨울을 무사히 넘기지만 베짱이는 나무
그늘에서 노래만 부르며 놀다가 추운 겨울이 오자 배고픔에 떨게
된다는 게 개미와 베짱이 이야기지만, 모든 영역에서 융합이 일어나
고 있는 오늘날에는 개짱이가 되어야 한다고 이야기하는 사람들이
적지 않다.[1]

　　전 문화관광부 장관 김명곤은 자유롭고 창조적으로 일하는 개
짱이가 오늘날 창조경제에 걸맞은 인재라고 말한다. 그는 2014년
9월 '2014 이데일리 컨버전스 포럼ECF'에 참석해 '지금은 개짱이가
필요한 시대: 창의 산업과 인재육성'을 주제로 한 강연에서 "'놀다'
에 해당하는 영어 단어인 '플레이play'는 창의적이고 긍정적인데 왜
한국에선 부정적일까"라고 반문하면서 인재양성을 위해선 생각의
전환이 필요하다고 했다. 그는 "노는 것은 창조력과 소통력을 기르
는 행위"라면서 "노는 것과 일하는 것의 부조화가 있어 개미(일하는
사람)와 베짱이(노는 사람)는 갈등을 겪는다. 이 때문에 21세기에는
조화를 위해 '개짱이'로 살아야 한다"고 했다.[2]

　　변화와혁신포럼 대표 문충태도 개짱이 예찬론을 편다. 그는

"개미와 베짱이에게는 치명적인 결함이 있었다"면서 이렇게 말했다. "개미에게는 성실함은 있으나 창조성이 없었다. 베짱이에게는 창조성은 있으나 성실성이 없었다. 지금은 융합의 시대다. 죽어라 일만 하는 성실한 개미가 되지 마라. 날마다 놀기만 하는 한량 베짱이도 되지 마라. 개미의 성실성과 베짱이의 창의성이 융합된 '개짱이'가 돼야 한다."[3]

결정 장애 세대 generation maybe

뭐든지 할 수 있지만, 어떤 것에도 만족하지 못하고 방향 없이 갈팡질팡하는 세대를 이르는 말이다. 저널리스트 올리버 예게스가 2012년 독일 일간 『디 벨트』에 기고한 칼럼에서 1980년대에 태어나 1990년대에 학창 시절을 보낸 젊은 층을 가리키는 용어로 사용하면서 널리 알려졌다. 메이비 세대 Generation Maybe라고도 한다. 결정 장애 세대라는 말은 글로벌 담배 회사인 말보로가 2011년 내세웠던 광고 문안에서 영감을 얻은 것으로, 말보로의 광고 문구는 다음과 같다. "메이비족이 되지 마세요, 말보로족이 되세요 Don't be a Maybe, Be Malboro."

자신을 결정 장애 세대라고 말하는 올리버 예게스는 『결정 장애 세대』에서 "사실 우린 다들 잘 지내고 있다. 그럼에도 불구하고 다들 붕 떠 있는 듯한 느낌에서 벗어나지 못하고 있다. 제자리걸음만 반복하고 있는 느낌, 아무것도 결정할 수 없을 것 같은 느낌, 뭐가 옳고 그른지 판단할 수 없는 느낌, 뭐라 이름붙일 수 없는 그런 느낌이 우리 세대를 지배하고 있다"고 했다.[4]

예게스가 결정 장애 세대의 특징으로 거론하는 것은 대략 이런 것들이다. 이들은 단호한 결정은커녕 어떤 물음에도 분명한 대답을 잘 하지 못한다. "글쎄", "아마도", "그런 것 같아"와 같은 말로 답을 대신하는 경우가 허다하며 어딘가에 잘 정착하지도 못하고 한 가지

일에 제대로 집중하지도 못한다. 기성세대는 이들에 대해 '나약하다', '우유부단하다', '결단력이 부족하다'고 비판한다. 하지만 예게스는 결정 장애 세대의 태도는 개개인의 나약함 때문이라기보다는 급격한 사회 변화에서 원인을 찾아야 한다고 말한다. 사회가 초고속으로 디지털화되면서 선택의 범위가 과거와는 비교할 수 없을 정도로 넓어졌기 때문에 무언가를 결정하는 일이 그만큼 더 어려워졌다는 것이다.[5]

한국에서는 독친이 결정 장애 세대를 만든다는 지적도 있다. 부모의 과도한 간섭과 통제를 받다 보니 스스로 결정할 능력을 상실했다는 것이다. 『조선일보』 2014년 12월 1일자는 "우리나라에서 대학에 입학하면 스무 살가량 된다. 사회적으로는 성인인데도, 초등학생처럼 부모 간섭을 받는 대학생이 많다"면서 "대학 상담소에는 '부모가 너무 간섭해 힘들다'는 대학생들의 고민이 쏟아진다. 대학생이 된 자녀 주위를 헬리콥터처럼 빙빙 돌면서 일거수일투족을 통제하는 '헬리콥터 부모'들이 자녀를 벼랑 끝으로 내몰고 있다"고 했다.[6]

독친은 자식의 학교 성적을 상위권으로 끌어올리기 위해 달달 볶아대는 부모를 이르는 말로, 부모의 지나친 간섭이 자식의 장래나 성격 형성에 오히려 독이 되어 망치게 된다는 뜻에서 독친毒親, toxic parents이라고 한다.

고정관념 위협stereotype threat

자신이 속한 집단에 대한 부정적 고정관념에 처하게 되는 곤경에
처했을 때 사람들이 불안이나 걱정을 느끼는 심리적 현상을 이르는
말이다. 충분히 해낼 수 있는 능력이 있음에도 주변 사람들이나 특
정 집단이 갖고 있는 부정적인 시선이나 선입견 때문에 인지 능력
이나 수행 능력이 저하되는 경우가 있는데, 이런 일이 발생하는 게
바로 고정관념 위협 때문이라는 것이다.[7] '고정관념의 위협'은 어렸
을 때부터 흑인 차별을 온몸으로 겪으면서 가졌던 문제의식을 자신
의 심리학적 연구 주제로 발전시킨 미국 스탠퍼드대학 심리학자 클
로드 스틸이 조슈아 아론슨과 함께 1995년에 제시한 개념이다.

    클로드 스틸이 진행한 실험을 보자. 스틸이 흑인 학생과 백인
학생의 지능을 평가하는 검사라고 했을 때 흑인 대학생들은 백인
학생보다 지능지수와 학업 성취도에서 점수가 낮게 나왔다. 그러나
지능과 관련된 시험이 아니라고 확신시킨 경우에는 흑인들의 점수
가 백인과 대등하게 나타났다. 스틸은 이런 현상이 발생한 이유가
바로 '고정관념 위협' 때문이라고 했다. 흑인 학생들은 백인보다 머
리가 나쁘다는 고정관념으로 말미암아 부당한 판정을 받게 될 것이
라고 지레 겁을 먹은 탓으로 좋은 성적을 내지 못했다는 것이다.
1994년 미국에선 노인들에게 나이와 관련된 단어를 제시하고 반응

을 조사했다. 단어의 절반은 '현명하다', '성취했다'와 같은 긍정적인 것이었고, 절반은 '병들었다', '노회하다'와 같은 부정적인 것이었다. 결과는 어떠했던가? 부정적인 단어에 노출된 뒤 노인들은 걸음걸이에 힘이 빠지고 스스로 능력을 평가절하하며 삶의 의욕을 상실한 것으로 나타났는데, 이 역시 고정관념이 당사자들에게 그릇된 생각을 갖도록 할 수 있음을 보여준 사례라 할 수 있겠다.[8]

　스틸은 고정관념 위협은 미세한 신호에 의해서 촉발되기도 하지만 역으로 미세한 개입에 의해서 없어지기도 한다면서 극복 방안으로 임계 질량을 제시했다. 특정 환경에서 소수자들의 수가 늘어나 그들이 불편을 느끼지 않는 지점을 가리켜 '임계 질량critical mass'이라고 한다. 예컨대 미국 연방대법원 9명의 판사 중 샌드라 데이 오코너가 유일한 여성이었을 때 오코너는 판결이든 사소한 행동이든 여성주의 성향을 찾아내려는 사람들의 시선에 시달려야 했지만, 루스 배더 긴스버그가 들어오자 오코너는 비로소 그 압박감에서 해방되었다. 9명 중 2명이라는 여성의 수가 임계 질량에 해당하는 수치였던 것이다. 임계 질량 수치는 직장에서 성비 균형, 대학에서 인종을 고려한 선발 등에서도 응용될 수 있다. 스틸은 "고정관념 위협에 대한 이해가 개인의 발전은 물론 공존하는 시민사회를 이룩하는데에도 중요하다"고 말했다.[9]

노인 난민

고령화로 수명은 늘어났지만 가족의 돌봄을 받지 못하고 사회적 부양도 제대로 받지 못하는 노인을 이르는 말이다. 자식들과 떨어져 사는 노인들의 처지가 난민들과 크게 다를 게 없다는 의미에서 이렇게 부른다. 독거노인과 자녀들의 도움을 받지 않는 노인들을 가리켜 '노인 난민'으로 칭하는 것은 너무 격한 표현이라는 견해도 있지만,[10] 고령화에 따른 노인 문제가 그만큼 심각하다는 의미를 담은 용어라 생각할 수 있겠다.

보건복지부가 전국 65세 이상인 1만 452명을 면접 조사해 발표한 '2014 노인 실태 조사'를 보면, 자녀와 동거하는 65세 이상 노인은 1994년 54.7퍼센트에서 2014년 28.4퍼센트로 큰 폭으로 줄었다. 10가구 가운데 7가구가 노인 가구인 셈이다. 노인 부부끼리 사는 가구는 44.5퍼센트, 혼자 사는 독거노인은 23.5퍼센트였다. 노인 1인당 월 소득은 79만 9,400원이었다. 노인들의 89.2퍼센트는 고혈압·당뇨병 등 만성질환을 앓고 있어 신체·정신 건강 상태는 좋지 않았으며 3명 중 1명꼴로 우울감을 느끼고 있었다. 또 31.5퍼센트는 인지 기능이 떨어진 상태였으며, 텔레비전 시청으로 여가를 보낸다는 노인은 82.4퍼센트에 달했다.[11]

수명이 늘어나면서 노인 난민은 폭증할 것으로 예측되고 있지만 한국의 노인 복지 수준은 '노인 빈곤률' 세계 1위가 말해주듯, 선진국에 비해 크게 뒤처져 있다. 2013년 유엔인구기금이 각국의 노인 복지 수준을 발표한 자료를 보면, 한국은 100점 만점에 39.9점으로 조사 대상 91개국 가운데 67위였다.[12] 영국 케임브리지대학 경제학 교수 장하준은 "예전 같으면 효도하지 않는 자식들 몇 명만 꾸짖어 바로잡으면 노인 문제가 어느 정도 해결되었을지 모르지만, 지금은 그렇게 할 수 없다"면서 집단 효도가 필요하다고 말한다.

"대가족 제도는 붕괴되었고, 가족들이 전국에 그리고 전 세계적으로 흩어져 있으며, 젊은이들도 생활이 어려워 출산율이 세계 최저로 떨어진 상황이다. 노인연금과 노인을 위한 복지지출을 대폭 늘려서 국민 전체가 윗세대에게 '집단 효도'를 하지 않으면 안 되는 시대가 왔다."[13]

2015년 4월 12일 보험연구원 연구위원 강성호와 선임연구위원 류건식은 「노후 난민화 가능성 검토와 향후 과제」 보고서에서 급격한 고령화와 장수화로 노후 자금을 마련하지 못해 의식주 등 기본생활을 해나가지 못하거나 가족과 사회에서 소외되어 일상생활에 큰 곤란을 겪는 노인들이 급증하는 노후 난민 시대가 도래할 것이라고 경고했다. 65세 이상 인구가 전체 인구의 30퍼센트 이상이거나 75세 이상 인구가 20퍼센트에 달하는 시기에 '갈 곳 없는 고령자=노후 난민'이 양산될 가능성이 크다는 것이다.[14]

다혼 시대

결혼과 이혼에 대한 가치관 변화와 고령화 등으로 인해 3번 이상 결혼하는 사람이 많아진 세상을 말한다. 통계청에 따르면, 2013년 혼인한 남녀 32만 2,807명 중 남성 4만 8,948명(15.2퍼센트)과 여성 5만 4,320명(16.8퍼센트)이 삼혼·사혼을 포함한 재혼 인구였다. 이렇듯 다혼多婚 인구는 빠른 속도로 증가하고 있지만 이들에 대한 사회적 시선은 여전히 따가운 편이다. 『경향신문』 2015년 3월 14일자는 인터뷰에 응한 다혼자들은 "알려져서 좋을 게 없고, 과거의 아픔을 떠올리고 싶지 않다"는 이유를 들며 한결같이 실명 노출을 꺼렸으며, 아예 인터뷰를 거절한 이들도 적지 않았다고 했다.[15]

『경향신문』이 선우 부설 한국결혼문화연구소와 함께 3혼자·3혼 도전자 100명을 대상으로 이메일·전화·우편 조사를 한 결과, 다혼을 하는 가장 큰 이유로 응답자의 73퍼센트가 "외로움"을 들었다.[16] 전문가들은 재혼에 비해 다혼의 결혼 유지율이 높은 것으로 추정하는데, 왜 그럴까? 아주대학교 사회학과 교수 이선희는 "첫 결혼이 사별이 아닌 이혼으로 깨진 경우 자기 성찰 없이 전 배우자에 대한 원망과 보상심리로 재혼하는 경우가 많아 재이혼으로 이어질 확률이 높다"면서 "삼혼자들은 많은 풍파를 겪으면서 현실적 기대를 내려놓고 이전 혼인 생활에서 범했던 오류를 스스로 고친다. 그 결

과 유지율이 상대적으로 높은 것으로 보인다"고 해석했다.[17]

다혼자들이 겪는 가장 큰 고민은 자녀와 재산 문제다. 『경향신문』 2015년 3월 14일자는 "자녀 문제는 배우자를 선택할 때부터 걸림돌로 작용한다. 특히 자녀가 많은 다혼자를 반기는 경우는 거의 없다. 상대방 자녀를 어떻게 대하느냐가 고민거리이기 때문이다. 실제 재이혼의 상당수는 자녀 갈등이 주원인이다" 면서 이렇게 말했다.

"다혼 부부의 경제적 문제도 간단치가 않다. 각자의 재산이 다르기 때문이다. 초혼 때는 함께 고생한다는 생각으로 내 것, 네 것 구별이 없다. 하지만 다혼자들은 '상대방 재산이 아무리 많아도 함께 이룬 것이 아니라서 내 것이라는 생각이 안 든다'고 말한다. 그래서 다혼자 중에는 자신의 재산을 새 배우자에게 공개하지 않는 이들도 있다."

실제로 『경향신문』의 설문에 응한 100명의 삼혼자·삼혼 도전자 중 "재산을 다 공개하고 둘의 재산을 합치겠다"고 답한 사람은 44퍼센트에 불과했으며, 나머지는 '새 배우자 것은 새 배우자가, 내 것은 내가 관리하겠다'(30퍼센트)거나 "일부만 공개하겠다"(10퍼센트)고 응답했다.[18]

달관 세대

한국판 사토리 세대를 말한다. 사토리 세대는 1980년대 후반에서 1990년대에 태어난 10대 후반에서 20대 중반의 일본 젊은이들을 이르는데, 미래가 절망적이라는 현실을 냉정하게 인정하고 현실에 만족하며 사는 게 이들의 특징이다. 사토리さとり는 '깨달음', '득도' 라는 의미다. 그래서 사토리 세대를 일러 '득도 세대'라고도 한다.

달관 세대라는 말은 『조선일보』가 2015년 2월 연재한 특집 기사에서 등장했다. 『조선일보』 2015년 2월 23일자는 저성장, 장기 불황 시대에 좌절해 자신을 '88만원 세대', '(연애 · 결혼 · 출산을 포기한) 삼포 세대'라고 자조하던 20 · 30대 가운데 "그래 봐야 무슨 소용이냐"는 젊은이들이 생기기 시작했다면서 이들을 '달관 세대'로 불렀다. 이 기사는 달관 세대는 차라리 '안분지족安分知足'하는 법을 터득하자는 사람들이라면서 달관 세대는 "양극화, 취업 전쟁, 주택난 등 노력으로 바꿀 수 없는 절망적 미래에 대한 헛된 욕망을 버리고 '지금 이 순간' 행복하게 사는 게 낫다"고 말한다고 했다.[19]

달관 세대는 기성세대와 다른 직업관을 갖고 있다. 이들은 정규직으로 입사해 뼈 빠지게 일하더라도 현실은 크게 달라지지 않으며, 정규직이 되었다고 해서 미래가 보장되는 시대는 끝났다고 생각하기 때문에 정규직에 목매지 않는다. 대신 이들이 직업을 선택하는 최우선 기준은 '여유 있는 삶의 보장'이다. 그래서 자발적으로 비정규직 삶을 영위한다.[20] 달관 세대의 라이프스타일 역시 기성세대와 다르다. 이들은 "풍요로운 시대에 태어난 덕에 돈 없어도 재미있게 살 수 있는 방법은 많다"고 말한다. 『조선일보』2015년 2월 24일 자는 "'달관達觀 세대'는 노는 법이 다르다. 비정규직인 이들은 명품 옷, 좋은 레스토랑, 개봉 영화관 같은 '고비용' 소비엔 관심이 없다. 중저가 옷을 입고 햄버거와 떡볶이를 먹으며, 집에서 영화를 보거나 카페에서 친구와 수다를 떨면서 시간을 보낸다"면서 이렇게 말했다.

"'달관 세대'들은 직장에서 정규직 직원들과 잘 어울리는 편은 아니다. 하지만 이들은 사회의 '외톨이'로 살아가는 건 아니다. 페이스북·카카오톡 같은 SNS 공간에서 그들은 친구들과 수다를 떨며 시간을 보낸다."[21]

달관 세대는 정규직에서도 발견할 수 있는데, 이들은 승진을 위해 삶을 희생하지 않는다는 점에서 기존 정규직과 다르다. "직장에서 승승장구하는 것은 어차피 소수일 뿐이기 때문에 일을 위해 지금 누릴 수 있는 행복과 여가 생활을 포기할 수 없다"는 게 이들의 생각으로, 이들은 많은 연봉을 포기하면서까지 '저녁이 있는 삶'을 찾아나서고 있다.[22]

달관 세대 논쟁

『조선일보』가 2015년 2월 3회에 걸쳐 연재한 '달관 세대' 기사는 총 1만 개가 넘는 댓글이 달릴 정도로 뜨거운 반응을 불러일으켰다. 이 기사에 대한 반응은 크게 보아 3가지였다. 중장년층은 "부모 세대가 일군 번영을 놀고 앉아 받아먹는단 말인가?", "나라의 미래가 걱정이다" 등 탄식과 걱정을 쏟아냈다. 20·30대 세대는 "남에게 피해주는 것도 아닌데, 그것도 인생의 선택인데…… 부럽다"고 했고, "알바생에게 이들처럼 만족하고 살라고 꼬드긴다"는 음모론적 시각도 있었다.[23]

달관 세대 기사를 작성한 김강한은 "본지의 보도는 그들을 긍정하는 것도 부정하는 것도 아니었다. '우리 사회에서 유례가 없는 유형의 젊은이들이 나타나고 있다'는 점을 보여주고, 기성세대가 함께 생각해보자는 취지"라고 말했지만,[24] 달관 세대에 대한 비판도 적지 않게 제기되었다. 달관 세대에 대한 비판의 대부분은 일본의 사토리 세대와 한국의 '3포 세대'를 똑같이 볼 수 없다는 것이었다.

예컨대 사토리 세대를 다룬 책『절망의 나라의 행복한 젊은이들』의 한국어판 해제를 쓴 오찬호 서강대학교 사회과학연구소 연구원은 "일본에서는 '사토리' 할 수 있는 분위기가 있다. 최저임금도 (한국보다) 높고, 취업이 힘들지만 대학생이 다 토익시험을 봐야 하는 것도 아니다"면서 "한국에서는 달관을 할 수가 없다. 이런 상황에서 초인간적인 사례들을 슬기롭게 사는 것 마냥 포장하는 것은 문제"라고 했다.[25]

일본의 사토리 세대는 욕망을 포기한 반면, 한국의 3포 세대나 잉여 세대는 고통과 절망을 호소하면서도 아직 욕망의 끈을 부여잡고 있다는 점에서 차이가 있다는 견해도 있다. 이와 관련 박권일은 2015년 3월 "한국의 젊은이들이 달관한 것처럼 보인다면, 그것은 필시 '체념'이거나 '포기'일 게다"면서 이렇게 말했다.

"아무리 발버둥치고 악을 써도 수렁에서 빠져나올 수 없어서, 그래서 눈을 감고 한숨을 쉬며 움직임을 끝내 멈춘 이들을 향해 '깨달음을 얻으셨네요'라고 말하는 건 얼마나 가학적인가. 『조선일보』는 자족적인 삶을 사는 젊은이들 몇몇을 앞세워 이 끔찍한 사회를 만든 일말의 책임마저 벗어던지려 한다. 이미 기성세대에 진입한 사람으로서 참담하고 부끄러울 뿐이다."[26]

이영희는 달관 세대라는 말은 일본의 사토리 세대를 적절한 한국말로 옮긴 것뿐으로 태생부터가 다소 억지스럽다면서 이렇게 말했다. "극심한 불안 가운데 달관은 없다. 주저앉아 울고 있을 수만은 없기에 작은 만족을 찾아내 즐기고 있을 뿐이다. 그런 이들에게 '안분지족安分知足을 안다'는 칭찬도, '젊은 것들이 쯧쯧'하는 비난도 다 공허할 뿐이다. 달관 세대는 아직 달관할 수 없다."[27]

반퇴 半退

온전히 은퇴한 게 아니라 반만 은퇴했다는 뜻으로, 길어진 노후 때문에 은퇴 후에도 '먹고살기 위해' 계속 일을 해야 하는 사람들이 증가하면서 등장한 말이다. 『중앙일보』가 2014년 12월 만 40~59세 국민 1,000명을 대상으로 한 설문조사에서 이미 퇴직을 경험한 1955~1959년생 5중 4명이 지금도 일을 하고 있다고 답했을 만큼 반퇴 현상은 빠른 속도로 확산하고 있다. 하지만 이들이 일자리를 구하는 것은 쉽지 않다. 2013년 대기업에서 명예퇴직한 한 50대는 "중소기업으로 눈높이를 낮춰 여기저기 원서를 내봤지만 오라는 곳이 없었다"면서 "함께 퇴직한 동료들도 비슷한 처지"라고 했다. 노동의 질도 열악하다. OECD 통계에 따르면, 2012년 경제활동에 참가한 노인 가운데 60.6퍼센트가 임시직 종사자였다. 일하는 직종도 한정되어 있다. 2013년 일하는 노인의 42.6퍼센트는 농림어업 종사자, 21퍼센트는 단순 노무직 종사자인 반면 사무직이나 전문직 종사자는 3퍼센트 미만이었다.[28]

이렇게 일자리의 질이 현저히 떨어지지만 퇴직자들의 구직 활동을 돕는 기관에는 퇴직자들이 몰리고 있다. 재취업이나 새 일거리를 찾아 나선 50대들로 북새통을 이루고 있는 서울시 은평구의 서울인생이모작지원센터 사무국장 원창수는 2015년 1월 "2013년

2월 문을 연 지 2년도 안 돼 센터를 찾은 상담자가 1만 명을 넘어섰다"며 "올해는 지난 2년의 두 배로 늘 것에 대비해 예산도 지난해 20억 원에서 35억 원으로 늘렸다"고 했다. 『중앙일보』 2015년 1월 15일자는 "내년부터 정년이 연장된다고는 하나 실제 정년이 늘어나자면 임금피크제나 시간제 일자리 활성화 등 후속 대책이 따라줘야 한다"면서 "반퇴 시대가 장기화하면 경기회복도 요원해진다. 무직과 비정규직을 오가며 30년을 버텨야 하는 반퇴 시대 퇴직자들이 많아지면 안 그래도 위축된 소비가 꽁꽁 얼어붙을 수밖에 없기 때문이다"고 했다. 고려대학교 경제학과 교수 김동원은 "현재 진행되고 있는 노동시장 개혁이 이뤄지지 않은 채 386세대의 퇴직 쓰나미를 맞는다면 좌우 이념대립 못지않게 세대 간 갈등이 불거질 수 있다"고 지적했다.[29]

반퇴가 일상화하면서 여성 국민연금 가입자도 크게 늘고 있다. 50세가 넘어 국민연금에 새로 가입하거나 국민연금 수령을 위한 최소가입기간(10년)을 채우기 위해 60세 넘어서도 보험료를 납부하는 것이다.[30] 고용노동부는 2015년 4월부터 50대 이상 장년 근로자들이 아무런 준비 없이 직장을 떠나면서 임시·일용직과 같은 질 낮은 일자리에 재취업하는 현실을 개선하기 위해 퇴직하기 전에 미리 퇴직 이후의 재취업이나 창업을 준비할 수 있도록 돕는 '이모작 지원 사업'을 시행하겠다고 밝혔지만,[31] 더 적극적인 대책이 필요하다는 지적이 나온다.

반퇴 푸어

수명은 늘어난 반면 반퇴로 인해 노후자금이 부족해 빈곤하게 사는 가구를 일컫는 말이다. 반퇴 푸어가 되는 가장 큰 이유는 자녀의 교육비다. 삼성생명 은퇴연구소가 2014년 서울 · 광역시 거주 성인 2,300명을 대상으로 수입을 어디에 우선 쓸 것인지 조사한 결과, 40대의 53퍼센트가 자녀 교육비를 1순위로 꼽았다. 부채 상환(20.4퍼센트), 주택구입 · 자녀 결혼자금 마련(8.5퍼센트), 부모 부양비(6.8퍼센트), 노후자금 마련(6.2퍼센트) 등이 뒤를 이었다. 50대도 자녀 교육비가 36.9퍼센트로 1위를 차지했다.[32]

40 · 50대는 반퇴 푸어가 될지 뻔히 알면서도 사교육에 돈을 쏟아부을 수 없다고 말한다. 자녀 교육을 위해 지방에서 경기도 용인으로 이사 온 40대의 한 주부는 큰아들을 전국 단위 자사고에 진학시키려 중학교 때 수학 · 영어 과외를 시키고 국어 · 사회 학원에 보내느라 월 180만 원을 썼다면서 "남편 월급으로 감당이 안 돼 맞벌이를 시작했다. 아이들 지원을 최우선으로 여겨 노후대책은 한 게 없다"고 했다. 또 다른 40대의 한 주부는 "주변 월급쟁이 가정에선 마이너스통장을 안 쓰는 집이 없다. 자녀가 고교생이 되면 사교육비 대려고 아르바이트하는 엄마들도 많은데 노후 대비는 한가한 얘기"라고 말했다.[33]

학벌사회가 강요한 어쩔 수 없는 선택이지만 전문가들은 월 소득에 따라 다르긴 하지만 노후를 고려해 사교육비 지출을 20~30퍼센트 이하로 줄여야 한다고 조언한다. 삼성생명 은퇴연구소 책임연구원 윤원아는 "일본에서도 노후 준비보다 교육비를 중시했는데 그게 아니라는 인식이 퍼지고 있다. 국내에선 늙어서 자식에게 의지하지 않겠다면서도 사교육비에 일단 넣고 나머지로 노후를 생각한다. 노후 자금부터 떼고 교육비를 쓰는 쪽으로 우선순위를 정해야 한다"면서 "마이너스통장을 쓰는 등 빚을 지면서 교육비를 대면 절대 안 된다"고 조언했다.³⁴

　　『중앙일보』 2015년 2월 26일자 사설 「반퇴 시대, 자식에만 올인하면 노후가 불행하다」는 "빈곤한 노후를 맞지 않으려면 중년 세대는 지출, 특히 교육비를 줄여야 한다. 교육비 비중을 소득의 20퍼센트 정도로 확 낮추는 게 필요하다"면서 다음과 같이 말했다.

　　"자녀 교육비를 절약해 생긴 여유자금은 개인연금이나 자신의 교육비로 투자하는 게 좋다. 고령화로 지금 중년 세대는 교육-취업-반퇴-재교육-재취업-완퇴完退의 라이프 사이클을 밟을 것이기 때문이다. 노인이 돼서도 괜찮은 일자리를 가지려면 중년 때 인생 후반전을 위한 준비를 해야 한다는 것이다. 자녀 결혼비용도 마찬가지다. 자식에 대한 의무감, 혹은 체면 때문에 노후를 위한 최후의 종잣돈을 날리는 어리석음을 범하지 말아야 한다."³⁵

세대 간 도둑질

지금 세대가 복지 혜택을 더 누릴수록 다음 세대는 더 무거운 부담을 지게 된다는 것을 설명하는 용어다. 다음 세대의 돈을 미리 갖다 쓴 다는 점에서 '세대 간 도둑질'이라고 하는데, 후손들에게 부담을 떠넘긴다고 해서 '금전적 후손後孫 학대'라고 표현하는 언론도 있다.[36]

LG경제연구원은 2012년 7월 발표한 보고서 「조세·사회보장 부담과 혜택, 세대 간 격차 크다」에서 2011년 현재 60대 이상은 세금과 건강보험·연금 같은 사회 부담금으로 평생 9억 3,000만 원을 부담하고, 복지福祉와 국방·행정·교육 등을 통해 11억 5,000만 원의 혜택을 받지만 지금 30대들은 평생 세금·사회 부담금 등으로 12억 7,000만 원을 내고, 10억 8,000만 원의 혜택을 받는다고 했다. 60세 이상 노년층은 사망할 때까지 평생 2억 2,000만 원의 이득(순 혜택 금액)을 보지만 30대 젊은 층은 한 사람당 1억 9,000만 원의 손해(순 부담액)를 보게 되는 셈이다.[37]

현재의 정치 제도가 투표권을 가진 세대의 이익을 대변하게 되어 있기 때문에 세대 간 도둑질이 발생한다고 보는 시각이 있다. 표를 의식할 수밖에 없는 정치인들이 투표권을 가진 세대의 복지 제도를 확충해 혜택은 지금 세대가 누리게 하고 비용은 미래 세대에게 떠넘기고 있다는 것이다.[38] 2000년대 들어 진보·보수 정부를 막론하고 복지 관련 선심성 공약과 입법이 남발되는 반면 비용 부담에 대한 해법은 나오지 않으면서 복지비용을 둘러싼 부모와 자녀 간에 세대갈등이 끊이지 않고 있다는 견해가 있다. 민병권은 2014년 "미래 자녀 세대들에게 빚더미를 안겨줄 수 있다는 논란이 끊이지 않는다"면서 "실제 복지정책 관련 뉴스가 보도될 때마다 인터넷카페 등에서는 미래 세대에게 세금 폭탄으로 돌아올 수 있다는 비판 글이 수시로 올라오고 있다"고 했다.[39]

2015년 2월 3일 새누리당 대표 김무성은 국회 교섭단체 대표 연설에서 "독일의 경우 '세대 간 형평성 위원회'를 둬서 예산을 편성할 때 세대 간 형평성을 검토하는 제도를 운용하고 있다"며 "우리도 미래 세대를 위해 이 제도의 도입 여부를 진지하게 고민할 필요가 있다"고 제안했다. 그는 또 "우리의 아들·딸, 손자·손녀 등 미래 세대는 정책 결정권이 없지만 우리가 미래 세대의 지갑을 열고 그들의 신용카드를 미리 쓸 권리도 없다"고 했다.[40] 노인들에게 일자리를 주어야 한다는 견해도 있다. 서울시 복지정책관 이충열은 "노인 일자리 창출은 여러 가지로 긍정적이다. 노인이 겪는 역할 상실, 고독과 소외감 같은 정신적 문제에 도움이 된다. 일로 빈곤 문제도, 건강 문제도 해결할 수 있다"면서 "의료비 등 노인 부양비용이 줄면 국가 재정의 절감 효과도 생긴다. 노인 일자리를 창출하는 게 오히려 청년 세대가 부담해야 할 사회적 비용을 덜어주는 일이다"고 했다.[41]

유리천장 지수 _{glass-ceiling index}

각 나라별 여성들의 고위직 진출을 가로막는 방해 요소를 수치화한 지수로 남성과 여성의 고등교육 이수율, 여성의 경제활동 참가율, 남녀 임금 격차, 관리자 중 여성 비율, 임금 대비 육아 비용 등 5개 항목이 조사 대상이다. 직장에서 남녀가 평등하고 동등한 기회를 부여받고 있는 것 같지만 고위직으로 올라갈수록 여성은 보이지 않는 벽이 가로막고 있는 것처럼 지위 상승이 어려운 현실을 일컬어 '유리천장'이라 한다.

2015년 3월 8일 세계 여성의 날을 앞두고 영국 주간지 『이코노미스트』가 조사해 발표한 한국의 '유리천장 지수'는 25.6으로 OECD 국가 가운데 꼴찌였다. 1위는 핀란드(80)였다. 한국은 '노동시장 참여율 격차'가 22퍼센트로 터키(42.6퍼센트) 빼고는 가장 컸고, 기업이사회 여성 비율은 2.1퍼센트로 가장 낮았다. 남녀 임금 격차도 36.6퍼센트로 평균(15.5퍼센트)의 2배, 노르웨이(7퍼센트)의 5배를 넘었다.⁴² 같은 조사에서 한국은 2013년과 2014년에도 꼴찌를 기록했다.

2015년 1월 초 미국 회계컨설팅업체인 언스트&영은 주요 직종별로 존·로버트·윌리엄·제임스 등 4개 이름을 쓰는 남성의 수와 전체 여성의 수를 비교한 새로운 유리천장 지수를 내놓았다. 이

조사에 따르면, 미국 대기업 CEO급에선 전체 여성 CEO보다 4가지 이름을 가진 남성 CEO가 4배나 많은 것으로 나타났다. 『뉴욕타임스』는 언스트&영의 조사에서 힌트를 얻어 S&P(스탠더드앤드푸어스) 1,500대 기업을 대상으로 CEO 이름과 성별을 분석했는데, 미국에서 흔한 존과 데이비드란 이름을 가진 남성 CEO 비율이 각각 5.3퍼센트와 4.5퍼센트를 기록해 여성 CEO 전체(4.1퍼센트)보다 높았다.[43]

이와 관련 『뉴욕타임스』는 "네 개의 흔한 남성의 이름을 여성 비율과 비교하는 것이 여성이 처한 유리천장의 수준을 제대로 측정하는데 무리가 있지만 미국에서 중요한 결정을 내리는 많은 영역에서 여전히 여성이 남성보다 절대적으로 적다는 것은 사실"이라고 했다.[44]

인비저블invisible

자기 일에 조용히 매진하면서 깊은 성취감을 얻는 사람들을 이르는 말이다. 잡지 『뉴요커』 등에서 사실 검증 전문가fact checker로 활동한 데이비드 즈와이그의 『인비저블: 자기 홍보의 시대, 과시적 성공 문화를 거스르는 조용한 영웅들』에 등장하는 말이다.[45] 즈와이그는 동시 통역사, 마취 전문의, 고층건물의 구조공학자, 복잡한 공항에서 길 찾기를 쉽게 하도록 디자인하는 전문가, 유명 가수들의 음악을 책임지는 연주자와 녹음 기사, 휴대전화가 잘 터지도록 하는 기지국 수리공 등을 대표적인 인비저블로 들면서 이들의 공통된 특성으로 3가지를 꼽았다.

첫째, 타인의 인정에 연연하지 않는다. 이들은 맡은 일을 완수하는 것에서, 일에 몰입하는 순간이 주는 기쁨 그 자체에서 만족을 느낀다. 둘째, 치밀성이다. 인비저블은 탁월함을 지향하고 아주 사소한 부분까지 꼼꼼하고 완벽하게 해낸다. 셋째, 책임감이다. 대부분의 사람들이 성공의 결과만을 누리려 하고 정작 책임을 떠맡는 것은 기피하는 반면, 이들은 막중한 책임을 즐기는 성향을 보인다.[46]

즈와이그는 왜 인비저블에 주목하는 것일까? 그건 소셜미디어 시대의 개막으로 인해 우리가 무자비한 자기 홍보의 시대에 살고 있기 때문이다. 소셜미디어를 많이 사용할수록 외로움과 우울증을 느낀다는 연구 결과도 많지만,[47] 여전히 많은 사람은 유명해지는 것이 곧 성공이며 이를 위해서는 스스로 자신을 포장해야 한다고 생각하고 있다는 것이다. 즈와이그는 페이스북의 '좋아요'와 트위터의 '팔로어' 숫자가 많을수록 성취감을 느끼는 사람이 많다는 게 대표적인 증거라고 말한다.

그렇다면 소셜미디어를 통한 자기 홍보가 개인의 행복과 성공으로 이어지는 것일까? 즈와이그는 그렇지 않다고 말한다. 즈와이그는 소셜 미디어 속에서 이루어지는 인정투쟁과 자기 브랜드화는 허상이라고 말한다. 그러니까 인비저블은 유명해지는 것이 곧 성공이며 이를 위해서는 스스로 자신을 포장해야 한다는 '자기 홍보의 시대'에 던지는 경고를 담고 있는 셈이다. 즈와이그는 이렇게 말한다. '타인의 인정을 받는다는 것은 실제 가치보다 훨씬 과장되어 있다. 외부의 인정을 추구하지 않는 것이야말로 매우 뛰어난 능력이다. 묵묵히 맡은 일에 몰입하는 것이 나를 위대하게 만든다."[48]

즈와이그의 다음과 같은 발언은 남의 관심을 갈구하느라 에너지를 소진하고 있는 사람들이 한 번쯤 생각해봐도 좋은 물음이 될 것이다. "가슴에 손을 얹고 한번 물어보라. 당신은 영원히 멈추지 않을 러닝머신 위에서 뛰며 남들과 경쟁할 것인가, 아니면 스스로에게 도전해 영원한 보상을 얻을 것인가."[49]

죄수생

수능의 문턱을 넘지 못하고 재수를 하는 학생들을 이르는 말이다. 재수를 하면 '징역 1년에 벌금 2,000만 원'이라는 형벌을 받는다는 뜻에서 죄수생으로 불린다.[50] 기숙학원에서 생활하는 죄수생의 징역 생활은 어느 정도인가? 황형준에 따르면, "기숙학원의 규율은 엄격하다. 휴대전화, CD플레이어, MP3플레이어 등 소지금지 품목이 있을 뿐만 아니라 무단 외출, 폭력, 음주, 이성교제 등은 퇴원 조치 사유에 해당된다. 시간 관리도 철저하다. 학원 내에는 폐쇄회로TV 30여 대가 설치돼 학원생들을 실시간으로 감시한다. 학생 지도 교사 20여 명은 학원생들의 인원 점검, 상담 등 용건이 있을 때마다 무전기와 이어폰으로 서로 교신하며 학원생들의 시간을 관리해준다."[51]

『중앙일보』 2015년 3월 11일자가 서울 노량진 대성학원과 종로학원 강북본원에서 공부하고 있는 재수생 10명을 대상으로 심층 인터뷰해 내용을 재구성한 기사에서 재수생들은 "우리는 재수 기간을 '징역'이라고 부른다. 새벽에 학원에 나와 밤 10시는 넘어야 집에 돌아가니 징역 생활이 아니면 무어란 말인가. 매달 들어가는 돈도 만만찮다. 장학금 없이 학원비를 다 내는 친구들은 한 달 수강료와 책값만 100만 원 이상 든다. 지방에서 올라와 재수를 준비하는 경우엔 학원 기숙사비나 하숙비, 밥값이 추가로 들어간다"면서 이렇게 말했다.

"우리 같은 재수생들은 스스로 '고등학교 4학년'이라 부른다. 재수란 게 고3 생활의 연장일 뿐이라는 인식이다. 이른바 SKY(서울·고려·연세대)에 들어가려면 재수는 기본이라고 보는 시각도 많다. 일과 역시 고3 때와 별다를 것 없다. 매일 오전 6시에 눈을 떠 비몽사몽 아침을 먹는다. 지하철에 실려 학원으로 가다 보면 잔뜩 멋을 부린 대학 신입생들이 눈에 띈다. 그럴 때마다 부러우면 지는 거라는 생각으로 이를 악문다. 학원에 도착하면 영어 단어 등 쪽지시험부터 치른다. 그러곤 수업 또 수업⋯⋯."[52]

죄수생은 이른바 서울의 명문대를 목적으로 한 학생들에게서 많이 나타난다. 2014학년도 전국의 4년제 189개 대학의 신입생 중에서 재수생은 19.3퍼센트에 달한 반면, 서울 지역 대학의 재수생 비율은 전국에서 가장 높은 31.8퍼센트를 기록했다.[53] 서울에서도 잘사는 지역일수록 재수생 비율이 높아 강남구는 74.3퍼센트에 달했다.[54] 서울대학교의 2014학년도 정시 모집 선발에선 재수생 합격자 수(52.9퍼센트)가 사상 처음으로 재학생 합격자 수(46.1퍼센트)를 넘어섰다.[55] 이런 점에서 보자면 죄수생은 학벌주의가 낳은 현상이다.

Z세대 _{generation Z}

일반적으로 1995년 이후 태어난 세대를 일컫지만, Z세대의 정확한 연령대에 대한 의견은 다르다. 미국에선 대체로 1990년 이후에 태어난 세대를 일러 Z세대라 한다. Z세대는 이른바 디지털 원주민 digital natives으로, 이들은 텔레비전, 휴대전화, 랩톱, 데스크톱, MP3 플레이어 등 하루 최소한 5가지의 디지털 기기를 오가면서 멀티태스킹을 한다. 또 하루 시간 중 41퍼센트를 컴퓨터나 모바일 기기를 사용하는데 쓰며 디지털로 서로 단단히 연결되어 있다.[56] 박명기는 "Z세대의 특징은 '모든 것을, 어디에서나, 당장 원한다'로 요약된다. 각종 SNS(소셜네트워크)를 통해 적극적으로 정보를 얻고 트렌드에 뒤처지는 것을 두려워해한다" 면서 이렇게 말한다.

"이 때문에 소셜미디어 공간에서 일어나는 소외와 고립 공포증FOMO, Fear Of Missing Out을 갖고 있는 Z세대가 많다. '좋아요'가 형용사가 아닌 명사로서 활용되는 이 세대에게 SNS 공간에서의 소통과 공감대 형성은 필수적이다."[57]

Z세대는 6초짜리 동영상 서비스인 '바인vine'의 성공 요인으로 거론되기도 한다. Z세대는 대체적으로 주의 지속 시간은 짧지만 초반의 주의 집중도는 매우 높은데, 바인이 그런 Z세대의 특성에 딱 맞는 서비스라는 것이다. 디지털 에이전시 트리발 월드와이드의 전

략 담당자 앨런 블레어는 "유튜브는 10대들 사이에서 가장 영향력 있는 매체지만 이것은 비교적 오래전부터 여러 연령층이 함께 보고 있다. 반면 바인은 Z세대(1995년 이후 출생한 세대)가 선호하는 짧은 집중에 딱 맞는 매체"라고 말했다.[58]

Z세대의 등장에 기업들은 곤혹스러워하고 있다. Z세대가 이전 세대와 달리 개인적이고 독립적이며, 경제적 가치를 우선시하는 등 다른 소비 패턴을 보이고 있기 때문이다. Z세대는 브랜드보다는 상품 자체를 더 중요하게 여기는데 그래서 좋은 품질을 찾으면 쉽게 브랜드를 바꾸는 등 브랜드 충성도도 낮은 편이다. 이와 관련 마케팅 전문가 앤드루 매스윈은 "Z세대가 자신이 직접 번 돈으로 물건을 사게 될 경우 가격과 서비스를 비교하면서 훨씬 정교한 구매활동을 할 것"이라며 "조만간 엘리트 소비자 집단으로 등장할 것"이라고 전망했다.[59]

Z세대가 디지털 문화에 능숙한 것은 사실이지만 온라인을 통한 상호작용보다 직접적인 경험을 더 선호한다는 견해도 있다. 『뉴욕타임스』는 Z세대가 호기심이 많고 의욕이 왕성할 뿐만 아니라 대학 입학 전에 어떤 식으로 직업적 경험을 얻을지를 탐구하는 경향이 있다면서 이들은 자신의 의견을 개진하는 데 두려움이 없으며 현실을 변화시키고자 하는 의지가 뚜렷하다고 했다.[60]

75세 노인론

2015년 현재 한국엔 노인의 기준이 되는 나이를 정해 놓은 법은 없지만, 만 65세 이상을 노인으로 분류하는 정책이 많다. 기초연금과 노인장기요양보험 적용 시기가 대표적으로, 이 때문에 만 65세 이상을 노인으로 보는 게 일반적이다. 2013년 정부 산하 위원회가 노인 기준 연령을 65세에서 70~75세로 올리는 것을 중장기 정책 과제로 발표하기도 했지만, 노인 기준 연령 조정은 65~69세 연령층이 받아온 공적 부조扶助를 삭감하는 문제와 연결되기 때문에 정부도, 정치권도 공개적 논의 대상으로 삼지는 않았다.[61]

기대수명이 늘어나고 활동적인 노인이 많아지면서 '75세 노인론'이 대두되고 있다. 예컨대 보건복지부가 2015년 3월 31일 노인들의 가구 형태와 가족 관계, 소득 · 건강 · 기능 상태, 생활환경 등을 조사해 발표한 '2014년 노인실태조사' 결과를 보면, 65세 이상 노인 3명 중 1명은 '75세는 넘어야 노인'이라고 생각하고 있었다. 2004년(8.6퍼센트)에 비해 크게 늘어난 것이다.[62]

대한노인회는 2015년 5월 7일 이사회를 열고 노인 연령 기준 나이를 조정할 의향이 있다고 말했다. 4년마다 1세씩 20년에 걸쳐 또는 2년에 1세씩 10년 동안 단계적으로 70세로 조정할 수 있다는 것이었다. 대한노인회 회장 이심은 "수명은 계속 늘어나는데 지하철 무임승차 같은 나라의 모든 노인 복지는 '노인=65세 이상' 기준으로 세워져 젊은 세대와 국가 재정에 부담 주는 게 사실"이라며 "나라의 미래를 생각한다면 언젠가는 상향 조정해야 할 문제"라고 말했다. 이어 "65세 이상 노인 650만 명 중 300만 명이 전국 6만 4,000여 경로당에서 시간을 보내고 있는데 이들 중 상당수는 여전히 일할 수 있다"며 노인 연령 기준에서 한 발 물러선 대신 앞으로 취업 기회가 확대되기를 바란다고 했다.[63]

대한노인회의 발표에 정부와 신문들은 사회적 양보의 전범을 보였다며 환영의 뜻을 나타냈지만,[64] 노인 복지 전문가들은 '복지 재앙'이 될 수 있다고 지적했다. 노인 일자리 등 노후 소득 보장을 위한 인프라를 갖추지 못한 상태에서 노인 복지 지원의 법적 기준이 되는 연령만 올리면 이들이 노동 시장에서 발을 떼는 순간 빈곤의 나락으로 떨어질 수 있다는 게 이유였다. 복지국가소사이어티 운영위원장 이상구는 "만약 노인 연령을 상향 조정하면서 기초연금 수급 연령까지 만 70세로 올린다면 제2의 직업을 찾지 않는 한 퇴직과 함께 소득이 없어지는 '소득 절벽' 시기를 20여 년이나 견뎌야 한다"고 했다.[65]

노인 연령 기준 인상은 '돈'과 밀접하게 연결되어 있기 때문에 제도 도입에 앞서 정부와 정치권이 적극적으로 나서 노인들을 위한 일자리 창출, 경제적 자립 대책 등의 보완책을 마련해야 한다는 목소리가 높다.

펫로스 증후군 pet loss syndrom

가족처럼 키우던 반려동물이 죽었을 때 반려동물을 키우던 사람이 슬픔이나 정신적 장애를 겪는 현상을 말한다. '반려동물 상실 증후군'이라고도 한다. 펫로스 증후군은 반려동물을 '또 하나의 가족'으로 여기는 펫팸족이 대거 등장하면서 나타난 현상이다. 반려동물 산업이 단기간에 급성장하면서 시장 규모는 커졌지만 반려동물에 대한 정신적인 감수성이 성장할 기회가 별로 없어 펫로스 증후군에 시달리는 경우가 많다는 견해가 있다. 『인간과 개, 고양이의 관계 심리학』의 저자 세르주 치코티·니콜라 게갱은 "반려동물의 죽음에 남자들은 가까운 친구를 잃었을 때, 여자들은 자녀를 잃었을 때와 같은 고통을 느낀다"고 했다. 그만큼 반려동물의 죽음이 심각한 정신적 스트레스를 불러온다는 것이다.[66]

　실제 펫로스를 경험한 사람의 4분의 3 정도가 직장 생활과 사회관계에서 어려움을 겪는 것으로 알려져 있다. 증세가 심한 경우에는 식욕을 잃어 체중이 줄어들기도 한다. 슬픔을 잊기 위해 항우울제를 복용하는 사람도 있다. 한국 최초의 반려동물 장례업체 페트나라의 대표 박영옥은 "대학교수 한 분이 개를 화장해달라고 했어요. 그런데 그날 새벽, 전화가 왔어요. 정말 죽은 거 확인했느냐고, 혹시 살아 있는데 화장한 거 아니냐"는 전화를 받았다고 했다.

상실감을 못 이기고 자살하는 사람도 있다. 2012년 2월에는 부산 남구 대연동의 30대 여성이 강아지의 죽음을 슬퍼하다 착화탄을 피워 자살하는 일이 발생하기도 했다.[67]

펫로스 증후군은 나홀로족에서 더욱 심각하게 나타난다. 한 대형 동물병원에서 '펫로스 서포트 프로그램'을 운영 중인 임상병리과 과장 이소라는 "8개월 동안 상담을 진행한 결과 홀로 동물을 키우는 사람들이 펫로스로 더 큰 고통을 느끼고 있었다"며 "외로운 1인 가구에게 반려동물과 함께 살기를 장려하고 있지만 반려동물이 죽을 경우 오히려 반려인에게 더 큰 외로움이나 우울증이 부메랑처럼 날아들 수 있다"고 했다.[68]

주변의 시선 때문에 반려동물을 잃은 슬픔을 충분히 표현하지 못할 경우 펫로스 증후군이 심각해진다는 견해도 있다. 정신과 전문의 서일석은 "일반인은 '고작 동물이 죽었을 뿐인데 병적이다'며 이해 못하겠지만 반려동물을 키우는 사람들에겐 가족을 잃었을 때의 슬픔과 같은 충격"이라며 "주변 사람들이 유별나다며 비난하지 말고 충분히 이야기를 들어주는 것이 중요하다"고 조언했다.[69]

헬리콥터 부모

자녀 양육과 교육에 극성스러울 정도로 관심을 쏟는 부모를 지칭하는 용어로, 헬리콥터처럼 자녀의 머리 위를 맴돈다고 해서 이런 이름이 붙었다. 취업난이 심각해지면서 헬리콥터 부모는 대학까지 진출했다. 서울 지역 사립대학 한 교수는 2014년 12월 학부모가 전화해 "우리 애가 열심히 공부했는데 성적이 이렇게 나온 이유가 뭐냐"고 항의하고, "로스쿨 들어갈 건데 이런 과목을 듣는 게 맞느냐"고 물었다고 증언했다. 또 다른 교수는 "강의실에 웬 중년 부인이 앉아 있길래 누구시냐고 물었더니 '애가 아파서 대출(대리 출석)하러 왔다'고 해 기겁한 적이 있다"고 했다.[70]

아예 총장실로 전화를 하는 헬리콥터 부모도 있다. 서울의 한 사립대학 총장 비서실 직원 이 모(38) 씨는 이렇게 하소연했다. "학부모가 전화를 걸어 무작정 '총장을 바꿔 달라'고 떼를 쓰는 거예요. 졸업반인 딸이 열심히 공부한 만큼 교수가 학점을 안 줬다는 겁니다. 학점을 올려달라고 사정해도 교수가 봐주지 않아 취업을 못하게 생겼으니 총장과 통화하고 싶다며 울먹였습니다. 잘 설득해 전화를 끊었지만 대학이 유치원인가 하는 생각이 들었습니다."[71]

젊은 층이 자신의 개성을 드러내는 수단으로 활용하는 모바일 메신저의 프사(프로필 사진)에까지 간섭하는 부모도 많다. 2015년 서울의 한 대학교 커뮤니티에 "바뀐 프사를 어머니가 알아채는 순간 카톡으로 질문 공세가 날아듭니다. 한 번은 좀 우스꽝스런 영화의 한 장면을 프사로 해놨는데 별로라며 정말 몇 날 며칠을 바꾸라고 재촉하셨어요"라는 글이 올라오자 이런 댓글이 달렸다. "우리 부모님도 그렇다." "그 문제로 많이 싸웠다." "프로필 사진을 그딴 걸로 해놓으냐"며 난리가 난 적이 있었다는 댓글도 있었다.[72]

헬리콥터 부모는 세계적인 현상이다. 일본에서는 신입사원 입사식에 부모를 초대하는 회사까지 등장했다. 자기 자식이 상사에게 괴롭힘을 당했다며 회사를 찾아와 항의하는 부모들이 증가하자, 이런 문제를 예방하기 위한 차원에서 이루어지고 있는 일이다. 입사식 전에 부모를 회사로 초대해 설명회를 하는 회사도 있다.[73] 미국에서는 카메라를 장착한 무인기 '드론'을 띄워 자녀의 생활상을 살피는 부모도 등장했다. 미국 CBS는 2015년 4월 테네시주 녹스빌에서 영상 제작사를 운영하는 크리스 얼리가 8세짜리 딸 케이티의 등하굣길을 지켜보기 위해 드론을 띄우고 있다면서 얼리야말로 말 그대로 새로운 헬리콥터 부모의 전형이라고 보도했다.[74]

이른바 자기 결정 장애를 앓고 있는 젊은이들이 크게 증가하는 게 헬리콥터 부모와 관련이 있다는 견해가 있다. 하나부터 열까지 챙겨주는 헬리콥터 부모 때문에 성인이 되었음에도 스스로는 아무것도 결정하지 못하는 현상이 발생하고 있다는 것이다.[75]

혁신 기러기

공공기관의 지방 이전으로 가족과 떨어져 혁신도시에 혼자 사는 사람들을 이르는 말이다. '일자리와 편의시설의 수도권 집중을 해소하고 상대적으로 낙후된 지방 경제를 활성화하겠다'는 취지로 2012년부터 시작된 공공기관의 지방 이전 이후 새롭게 생겨난 기러기족이라 할 수 있겠다. 공공기관 지방이전추진단과 김희국 새누리당 의원실에 따르면, 2012년 12월부터 2014년 12월까지 2년간 67개 공공기관의 직원 2만 219명이 10개의 지방 혁신도시로 이사를 했는데, 이 가운데 가족과 함께 이주한 인원은 전체의 23.1퍼센트인 4,666명에 불과해 적지 않은 수가 혁신 기러기로 드러났다.[76]

지방이전추진단 측은 시간이 지나면 가족동반 이주율이 늘어날 것으로 전망하지만, 혁신 기러기 생활을 하는 사람들은 가족과의 동반 이주는 현실적으로 어렵다고 토로한다. 맞벌이와 자녀 교육 때문이다. 울산 혁신도시로 이전한 한국석유공사 직원 정 모(45) 씨는 "부인이 15년간 다녀온 직장을 내가 발령 났다고 그만두라고 할 수는 없는 것 아니냐"며 "주택대출이나 아이들 학자금을 계산해봐도 외벌이로 버티라는 것은 무리"라고 토로했다.[77] 전북 혁신도시로 이전한 이 모 씨는 "초기엔 가족들과 함께 내려올까도 생각해봤지만, 학교는 물론 학원수도 턱없이 부족한 곳으로 애들을 데려올 수

없었다"며 "주위에 나 같은 이유로 혼자 내려온 직원들이 상당수"라고 말했다.[78]

혁신 기러기는 이른바 '두 집 살림'을 하기 때문에 교통비나 생활비 부담도 크게 느끼는데, 무엇보다도 이들을 힘들게 하는 것은 가족과 떨어져 지내면서 발생하는 외로움이다. 그래서 혁신 기러기가 불륜에 쉽게 빠지고 있다는 견해도 있다. 유민은 2015년 6월 "요즘 정부 산하기관들이 지방으로 이전하면서 사내, 사외를 불문하고 불륜이 공공연하게 확산되고 있다. 혁신을 앞세우며 지방균형발전 시대를 맞았지만 정작 지방으로 내려간 직원들은 외로움을 이기지 못하고 불륜에 빠져들고 있는 것이다"면서 이렇게 말했다.

"외로움이 길어지면 그만큼 빈틈도 많아진다. 그 자리는 어김없이 '이성'이 빼앗는다. 혁신 기러기들이 불륜으로 빠지는 이유다. 이렇다 보니 지방으로 이전한 기관들은 감사실이 편할 날이 없다. 서울 등 수도권에 거주하는 가족들이 불륜에 대한 감시를 해달라는 민원이 끊이지 않고 있기 때문이다. 실제로 이 기관은 사내 불륜이 도를 넘어서고 있지만 통제가 불가능한 지경에 이르렀다."[79]

지방자치단체는 가족의 동반 이주를 활성화하기 위해 혁신도시로 이주하는 사람들에게 이사비 지원이나 취득세 감면, 자녀 전입학 지원 등 각종 인센티브를 제공하고 있지만,[80] 서울공화국 체제와 학벌주의가 완화되지 않는 이상 혁신 기러기가 줄어들 가능성은 없다는 견해가 우세하다.

호모 솔리타리우스 homo solitarius

외로운 인간이란 뜻으로, 취업난 때문에 혼자서 모든 것을 하는 20대 청춘들을 이르는 말이다. 혼밥족과 아싸족이 호모 솔리타리우스의 전형적인 사례라 할 수 있다. 혼밥족은 혼자 밥먹는 사람들을 지칭하는 말이고 '아웃사이더족'의 준말인 '아싸족'은 취업을 위해 스펙을 쌓고 학점을 따느라 스스로를 '왕따' 시키는 사람들을 이르는 말이다.[81]

『중앙일보』 2015년 3월 28일자 「'혼밥' 즐기다 외로울 땐 '밥먹자' 앱 꾸~욱」은 호모 솔리타리우스의 등장은 가까운 친구조차 경쟁자일 수밖에 없는 취업 빙하기 시대의 산물이라고 말한다. 취재팀이 대학생 30여 명에게 물은 결과 대다수가 "취업 스트레스 때문에 친구보다 남이 더 편하고, 때로는 혼자인 게 더 낫다"고 말했다는 것이다. 이런 경향은 다음소프트에서 2010년부터 2015년까지 '외롭다'는 키워드로 진행한 블로그 분석에서도 나타난다. 블로그 분석에서 연관어 1위는 '사람(언급량 7만 5,150)'이었으며, 2위는 '혼자(3만 7,282)', 3위는 '친구(2만 9,930)'였다.

이와 관련 다음소프트 이사 권미경은 "20대가 주로 사용하는 블로그에서 외로움을 불러일으키는 존재는 '친구'로 분석됐다"며 "친구가 없어서 외롭다는 내용도 많지만, 친구가 외로움을 깊게 하

는 존재라는 글도 상당수"라고 했다.[82]

호모 솔리타리우스를 겨냥한 비즈니스도 활발하다. 예컨대 신촌의 '이찌멘', 서울대 인근의 '싸움의 고수', 홍익대 앞 '델문도', '니드맘밥' 등 혼밥족을 위한 1인 식당은 대학가를 중심으로 빠른 속도로 증가하는 추세다.[83] 모바일로 즐기는 육성 시뮬레이션 게임도 큰 인기를 끌고 있다. 전용 게임기를 스마트폰 앱이 대체했다는 점에서만 다를 뿐 1990년대 유행했던 '다마고치'와 유사한 게임으로, 캐릭터를 이용자가 성장시키는 게 주된 내용이다. 게임의 대상은 애완동물부터 공주, 왕자, 천사, 개복치 등 매우 다양한데, 호모 솔리타리우스는 육성 시뮬레이션 게임을 통해 현실에서 충족되지 않는 관계 본능을 달래고 있다.[84]

1990년대 오락실에서 큰 인기를 누렸던 동전 노래방도 대학가와 고시촌을 중심으로 전문점으로 화려하게 부활했다. 노래방 전체를 1평짜리 방 20여 개로 채워놓는 식으로, 물론 동전 노래방의 주 고객층은 20대 중·후반이다. 서울에서 코인 노래방 2곳을 운영 중이라는 이 모(40) 씨는 2015년 4월 "대학 3~4학년 학생이 주로 온다"며 "대부분 혼자 와서 조용히 노래 한두 곡을 부르고 나간다"고 말했다. 또 다른 동전 노래방 사장은 "취업 준비생이 많아서인지 우리 노래방에서 지난달 가장 많이 부른 노래는 '실패에 굴하지 마라'는 내용을 담은 '괜찮아'란 노래"라며 "다른 일반 노래방에선 100위 권에도 들지 못하는 노래"라고 말했다.[85]

혼전계약서|prenuptial agreement

결혼 전에 각자가 보유한 재산에 대한 권리 관계와 이혼 시 재산분할 비율 등을 미리 정하는 계약을 말한다. 전영선은 혼전계약서를 작성하면 "일단 결혼 상대의 재산과 채무 파악이 가능하다"면서 다음과 같이 말한다. "재산 외적인 부부간 약속도 선택조항으로 넣을 수 있다. 만약 불륜이 걱정된다면 성실한 부부생활을 강조하는 조항을 넣으면 된다. 자녀 교육 및 양육 방법, 종교, 거주지역 등에 관한 협의도 가능하다. 아직은 법적 효력이 제한적이다. 하지만 결혼할 당시 부부가 어떤 목표를 갖고 있었으며 파탄이 났을 경우 책임 소재를 따지는 데 유용한 근거가 될 수 있다."[86]

혼전계약서 문화가 가장 발달한 국가는 결혼을 일종의 '계약 관계'로 간주하는 미국이다. 2014년 10월 『월스트리트저널』은 시카고의 미국혼인전문변호사학회AAML가 소속 변호사 1,600명을 대상으로 설문조사한 결과, 63퍼센트가 "초혼 부부의 혼전계약 건수가 증가했다"고 답했다고 보도했다. 앨튼 아브라모위츠 AAML 회장은 "혼전계약서 가운데 90퍼센트는 부동산 관련 내용이 포함되는데, 부모로부터 증여받은 부동산이 결혼 후 공동 자산과 구별되도록 계약서를 작성한다"며 "만혼이 늘어난 데다 젊은 층도 과거와 달리 풍부한 금융 지식으로 무장했기 때문"이라고 말했다.[87]

미국과 달리 한국은 여전히 '결혼은 계약이 아니다'라는 인식이 강하지만, 혼전계약서에 대한 거부감은 상당히 누그러지고 있는 추세다. 2015년 1월 9일 듀오가 석 달 동안 전국 20·30대 미혼 남녀 782명에게 '혼전계약서의 필요성'을 물은 결과, 422명(54퍼센트)이 '필요하다'고 답한 것으로 나타났다. 여성은 383명 중 242명(63.2퍼센트), 남성은 399명 중 180명(45.1퍼센트)이 필요성을 인정했다. '혼전계약서가 필요하다'고 답한 422명(남 180명, 여 242명)에게 그 이유를 묻자 과반수에 가까운 미혼 남녀가 '결혼 후 서로의 인격 존중을 위해(46.4퍼센트)'라고 응답했다. 이어 '이혼 후 평등한 재산 분할을 위해(21.6퍼센트)', '이혼 후 자녀의 공동 양육을 위해(12.8퍼센트)' 순이었다. 혼전계약서에 꼭 들어갈 내용으로는 '결혼 후 재산 관리'나 '이혼 후 재산 분할' 등 민감한 내용이 많았다.[88]

2015년 3월 26일 헌법재판소의 간통죄 위헌 결정이 나온 이후 혼전계약서는 큰 주목을 받았다. 간통죄 폐지로 불륜을 처벌할 수 없게 되면서 혼전계약서가 심리적 안전장치로 기능할 수 있을 것이라는 전망이 제기되었기 때문이다. 예컨대 법무법인 세종의 변호사 조정희는 "간통죄가 폐지됨으로써 앞으로는 법원이 혼전계약서에 적시된 사항을 폭넓게 받아들일 거라는 전망이 나온다"며 "인정 범위가 확대되면 혼전계약서 작성이 새로운 결혼 풍속도로 자리 잡을 것"이라고 예측했다.[89]

Society Section

TALK

Trend Keyword

가피공모

가해자와 피해자가 공모를 통해 서로 역할을 나눠 보험금을 타내는 보험 사기 수법을 말한다. 가피공모는 특히 자동차 사고에서 많이 발생하는 것으로 알려져 있다. 2015년 3월 경남 거제도에서 발생한 람보르기니 추돌사고가 대표적이다. 당시 한 용접공이 람보르기니와 사고를 내 거액을 물게 되었다는 소식이 알려지면서 많은 사람들이 안타까워했는데, 수사 결과 가피공모로 밝혀진 것이다. SNS를 시대를 맞아 SNS를 활용한 가피공모도 등장했다.[1]

　전문가들은 솜방망이 처벌이 가피공모가 발생하는 주요한 이유 가운데 하나라고 지적한다. 자동차 보험 사기의 경우 가해자와 피해자가 공모하는 등 많은 사람이 공범으로 엮이면 1인당 평균 편취 금액이 700만 원 정도의 소액으로 떨어져 정식재판이 아닌 약식명령에 의한 벌금 처분을 받게 되는데, 이런 이유 때문에 가피공모가 줄어들지 않는다는 것이다.[2] 『중앙일보』 2015년 3월 21일자 사설은 "2010년 이후 5년간 보험 사기로 적발된 금액만 2조 원대에 이른다. 지난해 상반기에는 2012년 동기 대비 2,200억 원에서 2,800억 원으로 크게 늘었다. 매년 8만 명 정도가 보험 사기범으로 처벌받는다"면서 보험 사기를 좀더 엄중하게 다루어야 한다고 했다.

　"금융당국의 허술한 단속 시스템과 턱없이 부족한 단속 인력 역시 보강돼야 한다. 입법부는 보험 사기 관련 입법을 적극적으로 검토해야 할 때가 됐다. 형법에 보험 사기죄를 신설하고 이에 맞게 시행령을 만들어야 보험 사기를 효과적으로 단속·처벌할 수 있다.…… '람보르기니 가·피공모'에서 보듯 우리 사회의 보험 사기에 대한 비뚤어진 인식을 덮어둘 단계는 지났다. 서민 경제와 사회 안전을 보호하기 위해서도 보험 사기죄 신설은 충분히 고려할 만한 대안이다."[3]

금융감독원은 2015년 4월 보험 사기 연루가능성이 높은 보험 계약자를 정기적으로 사전 분석해 상시 집중 감시할 수 있는 시스템을 2016년 상반기까지 구축하고, 사무장 병원이나 보험설계사·환자, 정비업체(렌트카 업체)·자동차보험 피해자·가해자 등의 조직적 공모 사기를 추출하는 SNAsocial Network Analysis 기법을 도입하겠다고 밝혔다.[4]

과잉 친절 사회

자본주의 사회에서는 상품을 구매하는 소비자가 권력을 갖기 때문에 기업은 고객들에게 최대한 친절한 서비스를 제공하고자 한다. 이는 세계적인 현상이지만 한국 사회에 이런 과잉 친절 서비스가 만연되어 있다는 지적이 많다.

백화점 주차장 앞에서 고객의 차량 안내를 돕는 주차 요원들이 줄지어 선 차량 앞에서 현란한 손동작과 함께 무릎을 굽혔다 폈다 율동을 하는 행위, 대형 마트에서 물건을 고르는 소비자를 직원들이 쫓아다니는 행위, 가전제품 매장 직원이 물건을 구매한 소비자의 개인 연락처로 끊임없이 '안부 인사'를 건네는 행위, 매장 여직원이나 스튜어디스들이 무릎을 꿇고 어법에 맞지 않는 높임말 등을 쓰며 서비스하는 행위 등이 우리가 일상에서 쉽게 접하는 과잉 친절의 대표적 사례다.[5] 거칠게 말하자면 한국 사회에서 손님은 '왕'이 아니라 '신' 대접을 받는 셈이다.

하지만 과잉 친절을 불편하게 생각하는 소비자도 적지 않다. 예컨대 직장인 김세현(30) 씨는 2014년 "얼마 전 휴대전화 관련 상담을 받으려고 콜센터 상담사와 15분간 전화했는데, 의미 없는 인삿말·높임말 등이 많아 통화시간만 길어진 느낌이었다"며 "과도한 친절은 허례허식이 아닌가 생각했다"고 말했다. 대학생 김 모(28)

씨도 "좋은 서비스는 정확한 요구사항을 해결해주는 거라고 생각한다"며 "억지로 친절한 모습을 보여주기 전에 품질 개선·민원 사항 해결 등 기본적인 것에 집중해줬으면 한다"고 꼬집었다.[6]

과잉 친절이 감정 노동자의 노동 강도를 더욱 높이고 고통을 가중시키는 이유로 작용한다는 견해도 있다. 한국 사회에 만연한 갑질이 이런 과잉 친절 서비스 문화와 밀접한 관련을 맺고 있다는 것이다. 허진석은 "'서비스 기업'의 이런 과도한 친절 경쟁을 자본주의 체제의 자연스러운 현상이라고 치부할 수는 없다. 오히려 적절한 서비스가 그 사회의 문화적 수준을 보여주는 척도다. 나라 밖으로 눈길을 돌려보면 당당한 태도로 서비스를 하는 항공사도, 친절한 미소로 응대하면서도 자부심을 잃지 않는 레스토랑 종업원도 일상의 모습 아닌가"라면서 이렇게 말했다.

"'감정 노동자'를 막무가내로 대하는 사건의 직접적 원인은 분명 불량고객에게 있다. 하지만 우리 사회가 과잉 친절을 너무 당연시하다 보니 '서비스'와 '인격'을 구분하지 못하는 것은 아닐까. 서비스 기업들이 지나치게 친절을 강조하느라 직원들에게 심리적 반발을 일으키는 행동까지 강요하는 건 아닌지 성찰해봤으면 한다. 친절은 서로가 편안함을 느끼는 수준, 딱 거기까지다."[7]

깡통주택

일반적으로 주택담보대출금과 전세보증금을 합친 금액이 주택매매 가격의 80퍼센트가 넘는 주택을 일컫는 말이다. 집주인이 집을 팔아도 대출금이나 세입자 전세금을 다 갚지 못하는 주택이라 할 수 있겠다. 주택담보대출금과 전세보증금을 합친 금액이 70퍼센트가 넘으면 사실상 '깡통주택'으로 보기도 하는데, 이는 집이 경매에 넘어갔을 때 새 주인을 찾는 평균 낙찰가율(감정가 대비 낙찰가의 비율)이 대체로 시세의 70~80퍼센트 선에서 정해지기 때문이다. 2012년 12월 금융감독원이 내놓은 '전 금융권 주택담보대출 리스크 현황'을 보면 전국적으로 '깡통주택자'는 19만 명에 이른다.[8]

깡통주택을 구입해 매매대금을 부풀리는 등의 수법으로 대출금 임차보증금을 받아 챙기는 사기도 심심치 않게 발생하고 있다. 검찰은 2015년 2월 5일 3개월간의 수사를 통해 깡통주택을 이용한 부동산 사기 조직을 적발해 총 71명을 입건하고 이 중 9명을 구속 기소했다. 검찰 조사에 따르면, 부동산중개업자와 법무사뿐만 아니라 신용정보회사와 금융기관의 직원마저 깡통주택 사기에 가담한 것으로 드러났다. 다른 사람의 명의를 도용해 매매계약서와 임대차계약서를 작성하고 각종 대출을 받는 등 이들의 수법은 용의주도했는데, 피해 금액은 18억 2,180만 원에 이르렀다. 피해자는 대부분

2,500만 원 안팎의 전세보증금을 돌려받지 못한 영세 임차인이거나, 부동산 담보대출 금액을 회수하지 못한 금융기관이었다.[9]

깡통주택 피해는 사기 조직이 '주택임대차보호법이 규정하는 최우선변제권'의 허점을 악용하기 때문에 발생한다. 주택임대차보호법 시행령상으로 주택이 처분될 때 임차인의 최우선변제권이 보장되는 금액인 2,200만 원을 강조하며, "집에 문제가 생겨 경매로 넘어가도 전세보증금은 돌려받을 수 있다"는 말로 세입자를 현혹하는데, 실제 세입자가 보증금을 받을 확률은 낮기 때문이다.[10]

빚이 많은 집을 세입자에게 연결해주는 공인중개사들 때문에 깡통주택 사기가 발생하고 있다는 지적도 있다. 법무법인 한별 변호사 임호현은 "배당이의 소송을 수십 건 진행했지만, 중개업자들은 특정인 몇 명만이 반복해 등장했다. 한 중개업자는 스무 건이 넘는 소송에서 이름을 발견했다. 이런 중개업자들은 세입자들에게 '전세보증금은 법적으로 최우선 변제를 받는다'고 속이고, 한 푼이라도 아쉬운 집주인에겐 목돈을 마련해주겠다고 접근해 수백만 원의 수수료를 떼간다"고 말했다. 은행의 책임을 지적하는 목소리도 있다. 인천공인중개사협회 남구지회장 박상병은 "주택가에서 전봇대 등에 붙은 '싼 전월세' 전단지가 대부분 융자가 많은 깡통주택을 중개하는 광고다. 이런 중개업자들은 협회에 소속되지 않아 통제가 어렵다. 물론 일부 중개업자들의 잘못도 있지만, 은행이 대출심사를 잘못한 원죄도 크다"고 했다.[11]

글동무

제일기획과 비영리교육봉사법인 드림터치포올dreamtouchforall.org, 사
회복지공동모금회가 언어 격차 때문에 남한 생활 적응에 어려움을
겪는 탈북 청소년들을 위해 2015년 3월 내놓은, 우리말을 북한말로
자동 번역해주는 스마트폰용 앱이다. 일종의 디지털 사전이라 할
수 있는데, 고교 국어교과서 3종에서 추출한 단어와 생활어 등
3,600개 단어의 변환 서비스를 제공하고 있다. 북한 청소년들이 이
해하기 힘든 단어를 접했을 때 스마트폰의 앱을 실행시켜 해당 단
어를 비추거나 사진을 찍으면 북한 단어와 뜻풀이가 표시되는 식이
다. 주된 사용자가 10대라는 점을 감안해 딱딱한 용어 대신 그림을
써서 이해를 높이고 스마트폰 카메라로 단어를 찍으면 바로 북한말
로 번역해주는 간편함도 갖추고 있다.[12]

　글동무는 2014년 여름 탈북 학생들과 함께하는 세미나에 참석
했다가 탈북 학생들이 느끼는 언어 장벽이 생각보다 심각하다는 사
실을 안 제일기획 직원 정수영의 아이디어에서 출발했다. 이와 관
련해 정수영은 "한 학생은 '목숨 걸고 넘어왔는데 목숨 걸어도 안
되는 게 있다'며 학교 수업을 못 따라가는 자신을 한탄했고 어떤 친
구는 이를 비관해 자살 시도까지 했을 정도"로 언어 장벽에 시달리
고 있었다면서 탈북 학생들을 도우려면 먼저 언어 장벽을 낮추는

게 필요하다는 생각을 했다고 말했다.[13]

실제 탈북 청소년들의 언어 장벽 문제는 심각한 상황이다. 국립국어원에서 2012년에 펴낸 「탈북 주민 한국어 사용 실태 보고서」에 따르면, 탈북 주민들은 남한에서 쓰는 단어의 절반 정도밖에 이해하지 못하고 있는 것으로 나타났다. 특히 탈북 청소년의 언어 장벽 문제는 이들의 원활한 정착과 성장을 위해서 해결되어야 할 시급한 과제로 지적되기도 했다.[14] 이와 관련 이계성은 "남북 언어 이질감은 심각한 수준이다. 전문가들에 따르면 남북 언어 차이가 생활 언어는 30~40퍼센트, 전문 용어는 60퍼센트에 이른다고 한다. 이런 장벽이 탈북민의 차별을 부르고 소외감을 부추겨 사회적응을 어렵게 만든다. 탈북 청소년들의 언어 장벽 극복을 도와주는 스마트폰 앱 '글동무'가 나왔다는 뉴스는 그래서 더 반갑다"면서 이렇게 말했다.

"우리는 탈북자들의 인권을 위한다고 목소리를 높이다가도 정작 주변의 탈북자들 삶에 무관심하고 은연중 차별에 가담하기가 쉽다. 탈북민들이 남한 사회에 자연스럽게 어울려들 수 있도록 다각적 노력이 필요하다."[15]

글동무는 사용자들의 의견을 받아 새로운 단어를 계속 늘려나갈 계획이라고 한다.

남고소 濫告訴

고소를 남발한다는 뜻이다. 한국은 '고소 공화국'이라는 말을 들을 만큼 남고소가 많은 편이다. 2008년 전체 형사 사건 접수 인원 265만여 명 중 고소 사건에 관련된 피고소인은 24.9퍼센트에 이르는 66만여 명에 달했다. 이는 일본에 비해 60배가 넘는 것으로, 인구비례를 감안하면 한국이 일본에 비해 무려 155배나 많은 것이다.[16]

인터넷 공간에서 크게 증가한 인신공격성 악성 댓글이 남고소 증가의 이유 가운데 하나로 거론된다. 검찰에 따르면 최근 10년간 전체 명예훼손·모욕 사건은 3.84배 증가했고 이 중 모욕죄 고소 사건은 2004년 2,225건에서 2014년 2만 7,945건으로 12.5배나 증가했다.[17] 사이버 세상이 남고소의 거대한 원천으로 떠오른 셈이다. 이와 관련 양선희는 2015년 4월 과거엔 무협지·포르노 등을 걸어놓고 다운받은 네티즌들을 많게는 1만여 명씩 무더기로 고소하는 등의 저작권법 위반이 남고소의 주류였다면 요즘엔 '댓글 소송'이 뜨고 있다면서 이렇게 말했다.

"욕설 댓글을 고소하는 것이다. 욕설은 무조건 죄다. 그렇다 보니 개중엔 일부러 욕설을 유도한 듯 보이는 고소인들도 있단다. 이런 소송의 특징은 기소보다 합의로 끝나는 경우가 많다는 것이다. 경찰이 IP주소를 추적해 피고소인들을 찾으면 고소인 법률대리인이 나서 수십만 원에서 수백만 원의 합의금을 받고 사건을 마무리하는 게 수순이란다. 이런 일을 전문으로 하는 일명 '기획 변호사'들도 있단다. 사이버의 욕설 문화가 이젠 그걸로 돈벌이를 하는 '욕설 비즈니스'로 확대되고 있는 것이다."[18]

사이버 세상에서 명예훼손·모욕이 증가한 이유를 이념 갈등과 정치적 양극화에서 찾는 견해가 있다. 이와 관련 백상진은 "진보-보수 진영의 사회적 갈등이 극심해지면서 온라인상 의견 충돌이 명예훼손 고소전으로 비화하는 경우"가 많다고 했다. "사이버 명예훼손 급증 현상은 '좌좀'(좌파좀비라는 뜻으로 진보 진영을 비하하는 말), '일베충'(인터넷 커뮤니티 일간베스트저장소 이용자를 벌레로 비하하는 말) 등 상대방 인격을 비하하고 조롱하는 언어가 일상화된 영향도 크다. 사이버 공간이 건전한 논쟁의 장으로 자리 잡지 못하고 있는 것이다."[19]

사이버 명예훼손·모욕 관련 남고소가 크게 늘자 검찰은 2015년 4월 13일부터 합의금을 목적으로 여러 사람을 고소하고 부당하게 합의금을 요구할 경우 공갈죄나 부당이득죄 등을 적용하는 것을 골자로 한 '악성댓글 고소사건 처리방안'을 시행하기 시작했다. 이에 대해선 남고소로 인한 검찰 수사력 낭비를 막고 피고소인의 인권침해를 막는다는 긍정적 견해도 있지만,[20] 악성 댓글이 남고소의 진원이 되고 있는 만큼 악성 댓글을 막을 수 있는 장치가 필요하다는 견해도 있다.[21]

분노 조절 장애

정신의학에서 말하는 '간헐성 폭발장애'와 '외상 후 격분장애' 등 느닷없이 화를 내거나 폭력적인 행동을 하는 증상을 말한다. 간헐성 폭발 장애는 자주 이성을 잃고, 지나치게 분노를 표출하는 증상이고, 외상 후 격분 장애는 특정 사건으로 충격을 받은 뒤 분노 상태가 오랫동안 지속되는 증상을 말한다.[22]

전문가들은 2014년 발생한 '윤 모 일병 사망사건'의 주범인 이 모 병장과 이른바 '땅콩 회항' 사건으로 물의를 일으킨 조현아 전 대한항공 부사장의 행동이 분노 조절 장애에서 비롯된 것으로 보고 있다. 2014년 10월 서울 강서구 모 빌라에서 가스총까지 등장한 살벌한 주차 시비나 11월 경기도 부천에서 벌어진 이웃 간 살인 사건도 분노 조절 장애에서 비롯된 것으로 알려지면서 분노 조절 장애는 큰 관심을 받았다.[23]

분노 조절 상담을 받는 개인과 단체도 크게 늘어난 것으로 알려졌다. 2015년 1월 심리 상담 업체 '마인드원' 관계자는 "분노 조절 문제로 내방하는 분들이 매년 100여 명인데, 올해 들어 더 늘고 있다"며 "학생부터 성인까지 모든 계층에서 느는 추세"라고 했다. 심리 상담 기관 '조인' 관계자도 "분노 조절 문제로 상담하는 분들이 늘었다. 한 달에 20여 명은 될 것"이라고 말했다.[24]

유인경은 "사람은 누구나 화가 나면 그럴 수 있다"고 대중들에게 왜곡된 인식을 시켜주는 텔레비전 드라마가 분노 조절 장애 급증의 주범은 아닐까라는 질문을 던졌다. "출생의 비밀, 패륜 등 막장드라마라는 비난을 받는 줄거리도 문제지만 우리 드라마에서는 배우자에게 멱살드잡이를 하거나 따귀를 때리고, 카페에서 이야기하다 화나면 상대의 얼굴에 물을 뿌리는 장면이 너무 자주 노출됩니다. 밥을 먹다가도 심기가 뒤틀리면 식탁을 뒤엎고 밖에서 화난 일 때문에 집에 돌아와 집기를 집어 던지고 책상의 모든 물건을 손으로 쓸어버리는 장면을 보여줍니다.……작가들은 왜 화나는 일만 그리 자주 그리고, 분노의 표현을 그토록 폭력적으로만 묘사할까요."[25]

공동체 의식의 약화와 경쟁 지상주의가 분노 조절 장애를 낳고 있다는 지적도 있다. 황승연은 "분노 조절 장애, 묻지마 폭행 등 현대사회에서 자주 일어나고 있는 범죄는 사회적 결속력과 지역공동체의식이 깨지면서 혼란을 겪는 '아노미 현상'으로 설명할 수 있다"고 진단했다. 1960~1970년대는 지금보다 살기 어려웠지만 살림살이가 나아질 것이라는 희망이 있었지만, 현재는 그러한 희망이 사라지고 약해지면서 사람들이 쉽게 분노하고 있다는 것이다.[26]

브라에스의 역설 Braess's paradox

도로를 넓히면 오히려 교통수요가 늘어 체증을 유발할 수 있다는 가설이다. 독일 보훔루르대학 교수였던 디트리히 브라에스가 주창해 '브라에스의 역설'이라고 한다. 브라에스 역설의 핵심적인 내용은 다음과 같다. 자동차 수가 늘어남에 따라 도로가 막히게 되면 그로 인한 교통 체증을 해소하고자 또다시 새로운 도로를 건설한다. 하지만 그렇게 되면 교통 소통이 개선되기는커녕 더 악화된다. 반대로 도로를 축소하거나 폐쇄하면 묘하게도 교통 소통이 빨라진다.[27]

브라에스의 역설에 근거해 도로 줄이기에 나선 도시도 적지 않다. 이와 관련 장혁진은 2015년 3월 "도로 다이어트(줄이기)는 선진국에선 이미 일반화돼 있다"면서 "현재 미국 뉴욕의 타임스퀘어에선 차로 줄이기 공사가 한창이다. 차로를 줄이면 교통량이 감소해 차가 덜 막히고, 보행자가 늘어나 거리 경제가 살아난다고 판단했기 때문이다. 일본 도쿄 번화가인 오모테산도는 '주차장 없는 상권'을 콘셉트로 재개발됐다. 실제로 불법주차가 줄면서 관광객이 크게 늘었다"고 했다.[28]

브라에스의 역설을 이론적 근거로 삼지 않았을 뿐 한국에서도 브라에스 역설을 발견할 수 있다는 견해도 있다. 윤재석은 "서울 시내에서도 브라에스 역설은 어김없이 적용된다. 1999년 2월 이후

3년간 보수공사를 위해 서울 도심의 남산 2호 터널 구간이 3년간 폐쇄된 적이 있다"면서 이렇게 말했다.

"남산 1, 3호 터널 구간에서 혼잡통행료를 징수하는 상황에서 단행된 2호 터널 폐쇄 기간 동안 서울시 전체가로망의 속도가 시간당 21.95km에서 22.21km로 미세하나마 개선되었던 점 역시 브라에스의 역설을 입증한 사례다. 청계천 복원 과정에서 삼일 고가도로가 철거되고, 이어 시내의 수다한 고가도로(원남 고가도로, 미아리 삼거리 고가도로 등)가 철거된 이후, 당해 지역의 교통 소통이 전에 비해 훨씬 원활해진 점 또한 브라에스의 역설을 입증하고 있다."[29]

2015년 3월 서울 영등포구는 브라에스의 역설에 근거해 서울에서 가장 혼잡한 도로 가운데 한 곳인 영중로의 차로를 줄이는 방안을 추진하겠다고 밝혔다. 영등포구의 입장을 지지하고 있는 서울시 역시 브라에스의 역설에 근거해 도로 다이어트를 추진하고 있다. 서울시장 박원순은 민선 6기 핵심과제로 "도심 차도를 줄이고 보행환경을 개선하겠다"고 말했다.[30] 전문가들은 도로를 둘러싼 이해당사자기 많은 만큼 이들을 설득하는 데 지자체가 적극 나서야 한다고 말한다. 예컨대 서울시립대학교 도시공학과 교수 정석은 "선진국이 도로를 줄이는 데 보통 6~8년 정도 걸렸다"며 "정책 아이디어를 단번에 실현한 사례가 없는 만큼 장기적 비전과 의지가 필요하다"고 했다.[31]

사회 신드롬

2010년경부터 한국 사회를 어떻게 볼 것인지를 두고 백가쟁명식의 다양한 해석이 쏟아져나온 사회적 현상을 이르는 말이다. 『경향신문』(2014년 10월 6일)은 68주년 '창간기획─한국 사회는 ○○사회다'에서 "한때 한국 사회를 가리키는 말은 단순하고 뚜렷했습니다. 산업발전 측면에서 한국은 오랫동안 '농업사회'였습니다. 현대 정치사를 떠올리면 엄혹한 '독재사회'를 빼놓을 수 없을 겁니다. 2014년 현재 한국 사회를 한두 마디로 정의하긴 어렵습니다. 책 제목을 빌리면 '사회를 말하는 사회'는 그 어느 때보다 많습니다"면서 "'○○사회' 조어와 담론은 현상이라 부를 만"하다고 했다.[32]

'사회 신드롬'은 출판 시장에서 확연하게 나타났다. 2012년부터 2014년까지 '○○사회'라는 제목으로 출간된 책은 심리학·철학·사회학·경영학 등 전공 분야를 막론하고 20종이 넘었다. 『피로사회』, 『영어계급사회』, 『잉여사회』, 『팔꿈치사회』, 『허기사회』, 『투명사회』, 『단속사회』 등이 그런 경우다. 심지어 수십 종에 이르는 '○○사회' 책들을 정리한 책 『사회를 말하는 사회』가 나오기도 했다. 사회 신드롬이 일면서 외국 서적을 번역해 국내에 출간할 때 '○○사회'로 제목을 바꿔 다는 것도 일종의 유행이 되었다.[33] 2014년 주요 계간지들도 '○○사회' 꼭지를 다루었으며, 6월에는 '○○사회' 열풍을 조명하는 한국문화연구학회의 학술대회도 열렸다.

　지식인들만 한국 사회 분석에 나선 것은 아니다.『경향신문』이 2014년 9월 20일부터 27일까지 이메일과 페이스북, 직접 인터뷰를 통해 각계각층의 시민 20여 명에게 '2014년의 한국 사회'를 물은 결과, 무력사회, 불량사회, 껍질사회, 상실사회, CCTV사회, 정답사회, 빠른 사회, 과시사회, 배신사회, 부정사회, 골다공증사회, 무한경쟁사회 등의 다양한 대답이 나왔다. 이와 관련해『경향신문』은 대부분의 응답자들은 '남이 정한 기준에 따라가기 급급한', '경쟁', '불안', '부정부패' 등을 한국 사회를 규정하는 단어로 선택했다면서 이들이 사용한 단어는 달랐지만 한국 사회의 문제를 보는 관점은 비슷한 것으로 나타났다고 했다.[34]

　왜 이렇게 사회 신드롬이 발생한 것일까? 한신대학교 사회학과 교수 김종엽은 계간『창작과비평』가을호에서 "'어떻게 살 것인가' 하는 질문이 벽에 부딪혔을 때 '어떤 사회에 살고 있는가'라는 질문이 제기되었고, 그로부터 여러 종류의 '○○사회론'이 등장했다"고 말했다. 세월호 참사가 '○○사회'에 대한 논의를 재점화했다는 견해도 있다. 예컨대 한국출판마케팅연구소 소장 한기호는 "세월호 참사에서 우리 사회의 민낯을 본 국민들은 어떤 사회에 살고 있는 것인가를 묻게 됐다. 그 질문에 답하기 위해 최근 몇 년간 학계와 지식사회가 시도했던 현대 사회에 대한 질문을 다시 돌아볼 필요가 있었다"고 말했다.[35]

셉테드 _{CPTED}

구도심, 좁고 어두운 골목길, 낡고 칙칙한 담장, 방치된 공터 등 취약 지역의 디자인을 개선해 범행 기회를 심리적·물리적으로 차단하고 지역 주민에게 심리적 안전감을 주는 범죄 예방 환경 디자인 Crime Prevention Through Environmental Design을 말한다. 범죄는 치밀한 계획하에 저질러지기보다 물리적인 환경에 따라 발생 빈도가 달라진다는 가정에서 출발한 개념으로, 셉테드는 환경 설계를 통해 범죄를 사전에 예방할 수 있다고 본다.

아파트 단지 내에 놀이터를 짓고 주변에 낮은 나무 위주로 심어 시야를 확보하고 CCTV와 가로등을 설치하는 것, 침침한 수은등이나 나트륨등을 밝은 할로겐등으로 교체하는 것, 아파트나 다세대 주택 밖의 가스배관을 사람이 오를 수 없게 미끄러운 재질로 만드는 것, 지하철 등 공공장소의 엘리베이터 내부를 볼 수 있도록 투명 유리로 설치하는 것 등이 셉테드의 대표적인 사례다.[36]

미국과 영국에서는 셉테드를 도입한 후 범죄율과 불안감이 줄어들었다는 조사 결과도 있다. 예컨대 미국 코네티컷주 하트포트시는 지난 1973년 자동차의 주거지 위험도로 진입 차단, 일방통행 유도, 보행자 중심의 도로 폭 조절 등에 셉테드를 적용한 후 1년간 강도 범죄가 183건에서 120건으로 감소한 것으로 나타났다. 뉴욕시

역시 주거 단지 진입부 조명 개선, 휴게 공간 배치, 영역성 강화를 위한 뒷마당 관리구역지정, 공용 공간 리모델링 등을 내용으로 한 클래슨 포인트 가든 프로젝트Clason Point Garden Project를 추진해 강력범죄가 61.5퍼센트 줄어드는 효과를 거두었다. 영국 역시 1989년 셉테드 원리에 기반한 'SBDSecured By Design 인증제도'를 시행한 이후 인증 지역에서 전반적으로 범죄와 불안감이 25~50퍼센트 감소한 것으로 나타났다고 한다.[37]

한국에서는 경기도 부천시가 2005년 지방자치단체 가운데 최초로 셉테드를 도입했으며, 2014년경부터 경기도, 서울시, 부산 · 대전 · 안산 등 기존 도시와 세종시 등 신도시 등으로 확산되기 시작했다.[38] 지방자치단체의 셉테드 도입은 건설사들에도 영향을 미치고 있다. 셉테드 도입이 아파트 브랜드에 대한 소비자의 신뢰도를 높이고 경쟁 업체와의 특화 설계 경쟁에서 우위를 차지할 수 있다는 생각에 따른 것이다. 2015년 5월 현재 한국셉테드학회에서 셉테드 인증을 받은 아파트(재건축조합 제외)는 전국 19개 단지에 달한다. '셉테드 인증'은 아파트 단지 내 범죄 유발 가능성을 170여 개 안전기준으로 평가하는 제도로, 2010년부터 시행 중이다. 부동산 114 리서치센터장 함영진은 "1990년대 아파트 단지들은 외부 디자인에 중점을 뒀다면 최근에는 주거환경이나 보안 등을 강조하기 시작했다"며 "국내외 도시재생사업 움직임에 맞춰 셉테드 인증 아파트도 일반화될 것으로 보인다"고 예측했다.[39]

실언 트라우마

말실수나 막말에서 비롯된 사회적 파장으로 인해 겪게 되는 정신적 외상을 일컫는다. 실언 트라우마를 자주 겪는 집단은 정치권이다. 예컨대 2004년 17대 총선 과정에서 나온 당시 열린우리당 의장 정동영의 노인 폄하 발언이 대표적인 사례다. 당시 정동영은 "60~70대는 투표를 안 해도 괜찮다. 집에서 쉬시라"는 취지의 발언을 해 논란을 불러일으켰다. 열린우리당은 "20~30대의 투표율 독려를 위한 발언"이라며 오해하지 않기를 당부했지만, 이 발언은 노인층의 분노를 촉발시켰고 곧바로 적대적 표심으로 연결된 것으로 알려졌다.[40]

2014년 서울시장 예비후보였던 새누리당 의원 정몽준 역시 막내아들이 자신의 페이스북에 쓴 글로 홍역을 앓았다. 당시 정몽준 후보의 막내아들은 세월호 실종자 가족을 두고 "국민 정서가 미개"하다는 글을 올렸다가 곤경에 처했다. 당시 정몽준 후보의 아들은 "비슷한 사건 일어나도 이성적으로 대응하는 다른 국가 사례랑 달리 우리나라 국민들은 대통령이 가서 최대한 수색 노력하겠다는데도 소리 지르고 욕하고 국무총리한테 물세례 하잖아 ㅋㅋㅋ 국민 정서 자체가 굉장히 미개한데 대통령만 신적인 존재가 되서 국민의 모든 니즈를 충족시키길 기대하는 게 말도 안 되는 거지. 국민이 모

여서 국가가 되는 건데 국민이 미개하니까 국가도 미개한 것 아니 겠냐"라고 썼다.[41]

2014년 세월호 정국 속에서 실언과 막말 때문에 설화에 시달 린 사람들이 크게 증가했는데, 이 때문에 실언 트라우마가 한국 사 회에 광범위하게 퍼졌다는 분석이 나왔다. 최진성은 2014년 4월 "세월호 침몰 사고 이후 공직자와 국회의원의 잇따른 실언이 여론 의 몰매를 맞으면서 직장과 가정에서도 '입조심'하는 풍토가 확산 되고 있다. 간접 경험에서 비롯된 일종의 '실언 트라우마'다"면서 이렇게 말했다.

"세월호 침몰 열흘째인 25일 사회 지도층 인사들의 세월호 관 련 발언이 연일 이슈화되면서 직장이나 가정에서는 언행 조심의 분 위기가 짙다. 세월호 사고 얘기를 잘못 꺼냈다가 가족과 동료들로 부터 면박당하기 일쑤다. 직장인 A 씨는 최근 직장에서 최 씨와 비 슷한 경험을 했다. A 씨에 따르면 무겁게 가라앉은 부서 분위기를 띄우기 위해 '세월호 사고의 수혜자는 ○○○'이라고 농담을 했지만 분위기는 더 살벌해졌다. 일부 동료들은 '세월호 사고를 갖고 농담 하지 마라 ○○○'고 핀잔을 주는가 하면 '대규모 인명피해를 낳은 참 사에 수혜자가 어딨느냐 ○○○'고 꾸짖기도 했다. A 씨는 그 자리에 서 바로 사과했다."[42]

아파트 제국주의

통계청 주택총조사에 따르면, 2010년 현재 한국의 모든 주택 가운데서 가장 큰 비중을 차지하는 것은 아파트다. 1975년도에 1.9퍼센트에 불과했던 한국의 아파트 비중은 2010년 현재 58.9퍼센트를 기록해 27.9퍼센트를 차지한 단독주택보다 2배 이상 높았다. 2000년에는 아파트 비중이 47.7퍼센트였다.[43] 이게 시사하듯, 한국은 점점 아파트 숲이 되어가고 있다.

2009년 10월 차학봉은 이렇듯 전 도시가 빠른 속도로 아파트화되고 있는 한국의 현실에 대해 '아파트 제국주의'라는 이름을 붙이면서 한국에서 재개발·재건축이 활발한 것도 아파트 제국주의와 관련이 깊다고 했다. 그는 "서울 곳곳에서 대규모 재개발 사업이 본격화되면서 멀쩡한 주택들이 헐려나가고 있다"면서 이렇게 말했다. "지금 '뉴타운' 사업이라는 명목으로 진행되는 대규모 재개발 사업은 아파트를 짓는다는 명분으로 멀쩡한 동네와 주택을 헐어내고 있다. 전체 주택공급의 80퍼센트가 아파트여서 외국인들로부터 '아파트공화국'이라는 비아냥을 듣고 있지만, 이젠 그것도 부족한 모양이다. 우리 사회는 모든 주택을 아파트 일색으로 바꾸려는 '아파트 제국주의帝國主義'를 추구하는 듯하다."[44]

2012년 윤영선은 그간 정부와 건설사, 국민은 모두 '아파트 가치는 결코 떨어지지 않는다'는 믿음을 갖고 있었지만 2008년도 글로벌 금융위기 이후 모든 것이 한순간에 정반대의 상황으로 변했다면서 이제는 아파트 집착에 대해 성찰해야 한다고 주장했다.

"당장 아파트 수렁에 빠진 하우스 푸어들과 미분양 건설업체들을 건져내지 않으면 안 될 지경이다. 이러다간 아파트 문제가 나라 전체의 경제를 곤란에 빠뜨릴지도 모를 일이다. 고민은 이 정도로 그치지 않는다. 이제는 아파트를 대상으로 하는 어떤 사업도 해법이 쉽지 않다. 신축은 물론 수많은 노후 아파트를 재건축하거나 리모델링하는 방안도 쉽게 답이 나오지 않는다. 모두가 사업성이 보장되지 않기 때문이다. 당장 눈앞의 불도 꺼야 하지만 빠르게 늘어나는 노후 아파트 문제를 이대로 방치할 수는 없다. 앞으로 5년 정도만이라도 새 아파트를 공급하지 않고 노후 아파트 문제에 대한 해법을 찾지 않는다면 온 국민의 주거의 질은 급속히 떨어지고 말 것이다. 온 도시 및 국토가 폐허 같은 아파트로 뒤덮여질지도 모를 일이다. 아파트 공화국의 고민, 정부가 발 벗고 나서서 풀어야 할 때이다."[45]

이렇게 아파트 제국주의를 우려하는 목소리는 적지 않지만 신규 아파트는 계속 쏟아지고 있다. 예컨대 부동산114는 2015년 4월에 전국적으로 5만 8,608가구에 달하는 신규 아파트 분양 물량이 쏟아질 것으로 전망했는데, 이는 2007년 12월 5만 4,843가구를 뛰어넘는 역대 최대치에 해당하는 물량이다.[46]

아포리아 _{aporia}

통로나 수단이 없어 앞으로 나갈 수 없는 상태, 즉 난관에 부딪힌 상태로 다른 방법을 찾을 수 없는 상태를 말한다. 위기 상태보다 심각한 상태를 설명할 때 사용하는 말이다. 그리스어 '길이 없는 것'에서 유래한 말이다. 소크라테스는 대화 상대를 아포리아에 빠지게 하는 방식의 '소크라테스 산파술'을 통해 상대방의 무지를 자각하게 만든 것으로 유명하다. 대화 상대자가 깨달음에 이르도록 끊임없이 질문하는 형식을 일컬어 소크라테스 산파술이라 한다.[47]

2014년 4월 발생한 세월호 침몰 사건 이후, 한국 사회를 아포리아 상태로 규정하는 사람들이 적지 않다. 이기영은 2014년 12월 "자살률, 부패율, 이혼 증가율, 노인 빈곤율 등 모두 세계, 경제협력개발기구OECD 최상위를 차지해 대한민국 국민들이 인명을 경시하고 무한경쟁을 강요당하는 생지옥에 살고 있음을 실감한다" 면서 "대한민국이 이제 더이상 부패할 수도, 더이상 타락할 수도 없는 최악의 아포리아 상황에 처해 있음을 절감한다" 고 했다.[48]

연세대학교 교수 김상근은 2015년 1월 재단법인 플라톤 아카데미가 주관한 인문학 대중 강연 프로그램 '인문학 아고라 어떻게 살 것인가'에서 "나는 오늘의 대한민국을 '아포리아aporia'라 규정한다. 배가 좌초되어서 어떻게 할 수 없는 상태를 고대 그리스인은 아포리아라고 했다. 이는 위기보다도 더 심각한 단계다. 위기는 도움을 청하거나 노를 저어 위험에서 벗어날 수 있지만, 아포리아는 그보다 더 심각한 '길 없음'의 상태에 접어들었음을 말한다. 더이상 어떻게 할 수 없는 상태에 접어들었을 때 우리는 상대방에게 책임을 전가하고 남에게 손가락질한다"고 했다.[49]

『중앙일보』 논설고문 이하경은 2015년 4월 "우리가 탄 배는 지금 이름조차 알 수 없는 어느 낯선 항구에서 방황하고 있다. 그 어디로 뱃머리를 돌려도 출구가 보이지 않는 아포리아aporia의 절망이 기다릴 뿐이다" 면서 이렇게 말했다.

"이러고도 우리가 문명의 세계에 속해 있다고 할 수 있을까. 계절이 한 바퀴를 순환하는 동안에도 진상은 시원하게 밝혀지지 않았다. '시신이라도 찾아 실종자 가족이 아닌 유가족이 되고 싶다'는 이승에서 가장 슬픈 소원은 외면당했다. 정부는 여론에 떠밀려 선체 인양을 결정했지만 망각을 강요했던 비정非情의 기억은 쉽게 잊히지 않을 것이다."[50]

이영규는 고대 그리스 사람들은 아포리아를 만났을 때 다른 사람에게 손가락질 하는 대신 그 손가락을 가장 먼저 자신에게 돌렸다면서 이렇게 말했다. "자신에 대한 깊은 성찰에서 모든 문제의 해법을 찾았다는 얘기다. 또 노를 더 빨리 젓기보다는 잠깐 노를 내려놓고 옆 사람과 지혜를 모았다. 우리에게 시사하는 바가 크다."[51]

영충호

영남의 영, 충청의 충, 호남의 호에서 첫 글자를 따서 만든 조어다. 영충호의 저작권자는 충북지사 이시종이다. 1925년 인구 통계가 시작된 이후 88년 만인 2013년 5월 충청권 인구(525만 136명)가 호남권(524만 9,728명)보다 408명 많아지자, 이시종은 앞으로는 인구 규모 등을 고려해 '영호남'이 아니라 '영충호'로 불러야 한다고 주장했다. 이시종은 2014년 신년 화두로 '충화영호忠和嶺湖'를 제시하면서 이는 충청이 나서서 영남과 호남, 나아가 대한민국을 융합·화합시킨다는 의미를 담고 있다고 했다.[52] 이시종은 또 2014년 2월 12일 서울 프레스센터에서 열린 한국정책포럼 주최의 제58차 정책토론회에서 "충청의 위상이 조금 높아졌다고 해서 타의 몫을 넘보는 지역이기주의로 '영충호'를 해석하면 안 된다"며 "그동안의 지역 간 대립과 갈등 구조를 화합구조로 바꾸자는 것"이라고 강조했다.[53]

하지만 충청 인구가 호남 인구를 추월하면서 이를 활용해 지역주의를 조장하려는 사람들이 있다는 우려도 나왔다. 예컨대 2015년 1월 이완구 총리 내정자의 총리 인준을 두고 논란이 이는 과정에 충청 지역에는 "충청 총리 낙마되면 다음 총선 대선 두고 보자"는 펼침막이 걸려 사회적 논란이 일기도 했다. 이와 관련 권혁철은 "영충호란 말에는 지역 구도의 양대 산맥인 영호남의 그늘에서 무기력했

던 충청의 자존심을 찾겠다는 강렬한 의지가 담겨 있다고" 생각한
다면서 이렇게 말했다.

"그런데 현실에서는 지역 자존심과 지역 이기주의가 동전의
앞뒤처럼 붙어 있다. 최근 이완구 총리 인준 과정에서 충청 지역주
의 논란이 일었다. 새누리당 대전시당이 지난달 이완구 의원(부여·
청양)의 국무총리 내정에 대해 축하 성명을 내어 '영충호 시대의 본
격 개막을 알리는 축포로 받아들인다'고 평가했다. 이달 초 중순 이
완구 총리 인준을 전후해 충청 지역 언론에서는 이제는 충청권 대
통령이 나와야 한다는 '충청 대망론'을 거론하는 외부 기고나 기사
가 실리곤 했다. 나는 영충호 시대에 걸맞게 충청권이 제 목소리를
내야 한다는 주장에 반대하지 않는다. 다만 충청도가 사람이 많아
졌다고 우쭐대는 인구 서열주의나 지역 이기주의에 빠지지 않았으
면 좋겠다."[54]

한국의 정치 상황에서 권력을 얻는 방법으로 지역감정을 부추
기는 것만큼 효과적인 수단이 없기 때문일까? 권력을 잡기 위해 영
충호를 정략적으로 활용하려는 정치인들의 행태를 비판하는 목소
리도 적지 않은 가운데,[55] 충청인이 나서서 지역주의에 의해 갈라진
국민통합에 힘써야 한다는 견해를 내놓는 사람들도 있다. 예컨대
충청향우회 중앙회 총재 오장섭은 2015년 3월 "충청인이 존경받으
려면 국가와 사회에 기여하고, 거기서 긍지와 자존심을 찾아가는 모
습을 보여주어야 한다"고 말했다.[56]

유령 집회

특정 집회를 막기 위해 미리 집회 신청을 해놓는 집회를 말한다. 자신은 집회를 하지 않으면서도 다른 사람의 집회를 막기 위해 집회를 신청한다는 점에서 '알박기 집회'라고도 할 수 있겠다. 유령 집회는 대부분 기업이 내는 것으로 알려져 있다. 2013년 10월 민주당백재현 의원이 서울지방경찰청에서 받은 자료를 보면, 2011년부터 2013년 9월까지 서울 소재 시가 총액 1~10위 대기업이 경찰에 낸집회 신고는 5,624건이었는데, 이 기간 실제로 집회를 연 것은 56건으로 0.99퍼센트에 불과했다.[57]

대법원은 2014년 12월 25일 먼저 신고된 집회가 단순히 다른집회를 막기 위한 목적이라면, 나중에 신고한 집회를 경찰이 금지해서는 안 된다고 판결했다. 당시 대법원은 경찰의 집회금지 통고에불응하고 집회를 개최한 혐의(집회·시위에 관한 법률 위반)로 기소된환경운동연합 사무총장 김종남의 상고심에서 벌금 200만 원을 선고한 원심을 깨고 무죄 취지로 사건을 서울중앙지법에 돌려보내면서 "관할 경찰서장은 먼저 신고된 집회의 목적·인원 및 기존에 신고한 집회의 실제 개최 비율 등을 고려해 다른 집회 개최를 막기 위한 허위·가장 신고가 분명해 보이는 경우엔, 단지 먼저 신고했다는이유로 뒤에 신고된 집회를 금지해서는 안 된다"고 했다.[58]

대법원 판결에 따라 관변단체나 기업 등이 집회 개최를 막으려고 '유령 집회 신고'를 하는 관행에 제동이 걸릴 것으로 예측되었지만 유령 집회는 여전히 기승을 부리고 있다. 현행법상 집회·시위는 허가사항이 아닌 신고사항이기 때문에 참가자가 없는 유령 집회가 예상되더라도 경찰은 주최 측의 집회 신고를 반려하거나 거부할수 없기 때문이다. 신고된 집회를 실시하지 않을 경우엔 관할 경찰서장에게 사전에 신고하게 되어 있지만, 이를 지키지 않아도 처벌할 규정이 없다는 것도 이유다.[59]

　　유령 집회가 헌법이 보장한 집회의 자유를 침해할 뿐만 아니라 경찰력 낭비의 원인이 되고 있다는 비판이 제기되자, 2014년 1월 민주당 의원 김민기는 신고된 집회·시위가 열리지 않은 일수가 일정 비율 이상일 때는 해당 집회·시위를 종료일 다음 날부터 30일 범위 내에 개최하지 못하도록 하고, 신고한 집회·시위를 하지 않는다는 사실을 사전에 관할경찰서에 알리지 않은 사람에 대해서는 100만 원 이하의 과태료를 부과하는 내용이 포함된 '집회 및 시위에 관한 법률' 개정안을 발의했지만 입법화되지는 못했다.[60]

자동제세동기

보통 심장 정지가 갑자기 발생할 경우 4분이 지나면 뇌 손상이 오고 10분 이상이 경과되면 뇌 손상이 심각해지거나 뇌사 상태에 빠지게 된다. 최초 응급 처치가 환자의 소생 여부를 결정짓게 되는 셈인데, 심장 기능이 정지하거나 호흡이 멈추었을 때 심장 박동을 정상화하기 위해 전기 충격을 가하는 데 쓰는 의료 장비를 일컬어 자동제세동기AED, Automated External Defibrillator라고 한다.[61]

응급의료에 관한 법률에 따라 공공기관과 일정 규모 이상의 다중이용시설은 자동제세동기를 의무적으로 설치해야 한다. 하지만 복지부에 따르면, 2014년 12월 기준 자동제세동기를 설치한 공공기관과 다중이용시설은 60퍼센트 안팎에 불과하다. 의무 설치 기관 1만 2,319곳 가운데 7,739곳만 자동제세동기를 구비하고 있는 셈이다. 특히 소형 선박, 아파트, 버스터미널, 운동장 등은 설치가 미비했으며, 보건소 등 공공보건의료기관도 시설 이동이 잦거나 응급 의료인이 있다는 이유로 100여 곳이 설치하지 않은 것으로 나타났다.[62]

자동제세동기는 심장 정지 상태에서 가장 필요한 의료 기기임에도 이름이 너무 어려워 위급한 상황에서 활용하기 어렵다는 지적도 있다. 예컨대 (사)우리글진흥원 사무총장 양영채는 2015년 3월 "용도는 알아도 이름은 기억하기 어려운 자동제세동기. 이 말을 들을 때마다 누가 이름을 붙였는지 짜증이 납니다. 이것저것 생각할 필요도 없이 '심장충격기'라고 해도 사람들이 금방 알 수 있는 것을 정말이지 어렵게 적었습니다. 서울지하철역에 있는 자동제세동기는 전면에 크게 영문으로 AED(에이이디)라 적었습니다. 이게 뭔지 해독 못하면 죽기 딱 십상입니다" 면서 다음과 같이 말했다.

"제세동은 '세동'을 없애준다는 뜻으로 붙였습니다. '제세동기'는 아마도 일본에서 도입된 이름을 아무 생각 없이 갖다 붙인 결과라고 생각합니다. 학술적인 용어를 일본에서 빌려 쓴 경우가 많습니다. 의학용어는 더 허다할 것으로 생각합니다. 이런 어려운 용어를 고치는 작업이 계속되고 있지만 진도는 미약하기만 합니다. 그렇다 하더라도 제세동기가 뭡니까? 고쳐야 합니다. 특히 그 말이 사람의 생명을 좌우하는 용어라면 하루빨리 쉽게 이해하고 부를 수 있는 용어로 바꿔야 합니다."[63]

자동제세동기의 이름에 대한 비판이 적지 않게 제기되자,[64] 2015년 5월 22일 서울도시철도공사와 한글문화연대는 지하철 5호선 광화문역에 설치된 제세동기에 '자동심장충격기'라고 쓰어 있는 딱지를 붙이는 행사를 열었다. 한글문화연대 운영위원 정인환은 "현재 제세동기는 어떤 뜻인지 알 수가 없어 혼선을 빚는다"며 "의사협회 의료용어위원회에서도 의료용어에서도 바꿀 수 있다는 노력을 하겠다는 얘기가 나올 만큼 자동심장충격기라고 바꾸는 것이 맞다"고 했다.[65]

잠의 종말

발명왕 토머스 에디슨은 "잠은 인생의 사치입니다. 저는 하루 4시간만 자도 충분하다고 생각해요"라고 말했는데, 이렇듯 잠의 가치를 평가절하하는 사람은 적지 않다. 예컨대 데카르트, 흄, 로크 등은 잠이 정신 활동이나 지식 추구와 무관하다는 이유로 잠을 평가절하했는데, 19세기 중엽에 이르러 유럽에선 잠은 저차원적인 원시 퇴행으로까지 내몰리기도 했다. 오늘날에도 잠을 무익한 것으로 보는 시각은 여전하다. 예컨대 미국 국방부는 아예 잠을 추방할 수 있는 방법을 찾는 데 골몰하고 있다.[66]

미국 컬럼비아대학 예술사·고고학부 교수 조너선 크레리는 『24/7 잠의 종말』에서 자본의 이윤창출 극대화 논리가 지배하는 신자유주의하의 현재 자본주의 체제에서 잠은 꼭 필요한 것도, 불가피한 것도 아니라는 대접을 받고 있다면서 '불면의 시대'를 넘어 '잠의 종말' 시대가 도래했다고 지적했다. 책 제목인 '24/7'은 '하루 24시간, 주 7일 내내' 돌아가는 현대 산업·소비시대를 가리키는데, 크레리가 묘사하는 '24/7' 세계의 모습은 이렇다. "지구는 중단 없는 일터, 또는 무한한 선택지와 과제와 선정물과 딴짓거리가 있는 상설 쇼핑몰이 된다. 불면은 생산, 소비, 폐기가 쉼 없이 이뤄지는, 그리하여 삶의 소진과 자원의 고갈이 가속되는 상태다."[67]

크레리는 테크놀로지의 발달이 잠의 종말을 부추기고 있다고 말한다. 상상을 초월하는 정보통신기술의 발달로 우리는 언제 어디서든 업무를 보고, 원하는 상품과 서비스를 소비하게 되었는데, 이런 상황에서 잠과 휴식은 불필요한 것이 되었을 뿐 아니라 체제의 안정과 영속을 좀먹는 이단으로 치부되고 있다는 것이다. 이와 관련 박창억은 "24/7 체제에서 잠은 왜곡되고 변질된다. 더이상 과거처럼 필연적이거나 자연적인 관념의 잠이 아니다"면서 이렇게 말한다.

"그저 생리적 필요에 의해 가변적으로 '관리'되는 기능으로 전락했다. 현대인들은 잠을 자다 말고 일어나, 모바일 기기를 손에 쥐고 메시지와 정보를 확인한다. 수면 모드에 들어갔던 모바일 기기처럼 인간도 완전한 수면이 아니라 '절전 대기 상태'에 있다가 다시 정보통신의 바다로 뛰어드는 것이다."[68]

크레리는 자본이 잠을 식민화하기 위해 엄청난 투자를 하고 있지만, 잠은 완전히 소멸될 수는 없을 것이라면서 잠의 이런 성질을 활용해 자본주의 없는 미래를 꿈꾸자고 제안한다. "자본주의 없는 미래에 대한 상상이 잠에 대한 꿈으로서 시작될 수 있다. 이 꿈은 급진적 단절로서의 잠, 우리의 전 지구적 현재의 가혹한 무게에 대한 거부로서의 잠, 더 중대한 재생과 시작이 어떠할는지의 윤곽을 언제나, 일상 경험의 가장 평범한 차원에서 미리 그려볼 수 있는 잠에 대한 암시일 것이다."[69]

정상 사고 normal accidents

시스템이 복잡하고 상호 연관성이 높아 겹겹의 안전장치를 둘러도 어쩔 수 없이 발생하는 사고를 일컫는 말이다. 아무리 효율적인 안전장치를 동원해도 피할 수 없고, 누구의 잘못이라고 딱 부러지게 지적하기 어려운 사고라 할 수 있겠다. 찰스 페로 미국 예일대학 사회학과 교수가 1979년 3월 펜실베이니아주 스리마일섬에서 발생한 원자력발전소 사고를 분석하면서 내놓은 개념이다. 사고는 원래 비정상적인 것이지만 페로는 사고가 비정상적인 상태의 결과가 아니라 정상적인 상태의 결과로 일어난다는 것을 강조하기 위해 '정상 사고'라는 용어를 사용했다. '시스템 사고'라고도 한다.[70]

페로에 따르면, 정상 사고는 흔히 발생하지는 않지만 한 번 발생하면 파국적인 결과를 초래할 수 있다. 산업 기술, 자동화 장치들이 아무리 발달하더라도 정상 사고는 불가피하며, 사고를 줄이기 위해 고안해낸 장치들이 오히려 큰 재앙을 불러온다는 것이다. 고도의 기술이 집약된 원전, 핵무기, 석유화학공장, 위험물을 실은 항공, 우주 탐사, 유전자 재조합 등에서 발생하는 사고 등이 바로 정상 사고에 해당한다.[71] 해운 산업도 정상사고가 발생하는 분야다. 그래서 2014년 한국 사회를 충격으로 몰아넣었던 세월호 사건을 정상 사고 차원에서 바라보는 견해도 있다.[72]

흔히 큰 사고가 났을 때 '인재人災'라는 표현을 쓰지만 페로는 대형 사고를 무조건 '인재'로 돌리는 시각에도 반대한다. 그래서일까? 페로는 정상 사고는 시스템 그 자체에서 발생하기 때문에 대형 사고가 발생할 때마다 시스템의 문제를 간과한 채 '인재'를 운운하며 희생양을 찾는 일은 피해야 한다고 강조한다. 사고의 책임을 사람에게만 떠넘기는 것은 다른 사고를 예방하는 일에 아무런 도움이 되지 않으며 오히려 돌이킬 수 없는 엄청난 재앙을 불러올 수 있다는 것이다.[73]

정상 사고는 어떻게 막을 수 있을까? 페로는 고위험 속성을 3가지로 나누면서 폐기할 기술은 폐기하고 개조 가능한 기술은 재설계해 사용해야 한다고 말한다. 페로의 주장은 이렇다. 첫째, 핵무기와 원전처럼 합리적 편익보다 불가피한 위험이 더 큰 시스템은 폐기해야 한다. 둘째, 반드시 필요하거나 편익이 큰 해상 운송이나 DNA 재조합 같은 시스템은 상당한 노력을 들여서 위험성을 줄여야 한다. 셋째, 화학공장, 항공운송, 광산, 화력발전소, 고속도로 같은 시스템은 일정한 내부 교정과 적절한 노력을 기울여 개선해야 한다.[74]

젠트리피케이션 gentrification

중산층 이상의 계층이 비교적 빈곤 계층이 많이 사는 정체 지역에 진입해 낙후된 구도심 지역에 활기를 불어넣으면서 기존의 저소득층 주민을 몰아내는 현상을 이르는 말이다. 1964년 영국 사회학자 루스 글래스가 런던 도심의 황폐한 노동자들의 거주지에 중산층이 이주를 해오면서 지역 전체의 구성과 성격이 변하자 이를 설명하면서 처음 사용한 말이다.[75] '신사 계급, 상류 사회, 신사 사회의 사람들'을 뜻하는 gentry와 화化를 의미하는 fication의 합성어다.

성공회대학교 동아시아연구소 HK 연구교수 이기웅은 일반적으로 젠트리피케이션은 "값싼 작업공간을 찾아 예술가들이 어떤 장소에 정착하고 그들의 활동을 통해 지역의 문화 가치가 상승하면, 개발자들이 들어와 이윤을 획득하는 방식"으로 이루어진다면서 이렇게 말한다.

"젠트리피케이션의 견인차는 미학이다. 그런데 미학을 강화할수록 도심은 관광지가 돼간다. 특히 노동계급의 거리문화가 스펙터클로 전화하면서 참혹했던 슬럼의 흔적들은 트렌디한 카페 옆에서 위험을 탈각한 시각적 쾌락의 대상으로 거듭난다. 산업사회 유물인 창고와 공장건물은 가난한 예술가들의 거주지를 거쳐 부유층의 '힙한' 주거 공간으로 업그레이드된다. 구획되지 않은 내부와 벽돌이

드러난 벽면, 높은 천장 등으로 대표되는 '뉴욕 로프트' 스타일은 도시적 '쿨함'의 상징이 돼 세계적 차원의 복제 대상이 된다."

　한국의 젠트리피케이션도 비슷한 형식으로 진행되고 있다. 이는 가난하지만 개성 있는 화가, 조각가, 의상 디자이너, 액세서리 디자이너, 목수, 사진작가, 인디밴드 등이 모여 독특하고 예술적인 공동체 문화를 만들었던 서울 홍익대학교 인근과 망원동, 상수동, 삼청동, 신사동 가로수길, 경복궁 옆 서촌, 경리단길, 성수동 등 이른바 핫 플레스에서 발견되고 있는 젠트리피케이션에서 확인할 수 있다. 이 지역에서만 누릴 수 있었던 독특한 분위기를 만들어내던 카페 등이 유명해져 유동 인구가 늘어나자 가맹점을 앞세운 기업형 자본들이 물밀듯이 들어와 임대료를 높여 가난한 예술가나 기존 거주자들을 몰아내고 있기 때문이다.[77] 이런 이유 때문에 '젠트리피케이션'이 '공간이 곧 돈'인 서울에서 지역 기반의 공동체가 뿌리를 내리지 못하게 하는 결과를 낳고 있다는 지적도 있다.[78]

　제주도에서 젠트리피케이션 현상이 심각하게 나타나고 있다는 주장도 있다. 고미는 "서울에서 나타나는 '몸살'이 최근 5~6년 주기로 나타난다면 제주의 속도감은 '홍역' 수준이다"면서 "중국인 관광객 증가에 맞춰 신제주 바오젠 거리가 조성된 지 불과 2~3년 만에 하늘 높은 줄 모르고 치솟는 임대료에 먼저 터를 잡았던 상인들이 하나둘 내몰렸다. '원도심 재생' 사업은 계획 얘기가 오가는 과정에 먼저 흥정부터 시작됐다는 말까지 나올 정도다"라고 했다.[79]

진격의 갑질

소설가 박민규가 『문학동네』 2015년 봄호에 기고한, 조현아 전 대한항공 부사장의 이른바 '땅콩 회항' 사건을 다룬 산문의 제목이다. 「진격의 갑질」이라는 제목은 일본 애니메이션 〈진격의 거인〉에 빗댄 것이다. 박민규는 조현아를 "결코 넘어선 안 될 (근대라는) 벽을 넘어온 거인"으로 비유하면서 '땅콩 회항'은 한국 사회의 전근대성을 드러낸 사건이라고 평가했다. 그는 또 땅콩 회항 사건에 여론이 분노한 이유는 "이 사건이 가진 전근대성 때문"이었지만 이에 대한 한국 사회의 반응 또한 전근대적이기는 마찬가지라고 꼬집었다.[80]

　"시범케이스로 하나를 잡고 뜨겁게 끓어올라 욕을 퍼붓고, 한 사람에게 갑질의 십자가를 지우고, 조롱하고, 기필코 갑을 응징했다"는 분위기가 매우 전근대적인 행위였을 뿐만 아니라 그것보다 악질적인 갑들에 대해선 눈 감을 감고 있기 때문이라는 게 이유다. 진격해오는 거인을 막기 위해 벽돌을 한 장씩 쌓아 벽을 높이는 일은 전근대성과의 싸움이었는데, 정작 중요한 통로로 진격해오는 적은 막지 못한 채 상대적으로 작은 바람구멍에 호들갑을 떨고 있다는 것이다.[81]

　"무엇보다 우리가 이토록 갑질에 분개한다는 사실을 나는 믿지 못하겠다. 국가기관이 대선에 개입해도, 천문학적인 국고를 탕

진해도 가만히 있던 사람들이 느닷없이 이 쪼잔한(상대적으로) 갑질에 분노하는 현상을 믿을 수 없다 이 얘기다. 얘는 까도 돼, 어쩌면 더 큰 거인의 허락이 떨어졌음을 은연중에 감지해서인지도 모르겠다. 그래서 나는 찜찜하다."[82]

박민규는 한국 사회에서 이렇게 전근대적인 일이 발생하는 것은 우리가 근대의 벽돌을 쌓은 적이 없는 세대이기 때문에 그 벽이 얼마나 중요한지를 자꾸만 잊고 있기 때문이라고 말했다.

"근대에 기여한 바가 없다는 것은 부끄러운 일이 아니다. 무상으로 근대의 혜택을 입은 민족과 국가는 얼마든지 존재한다. 하지만 근대의 자각과 철학 없이 현대를 살아가는 것은 부끄러운 일이다. 진격해오는 갑질에 맞서 우리가 스스로 쌓은 벽이 있다면, 그런 철학이 있다면 이것이다. 억울하면 출세해라! 이는 현대로 치닫는 시간의 방향과 달리 우리의 인프라가 그간 전근대를 향했다는 증표이다. 너도 거인이 되든지, 아니면 먹히든지."[83]

마지막으로 박민규는 '을'로 비유되는 시민의 자각을 촉구했다. "당연히 막연히 있을 거라 생각했던, 그러나 실은 비어 있는 근대의 공란을 우리는 차곡차곡 메꾸어가야 한다. 아마도 인내심과 많은 시간이 필요할 것이다. 희생도 따를 것이다. 하지만 이것만이 진격해오는 거인을 막을 수 있는 유일한 을질이다. 다시금 맨 앞으로 돌아가 이 글의 제목을 '진격의 을질'로 바꿔주면 고맙겠다. 당신의 손으로 직접 우리의 손으로 직접."[84]

회식 지킴이

여군 대상 성범죄가 주로 회식 장소에서 일어나고 있다는 이유로 해군이 여군에 대한 성희롱·성추행을 막기 위해 2014년 12월부터 운영하고 있는 제도다. 해군은 위관급 이상 장교 중에서 가급적 여군을 회식 지킴이로 임명하도록 했다.

회식 지킴이는 회식 때 술을 일절 마시지 못하며 여군에 대한 음주 강권과 여군의 과도한 음주 여부 등을 파악하고 여군에 대한 성희롱·성추행이 벌어지는지를 감시하는 역할을 수행한다. 회식이 끝난 뒤에는 여군이 무사히 복귀했는지를 확인하고 부대로 돌아와 그날 회식의 이상 유무를 상부에 보고해야 한다. 해군 관계자는 "여군 앞에서 성적 농담 또는 성적 비하 발언을 하거나 부적절한 신체접촉을 하는지 등이 집중 감시 대상"이라면서 "일각에선 과도한 조치라는 얘기도 나오지만 회식 자리에서 벌어질 수 있는 성범죄 예방을 위한 고육지책"이라고 말했다.[85]

해군의 회식 지킴이 도입에 대해 과도한 조치라는 견해도 있지만, 이연섭은 "오죽하면 이런 회식 감시인까지 등장했을까. 그냥 웃어넘기기엔 씁쓸한, 낯부끄러운 대한민국의 자화상이다"고 말했다.[86] 이런 평가가 나올 만도 했다. 여성가족부가 국가기관과 지방자치단체, 교육청, 공직유관기관, 대학, 초중고교 등 6개 공공기관에 근무하는 일반 직원 2,015명과 성희롱 업무담당자 5,942명을 대상으로 설문조사와 심층면접을 병행 실시해 발표한 '2012년 공공기관 성희롱 실태조사' 결과에 따르면, 응답자의 87퍼센트 이상이 회식 장소에서 일어난 성희롱을 간접적으로 접해본 적이 있다고 대답했기 때문이다.[87]

이런 이유 때문인지 회식 문화를 바꾸어야 한다는 주장도 제기되고 있다. 예컨대 『조선일보』 2014년 12월 16일자 사설 「성희롱 막으려 '회식 지킴이'까지 등장한 대한민국」은 "우리 사회의 단체 회식은 술로 시작해 술로 끝나는 일이 잦다. 때로는 2차, 3차 술자리로 이어지기도 한다. 여성 동료·부하 직원에게도 이런 단체 술자리를 강요하다 보니 성추행 사고가 끊이지 않는다"면서 우리 사회도 이제는 집단 회식 문화를 고칠 때가 되었다고 말했다.

"집단 회식 횟수가 잦은 것부터가 문제다. 회식에는 조직원 전원이 참가해야 하고, 회식 때 음주를 강요하는 것도 고질병이다. 원활한 의사소통을 위해 대화가 필요하다면 사무실에서 멀쩡한 상태로 하는 것이 정상적이다. 각 조직이 자기 실정에 맞는 새로운 회식 문화를 만들어야 한다."[88]

Education · Labor Section

Trend Keyword

공허 노동empty labor

직장인이 업무 시간에 하는 사적 활동을 뜻한다. 스웨덴 룬드대학의 사회학자인 롤런드 폴센이 만든 말이다. 폴센이 스웨덴 근로자들을 대상으로 한 연구를 보면, 회사원 상당수는 업무시간 중 개인 블로그 꾸미기, 페이스북 등 SNS 관리, 석사학위 논문 작성, 인터넷 쇼핑 등을 하며 보통 하루 2시간 정도는 게으름을 피웠다. 또 공허 노동은 적은 임금을 받는 블루칼라 노동자보다 자기 업무에 자율성을 갖고 있는 전문직에게서 더 많이 발견되었다.[1]

공허 노동은 세계적인 현상이다. 미국 경영컨설팅업체인 샐러리닷컴은 2013년 9월 미국 직장인 가운데 64퍼센트가 근무시간 중에 업무와 관계없는 일로 시간을 보낸다고 발표했다. 같은 해 프랑스의 올페오Olfeo도 설문조사를 통해 직장인의 58퍼센트가 하루 평균 63분을 인터넷 서핑 등으로 시간을 보낸다고 했다. 한국 노동자들도 예외가 아니다. 잡코리아가 2013년 9월 직장인 611명을 대상으로 조사한 결과를 보면, 10명 가운데 9명이 업무시간 중에 딴짓을 한다고 응답했다.[2] 사람들은 왜 공허 노동을 하는 것일까? 폴센은 직장인들이 공허 노동에 빠지는 이유는 자신들의 업무를 의미 없고 지루한 일이라고 여기기 때문이라고 해석했다. 공허 노동을 하는 사람들도 생산적인 일을 하고 싶어 하지만, 자신이 맡은 업무가 사람들은 물론 회사의 필요도 충족시키지 않는 경우가 있어 일 자체에서 의미를 찾지 못하고 있기 때문에 공허 노동이 발생한다는 것이다.[3]

　기업은 공허 노동을 막기 위해 상사가 부하 직원 뒤통수를 감시하거나 개인 메신저나 특정 사이트를 차단하고, GPS를 활용해 행방을 추적하는 등 다양한 방법을 동원하는데, 공허 노동이 꼭 나쁜 것은 아니라는 견해도 있다. 샐러리닷컴의 빌 콜먼 부사장은 "근무시간 중에 인터넷으로 딴짓을 하는 것 같지만 이런 식으로 시간을 보내는 와중에 새로운 영업 아이디어가 나오고, 근무환경을 즐겁게 만드는 긍정적 측면도 있다"고 했다. 콜먼의 주장에 따르면, 공허 노동은 단순한 낭비가 아니라 아이디어를 길어 올리는 '창조적 낭비'인 셈이다.[4]

　공허 노동을 소외된 노동에 대한 저항으로 보는 견해도 있다. 예컨대 김인수는 "원래 인간은 '의미' 있는 노동을 '자율'적으로 하고 싶은 욕구를 타고 났다. 이를 통해 자아를 실현하고자 한다. 이는 인간과 동물을 구분하는 핵심 요건이기도 하다. 그러나 인간이 자율을 잃을 때, 아무런 의미나 가치를 찾지 못하는 노동을 하게 되면, 일에서 보람과 기쁨을 느낄 수가 없다"면서 이렇게 말했다. "근로자가 주된 노동에서 소외될수록 공허 노동의 비중은 더욱 높아질 것이다. 이제 기업들은 노동의 소외를 해결하는 데 적극 나서야 한다."[5]

문과 · 이과 통합교육

한국의 고등학교 문과 · 이과 구분 시스템은 1963년 제2차 교육과정 때 도입되었는데, 이는 일제강점기의 산물이다. 일제는 단기간에 기능 인력을 키우려는 취지에서 문과 · 이과를 구분했는데, 현재전 세계적으로 문과 · 이과를 구분해 고등학교 학생들을 교육하는 나라는 한국을 포함해 일본, 중국, 대만 등 과거 일제의 영향 아래 있던 국가들뿐이다. 문과 · 이과 구분이 일제의 잔재라는 평가가 나오는 이유다.[6]

1995년 시행된 제6차 교육과정부터 문과 · 이과 구분은 공식적으로 사라졌다. 하지만 여전히 대부분의 고등학교는 고교 2학년 때부터 문과와 이과로 반을 나눠 가르치고 있다. 대학들이 입시에서 인문 · 사회계 학과는 사회탐구 과목을, 자연계열은 과학탐구 과목의 수능 점수를 요구하고 있기 때문이다.[7]

문과 · 이과 구분이 반쪽짜리 인재만 생산한다는 비판이 있다. 예컨대 이덕환은 2013년 2월 "문 · 이과 구분 교육은 최소 비용으로 사회에 필요한 기능인을 양성하기 위한 것이다. 씨름을 잘하는 학생을 온종일 씨름판에만 가둬뒀던 권위주의 시대의 잘못된 씨름 선수 양성 교육과 조금도 다르지 않은 것이다" 면서 다음과 같이 말했다.

"문 · 이과 구분 교육은 절대 다수 학생에게 자기 적성의 절반을 포기하도록 강요하는 반反인격적 교육이기도 하다. 자신의 적성과 진로를 제대로 파악하지 못한 어린 학생들에게 평생을 좌우할 선택을 강요하는 것도 심각한 문제다. 이제는 기능인 양성을 위한 반쪽짜리 교육 대신 모든 학생에게 인문학적 소양과 함께 과학적 인성을 길러주는 진정한 전인全人교육을 실시해야만 한다. 우리도 그럴 여력이 생겼다. 혈연, 학연, 지연도 모자라 평생토록 '문과 출신'과 '이과 출신'으로 나뉘어 서로 반목하고 갈등하는 안타까운 현실도 바로잡아야 한다. 문·이과 구분 교육이 우리 사회의 경쟁력을 깎아 먹는 현실도 분명하게 인식해야 한다."[8]

문과·이과 분리 교육이 인문계의 취업난을 가중시키는 원인으로 작용하고 있다는 분석도 있다. 2014년 현재 4년제 대학 입학 정원은 인문계 15만 4,277명, 자연계 15만 480명으로 엇비슷하지만 대기업들이 이공계 출신을 선호하는 탓에 인문계 출신은 취업이 힘들다는 것이다. 실제 2013년 하반기 삼성그룹에 들어간 신입사원 중 인문계 출신은 전체의 15퍼센트에 그쳤으며, 현대차(20퍼센트)·SK(30퍼센트)·LG(15퍼센트) 등 4대 그룹 모두 30퍼센트가 안 되었다.[9] 문과·이과 분리 교육에 대한 다양한 비판이 제기되자 교육부는 2018년부터 문과·이과 통합교육을 실시하기로 했다.

무크_{MOOC}

인터넷을 활용한 대규모 공개 온라인 강좌_{Massive Open Online Courses}를 일 컫는다. 무크는 인터넷이 되는 곳이면 국가나 지역에 상관없이 언제 어디서나 들을 수 있는데, 무크의 핵심은 쌍방향성이다. 교수와 학 생 간, 학생과 학생 간의 온라인 커뮤니케이션이 가능해 온라인상의 협력적 과제 수행이나 상호 평가가 가능하며 수강생들끼리 그룹을 구성해 공부할 수도 있다.[10] 2008년 캐나다에서 처음 시작되었지만 2012년 미국에서 코세라_{Coursera}, 유다시티_{Udacity}, 에드엑스_{edEX} 등 3대 주요 서비스가 등장한 후 널리 알려졌다. 『뉴욕타임스』는 2012년을 '무크의 해'로 불렀는데, 미국에서는 2013년 현재 강의뿐 아니라 관 련 학술자료·교과서·시험·토론 등 수업 전체를 전 세계 학생들 에게 무료로 제공하는 대학이 빠른 속도로 확산하고 있다. 2015년 현재 유럽에선 독일과 프랑스, 아시아에서는 인도·중국·일본이 무크 서비스를 제공하고 있다.[11]

불과 몇 년 만에 무크는 세계적인 트렌드로 급부상했는데, 한국 의 대학들은 무크에 대해 대체로 관심이 낮은 편이다. 2015년 2월 교육부는 국내 대학의 수업 질과 글로벌 교육경쟁력을 높이고, 시민 들도 일상적으로 높은 수준의 고등교육을 접할 기회를 갖게 하겠다 면서 하반기부터 '한국형 무크_{K-MOOC}' 시범 서비스를 실시하겠다고

밝혔다.[12]

한국에서는 무크를 보는 시각이 엇갈린다. 숙명여자대학교 역사문화학과 교수 김형률은 2015년 2월 "무크는 Democratization of education, 전 세계를 막론하고 '교육 민주화'의 유일한 수단"이라면서 "'무크'는 인류의 문자 창제와 견줄 만큼 그야말로 지식전달 혁명입니다. 우리나라처럼 대학 간판을 지독하게 따지는 학벌주의 병폐가 만연한 사회일수록 인터넷을 통해 강의공개 붐이 일어날 필요가 있"다고 했다.[13]

KAIST 기술경영학과 교수 권영선은 무크가 큰 효과를 내기 어려울 것이라고 예견했다. 한국에서 대학을 비롯한 모든 교육기관은 지식을 후손에게 교육하는 기능과 상위 교육기관이나 고용주에게 학생을 선별할 수 있는 정보를 제공하는 선별 기능 등 2가지 역할을 하고 있는데, 국가적으로는 교육기관이 교육기능을 얼마나 잘 수행하고 있는지가 중요하지만 인재를 선발해 활용해야 하는 기업은 후자의 기능을 중요하게 생각하고 있기 때문이라는 게 이유다.[14]

이렇게 한국에서는 평가가 엇갈리지만 무크가 대학 교육의 새로운 패러다임으로 자리 잡을 것이라는 예측을 내놓는 사람들도 있다. 예컨대 미국 하버드 경영대학원 교수 클레이턴 크리스텐슨은 2013년 "무크가 다수의 비효율적 대학들을 사장시킬 것"이라며 "향후 15년 안에 미국 대학 절반 이상이 파산할 것"이라는 전망을 내놓았다.[15]

문송

'문과라서 죄송합니다'의 준말이다. 취업 시장에서 홀대받는 대학의 인문·사회과학 전공자들이 내뱉는 자조 섞인 말로, 인문계의 비애를 자학적으로 표현한 말이라 할 수 있겠다. 문송 현상은 고등학교에서도 나타나고 있다. 학생들의 문과 지원율이 급격히 떨어지고 '이과 쏠림' 현상이 발생하고 있는 것이다. 고등학생들 사이에서는 '문레기 노답'이라는 말까지 유행하고 있다. "문과쓰레기는 답이 없다"는 뜻이다.[16]

『경향신문』(2014년 10월 24일)이 서울 영등포구에 있는 한 일반고등학교 1학년 한 반 학생 38명을 대상으로 실시한 설문조사를 보면, 이과 선호도가 문과보다 2배 가까이 높은 것으로 나타났다. 해당 계열을 선택한 이유도 문·이과에 따라 달랐다. 이과를 선택한 학생은 취업과 대학 진학에 유리하다는 점을 주된 이유로 꼽았다.[17] 전남 광양제철고 교감 강신복은 "최근 청년 취업난이 이과 쏠림 현상으로 이어진 것"이라면서 "상담해보면 아이들이 먼저 '이과가 더 취업이 잘되지 않느냐'고 얘기한다. 진로 상담과 체험 프로그램을 통해 문과를 권유하지만 눈길을 안 돌리는 게 사실"이라고 말했다.[18]

문과 기피로 일부 학교는 수학·과학 교사 수급 문제까지 겪고 있는데, 이 때문에 적잖은 고등학교가 학급·학생 비율을 유지하기 위해 고육책苦肉策까지 마련하고 있는 실정이다. 매년 졸업생 특강을 운영하고 있다는 한 고등학교의 입학홍보 관계자는 2014년 12월 "최근 학생들 선호가 이과로 너무 치우쳐 강연자를 주로 문과 출신 선배로 섭외하고 의대생이나 의사는 부르지 않는다"고 했다.[19] 이런 경향이 시사하듯, 2010년부터 2014년까지 5년 동안 일반대학 인문 계열 입학 정원은 4만 7,000여 명에서 4만 4,000여 명으로 줄었다.[20]

2015년 2월 4일 교육부총리 황우여는 학생 대표와의 간담회에서 "취업 문제를 먼저 해결하고 난 뒤 자기계발을 위한 인문학을 생각해야 한다"고 말했다. 인력 수급의 불균형을 해결하기 위해 취업 잘되는 이공계 정원은 늘리고 인문계 정원은 줄이겠다는 취지의 발언이었는데, 학술진흥 담당 부처의 수장이 인문학을 "취업 뒤 자기계발"로 한정하면서 논란이 일기도 했다.[21]

이와 관련 심윤희는 "당장 현장에 투입할 수 있는 인력을 뽑겠다는 기업의 입장도 이해는 간다. 하지만 기업의 이런 인사 철학은 근시안적이다"면서 이렇게 말했다. "인문학은 실용적이지는 않지만 미래를 이끌 상상력의 토양인 만큼 기업에서 무시할 수 없는 힘이다.……문·이과 칸막이를 없애고 융합형 인재를 길러내는 것이 세계적인 추세다. 정부는 2018년부터 문·이과 통합형 교육에 나서겠다지만 '문과라서 죄송한 현실'은 아무리 생각해도 지나치다."[22]

베트남어 로또

2014년 11월에 치러진 2015학년도 수능에서 '제2외국어 및 한문'을 본 수험생 6만 3,225명 가운데 43.5퍼센트가 베트남어를 선택해 시험을 치른 현상을 설명해주는 말이다. 수능에서 베트남어를 선택한 학생들이 상대적으로 높은 점수를 얻었다는 뜻이다. 베트남어는 원점수 50점 만점에 18점을 맞으면 3등급(전체 9등급 중)을 받을 수 있는 것으로 나타났는데, 이는 다른 외국어 과목의 3등급 커트라인보다 대단히 낮은 것이다. 독일어는 40점, 프랑스어는 42점, 스페인어는 40점, 중국어는 39점, 일본어는 42점이 3등급 커트라인이었다.[23]

베트남어 로또가 가능했던 이유는 어디에 있는 것일까? 그건 베트남어를 가르치는 학교가 적어 시험 난이도가 상대적으로 낮기 때문이다. 이와 관련 김예진은 2014년 12월 "현장 교사들에 따르면 학생들은 '적어도 3등급'이라며 '보험' 들듯 베트남어를 선택하고 있다. 중국어, 독일어, 프랑스어 등과 달리 사실상 거의 가르치는 학교가 없기 때문에 수험생들이 다 같이 못 봐도 백분율과 표준점수를 높게 받아 '로또'라는 말이 나올 정도다"면서 이렇게 말했다.

"서울교육청조차 베트남어와 아랍어는 출제할 교사를 구할 수 없어 해당 과목은 전국연합학력평가(모의고사)도 치른 적이 없다.

또 일부 대학에서는 사회탐구영역 선택과목 두 가지 중 한 과목을 제2외국어로 대체할 수 있도록 하고 있어, 베트남어를 보험 격으로 시험 봐두면 '물수능 재앙'과 같은 비상시에 활용할 수 있다는 것이다. 다른 언어에 비해 난도가 훨씬 낮아 학교에서 배우는 제2외국어로 시험을 치지 않고 학원에서 벼락치기로 베트남어를 공부하는 일도 부지기수다."[24]

정부의 수능 정책에 대해 비판이 쏟아지자 2015년 3월 교육부는 베트남어의 출제 수준을 더 높이는 방안을 검토할 수 있다고 밝혔다. 하지만 출제 수준을 높이더라도 문제가 해결될 가능성은 적어 현 수능 체제에서 가장 비교육적이고 기형적인 제2외국어의 쏠림 현상에 대한 대책에 정부가 너무 소홀한 것이 아니냐는 지적도 나왔다. 이와 관련 종로학원하늘교육 평가이사 오종운은 "학교 교육과정에 먼저 신생 제2외국어를 도입하고 어느 정도 확산이 된 이후 수능에 도입해야 하는데 거꾸로 해 제대로 학습하지 않고 시험에 응하게 되면서 쏠림 현상이 나타나는 것으로 보인다"며 이렇게 제안했다.

"교육부가 국수영 등 주요과목에만 신경을 쓰다 보니 제2외국어를 소홀히 하는 것 같은데 선택과목이지만 10퍼센트의 비중을 차지하고 있는 셈으로 수능에서 가장 기형적인 비교육적인 현상이 일어나고 있는 만큼 절대평가를 도입한다던지 대응이 필요하다."[25]

빅북 운동

대학생들의 교재비 부담을 덜어주기 위해 교재를 공짜로 보급하는 운동이다. 저자가 저작권을 기부해 지식을 나누는 것을 목표로 하는 '무료 교과서 운동'이라 할 수 있겠다. 빅북 운동은 기초학문 분야를 중심으로 대학 교수들이 새로 저술하는 교재에 대한 저작권을 포기하고 전자책 형태로 만들어 인터넷에서 무료로 내려 받을 수 있도록 하고 있는데, 지식과 경험을 사적으로 독점하는 것이 아니라, 지식 재창조를 위해 교과서를 함께 만들고 나누자는 취지에서 시작되었다.[26] 저자가 저작권을 포기한 교육용 저작물을 일컬어 빅북Big Book이라 한다.

빅북 운동은 대학 교과서가 너무 비싸다는 문제의식에서 출발했다. 이에 대해 빅북 운동본부의 대표 조영복은 2015년 2월 "지난 30년 대학 캠퍼스는 상전벽해의 변화를 겪었지만 단 하나, 대학 교재만큼은 예외였다. 비릿한 잉크 냄새가 나는 무거운 교재는 제때 개정되지 않아 낡은 이론이나 오류를 그대로 담고 있는 경우가 많았다"면서 이렇게 말했다.

"대학 교재 시장은 실패한 시장이다. 학생들은 가격 대비 낮은 보관 가치 탓에 구매를 꺼려한다. 출판사에도 매력적이지 않다. 높은 초기 투자비용 및 재고 비용이 부담스럽다. 교수들 입장도 크게 다르지 않다. 기존에 출판된 책이 다 팔리지 않으면 새로운 지식을 개정판에 담기 힘들고 인세로 받는 저작료도 낮다. 고비용 저효율 구조가 고착화된 시장이다."[27]

빅북 운동본부는 2015년 2월 현재 원론형 대학교재 7종, 초등학생용 수학교재 2학기용 6종 등을 제작해 공유하고 있는데, 학생들은 빅북 운동본부 홈페이지www.bigbook.or.kr에서 무료로 내려 받을 수 있다. 빅북은 일본에까지 진출했다. 빅북 운동본부는 일본식 교육과 한국식 교육을 병행하고 있는 일본의 금강학원 교장 선생님이 직접 한국사 교과서를 만들어 교육을 한다는 사실을 접하고 빅북 교과서를 제공하고 있다. 금강학원은 한인 4세들이 다니는 학교다.[28]

『부산일보』 2014년 6월 30일자 사설 「교과서 공유 '빅북' 운동 확산에 박수 보낸다」는 "빅북 운동은 지식의 단순 공유 차원이 아니라는 점에서 주목을 받는다. 저자는 물론 학생, 시민사회가 서로 소통하는 쌍방향 플랫폼이 지향점이다" 면서 이렇게 말했다.

"죽어 있는 지식이 아니고 계속해서 보완되는 지식 재창조가 가능한 게 장점이다. 분야가 무궁무진하고 찾는 사람들도 많기에 이를 활용한 유망 사업 아이템으로 발전시킬 수 있다는 뜻이다."[29]

석좌교수 chair professor

탁월한 학문적 업적을 이룬 당대의 석학을 초빙해 모시는 교수를 말한다. 대학은 외부기관이나 개인 기탁금으로 조성된 대학 석좌기금이나 대학발전기금 등의 재원으로 석좌교수를 지원하는데, 강의보다는 연구 활동에 집중할 수 있기 때문에 명예로운 자리로 간주되고 있다.[30] 한국에서는 1985년 시작되었는데, 애초 취지와 달리 변질되고 있다는 지적이 적지 않다. 학문적 업적이 뛰어난 교수보다는 고위 공직자나 정치인, 공공기관 임원, 언론인 출신 석좌교수가 많다는 것이다. 2015년 3월 현재 국공립대학의 석좌·초빙교수 가운데 3분의 1은 학문과 거리가 먼 정계·관계·재계·군 출신이다.[31]

이런 현상이 발생하는 이유는 한국의 대학이 석좌교수제를 '대학 브랜드 제고'나 '전관예우'를 겨냥한 대정부 로비 수단으로 활용하고 있기 때문인 것으로 분석되고 있다. 학교의 평판을 높이고 경영에 도움을 받기 위해 석좌교수를 초빙하는 경우가 많다는 것이다. 서울지역 한 사립대학 관계자는 "석좌교수가 외부 활동을 하면 학교 이름이 계속 언급되는데, 이를 통해 대학 홍보 효과를 함께 얻게 된다. 그래서 같은 조건이면 가급적 명성이 있는 분을 모시는 것이 더 효과적"이라고 말했다. 다른 사립대학 관계자는 "대학도 자본이 뒷받침돼야 한다. 건물도 올리고 임대사업과 수익사업도 하면서 재정을 확충해야 한다. 권력이나 인맥을 가진 분을 석좌교수로 위촉하는 게 도움이 된다는 것을 부정하지는 못한다"고 했다.[32]

　　대학이 학교 평판을 높이고 학교 경영에 도움을 얻기 위해 석좌교수제를 활용한다면 고위 공직자나 정관계 인사들은 석좌교수 제도를 '신분세탁' 용도나, 다른 자리로 갈아타기 전에 잠시 머무는 '정류장'으로 활용하고 있는 것으로 알려졌다. 서울지역 사립대학 관계자는 "석좌교수도 근본적인 역할은 연구와 교육인데, 이런 학문적 배경 없이 외부에서 들어오는 건 문제가 있다. 최우선적으로 탁월한 학문적 업적을 요구하는데, 그런 것도 없이 한 번 왔다가 가는 제도로 이용되고 있는 현실을 부정하긴 어렵다"고 했다.[33]

　　현재 한국의 석좌교수제는 대학 내규로 운영되기 때문에 명확한 기준이나 제재가 없는데, 이 때문에 석좌교수 제도 운영에도 '사회적 합의'가 필요하다는 견해가 있다. 석좌교수 임용에 대한 기준을 담고 있는 대학 내규에는 '인사위원회가 필요하다고 판단한 자' 등 모호한 조항이 많은데, 이런 내규를 좀더 구체화해서 석좌교수제가 변질되는 것을 막자는 것이다.[34]

성별 임금격차

여성이라는 이유로 남성보다 임금을 적게 받는 현상을 말한다. 유엔 산하 국제노동기구ILO는 2015년 3월 8일 '세계여성의 날'을 맞아 발표한 보고서에서 전 세계 여성은 남성에게 지급되는 임금의 77퍼센트를 받고 있으며, 지난 20년 동안 단지 3퍼센트포인트가 개선되었다고 했다.[35] 경영학 석사MBA 학위도 성별 임금격차를 좁히는 데 전혀 도움이 되지 않는다는 조사 결과가 있다. 영국 『파이낸셜타임스』는 2015년 3월 많은 여성이 기업 이사회 의석에 앉을 수 있는 지름길로 MBA를 꼽고 있지만, 함께 MBA 학위를 취득한 동료 남성들보다 못한 임금을 감당해야 한다고 말했다. MBA 전 과정을 밟은 남성은 수료 전후 임금이 96퍼센트 늘어났지만, 여성은 평균 87퍼센트 증가하는 데 그쳤다는 것이다.[36]

성별 임금격차는 세계적인 현상이지만 한국은 성별 임금격차가 아주 큰 대표적인 국가로 분류된다. OECD가 2012년을 기준으로 조사한 바에 따르면 한국의 남녀 근로자 간 임금 격차는 37퍼센트에 달했다. 남자가 100만 원의 월급을 받으면 여성 근로자는 63만 원밖에 못 받는다는 뜻이다. 한국의 성별 임금격차는 OECD가 통계를 집계한 2000년 이후 개선되기는커녕 오히려 OECD 평균과 점점 더 벌어지고 있는 추세다. 예컨대 OECD 평균은 2000년 19.2퍼센트에서 2011년 14.8퍼센트로 4.4퍼센트 줄어들었지만 한국의 성별 임금격차는 2000년 40.4퍼센트에서 2012년 37.4퍼센트로 3퍼센트 줄어드는 데 그쳤다. 한국의 성별 임금격차는 OECD 평균(15퍼센트)보다 2배 이상 클 뿐만 아니라 OECD 회원국 가운데서 가장 높은 것이다.[37]

한국여성정책연구원 부연구위원 김난주는 2015년 5월 발표한 「성별 임금격차와 시사점」 보고서에서 한국에서 성별 임금격차가 쉽게 좁혀지지 않는 것은 합리적으로 설명할 수 있는 남녀 간 특성 차이보다는 눈에 보이지 않는 사회정서적 남녀 차별의 요인 때문이라고 말했다. 근속연수, 교육수준, 직종 등에 따른 남녀 차이에서 발생하는 임금격차 요인은 37.8퍼센트였지만 남녀 차별에 따른 임금격차는 62.2퍼센트에 달했다는 것이다.

남성이라는 이유로 생산성보다 임금을 많이 받는 프리미엄은 3.9퍼센트, 여성이어서 생산성보다 적은 임금을 받는 '여성 손실분'은 58.3퍼센트로 추정한 김난주는 "여성은 결혼, 임신·출산, 육아 등으로 인해 근속연수가 남성에 비해 적을 수밖에 없는 만큼 임금 차이가 과도하게 나지 않도록 하기 위해서는 근로의 중단 없이 경력 유지를 하는 것이 필요하다"면서 이렇게 말했다.

"단지 여성이라는 이유만으로 노동 시장에서 여성이 차별받는 관행을 바로잡기 위해서는 고용주, 근로자, 정부가 함께 나서야 한다."[38]

수도꼭지 고용

필요할 때만 노동력을 가져다 쓰고 일이 뜸해지면 내쫓아버리는 고용 방식을 일컫는 말이다. 물이 필요할 때는 수도꼭지를 틀었다가 불필요할 때는 잠그는 것에 빗댄 말이다. 이른바 '호출근로'와 비슷한 말이라 할 수 있다. 인력 풀을 만들어놓고 필요할 때만 선택적으로 부르는 고용 방식을 일컬어 호출근로라 한다.[39] 수도꼭지 고용 방식에 의해 고용된 노동자들의 노동 조건은 열악하다. 노동법에서 인정하는 월차나 퇴직금을 받을 수 없을 뿐만 아니라 언제 잘릴지도 알 수 없다. 수도꼭지 고용은 배달 대행이나 택배 상하차, 호텔 연회장 알바 등에서 자주 발생하고 있는 것으로 알려져 있다.

수도꼭지 고용은 청소년 알바에서도 흔히 발견되는 고용 방식이다. 왜 그럴까? 최화진은 2015년 1월 "청소년 노동에서는 '꺾기'나 '수도꼭지 고용' 등의 편법도 자주 이뤄진다. '꺾기'는 채용 당시 이야기했던 근무시간과 달리 손님이 없을 때 매장 밖으로 내보내 쉬게 하거나 조기 퇴근을 시키는 걸 말한다. 이럴 경우 임금이 줄어드는 것은 물론 짧은 시간에 동일한 일을 해야 해서 노동 강도가 세질 수밖에 없다"면서 이렇게 말했다.

"노동자 입장에서는 노동법에서 인정하는 월차나 퇴직금도 받을 수 없고 언제 잘릴지 몰라 불안하다. 청소년 노동자들은 관련 법

을 자세히 모르고 있거나 법을 알더라도 고용주에게 따지다가 잘릴까봐 제대로 말을 못하는 경우가 많다."⁴⁰

주문형 경제on-demand economy가 수도꼭지 고용을 부추기고 있다는 견해도 있다. 각종 서비스와 재화가 모바일 네트워크 또는 온라인 장터 등을 통해 수요자가 원하는 형태로 즉각 제공되는 경제 시스템을 일컬어 주문형 경제라 한다. 이와 관련해 신지후는 2015년 2월 "주문형 경제의 가장 뚜렷한 특징은 '노동 유연성'의 극대화다. 긍정적으로 보면 프리랜서 노동자들은 원하는 시간에 일할 수 있고, 본업을 하고 남는 자투리 시간에 또 다른 일을 하며 추가 수입을 얻을 수 있다"면서 이렇게 말했다.

"반면 이러한 특성 탓에 주문형 경제는 마치 수도꼭지를 틀면 물이 나오듯 필요할 때만 인력을 고용하고 또 수도꼭지를 잠그듯 쉽게 해고해 노동의 안정성을 크게 악화시키는 '수도꼭지 경제'를 초래한다는 우려가 제기된다."⁴¹

스터디 고시

취업을 위해 스터디 모임에 가입하는 것이 고시에 합격하는 것만큼 힘들고 어렵다는 것을 이르는 말이다. 좋은 스터디 모임에 들어가면 면접 요령 등을 쉽게 얻을 수 있어 실제 채용 과정에서도 유리할 수 있다는 판단이 확산하면서 등장한 현상이다. '취업스터디 가입도 하늘의 별따기'라는 말까지 나올 만큼 스터디 고시는 취업준비생들 사이에서 일반화되어 있다.[42]

가입 경쟁률이 웬만한 기업 경쟁률과 맞먹는 스터디 모임도 있으며 학벌 등 자신들이 정한 기준에 따라 가입 조건을 만든 스터디 모임도 적지 않다. 이른바 유명 스터디 모임에 가입하기 위해선 졸업한 대학, 학과, 나이, 성별, 거주지, 토익·토플 등의 공인 영어 성적, 해외 거주 기간, 영어 실력, 취업 준비 기간, 스터디 참가 횟수, 과거 합격 여부 등의 정보를 제공해야 하는 것이다.[43] 유명 스터디 그룹이 요구하는 자격 조건은 갈수록 까다로워지고 있다. 『한국경제』 2015년 3월 10일자는 "이력서나 자기소개서를 요구하는 스터디는 평범한 축에 속한다. 요즘은 높은 영어 점수나 '인·적성 시험 통과 이상' 등 취업 전형에 대한 경험을 요구한다. 특히 면접 경험을 중시한다"면서 다음과 같이 말했다.

"많은 지원자를 거르려다 보니 전공 쿼터도 생겼다. 기업처럼 상경대를 우대하는 곳이 많다. '스터디원 네 명 모집에 경영대생 세명, 인문대생 한 명'이라는 식이다. 대기업 마케팅 직군 취업을 준비한다는 한 스터디는 작년 하반기에 낸 모집공고에 '경영·경제학과가 아닌 사람은 지원해도 답을 주지 않겠다'는 공지를 했다. 어려운 가입 조건을 붙여 '그들만의 리그'를 만드는 경우도 있다. 지난해 한 대학 인터넷 커뮤니티에 올라온 재보험회사 면접 스터디 충원 글에는 '해당 기업에 아는 재직자가 있는 사람만 지원하라'는 조건이 붙었다."⁴⁴

상황이 이렇다 보니 스터디 고시에 대한 스트레스를 호소하는 취업준비생들도 적지 않다. 예컨대 게임기획 스터디 모집에 여러 번 떨어졌다는 한 학생은 "과거에 일본에서 도쿄대를 가기 위해 유명 재수학원을 다니고, 그 유명 재수학원을 들어가기 위한 학원이 있다는 말을 들었는데 지금 우리가 딱 그 모습"이라며 "특히 스터디가 대학 전공과 관계없는 분야일 경우 좋은 스터디에 들어가는 것은 하늘의 별 따기만큼이나 어렵다"고 토로했다.⁴⁵

스터디 고시에 합격했다고 해서 안심할 수 있는 것은 아니다. 스터디 그룹 자체의 내부 규율이 매우 엄격한 곳이 적지 않기 때문이다. 예컨대 내규 위반이 3회를 넘으면 하루 동안 휴대전화를 빼앗는 '강력한 페널티'를 적용하고 있는 스터디도 있으며, '벽 보고 노래 부르기'와 같이 수치심을 느끼는 벌칙까지 주는 곳도 있다. 체벌을 하는 스터디도 있다.⁴⁶

스펙 디스카운트

취업을 위해 애써 쌓은 경력이나 스펙을 과감히 버리거나 감추는 현상을 이르는 말이다. 취업문이 갈수록 좁아지는 상황에서 높은 조건을 내세우기보다 회사가 원하는 조건에 맞춰서라도 일단 취직하고 보자는 사람들이 증가하면서 나타난 현상이다.

스펙 디스카운트는 취업 적령기로 통하는 만 23~27세를 넘긴 이들에게서 두드러지게 나타난다. 이 시기를 넘어서면 한국 사회에 암묵적으로 통용되는 나이 제한에 걸리기 때문이다. 한 취업 준비생은 2015년 2월 "학교 다닐 때 각종 동아리와 대외 활동으로 바쁘게 지냈고 졸업 후에도 눈코 뜰 새 없이 일만 했는데 아무것도 인정받지 못하다니 허무하다"며 "이제는 경력을 다 버리고서라도 어디든 정규직으로 빨리 들어가고 싶은 마음 뿐"이라고 했다.[47]

이런 이유 때문에 이른바 '하향 취업' 현상도 발생하고 있다. 취업난이 극심해지면서 대졸자가 고졸 자리를 넘보는 현상까지 나타나고 있는 것이다.[48] 예컨대 2014년 2월 지방대 인문계를 졸업하고 지원서 학력란에 '고졸'이라고 적어 보안 관련 대기업에 취업한 A 씨(27)는 "같은 회사에 대졸자로 지원했었지만 서류전형에서 떨어졌다"며 "해당 업무를 하는데 고졸이든 대졸이든 차이가 없어 고졸을 선호할 것 같았다"고 말했다. 지방대 경영학과를 나와 고졸만

뽑는 자동차 제조업체 생산직에 학력을 속이고 지원한 김 모(28) 씨는 "고졸로 이 업체 생산직에 원서를 낸 대학 인문계 학과 출신이 주변에 꽤 된다"고 했다.[49]

스펙 디스카운트 현상은 이직 시장에서도 자주 볼 수 있다. 연봉이 줄어들고 그간의 경력이 공허하게 사라지지만 원하는 직장으로 옮겨가기 위해 스펙 디스카운트를 마다하지 않는 것이다. 2015년 2월 온라인 취업포털사이트 사람인에 따르면, 입사 2년 미만의 직장인 10명 중 8명은 이직을 위해 경력을 포기할 의향이 있는 것으로 나타났다.[50]

스펙 디스카운트를 이른바 '달관 세대'의 특징으로 보는 시각도 있다. 아무리 노력해도 경제적 양극화, 취업난, 주택난 등에서 비롯된 미래에 대한 불안감은 사라지지 않기 때문에 미래에 대한 헛된 욕망을 버리고 지금 이 순간 행복하게 사는 방식을 추구하는 사람들을 일컬어 달관 세대라 한다. 미래에 대한 불안감에서 오는 분노와 절망의 심리를 현실 안주로 치환한 세대라 할 수 있겠다.

성균관대학교 사회학과 교수 구정우는 "높은 수준의 교육을 받은 이들은 점차 증가하고 있지만 일자리는 부족하기 때문에 취업을 위해 눈높이를 낮추는 현상이 나타나고 있다"며 "기성세대와 현 제도권, 불합리한 사회 구조에 대해 분노와 좌절을 표현하는 시위의 일종으로 볼 수도 있다"고 했다.[51]

스펙 증후군

스펙만 좋으면 취업에 반드시 성공한다는 강박관념이나 스펙이 부족해서 스스로 자책하는 증상, 다른 구직자들보다 높은 스펙을 쌓기 위해 동분서주하는 현상 등을 이르는 말이다. 취업 시장에서 이른바 스펙이 중요해지면서 등장한 말이다. 스펙spec은 영어 specification을 줄여서 부르는 말로, 원래는 제품의 사양, 치수, 성능 등을 담은 명세서나 설명서를 뜻한다. 한국에서는 구직자의 학력, 학점, 공인 영어점수, 각종 자격증 보유 정도 등을 나타내는 말로 사용되고 있다.

2008년 10월 취업정보업체 스카우트가 구직자 729명을 대상으로 설문조사 결과 10명 가운데 8명이 자신의 스펙으로 취업 관문을 뚫기 어렵다고 생각하고 있는 것으로 나타났다.[52] 그런 생각을 하는 취업준비생이 많았던 것일까? 2013년에는 이른바 취업을 위한 '8대 스펙'이라는 말이 등장했다. 학벌, 학점, 토익, 자격증, 어학연수, 수상 경력, 인턴 경험, 봉사활동이 8대 스펙에 해당한다.

무턱대고 스펙을 쌓는 게 취업에 도움이 되지 않는다는 지적도 적지 않게 나왔지만, 취업난이 심각해지면서 맹목적인 스펙 쌓기 현상마저 벌어졌다. 지방대 경영학과 졸업 후 구직 중인 S 씨(27)는 2014년 10월 "취업 카페에 웃음치료사 자격증을 따고 성공했다는 글이 오르면 앞다퉈 몰려가고 차별화하려고 스킨스쿠버 자격증을

따는 이들도 있다"며 "유명 단체에서 봉사활동을 하려면 경쟁이 치열하다"고 했다.[53]

2015년 들어 공공기관을 중심으로 스펙 초월 채용 추세가 확산되었다. 또 과도한 스펙 쌓기가 사회문제로 부각되자 삼성, 현대자동차, LG그룹, SK그룹 등 주요 대기업이 입사지원서에 스펙을 적는 공간을 대폭 축소하거나 없앤 것으로 나타났지만 스펙 증후군은 더욱 심화하고 있다.

인턴을 하기 위해 인턴 스펙을 쌓는 사람들도 있다. 2015년 6월 29일 고용노동부와 대통령직속 청년위원회가 서울 대방동 서울여성플라자에서 개최한 '청년일자리 타운홀 미팅'에서 한 대학 학보사 편집국장인 한 모 씨는 "취업을 하려면 인턴 경력이 있어야 하고 인턴 자리를 얻기 위해 또 다른 인턴을 스펙으로 쌓아야 한다"며 뫼비우스의 띠에 빗댄 이를 '스펙우스의 띠'라고 했다.[54] 이런 분위기 속에서 알바도 스펙으로 간주하는 분위기가 확산되고 있다. 예컨대 2014년 여름방학 때 여행가이드 알바를 했던 대학생 김 모(여·24) 씨는 "점차 탈스펙·열린채용을 지향하는 기업들이 많아지면서 이력서에 어학점수 등 스펙을 쓰지 않는 경우가 많아지고 있다"며 "진로를 고민하고 취업에 관심을 갖는 친구일수록 알바 하나도 평범한 것을 하려고 하지 않는다"고 말했다.[55]

15달러를 위한 투쟁 fight for $15

미국의 저임금 노동자들이 법정 최저임금을 시간당 7.5달러에서 15달러로 인상하자는 취지에서 전개하고 있는 운동을 말한다. 2008년 글로벌 금융위기 뒤 '월가 점령 운동(오큐파이 월스트리트)'를 주도했던 '변화를 위한 뉴욕 코뮤니티스'의 활동가들이 뉴욕 패스트푸드 체인점 등의 저임금 노동자들을 조직하면서 2012년 '파이트 포 15 fight for $15'라는 이름으로 시작했다. 애초 맥도날드 등 패스트푸드 체인점에서 일하는 노동자의 임금을 생활임금 수준으로 올리자는 취지에서 시작된 이 운동은 사회 양극화 문제에 대한 여론의 확산으로 일반 소매점 종업원, 공항 노동자, 요양서비스 노동자 등 일용직 서비스 노동자 전반의 처우 개선을 요구하는 운동으로 확대되었다.[56]

초기엔 최저임금을 15달러로 올리는 것은 무리한 목표라는 평가도 있었지만 그간 적지 않은 성과를 거두었다. 2014년 6월 워싱턴주 시애틀 시의회는 최초로 최저임금을 9.32달러에서 15달러로 인상하는 조례안을 통과시켰으며, 이후 2015년 1월 1일부터 20개 주와 워싱턴D.C.가 시간당 최저임금을 인상하는 등 미국 전역에서 가시적인 성과가 속속 나타난 것이다.[57] 그간 시간당 최저임금 인상 움직임에 강력히 반발했던 기업들도 최저임금 인상 요구에 무릎을 끓었다. 맥도날드는 2015년 4월 초 미국 직영매장 직원들에 대한 종업원 임금을 현재 9.01달러에서 7월부터 9.90달러로 올리고 2015년 말에는 10달러를 넘기기로 했으며, 휴가수당 등을 신설하는 계획을 내놓았다.[58] 월마트, 타깃, TJ맥스 등 미국의 대형 유통업체들도 잇따라 매장 노동자의 임금을 법정 최저임금인 7.25달러보다 많은 시간당 9달러로 올리기로 했다.[59]

2015년 5월 19일 미국에서 두 번째로 큰 도시인 로스앤젤레스가 법정 최저임금을 현재 시간당 9달러에서 2020년까지 15달러로 인상하기로 결정하면서 파장은 미 전역으로 확산될 것으로 전망되었다. 캘리포니아대학 버클리분교의 경제학자인 마이클 라이히는 『뉴욕타임스』에서 "이번 조처는 1960년대 이후 우리가 보지 못했던 방식으로 임금을 올리게 될 것"이라며 "특히 주거비용이 높은 지역에서 이런 임금 인상이 '뉴 노멀'이 되고 있다"고 말했다.[60]

정치권도 15달러를 위한 투쟁에 화답하고 있다. 민주당은 2020년까지 12달러로 올리는 법안을 마련 중이다. 『뉴욕타임스』는 2016년 미국 대선을 앞두고 15달러를 위한 투쟁이 사회적인 쟁점으로 부각되면서, 부자들에게 유리하게 왜곡된 현재의 경제 체제에 도전하는 최대 규모의 운동이 되고 있다고 했다. 노조에 소속된 노동자들의 가세가 15달러를 위한 투쟁이 성과를 거둔 결정적인 이유로 거론되기도 하는데, 이 때문에 침체에 빠졌던 미국 노동운동이 중요한 전기를 맞고 있다는 평가도 나왔다.[61]

알바노조

현행 노동법은 노동자의 권리를 알바 노동자에게도 똑같이 적용하도록 하고 있다. 4대보험, 법정수당, 주휴수당, 야근수당, 연차수당 등에서 일반 노동자와 차이가 없으며, 1년 이상 근무하면 퇴직금을 줘야 하고, 2년을 초과하면 정규직으로 전환해야 하는 것도 똑같다.[62] 하지만 알바 노동자는 노동법의 사각지대로 내몰리고 있는데, 이렇게 노동권의 변방에 있는 알바들의 권리를 위해 2013년 7월 설립된 노조가 바로 '알바노조'다. 알바노조는 조합원들이 매달 최저임금만큼 내는 조합비로 운영을 하고 있다. 2013년 8월 노조 설립 신고 당시 10명이었던 알바노조의 조합원은 2015년 2월 현재 60여 명이다.[63]

알바노조는 알바노동 상담, 부당관행 시정 요구 등 다양한 활동을 벌이고 있는데, 여전히 아르바이트를 노동으로 보지 않는 인식과 힘겹게 싸우고 있다. 알바노조가 노동절 전날인 2015년 4월 30일 언론중재위원회에 아르바이트 노동자를 '아르바이트생'으로 표현하는 언론 보도를 자제해달라는 내용의 의견서를 낸 것도 이런 이유 때문이다. 알바노조 사무국장 이혜정은 "단순히 용돈을 버는 학생을 뜻하는 '아르바이트생'이라는 표현으로 불리면서 아르바이트 역시 노동이라는 인식이 흐려졌다. 이런 인식 때문에 당연히 지켜져야 할 노동법 규정조차 무시되고 있다. 생계형 알바 노동자가 늘어난 만큼 노동자라는 인식을 명확히 해야 한다"고 했다.[64]

알바노조가 가장 중점을 두고 있는 부문은 최저임금 인상으로, '최저임금 1만 원'이란 구호를 처음 제기한 것도 알바노조다. 2013년 7월 알바노조 결성 때부터 위원장으로 활동하고 있는 구교현은 "이제 알바는 하나의 직업이다. 이게 현실이다. 알바를 뭔가 비정상적인 상태, 벗어나야 하는 어떤 것으로 보는 건, 명백한 현실 부정이다. 알바 하면서 먹고살 수 있는 기반이 확보돼야 한다. 그래야 대한민국 노동생산성도 높아진다"면서 최저임금 1만 원은 생존권은 물론 인권과도 직결된 문제라고 말했다.

"알바노동자들에 대해서 '너무 무책임하다, 나오고 싶을 때 나오고 망하든 말든 신경 안 쓴다'고 얘기하는 사장님들이 많다. 실제로 그런 알바도 있다. 알바도 사람인데 나쁜 사람이 왜 없겠나. 근데 그 이면을 들여다보면, 세상이 알바노동자를 그렇게 막 대하기 때문에 알바노동자들도 막 일하는 거다. 알바는 값싼 인간들, 5,580원짜리 인간들이라는 인식이 널리 퍼져 있다. 최저임금 인상은 단순히 알바들의 지갑을 더 채우자는 게 아니다. 다수의 알바노동자들을 이 사회가 어떻게 공동체 일원으로 받아들이고 사람 대접을 할 것인지 따져보는 계기가 될 것이다."[65]

인구론

인문계 졸업생은 90퍼센트가 논다는 의미의 말이다. 인문계 대졸자들이 취업 시장에서 철저히 외면당하자 등장한 조어다. 한국교육개발원의 '2014 취업통계연보'에 따르면 인문계열 취업률은 45.5퍼센트, 공학계열은 65.6퍼센트였다.[66] 교육부의 '전국 4년제 대학정원 및 취업률' 자료에 따르면, 2014년 인문계열 졸업자 취업률은 47.8퍼센트, 공학계열의 취업률은 67.4퍼센트였다. 대기업일수록 인문계열 학생들의 취업률은 크게 떨어진다. 2014년 4대 그룹의 신입사원 채용 결과를 보면, 삼성은 이공계가 80퍼센트, 현대차는 70퍼센트, LG그룹의 주요 3사(전자·화학·디스플레이)는 85퍼센트, SK그룹은 70퍼센트에 달했다. 국내 매출액 상위 100대 기업의 대졸 신입사원 중에서 이공계 출신이 많은 기업도 62개에 달한다.[67]

인문계열 전공자들은 숫자로 나타나는 것보다 취업난이 훨씬 심각하다고 말한다. 한 지방대 상경계열 졸업예정자인 김 모(여·24) 씨는 "제 주변에 친한 선배나 동기 20명 정도를 보면 졸업하자마자 취업하는 경우는 없고, 졸업 1년 뒤에야 한두 명 정도 취업하는 수준"이라고 말했다.[68] 2013년 국어국문학과를 졸업한 김 모(27) 씨는 "나도 놀고 동기도 놀고, 선배도 놀고 있으니 인구론이란 말이 과장은 아니다"고 했다.[69]

2015년 3월 몇몇 온라인 커뮤니티에는 'A대 인문대 수석 졸업자의 집'이라는 토스트 가게 사진과 함께 「인문대 수석 졸업생의 최후」란 제목의 글이 올라와 논쟁이 발생했다. 한 대학의 인문대를 수석 졸업했다는 사람이 '토스트 가게든 뭐든 자립하는 모습이 보기 좋다'는 반응도 있었지만, "'인구론(인문대 졸업자 90퍼센트가 논다)'의 대표적인 예"라는 식의 반응도 적지 않았던 것이다. 서울의 한 대학에서 서양사학을 전공하는 박 모(20) 씨는 "이씨 가게 간판을 보니 외면하고 싶던 진실을 마주한 거 같아 기분이 나빴다"고 말했다.[70]

인문계의 취업률이 크게 떨어지면서 교육부 대학평가에서 불리해진 대학이 인문계열 학과들을 없애거나 통합해 이를 둘러싼 갈등이 적지 않게 발생하는 등 사회적 논란이 일자,[71] 2015년 6월 24일 정부는 인문계 전공자의 취업난을 해결하기 위한 일환으로 인문계 전공자가 이공계 지식을 교육받을 수 있는 기회를 늘리겠다는 발표했다.[72] 하지만 정부가 내놓은 대책이 실효성이 있을지에 대해 의문의 목소리가 적지 않다. 예컨대 청년유니온 정책국장 정준영은 "인문학을 오랫동안 공부해온 학생들이 단기적으로 IT 지식을 공부한다고 해서 이공계 학생과 취업 경쟁에서 이길 수 있는지는 의문"이라며 "적성, 선호도를 무시하고 취업을 위해 인문계 학생들이 이공계 지식을 공부하라는 것은 무책임한 대책으로 보인다"고 했다.[73]

자기소개서 공포증

취업 준비생들이 자기소개서 작성 때문에 겪는 스트레스와 두려움을 말한다. 자소서포비아라고도 한다. 자소서는 자기소개서의 준말이다. 2014년부터 이른바 '스펙 초월 채용'이 취업시장의 새로운 트렌드로 떠오르면서 취업 준비생들 사이에 회자되기 시작한 말이다. 당시 기업들은 신입사원 채용 과정에서 토익·학점 등 정량적 스펙 대신 직무 관련 경험이나 인턴 참여 여부, 희망 직무에 대한 이해도 등에 정성적 평가 요소를 강화하며 자기소개서 비중을 크게 높였는데, 이후 자기소개서 공포증을 호소하는 취업준비생들이 크게 늘었다.

2014년 3월 취업포털사이트 인크루트가 구직자 472명을 설문한 결과 89퍼센트가 "자소서 항목이 너무 많아 어려웠다"고 답했으며, "항목이 너무 어려워 입사 지원을 포기한 경험도 있다"는 응답도 75.6퍼센트에 달했다. 건국대학교 인력개발센터장 김종필은 "지원 동기, 성장 과정, 성격의 장단점 등을 열거하는 수준에서 벗어나고 있다"며 "일부 기업은 그 업계·회사에서 10년은 근무해야 알 만한 전문적인 내용을 묻기도 한다"고 했다.[74]

자기소개서 비중이 높아지면서 자기소개서 관련 '사교육 시장'도 등장했다. '자기소개서 대필', '자기소개서 대행'이라는 타이

틀을 내걸고 장당 7~10만 원의 돈을 받고 성장 배경부터 입사 후 포부까지 알아서 작성해주는 인터넷 대필 업체들이 등장한 것이다. 자기소개서 첨삭을 해주는 업체도 생겼으며, 자기소개서에서 더 좋은 점수를 받기 위해 자기소개서에 추가할 '스펙'을 쌓는 사람들도 있다.[75]『매일경제』2015년 3월 19일자는 "청년 실업 문제가 심각한 가운데 취업 준비생(취준생)들이 이제는 자기소개서 작성 단계부터 낙담하고 있다"면서 이렇게 말했다.

"기업들이 올해 상반기 서류전형 문항에 '앱개발 사례'나 '하드 디스크 드라이브HDD 사용자를 솔리드 스테이트 드라이브SSD로 전환하는 방안' 등 직접 경험했거나 전문적인 마케팅 지식이 있어야 가능한 논문 수준의 자기소개서를 요구하고 있기 때문이다. 그동안 '개인적인 경험'과 '지원동기' 등 평범한 내용을 담았던 자기소개서가 까다로워지기는 했지만 올해 들어 이 같은 경향이 특히 두드러진다고 취준생들은 전한다."[76]

자기소개서 공포증은 '자소설'이라는 신조어도 낳았다. '자소설'은 자기소개서와 소설의 합성어로, 소설을 쓰듯 창작한 자기소개서를 일컫는 말이다. 자소설이 등장하면서 지원자가 자기소개서에 적은 세세한 경험에 대한 증빙서류 등 증거를 요구하는 기업도 등장했다. 증거 자료를 요구하는 기업은 평가의 공정성이 높아지고 허수지원이 감소하는 등의 긍정적인 효과가 나타나고 있다고 말하지만, 취업 준비생들은 자기소개서 공포증이 더욱 커졌다고 토로한다.[77]

자소설

자기소개서와 소설의 합성어로, 소설을 쓰듯 창작한 자기소개서를 일컫는 말이다. 강한 인상과 거창한 이미지를 주는 자기소개서를 써야 취업에 유리할 것이라는 생각에 실제 경험하지 않은 것이나 모르는 분야를 잘 알고 있는 것처럼 포장하는 식이다. 자소설은 정량 평가 대신 정성 평가를 하는 기업들이 증가하면서 나타난 현상이다. 스펙 대신 직무 관련 경험이나 인턴 참여 여부, 희망 직무에 대한 이해도 등 정성적 평가 요소를 강화하면서 자기소개서 비중이 커졌기 때문이다. 이와 관련 양선희는 2015년 3월 "대기업 공채가 시작되며 회사마다 인재 기준과 선발방식을 내놓고 있다. 뽑는 기업 수도 인원도 줄었고, 원하는 인재상은 난수표 같다"면서 이렇게 말한다.

"어느 회사는 스펙보다 인문 소양을 보고, 어떤 회사는 직무역량 평가를 강화하고, 다른 회사는 범용인재보다 맞춤인재를 선호한단다. 시험방식도 자격도 달라 어떤 준비를 해야 하는지 감이 안 온다. 이에 청춘들은 자기소개서(자소서)에 마치 그 회사에 입사하기 위해 태어난 것처럼 쓰는 데 심혈을 기울인다. 그래서 '자소설'이라 한단다. 한데 청춘들이 학점에다 온갖 자격시험, 사회 경험, 봉사까지 하는 와중에 미리 어느 회사 직원으로 살겠다며 촘촘하게 인생

시나리오를 짜서 산다는 게 가능한가. 수시로 변수가 돌출하고 계획대로 되지 않는 인생을 살아본 우리 기성세대는 불가능하다는 거 알지 않나."[78]

자소설 때문에 이른바 취업준비생과 기업 사이에 숨바꼭질이 벌어지는 경우도 적지 않다. 지원자가 자기소개서에 적은 세세한 경험에 대한 증빙서류 등 증거를 요구하는 기업들이 등장하고 있기 때문이다. 예컨대 한 기업의 관계자는 "과거엔 서류를 통과한 지원자가 적어낸 경험이 부풀려진 경우가 많아 면접 때 이를 검증하느라 애를 먹었다"며 "서류전형에서부터 구체적인 근거를 요구하니 허수 지원자도 줄었다"고 했다.[79]

자소설이 증가하면서 면접에서 돌발 질문을 던지는 기업도 증가하고 있다. 예컨대 상·하반기 채용 때마다 구직자들이 써낸 자소서를 하나도 빠짐없이 모두 다 읽는 것으로 알려진 현대차그룹은 지원자들이 써낸 자소서에 이른바 'Ctrl+C', 'Ctrl+V'로 다른 사람의 자소서를 베낀 경우가 있을 뿐만 아니라 다른 사람이 대필해준 자소서도 많다는 것을 알고 심층 면접에서 돌발 질문을 던지는 것으로 알려졌다.[80]

취업 반수족

직장에 다니면서 다른 직장 취업을 준비하는 사람들을 이르는 말이다. 취업 빙하기 시대가 낳은 풍경 가운데 하나로, 구직 관련 사이트에는 취업 반수를 고민하는 직장인들의 상담 글이나 반수 스터디 모임을 구하는 글이 적지 않게 올라오고 있다. 취업 반수족은 갈수록 좁아지는 취업문으로 인해 극심한 심리적 압박감을 느낀 구직자들이 그런 압박감을 해소하기 위해 계획에 없던 기업까지 강박적으로 원서를 넣으면서 급증하고 있다. 예컨대 2015년 4월 온라인 취업포털사이트 사람인이 신입 구직자 512명을 대상으로 "구직 활동을 하며 압박감을 느끼고 있습니까?"라고 설문한 결과 무려 93.2퍼센트가 '그렇다'라고 답했는데, 이들 가운데(46.3퍼센트, 복수응답)가 압박감이 구직 활동에 미치는 부정적 영향으로 '계획에 없던 기업도 강박적으로 지원함'을 첫 번째로 꼽았다.[81]

취업 반수생은 대학 입시 재수생과 비슷한 생활을 한다. 중소 유통회사에 다니면서 1년간 '취업 반수생' 생활을 하다가 다국적기업 한국법인에 입사했다는 이 모 씨는 2015년 4월 "지난 1년은 대학 재수생이나 다름없었다"고 토로했다. 유통회사의 특성상 야간 근무가 많아 거의 매일 오후 10시쯤 퇴근해 인터넷 동영상 강좌를 들으며 중국어 자격을 땄다는 것이다.[82]

취업 반수를 하는 취업 준비생들의 고충도 고충이지만 취업 반수족의 증가로 골머리를 앓는 기업들도 적지 않다. 수습 과정을 거치며 길러낸 신입직원이 1~2년 만에 이탈할 경우 인력 확보는 물론 조직 사기 등에도 악영향이 크기 때문이다. 2014년 한 취업포털사이트에서 진행한 '회사에서 가장 꼴불견' 조사에서 1위는 '신입직원 조기 이탈'로 나타났고, 온라인 채용포털사이트 '사람인'이 국내 기업 311개사를 대상으로 한 조사에서도 신입사원 조기 퇴사로 어려움을 겪은 기업이 77.2퍼센트로 집계되었다.[83] 이 때문에 일부 기업 인사팀에선 '예비 반수족'을 걸러내는 일이 채용 과정 중 하나로 자리 잡았다. 채용 과정에서 실무 테스트 전형을 추가한 한 중견기업의 인사팀 관계자는 "채용 절차를 까다롭게 해 입사 후 다른 회사에 다시 지원하려는 반수족을 걸러내려는 의도도 있다"고 했다.[84]

하지만 취업 반수족뿐만 아니라 취업에 한 번도 성공하지 못한 취업 준비생들 역시 이들과 별반 다른 생각을 갖고 있지 않는 것으로 조사되는 등 취업 반수 흐름은 당분간 계속될 것으로 전망되고 있다.[85]

해고 보호 지수

해고에 대한 법적 규제 수준을 0부터 6까지 수치로 표시한 지수로, 0에 가까울수록 해고가 쉽다는 것을 의미한다. OECD가 2013년 기준으로 34개 회원국들의 고용 보호 입법, 단체협약, 판례 등을 조사해 발표한 개별·집단해고 보호 지수를 보면, 한국의 정규직 노동자의 해고 보호 지수는 2.17(22위)을 기록해 회원국 평균인 2.29보다 낮았다. 개별해고와 집단해고에서는 다소 차이가 있었다. 개별해고에 대한 한국 노동자의 해고 보호는 중위권(12위)이었지만 집단해고에 대한 고용 보호는 30위로 최하위권을 기록했는데, 이는 한국 기업들이 평소 직원 개인을 해고하기는 어렵지만 경영상의 이유로 집단으로 정리해고를 하기는 상당히 쉽기 때문인 것으로 분석되었다.[86]

집단 정리해고의 희생자는 주로 장년(50~64세)들이다. 고용노동부에 따르면, 장년 남성의 권고사직·명예퇴직으로 인한 조기퇴직 비율은 16.9퍼센트에 달하는데, 이는 회사가 합법적으로 퇴사시킬 방법이 많기 때문이라는 분석이다.[87] 서울노동권익센터 소장 김성희는 "한국은 경영상 긴박한 이유, 해고 회피 노력 등 정리해고의 4가지 요건을 가지고 있지만 그 요건이 명확지 않고 엄밀히 지켜지지 않"는다고 했다.[88] 이화여자대학교 법학과 교수 도재형은 "근로자가 사측의 희망퇴직·권고사직을 받아들이지 않으면 잘 모르는 부서로 배치되거나 급여가 깎여 결국 퇴사할 수밖에 없는 상황에 놓인다"며 "퇴직금을 받고 나가느냐, 불명예스럽게 해고당할 것이냐 둘 중 하나를 선택할 수밖에 없어 회사의 강요에 가깝지만 법적으로는 근로자 진의에 의한 퇴사가 된다"고 했다.[89]

2015년 3월 국제노동기구ILO 일본 측 대표로 한국을 찾은 일본의 경총인 게이단렌經團連 관계자는 한국경영자총협회 관계자들과 만난 자리에서 "한국에선 52세에 거의 물러난다고 하는데 맞느냐"면서 이렇게 물었다. "52세면 가장 왕성하게 활동할 나이다. 기업 입장에선 핵심 중의 핵심일 텐데 그런 사람이 다 나가고도 기업이 운영되느냐." 50대를 그동안 쌓아온 노하우와 검증된 업무능력을 바탕으로 조직을 창조적으로 지휘하고 빼어난 지혜를 발휘할 시기로 생각하는 일본에서는 상상할 수 없다는 의미가 담긴 질문이었다. 예상치 못한 이런 질문에 경총 관계자들은 상당히 진땀을 뺀 것으로 알려졌다.[90] 이와 관련 『중앙일보』 2015년 3월 30일자는 "사실 우리나라에는 환갑(61세)이면 쉴 나이라는 관습이 뿌리 깊게 자리 잡고 있다. 농업이나 노동집약적인 육체노동 시대에 형성된 관념이다"면서 이렇게 말했다.

"우리 기업들은 변화에 발 빠르게 대처하며 글로벌 경쟁을 이겨냈다. 그런데 인력 운용만큼은 아직까지 이런 관습에 얽매어 있지는 않은지 일본 경제단체 관계자가 일깨워준 셈이다."[91]

힘희롱 power harassment

직장에서 갑甲의 위치에 있는 상사가 자신의 직위를 이용해 부하 직원을 괴롭히는 행위를 뜻하는 말이다. 힘 있는 자와 힘없는 자의 갑을관계에서 흔히 발생하는 문제를 표현한 말이라고 할 수 있겠다. 2014년 조현아 전 대한항공 부사장의 이른바 '땅콩 회항' 사건과 서울시립교향악단 박현정 대표의 막말 사건이 알려지면서 힘희롱은 사회적 이슈가 되었다.[92] 『조선일보』 2015년 1월 2일자는 힘희롱에는 "직장 상사와 대학교수, 전직 고관들의 성희롱도 포함된다"면서 "힘희롱을 저지른 주체는 대부분 '높은 사람', '배운 사람'이었다. 일류대학을 나오고 각종 고시를 통과했거나, 좋은 직장에서 일하고, 명문가나 재벌가에서 태어나 유복하게 자란 사람이었다"고 했다.[93]

사회적 약자들의 각성이 힘희롱의 사회적 이슈화를 이끌었다고 보는 견해가 있다. 예전 같으면 부당한 대우를 받고도 쉬쉬 했던 사회적 약자들이 이제는 입 다물지 않고 자신의 권리를 주장하기 시작했다는 것이다. 예컨대 숙명여자대학교 미디어학부 교수 강미은은 "부당한 대우를 받은 힘없는 사람들이 더이상 가만히 있지 않겠다는 의지를 표현한 것"이라고 했다.[94] 힘희롱이 기업의 평판에 해악이 된다는 사실이 알려지면서 힘희롱 문제에 경각심을 갖는 기업들도 증가하고 있다. 한 시중은행 인사 담당 임원은 2014년 12월 "성性희롱에 대한 경각심은 어느 정도 형성되어 있는 반면 아랫사람의 인격을 모독하고 면박을 주는 '힘희롱'은 어느 정도 당연하게 받아들여졌던 것이 사실"이라며 "그러나 이런 행태가 업무 효율을 떨어뜨리고 결과적으로 기업의 이미지에 악영향을 줄 위험이 있다는 인식이 커지면서 관련 징계 수위가 높아지고 잣대가 점점 엄격해지고 있다"고 말했다.[95]

힘희롱은 사회적 범죄와 다를 바 없기 때문에 일본처럼 국가 차원에서 대책에 나서야 한다는 견해도 있다. 힘희롱이 일찍부터 사회적 이슈로 부각된 일본은 힘희롱을 사회적 병폐로 간주하고 있는데, 일본 정부는 2012년 기업대표와 법률가, 의사 등 전문가들이 원탁회의를 열어서 인간관계 단절, 과다업무, 과소업무 등 6개를 괴롭힘의 항목에 포함시키는 '직장 내 괴롭힘' 가이드라인을 제정했다. 이런 가이드라인을 만든 이후 취업 규정을 고쳐 괴롭힘을 금지하는 기업도 증가한 것으로 알려져 있다. 일본 다이호제약 직원들은 목에 '힘희롱'이라고 적혀 있는 목걸이 카드를 걸고 있는데, 이에 대해 다지마 게이코 일본 다이호제약 부장은 "정사원, 파견사원, 계약사원을 불문하고 이 번호로 상담하라는 카드"라며 "전 사원이 소지하고 있다"고 했다.[96]

Politics Section

Trend Keyword

견장 통치

군 고위 간부들의 견장에 별을 뗐다 붙였다 하는 식으로 이루어지고 있는 북한 김정은의 통치술을 말한다. 지시에 복종하지 않거나 제대로 이행하지 못하는 간부들에게 가차 없이 계급 강등의 칼날을 들이대 체면을 구겼다가 적당한 시기가 되면 복직시키거나 승진시켜 위신을 세워주면서 충성심을 확보하는 통치술이라 할 수 있겠다. 견장 통치는 군부 길들이기의 일환으로 진행되는데, 북한의 군 고위 간부 중에서 계급이 강등되지 않았던 사람을 찾아보기 어려울 정도로 견장 통치는 김정은 시대의 가장 두드러지는 특징이다.[1]

몇 가지 사례를 보자. 윤동현은 2012년 3월 군 상장을 달고 인민무력부 부부장으로 모습을 드러냈으나 2013년 4월 중장으로 강등된 데 이어 같은 해 10월 다시 소장(별 1개)으로 강등당했다가 2014년 2월 중장을 거쳐 4월 상장으로 복귀하는 등 김정은 체제에서 3년 동안 무려 6차례나 승진과 강등을 반복했다.[2] 부총참모장 겸 화력지휘국장 박정천도 2012년 김정일 체제 출범 당시 중장(별 2개)을 단 뒤 상장(2013년 4월)→중장(2014년 4월)→상장(2014년 5월)→소장(2015년 3월)으로 4차례나 계급이 바뀌었다. 미국이 소니엔터테인먼트 해킹 사건의 배후로 미국이 지목한 인민군 정찰총국장 김영철도 상장이었다가 김정은 집권 이후엔 대장(2012년 2월)→중장

(2012년 11월)→대장(2013년 2월)으로 계속해서 계급장이 바뀌었다.[3]

견장 통치가 북한 권부 내부의 이상 징후를 보여주는 것이라는 시각도 있지만, 김정은이 탄탄한 권력 기반을 갖췄음을 간접적으로 보여주는 현상이라고 분석하는 견해도 적지 않다. 예컨대 황재옥은 "간부들의 강등·원상회복 반복과 군부의 '견장 정치'가 권력기반을 다져나가는 김정은의 불안감과 위기감의 표출일 수 있다"면서도 김정은의 권력을 유지하는 능력을 과소평가해서는 안 된다고 말한다. "우선 그 나이에 60~70대의 원로간부들을 처형하고, 집권 후 3년여 만에 70여 명의 간부들을 숙청한 것으로 보아 김정은의 권력욕과 관리능력은, 어린 나이임에도 불구하고 본능적으로 타고 난 것 같다. 물론 그러한 권력 유지와 행사 방식은 도덕적으로나 인간적으로 비난받아 마땅하지만, 권력의 속성이 원래 그러하지 않은가. 김정은의 무자비한 공포정치가 지지기반 약화와 저항세력의 등장으로 연결되는 것은 아닌가라고 기대해볼 수 있다. 하지만, 이 또한 희망적인 관측에 지나지 않을 수도 있다."[4]

코리아연구원 연구실장 김창수는 "김정일은 장기간의 체제 구축 과정을 거쳤지만 김정은은 매우 짧아 단기간에 대규모 세력 교체를 진행하는 것으로 분석된다"며 "김정은의 공포정치로 북 체제의 경직성이 더 강화될 가능성이 높다"고 말했다.[5]

권력의 종말

세계은행 상임이사와 『포린폴리시』 편집장을 지낸 모이제스 나임은 『권력의 종말』에서 권력은 "권력은 지금까지 우리가 이해했던 것과는 전혀 다른, 훨씬 더 근본적인 변화를 겪고 있는 중"으로 "쇠퇴하고 있다"고 말한다. 나임에 따르면, 세계적으로 권력의 힘은 과거보다 점점 약해지고 있으며 권력을 유지하는 기간도 점점 짧아지고 있다. 또 권력을 얻는 것은 수월해졌지만 잃은 것은 더 쉬워졌으며 권력을 잡아도 예전만큼 많은 것을 얻긴 힘들다. 여기서 나임이 말하는 권력은 정치, 군사, 경제, 금융, 미디어 등 이른바 거대권력이다.[6]

　　나임은 권력의 종말을 불러온 요인으로 3가지를 꼽는다. 첫째, 양적 증가 혁명이다. 권력의 주체인 사람의 수가 늘었을 뿐만 아니라 글로벌 중산층이 증가해 이들을 철저히 관리하고 통제하기가 어려워졌다. 둘째, 이동 혁명이다. 전 세계 이민자 수는 지난 20년 동안 37퍼센트 증가했으며, 사람뿐 아니라 상품과 자본, 정보와 아이디어의 이동이 값싼 비용으로 쉽고 빨리 이루어지고 있기 때문에 기존 질서에 도전하는 사람들이 자신이 원하는 바를 쉽게 얻을 수 있게 되었다. 셋째, 의식 혁명이다. 시민들의 눈높이가 과거보다 높아져 권위에 문제를 제기하고 권력에 도전하기 시작했다.[7]

권력의 종말은 세상에 어떤 영향을 미칠까? 나임은 긍정성과 부정성이 모두 다 존재한다고 말한다. 사회가 더 자유로워지고, 유권자에게 더 많은 선거와 선택권을 부여하고, 공동체 조직을 위한 발판을 제공하고, 기업 간의 치열한 경쟁으로 소비자의 선택 폭이 넓어진다는 점은 긍정적인 부분이다. 하지만 정부의 힘이 무력화되면서 국가 운영에 필요한 행정부의 능력과 위기 대응력이 떨어져 사회가 더 큰 혼란으로 빠져들 위험성도 커졌다. 권력의 종말은 국경을 넘나들며 활동하는 수많은 범죄자와 테러리스트들에게는 기회일 뿐 아니라 분리주의자, 외국인 혐오주의자, 종파주의자들이 활개를 칠 수 있는 환경을 제공하고 있기 때문이다. 세계적인 경제 위기나 지구 온난화 같은 국제 문제에 대한 대응 속도가 떨어진다는 것도 어두운 면 가운데 하나다.[8]

나임은 권력이 쇠퇴하고 있기 때문에 시민의 역할이 중요하다고 말한다. 거대권력을 압도하는 미시권력을 갖게 된 만큼 적극적으로 정치에 참여해 바람직한 방향으로 변화를 유도해야 한다는 것이다.[9]

기울어진 운동장

새정치민주연합을 비롯한 야당이 2007년 대선과 2012년 대선에서 연이어 패배한 후 사용한 말로, 기득권이 있는 정당에 유리하게 작용하는 선거법, 정치를 냉소로 몰고 가는 편향된 언론의 행태 등 한쪽으로 쏠린 조건 때문에 한국 사회가 너무 보수적이어서 야당에 의한 정권교체가 어렵다는 의미를 담고 있는 말이다. 즉, 운동장이 진보 세력에 불리하게 기울어져 있기 때문에 공을 차는 선수가 상대편을 이기기가 어렵다는 게 기울어진 운동장 이론의 요지라 할 수 있겠다.[10]

　야당과 야당의 지지자들은 '기울어진 운동장'을 바로 세우는 게 시급한 일이라고 강조하는데, 야당이 모든 문제를 기울어진 운동장 탓으로 돌리고 있다는 지적도 있다. 천관율은 2014년 8월 "선거에 질 때마다 야당에서 나오는 단골 레퍼토리가 있다. 이른바 '기울어진 운동장' 담론"이라면서 이렇게 말했다.

　"한국 정치는 구조적으로 보수 우위가 공고하다. 여론 지형, 세대 분포, 언론 지형, 레드 콤플렉스, 동원 가능한 자산 등 보수가 크게 우세한 이유가 많다. 이 때문에 진보·개혁 진영은 늘 어려운 선거를 할 수밖에 없다는 논리다. 여기까지는 사실에 가깝다. 그다음이 문제다. 이 '기울어진 운동장' 담론은 그동안 여권뿐만 아니라 야권에도 편안한 안식처를 제공했다. 선거에서 패배할 때마다 야권은 '운동장이 기울어져 있으니까'라며 패인을 외부 환경으로 돌리곤 했다. 그러는 동안 중요한 질문 하나가 증발했다. 새누리당은 왜 야당보다 잘 굴러가는 정당인가?"[11]

새정치민주연합의 싱크탱크인 민주정책연구원은 2015년 3월 2일 낸 「새로운 대중의 출현과 진보의 대응-기울어진 운동장은 없다」보고서를 통해 '기울어진 운동장'론을 비판했다. 2002년 대선에서 노무현 대통령이 2030세대의 지지로 당선되었고 2012년에는 '안철수 현상'이 관심을 받는 등 "진보의 지지 기반이 꾸준히 존재하고" 있다며 새정치민주연합 일각에서 제기한 '기울어진 운동장'론에 대해 반론을 제기한 것이다. 이 보고서는 그간 새정치민주연합 계열의 정당들이 늘 내세웠던 '민주 대 반민주 구도'와 '만악의 근원은 신자유주의'라는 주장 등이 새로운 세대들의 이해와 요구를 정확히 반영하지 못했다며 "정권 지지율이 낮아지는 만큼 야당 지지율이 상승하지 않는 것은 대중의 요구를 흡수하는 리더십이 없다는 것"을 보여주는 것으로 '혁신적 리더십'이 필요하다고 말했다.[12]

2015년 4월 2일 민주정책연구원 이진복 연구위원은 "1997년 김대중 전 대통령이 최초 정권교체를 할 때와 비교하면 오늘날은 오히려 좋은 조건이다. 새정치민주연합 자신의 실력부족을 탓해야 한다"고 했다. 새정치민주연합이 '기울어진 운동장'론만 강조해선 안 되고 자신의 실력을 키워야 한다는 지적이었다.[13]

『나의 투쟁』 논란

『나의 투쟁Mein Kampf』은 아돌프 히틀러의 자서전 제목으로, 히틀러의 성장 과정과 초기 정치 활동, 홀로코스트의 바탕이 된 반유대주의적 사상을 담고 있다. 1925년 출판되었다가 1945년 제2차 세계대전 종전과 함께 독일에서 출판이 금지되었다. 저작권을 갖고 있는 독일 바이에른주가 히틀러가 사망한 1945년 이후 70년이 되는 2015년까지 출판을 금지했기 때문이다.[14]

    2008년 독일 사학자들은 바이에른주 정부 입장에 반발하며 『나의 투쟁』의 재출간을 허용해줄 것을 요청했다. 나치즘 확산에는 반대하지만 『나의 투쟁』의 저작 과정을 연구하는 작업은 필요하다는 게 이들의 주장이었다.[15] 바이에른주는 사학자들의 요청을 묵살해왔지만 저작권 소멸 시효가 다가온 2014년 1월 그간의 입장을 바꿔 학술적인 목적의 주석본 출판은 허용하겠다고 발표했다. 이 해 여름 독일 연방 정부와 16개주 법무 장관들도 모임을 갖고 원칙적으로 독일 내에서 『나의 투쟁』 출판 · 판매를 금지하되 2016년 이후엔 비판적 주석이 더해진 학술용 출판은 허용하기로 결정했다. 히틀러 사상의 위험성을 알리는 한편 책에 대한 과도한 신비화를 없애고 신나치 세력이 『나의 투쟁』을 멋대로 해석해 홍보 수단으로 삼는 것을 막겠다는 차원의 결정이었다.[16]

『나의 투쟁』재출간을 추진한 뮌헨시에 있는 현대사연구소IFZ는 "우리는 히틀러를 포위하고 싶다"며 "우리가 내놓을 작품은 반히틀러 책이 될 것"이라고 말했는데, 이에 대해 홀로코스트 생존자 등 유대인 공동체는 '나치 바이블의 재출간'이라고 비판하고 나섰다. 이들은 『나의 투쟁』재출간은 대학살의 악몽을 되살리고 신나치주의를 부추길 수 있다고 지적했다. 예컨대 베를린에 있는 '반유대주의 반대를 위한 유대인포럼' 대변인은 "어떻게 악마를, 히틀러 같은 사람을 설명할 수가 있나? 주석을 단다고 해도 재출간은 절대로 안 된다"고 주장했다.[17] IFZ는 2016년 1월 총 2,000쪽 분량의 책을 출간할 예정인데, 『나의 투쟁』원문은 780쪽가량이고, 나머지 1,220쪽 정도는 약 5,000개에 달하는 연구자들의 주석으로 채워질 것이라고 한다.

재출간을 두고 독일에서는 논란이 일었지만 국가가 나서서 『나의 투쟁』을 선물하는 곳도 있다. 북한이다. 2013년 『워싱턴포스트』는 탈북자들이 만든 매체인 『뉴 포커스』기사를 인용해 김정은이 지난 1월 자신의 생일을 기념해 고위 간부들에게 『나의 투쟁』을 선물했다고 보도했다. 『뉴 포커스』는 김정은이 간부들에게 『나의 투쟁』을 선물한 배경엔 제1차 세계대전에서 패전한 독일이 짧은 시간 동안 경제를 부흥한 비결을 배우라는 의미가 있다고 했다.[18]

다이어트 콜라 민주주의

정치권은 장기적인 안목 없이 인기에만 영합해 모든 문제에 대한 해결책을 임시방편으로 내놓고 유권자는 선거에서 가장 후한 혜택을 약속하는 후보를 선택하는 현상을 일컫는다. 콜라는 마시고 싶은데 살은 찌기 싫어하는 사람들이 칼로리를 줄이는 방법으로 다이어트 콜라를 마시지만 실상은 큰 효용이 없다는 것에 빗댄 말이다. 한마디로 말해, 정치인들이 내놓는 해결책은 달기만 할 뿐 영양가는 없다는 게 다이어트 콜라 민주주의의 핵심인 셈이다.[19]

오늘날의 자유민주주의가 '다이어트 콜라 민주주의'에 빠졌다는 견해가 있다. 니콜라스 베르그루엔은 "서양의 자유 민주주의는 현재 '다이어트 콜라 민주주의'라는 말로 요약될 수 있습니다"면서 이렇게 말한다.

"다이어트 콜라가 무엇인가요, 콜라를 마시고 싶은데 살은 찌기 싫어하는 것이죠. 이런 성향이 투표나 정치 행위에도 나타납니다. 세금 없이 복지를 얻으려고 하고, 장기적인 안목 없이 모든 문제에 대한 해결책을 임시방편으로 내놓죠. 현대 소비 만능주의 사회에 살고 있는 소비자들은 끊임없는 소비를 통해 단기적인 요구를 충족시키는데, 이런 경향이 정치에도 고스란히 반영되고 있습니다."[20]

다이어트 콜라 민주주의에서는 무슨 말이 발생하는가? 정치권은 중대한 문제를 눈앞에 두고도 정쟁만 일삼으며, 목소리가 큰 집단의 요구가 전 국민의 요구인 것처럼 과장되어 정책의 실현을 왜곡시키는 현상이 발생한다. 평범한 사람들은 먹고사는 데 바빠 정치에 관심을 기울일 수 없는 상황에서 뜨거운 정열을 앞세운 일부 참여자의 목소리만 부각되는 등 '민의'가 왜곡된다는 것이다.[21]

한국도 '다이어트 콜라 민주주의'에서 자유롭지 않다는 견해가 있다. 2010년 『이코노미스트』 서울 특파원으로 부임해 3년간 한국 사회를 취재한 다니엘 튜더는 한국 정치의 가장 큰 문제 중의 하나가 '다이어트 콜라 민주주의'라고 말했다. 그는 "국회의원 홈페이지를 보면 작업복을 입고 노동자와 어울리며 민생을 최우선시하는 모습이 담겨 있어요. 하지만 제가 만나본 정치인들은 비싼 외제차를 타고 다니고 미국 유학 시절 이야기에 열을 올렸어요"라면서 한국 정치가 일종의 '쇼'로 변질되었다고 꼬집었다.

"진보는 불평등을 줄이고 약자를 보호해야 합니다. 하지만 대선 때 취재해보니 야당은 정부와 여당 비판에만 몰두하며 인상적인 정책을 제시하지 못하더군요. 보수는 가족, 사회, 전통적 가치와 자유시장 경제를 지켜야 합니다. 그런데 여당은 권력을 오래 유지하면서 선거에서 이기려고만 하는 기계같이 보입니다."[22]

맥아더 신드롬_{MacArthur syndrome}

일본인들의 무의식 속에 자리 잡고 있는 미국에 대한 두려움과 존경이라는 이중적 감정을 이르는 말이다. 일본인들은 히로시마와 나가사키에 투하된 원자폭탄에는 두려움을, 1945년부터 1952년까지 전후 7년간 이루어진 미군정 통치 기간에 이식된 미국식 사회 체제의 합리성에는 존경심을 갖게 되었는데, 군정을 통해 일본을 통치한 더글러스 맥아더가 일본의 모든 사회 체제를 미국식으로 뜯어고쳤기 때문에 이런 이름이 붙었다.[23]

맥아더 신드롬은 2015년 4월 삼성전자가 갤럭시S6·S6엣지를 일본에 출시하면서 주목받았다. 당시 삼성은 '삼성 갤럭시S6'를 현지 통신사 브랜드를 병기한 '도코모 갤럭시S6'와 'au 갤럭시S6' 등으로 소개하고 일본에서 방영되는 갤럭시S6 TV 광고 역시 갤럭시S6가 삼성전자 제품인지 알 수 없도록 제작했는데,[24] 이게 맥아더 신드롬을 의식한 전략이라는 분석이 제기된 것이다. 이와 관련 박지성은 "최근 혐한 기류를 고려한 전략으로 보이지만, 더 깊은 이면에는 미국을 추종하고 아시아를 한 수 아래로 보는 일본의 '맥아더 신드롬'을 의식했다는 분석이다" 면서 이렇게 말했다. "삼성전자가 삼성이란 이름을 지우면서까지, 자존심을 버리고 일본 시장에 도전하는 것은 충격적인 사건이 아닐 수 없다."[25]

브레이크아웃 타임 breakout time

특정 국가가 핵무기 제조를 결심한 시점부터 '무기급 핵물질'을 확보하는 데까지 걸리는 시간을 말한다. 여기서 말하는 핵물질이란 핵분열을 잘 일으키는 우라늄235나 플루토늄239를 지칭한다. 미국 등 유엔안전보장이사회 5개 상임이사국·독일(주요 6개국)과 이란의 핵 협상 과정에서 가장 자주 등장한 용어다. 2015년 4월 2일 버락 오바마 미국 대통령은 협상을 통해 이란의 '브레이크아웃 타임'을 현재의 2~3개월에서 1년 이상으로 늘리는 데 잠정 합의했다고 말했다.[26]

애초 이란은 자신들은 핵무기를 개발하려는 의지가 없는 만큼 브레이크타임 아웃이 필요 없다고 주장했다. 이에 오바마가 "우리는 이란이 핵무기를 얻지 않겠다는 점을 검증할 수 없다면, 다시 말해 이란이 속이더라도 우리가 대응할 수 있는 시간(브레이크아웃 타임)이 확보되지 않는다면, 우리는 합의하지 않을 것"이라고 압박하자 미국의 요구를 수용한 것으로 알려졌다.[27] 이스라엘 총리 베냐민 네타야후는 주요 6개국과 이란의 핵 합의가 만료되면 '브레이크아웃 타임은 제로가 될 것'이라며 최종 협상을 앞두고 타결안이 도출되는 것을 막기 위해 적극적인 로비에 나섰지만,[28] 미국은 2015년 7월 이란과 핵 협상을 타결했다.

비토크라시 |vetocracy

거부를 뜻하는 '비토veto'와 민주주의를 뜻하는 '데모크라시democracy' 의 합성어로, 모든 수단을 동원하는 정치 세력이나 특정 이익 집단의 강력한 반대 때문에 정부·여당의 입법과 정책이 좌절되는 현상을 이르는 말이다. 거부 민주주의, 거부권 정치라고도 한다.[29]

미국이 비토크라시에 빠져 있다는 견해가 있다. 『트러스트』 등으로 널리 알려진 프랜시스 후쿠야마 미국 스탠퍼드대학 석좌교수는 오마바 케어를 둘러싼 민주당과 공화당의 갈등 때문에 미국 연방 정부가 17년 만에 셧 다운 사태에 직면할 위기에 처하자 2013년 10월 6일(현지시간) 『워싱턴포스트』에 기고한 글에서 "비토크라시 vetocracy가 미국 정치를 지배하고 있다"고 개탄했다. 후쿠야마는 미국의 정치 시스템은 그간 그럭저럭 합리적으로 유지되어왔지만 "1980년대 이래 미 정당 정치에서 양극화가 심화되고 있"으며 "당내 당인 파벌주의가 중간지대를 없애고 극단으로만 치닫고 있다"고 우려했다. 정당과 무관하게 미국 정치권에서 공유해왔던 공감대가 사라져버리면서 극단적인 소수의 반대 세력만 있으면 입법이 불가능한 정치 시스템으로 변질되었다는 것이다.[30]

비토크라시는 미국만의 문제가 아니다. 한국에서도 비토크라시를 우려하는 목소리가 적지 않다. 예컨대 황영식은 "한때 민주주의의 이상이었던 야당과 언론, 시민단체 등의 권력 감시·비판·견제가 지나친 단계에 접어들어 지도력 후퇴와 정책결정 지연을 부른다. 결과적으로 국가가 기능부전에 빠지고, 하루가 다른 빠른 환경 변화에 제때 대응하지 못한 막대한 피해는 사회 전체가 짊어지게 된다. '극단적 단순화 세력'의 득세도 이와 무관하지 않다"면서 이렇게 말했다.

"민주화 30년 가까운 한국도 비슷한 조짐이 보인다. 노무현 정부 때 시작돼 이명박 정부에서 강화되고, 박근혜 정부 들어 굳어진 무조건적 권력 비판 행태, '만사가 청와대 탓'이라는 인식이 그것이다. 실제로 정부의 정책이 순탄하게 결정돼 집행된 예가 드물다. 민주화와 기술발전이 가져온 정치문화의 성숙으로 곱게 봐 넘기기 어렵다. 민주주의와 중우정치를 가르는 얇은 경계선을 지키기 위해서는 '비토 권력'의 절제가 요구된다."[31]

전문가들은 정치인의 말과 행동을 시시각각 전파하는 미디어가 비토크라시를 부추기는 주요 요인이 되고 있다고 지적한다. 고향의 유권자가 정치인의 '일거수일투족'을 모조리 지켜보게 되는 환경이 만들어지면서 타협은 사라지고 극단적인 선명성 경쟁이 벌어지게 되었다는 것이다.[32] 정파 저널리즘의 횡행도 비토크라시가 작동하는 배경 가운데 하나로 거론되고 있으며, 선악 이분법과 진영 논리에 의해 형성된 정치적 양극화가 비토크라시를 더욱 부추기고 있다는 견해도 있다.

사법 무결점주의

사법부는 어떠한 결함도 저지르지 않는다는 것을 이르는 말이다. '사법개혁 국민연대' 대표 신평이 2003년 출간한 『사법개혁을 향하여』에서 사용한 말로, 사법부의 특권의식을 지적한 말이라 할 수 있다. 이 책에서 신평은 "한국에서 사법시험 합격자로 구성된 법조계, 즉 사법부나 검찰에는 의도된 잘못이 전혀 없다는 사법 무결점주의가 집단무의식화 현상으로 자리 잡았다"며 이런 사법 무결점주의에서 법관이나 검사의 부정 은폐, 특권 의식, 관료화 · 폐쇄화 등이 비롯된다고 지적했다.[33]

신평은 사법 무결점주의를 바로잡아야 사법부를 개혁할 수 있다고 주장한다.[34] 예컨대 그는 2003년 6월 발표한 논문 「한국 사법부의 근본적 문제점 분석과 해소 방안 모색」에서 "현재의 사법부는 연고주의 만연에 따른 불공정한 사건 처리, 법관 개인의 이익 도모를 위한 잘못된 사건 처리로 사법 피해자를 양산하고 있다"면서 사법 무결점주의 신화를 깨야 이런 문제를 바로잡을 수 있다고 했다.[35] 2013년 막말 판사, 오락가락 보석 결정, 시류 영합형 판결 등에 대한 사회적 논란이 발생했는데, 신평은 이것 역시 사법 무결점주의 신화에서 비롯된 일이라고 했다. 개별 판사의 문제이기도 하지만 동시에 법원 전체의 문제이기도 하다는 것이다.[36]

사자성어 정치

정치 환경과 자신이 처한 상황이나 각오 등을 사자성어를 활용해 알리고 정치적 파급력을 확보하려는 정치를 말한다.[37] 사자성어 정치는 주로 연말·연초에 자주 목격할 수 있는데, 이명박 정부 시절 자주 등장했다. 이와 관련 이종탁은 "MB는 당선자 시절부터 매년 올해의 화두라며 시화연풍時和年豊이니 일로영일一勞永逸이니 부위정경扶危定傾이니 일기가성一氣呵成 같은 한자어를 내놓았다"면서 다음과 같이 말했다.

"그 바람이 정치권에도 번져 여야 대표는 물론 웬만한 중진급 정치인들까지 경쟁적으로 사자성어를 발표하곤 했다. 다난흥방多難興邦(박희태), 청정무애淸淨無碍(정몽준), 상창난기上蒼難欺(정세균), 절전지훈折箭之訓(정동영) 같은 말들이 횡행했다."[38]

다른 사람이 이미 활용한 사자성어는 사용하면 안 되는 것일까? 갈수록 정치인이나 지방자치단체가 내놓는 사자성어는 어려워지고 있다. 예컨대 2014년 1월 사자성어를 내놓은 지방자치단체가 크게 증가했는데, 대부분은 설명이 없으면 알기 힘든 것들이었다. 대전시의 유시유종有始有終, 강원도의 출곡천교出谷遷喬, 충청북도의 충화영호忠和嶺湖, 인천시의 동주공제同舟共濟, 충주시의 호시마주虎視馬走, 익산시의 승풍파랑乘風破浪, 태백시의 성윤성공成允成功, 대구시 중·

서·달서·수성구의 등고자비_{登高自卑}, 마부정제_{馬不停蹄}, 역풍장범_{逆風張帆}, 도남지익_{圖南之翼} 등등.³⁹

혁신위원장 자격으로 김상곤이 새정치민주연합의 최고위원회에 처음 참석한 2015년 5월 27일 회의에서도 사자성어가 쏟아졌다. 이날 김상곤은 새정치민주연합을 제나라 우산_{牛山}(야당)이 원래 아름다웠지만, 관리 잘못(계파나 패권 등)으로 민둥산이 되었다는 맹자의 '우산지목_{牛山之木}'에 비유하며 "문재인 대표와 혁신위원들이 '백의종군_{白衣從軍}' 심정으로 함께해달라"고 했다. 이에 문재인은 "'육참골단_{肉斬骨斷}(자신의 살을 베어주고 상대의 뼈를 끊는다)'의 각오로 임하겠다"고 했다. 서울대학교 교수 조국은 "'이대도강_{李代桃僵}'도 필요하다. 자두나무가 복숭아나무를 대신해 넘어져야 한다. 용감하고 헌신적인 '자두나무' 앞에 머리 숙이고 싶다"고 말했다.⁴⁰

박성희는 "사자성어도 잘만 사용하면 귀에 쏙 들어오고 공감 또한 불러일으킨다. 그러나 쉬운 건 죄다 나온 데다 다소 어려워야 '있어 보인다' 싶은지 자꾸 난해해진다"면서 이렇게 꼬집었다. "소통이란 서로 알고 이해하는 말을 주고받는 것이지 내 주장을 위엄을 얹어 전하는 게 아니다. '내가 말하니 그리 알라'는 식으론 소통하기 힘들다. 해석이 필요한 사자성어로 소통하자고 드는 건 자화자찬이나 금시초문이라고 생각하는 이들에게 금상첨화란 답을 요구하는 거나 다름없다."⁴¹

3당2락

3억 원을 쓰면 당선이 되고 2억 원을 쓰면 떨어진다는 뜻으로, 2015년 3월 11일 사상 처음으로 전국에서 동시에 실시된 1,328개 농협·축협·수협·산림조합의 조합장을 뽑는 선거 과정에서 등장한 말이다. 일부 지역에서는 6억 원을 쓰면 당선 되고 3억 원을 쓰면 떨어진다는 6당3락이나 5억 원을 쓰면 당선 되고 3억 원을 쓰면 떨어진다는 5당3락론이 등장하기도 했다.[42] 모두 다 조합장 선거가 돈 선거가되었다는 것을 비판한 용어라 할 수 있겠다.

경찰청에 따르면 2015년 2월 말까지 불법 선거운동으로 397건이 적발되었다. 이 가운데 금품·향응을 제공한 사람은 297명으로, 사전 선거운동을 한 사람(126명), 경쟁 후보자에 대한 허위 사실을 공표한 사람(63명), 조합원이나 임직원을 동원해 선거운동을 한 사람(11명) 등을 압도적으로 따돌리고 1위를 차지했다. 심지어 금품·향응을 제공하거나 허위 사실을 공표하는 등의 불법 선거운동이 판을 치면서 이런 행태를 역이용해 돈을 뜯어내는 피싱 범죄까지도 등장한 것으로 알려졌다. 경찰청 관계자는 "선관위와 경찰 등을 사칭하며 '선거 관련해서 당신이 한 일을 알고 있다. 엄중 경고하며, 이번에 조용히 넘어가고자 한다. 서로 원원하는 의미에서 아래 계좌로 100만 원 입금하면 된다'는 문자메시지가 불특정 다수에게 전

달된 것을 포착해 수사에 착수했다"고 했다.[43]

과열·혼탁·부정으로 얼룩지지 않은 선거를 한국에서 발견하기 어려운 게 현실이지만, 조합장 선거에서는 왜 이렇게 돈 선거가 난무하는 것일까? 강현석은 2015년 2월 "조합장의 권한은 막강하다. 전결 대출금리, 대출한도 조정, 농산물 판매는 물론 직원 인사권까지 행사한다"면서 이렇게 말했다.

"조합장 연봉은 8,000만 원에서 많게는 1억 원에 달하고 월 200만 원 정도의 업무추진비도 받는다. '교육지원 사업' 명목으로 연간 수억 원까지 지역 주민인 조합원을 대상으로 복지사업을 하면서 4년 임기를 잘 채우면 지방의회 등 정계에 진출할 수 있는 발판도 만들 수 있다. 막강한 권력을 행사하는 조합장들은 조합을 '사기업'처럼 운영하기도 한다." 전남 지역 한 전직 농협조합장 ㄱ씨(62)는 조합장은 "탄탄한 기업의 오너보다 직원과 자산이 많고 지역 주민들 대부분이 조합원이어서 웬만한 기관장보다 낫다"고 했다.[44]

조합장 선거의 폐해를 예방하기 위해 직선제를 폐지하고 전문경영인 제도를 도입해야 한다는 주장이 있다. 예컨대 『중앙일보』 2015년 2월 5일자 사설 「악취 진동하는 지역 조합장 선거 비리의 악습」은 "조합장은 국회의원이나 지방자치단체장과 다르다. 조합장은 기업 CEO의 자질을 갖춰야 한다"면서 "우리 농·축·수산업의 경쟁력을 생각한다면 조합의 소유와 경영을 분리해 경영은 전문가에게 맡기는 방안을 다시 고려해볼 때가 됐다"고 했다.[45]

샤이 토리|shy tory

영국에서 보수당 지지자들을 이르는 말로, 여론조사에서는 마음을 드러내지 않다가 투표에서는 적극적으로 보수당을 지지하는 사람들이 이에 해당한다. 보수당은 토리당의 후신으로 영국에선 보수당 지지자를 토리라 부르기 때문에 이런 이름이 붙은 것으로 추정되고 있다. 우리 식으로 말하자면, '숨은 표'라 할 수 있겠다. 샤이 토리는 1992년 영국 총선에서 보수당이 승리하면서 등장한 말이다. 당시 보수당은 선거 전 마지막 여론조사에선 노동당에 1퍼센트 뒤졌으나 실제 투표 결과에서는 7.6퍼센트 차이로 승리했는데, 보수당 지지자들이 여론조사에 소극적으로 응하는 바람에 이런 결과가 발생한 것으로 분석되었다. 이후 영국 보수당이 선거에서 여론조사보다 득표를 하는 현상을 설명하는 말로 쓰이고 있다.[46]

2015년 5월 7일 실시된 영국 총선에서 보수당이 초박빙이라는 예상을 뒤엎고 전체 650석 가운데 과반을 넘긴 331석을 차지하는 압승을 거두자 샤이 토리는 다시 주목받았다.[47] 샤이 토리의 가장 큰 피해자는 여론조사 업계였다. 11개 여론조사기관 모두 선거 예측에 실패해 조사를 받아야 하는 지경에 처했기 때문이다.[48] 샤이 토리 현상은 여론조사를 통해 정치를 예측하는 게 갈수록 힘들어지고 있을 뿐만 아니라 '여론조사 정치'가 지닌 위험성을 말해주는 사례다.

애국적 진보주의

애국주의와 진보주의가 결합한 말로, 진보 진영이 대한민국 체제를 인정하고 헌법 질서를 존중하는 틀 내에서 평등과 연대와 같은 진보적 가치를 지향해야 한다는 뜻을 담고 있다. 경북대학교 경제통상학부 교수 김형기가 만든 말로, 그는 "혈통만 강조하는 민족주의가 아닌 통일, 분권, 복지국가의 3대 과제를 달성하자는 것이 애국적 진보주의"라고 했다.[49] 김형기는 "대한민국의 지속가능한 발전을 지향하는 진보를 '애국적 진보주의patriotic progressivism'로 부르고자 한다"면서 다음과 같이 말했다.

"애국적 진보주의는 애국주의와 진보주의가 결합된 것이다. 애국주의는 대외 침략적인 제국주의나 외국인을 배척하는 쇼비니즘과 달리 국민의 순수한 나라 사랑 정서다. 19세기 영국 정치가 액튼 경이 정의했듯 애국주의는 '정치공동체에 대한 구성원의 도덕적 의무의 자각'이다. 평등과 연대를 지향하는 진보주의는 애국주의가 제국주의, 배외주의, 파시즘으로 일탈하는 것을 막아줄 수 있다. 애국주의는 진보가 계급 편향적이고 공동체 분열적인 극단주의로 일탈하는 것을 방지할 수 있다. 기존 진보의 실패에 대한 통렬한 자기반성에 기초해 새로운 진보는 애국적 진보주의를 지향해야 한다."[50]

2015년 3월 31일 한국프레스센터에서 열린 '애국적 진보주의:

한국 진보의 새로운 패러다임'이란 주제의 토론회에서 발제에 나선 김형기는 애국적 진보주의는 기존 진보의 이념적·정치적 실패에서 싹텄다고 말했다. 김형기는 "현재 진보 진영은 반애국적 세력으로 매도당하며 보잘것없는 주변적 정치세력으로 밀려났고 특히 안보와 경제를 맡길 수 없는 진영이라는 불신을 받으며 표류하고 있다"고 비판하면서 상황을 이렇게 만든 "낡은 진보"의 모습을 이념 과잉으로 비현실적이고, 성장과 안보를 무시하며, 북한 인권문제를 외면하는, 투쟁일변도로 요약했다.[51] 특히 그는 기존 진보의 가장 큰 문제로 친북 세력과의 연계를 지적했다. 김형기는 진보가 1980년대 이후 애국과 거리를 두면서 실패하고 있다면서 동학혁명, 일제강점기하 진보세력, 해방 직후 진보세력, 4·19혁명 등이 모두 애국을 모두 주요 가치로 삼은 것처럼 "진보는 '애국'을 국가주의와 동일시하며 불편해하는 경향에서 벗어나 적극적으로 '애국'을 포용해야 한다"고 주장했다.

이에 대해 전태일재단 이사장 이수호는 "진보가 유연하게 변화해야 한다는 데 공감한다"면서도 "진보주의자들이 국가공동체인 나라를 사랑하지 않는 것처럼 표현하고 있는 것은 사실과 다르다"고 주장했다. 이수호는 "오히려 우리가 경계해야 할 것은 반애국적 보수 정권"이라면서 "수구집단이 정치적으로 애국의 참뜻을 왜곡하고 공격하면 거기에 당당히 맞서면 될 것"이라고 했다.[53]

유체이탈 화법

신체에서 정신이 분리되는 유체이탈 상태처럼 자신이 관련되었던 일을 남 이야기하듯 하거나 자신의 잘못을 뉘우치기는커녕 어처구니없는 자화자찬으로 일관하는 것을 비꼬는 말이다.[54] 구경꾼처럼 제3자의 위치에서 말한다고 해서 구경꾼 화법이라고도 한다. "아, 모르겠다"는 뜻의 인터넷 용어 '아몰랑'과 비슷한 화법이라는 견해도 있다.[55]

유체이탈 화법은 정치권에서 자주 발견된다. 이명박 정부 시절 진보진영은 대통령이 유체이탈 화법을 자주 구사했다고 비판했다. 예컨대 『경향신문』 2012년 6월 25일자 사설 「타는 농심 두 번씩이나 우롱하는 대통령」은 유체이탈 화법에 관한 한 "이명박 대통령을 능가하는 이는 찾기 어려울 듯하다"면서 이렇게 말했다.

"그는 친인척과 측근들이 각종 비리로 사법처리를 받고 있는 와중에도 '도덕적으로 가장 완벽한 정권'이라고 언명했는가 하면, 내곡동 사저 부지 의혹으로 여론의 비난이 집중되자 '우리나라는 원래 시끄러운 곳이며 매일 시커먼 것(신문기사 제목)이 나온다'고 말한 바 있다. 여당 의원들에게서조차 '유체이탈 화법의 달인'이라는 비아냥과 실소가 나왔던 것도 바로 이 때문이다."[56]

박근혜 대통령도 유체이탈 화법 논란에 자주 휘말렸다. 2013년 발생한 이른바 세법 개정안 논란이 대표적인 사례다. 당시 박근혜 대통령은 세법 개정안을 발표한 지 나흘 만에 들끓는 민심을 수용해 '원점 재검토'를 지시했는데, 이 과정에서 야당과 진보 진영에서 유체이탈 화법을 구사했다는 비판을 받았다. 예컨대 민주당 의원 김진표는 "대통령이 언제까지 '구경꾼 정치'를 하듯 유체이탈 화법을 반복할 것인지 유감스럽다"고 했다.[57]

진보 진영은 이명박 대통령과 박근혜 대통령이 유체이탈 화법으로 책임을 회피하는 모습을 보였다고 비판했지만 진보 진영 역시 유체이탈 화법에서 자유롭지 않다는 지적도 있다. 예컨대 백승찬은 2015년 3월 "유체이탈 화법은 일부 진보진영 사람들에게도 애용된다"면서 이렇게 말했다. "비정규직 문제, 부동산 문제 등은 김대중·노무현 정권 10년 동안 싹이 트거나 악화됐고 현재까지 서민의 삶에 나쁜 영향을 미치고 있다. 그러나 어떤 사람들은 오늘날의 모든 경제 문제에 대해 '이게 다 이명박(혹은 박근혜) 탓이다'라는 말로 선을 긋는다."

이어 백승찬은 "유체이탈 화법은 비겁하다. 자신이 관여했던 일에서 이름을 지운 뒤, 상대를 비판하는 수단이 되기 때문이다. 또 유체이탈 화법은 무례하기도 하다. 자신을 믿고 함께 일한 사람들을 순식간에 바보로 만든다"면서 "책임을 회피하지 않는 사람은 드물기 때문에 그만큼 멋있다. 자신의 흠결을 인정하는 사람과 순결을 주장하는 사람 중 누가 더 훌륭한 사람인지는 분명하다"고 했다.[58]

인물동검 _{人物同檢}

테러를 예방한다는 차원에서 지하철역이나 공공장소에서 사람과 물건을 함께 검사하는 중국 정부의 보안 정책을 말한다. 국가적 행사가 벌어질 때 이루어지는 경우가 많다. 2008년 베이징 올림픽을 앞두고 있었던 보안 검색이 대표적인 경우다. 베이징시 공안국은 2008년 6월부터 각 지하철역에 보안 검색대를 설치해 지하철 각 노선에서 전면적인 보안 검색을 실시했는데, 인화성 · 폭발성 위험물질 등을 휴대하고 지하철을 이용한 사람은 일률적으로 치안구류(5일 이상 15일 이하)에 처했다. 공안국이 규정한 인화성 · 폭발성 위험물질은 휘발유, 시너, 페인트, 실리콘, 메틸알코올, 부탄가스 등이며 폭죽과 도수가 높은 술 등도 포함되었다.

2013년 10월 톈안먼에서 일가족 차량 테러 사건이 발생한 후, 2014년 3월과 4월 쿤밍역과 신장위구르자치구 우루무치 기차역에서 칼부림 테러와 폭탄 테러가 발생하자 중국 정부는 2015년 3월 3일로 예정된 중국 정부의 연례 최대 정치행사인 양회兩會(전국인민대표대회와 전국인민정치협상회의) 개막을 앞두고 인물동검을 확대 실시했다. 이른바 불순분자의 상경을 원천봉쇄하기 위한 차원에서 5월 25일부터 베이징 시내 4개 기차역과 고속철도역 등지에서 진행한 인물동검에서 중국 정부는 폭죽이나 다량의 라이터 등 위험물을 압

수하고 수배범을 검거했다.[60]

　　이와 관련 예영준은 2015년 2월 "한국인이 베이징에서 지하철을 타보면 누구나 놀란다. 약식이긴 하지만 비행기 탈 때와 마찬가지로 X선 짐 검사는 물론 몸 검사까지 받아야 하기 때문이다. 사람과 물건을 함께 검사하는 '인물동검人物同檢'이 지난해부터 확대 중이다"면서 이렇게 말했다.

　　"출퇴근 시간 검색대 앞에서 장사진이 치는 건 예사가 됐다. 더 놀라운 건 한국에서라면 인권침해라고 난리가 날 법한 일임에도 중국에선 불만을 표시하는 승객이 없다는 점이다. 불특정 다수의 안전을 노리는 '공포분자(테러리스트)'의 국가분열 책동에 대비하려면 작은 불편쯤은 감수해야 한다는 당과 정부의 가르침 때문이다. 중국 친구들은 '(당신네 작은 나라와 달리) 우리는 인구 13억이다. 이렇게라도 하지 않으면 나라 유지가 안 된다'고 말한다.……불편 감수는 온라인에서도 마찬가지다. 조금이라도 '불온'한 내용의 게시물은 올라오기 무섭게 지워진다. 중국의 사이버공간엔 '5월 35일'이란 날짜가 있었다. 초민감 금칙어인 '6월 4일'의 대용물로 네티즌이 만들어낸 것인데 지금은 삭제됐다. 6월 4일은 1989년 톈안먼 사건 발생일이다. 금칙어가 아니어도 제한이 있다. 시진핑習近平 중국 국가주석의 이름을 입력하니 '관련 법에 의해 일부 검색 결과는 표시할 수 없다'는 안내문이 떴다."[61]

인종 프로파일링 racial profiling

미국의 연방 수사·사법 당국이 피부색이나 인종 등을 기반으로 용의자를 추적하는 수사 기법을 말한다. 1693년 미국 필라델피아 지방법원이 지역 경찰에 인종 프로파일링에 대한 특별한 권한을 부여한 이후 미국에선 관행이 된 수사기법이다. 특별한 이유 없이 흑인을 대상으로 한 불심검문이나 흑인이 운전하는 차량을 세우는 일 등이 바로 인종 프로파일링에서 비롯된 것이다.[62]

2014년 12월 오바마 행정부는 법집행기관이 일상적인 수사 과정에서 인종, 종교, 국적, 성별 또는 다른 특성을 토대로 프로파일링을 해서는 안 된다는 내용의 새 지침을 발표했다. 퍼거슨·뉴욕에서 발생한 백인 경관의 흑인 과잉 대응 사망 사건이 대배심에서 불기소 결정이 내려진 후, 미 전역에서 발생한 시위에서 '공권력의 무자비한 과잉대응 police brutality'과 흑인 검거에만 초점을 맞추는 인종 프로파일링에 대한 문제 제기가 전면에 등장한 데 따른 것이다.[63]

새로운 가이드라인은 조지 W. 부시 행정부 시절인 2003년 마련된 가이드라인을 전면 개정한 것이지만 퍼거슨·뉴욕 사태를 야기한 지방 경찰당국은 물론 주민과 접촉이 많은 교통 순찰대나 911 구조대, 동네 순찰 경관 등에게는 적용되지 않고, 국토안보부가 수행하는 국경 경비와 공항 승객 검사에도 적용되지 않아 '속 빈 강정'이라는 지적도 나왔다. 인권 옹호 단체들은 새로운 가이드라인이 조치가 큰 진전이라고 환영하면서도 공항·국경 검색대 등이 적용 대상에서 면제되고 지방과 주 경찰 당국에 구속력이 없다는 점에 대해서는 비판적 인식을 드러냈다.[64] 한 이슬람 단체 관계자는 "새 지침은 아직 부족한 부분이 많다"며 "연방 수사 기관이 인종, 민족, 종교를 기준으로 정보를 수입하는 이른바 '매핑mapping' 관행이 종식되지 않을 것"이라고 지적했다.[65]

유엔 인권이사회는 2015년 5월 11일 열린 정례인권검토UPR에서 미국의 인종 프로파일링과 모든 형태의 인종차별을 방지할 추가 조치가 필요하다며 미국에 대해 과도한 공권력 행사와 법집행기관의 인종차별적 관행을 없애는 조치를 하라고 권고했다.[66] 하지만 새로운 가이드라인이 지방 경찰당국에는 효력을 미치지 못하기 때문일까? 2015년 6월 텍사스 매키니 지역의 한 수영장 파티에서 일어난 소동을 진압하는 과정에서 매키니 경찰서 소속의 한 경찰관이 비키니 차림의 14세 흑인 소녀를 잡아끌어 얼굴을 땅으로 향하게 눕힌 뒤 제압하는 장면이 유튜브에 공개되어 논란이 일기도 했는데,[67] 인종 프로파일링을 둘러싼 논란은 앞으로 더욱 거세질 것으로 예측된다.

집권 3년차 증후군

5년 단임제를 채택하고 있는 한국에서 대통령 임기 3년차에 측근 비리나 인사·정책 실패, 당청 갈등 등에 발목이 잡혀 대통령 권력이 급속한 내리막길을 걷게 되는 현상을 이르는 말이다. 전두환 정권 이후 역대 정부들이 한결같이 이 시기에 측근 비리와 권력형 게이트 사건, 인사·정책 실패, 계파 투쟁과 당청 갈등 등에 발목이 잡혀 휘청거리다 급속한 내리막길을 걷게 되자 이를 설명하는 말로 쓰이고 있다.[68]

예컨대 김대중 정권은 2000년 남북정상회담이라는 치적에도 불구하고 정현준 게이트, 진승현 게이트, 이용호 게이트 때문에 몰락하기 시작했고, 노무현 정권은 2005년 연이은 부동산 대책에도 치솟는 부동산값을 잡지 못하자 대연정을 추진하다가 지지율이 급감했다. 이명박 정권은 2010년 민간인 사찰로 드러난 영포라인 논란에 시달리고 세종시 수정안 부결 사태로 국정 동력이 꺾였다. 과거 정부에서 청와대 핵심 참모를 지낸 한 인사는 대통령이 바라보는 현실과 바깥에서 바라보는 현실의 괴리 때문에 '집권 3년차 증후군'이 발생한다고 말한다.

"임기 반환점을 맞는 3년차에 접어들면 쏟아놓은 공약과 국정과제에서 성과를 내야 한다는 압박감을 느낀다. 대통령은 이제 자신이 국정을 속속들이 전부 파악하고 있다고 확신하는데, 관료들은 개혁에 속도를 내지 않고 측근들의 스캔들과 집권층의 분열로 지지율이 꺾이기 시작한다."[69]

강명국은 집권 3년차 증후군은 "권력의 속성에서 비롯된다. 대통령의 임기가 반환점을 지나 내리막길로 가면, 권력을 좇는 정치인들은 자연히 '미래 권력'에 관심을 갖게 마련이다"면서 이렇게 말했다. "대통령은 이런 권력 누수를 막기 위해 차기 대권 주자들을 직접 관리하려 들지만, 갈수록 그 힘은 빠지게 된다. 여기저기서 게이트성 스캔들이 터져나오기 때문이다. 문제는 이 스캔들이 하나같이 여권 내부에서 불거져 나온다는 것이다. 말 그대로 권력 내부의 분열과 갈등이 가속화되는 것이다."[70]

2015년 초 박근혜 정부의 지지율이 30퍼센트대로 내려앉자 '집권 3년차 증후군'에 들어선 것 아니냐는 지적이 나왔다. 2014년 말 '정윤회 국정개입' 의혹 문건 유출 사건 이후 이른바 '문고리권력 3인방'과 '십상시' 사이에 궁중암투를 벌이고 있다는 소문이 나온 데 이어 2015년 초 민정수석 김영한의 항명성 사퇴 등이 터지는 등 역대 정부의 집권 3년차 증후군과 비슷한 일들이 연이어 발생한 데 따른 분석이었다.[71]

청부 입법

정부가 법률안을 만들어 국회의원에게 청탁해 그 의원의 이름으로 법률안을 제출하는 관행을 일컫는 말이다. 청부 입법은 의원입법 형태로 이루어지는데, 이는 정부입법에 비해 절차가 간소하기 때문이다. 정부 발의 법안은 입안 이후 관계부처 협의, 공청회, 규제개혁위원회 심사 등 총 10단계를 거쳐야 하기 때문에 통상 6개월에서 1년이 걸리지만 의원 입법은 법안작성-의원서명-국회제출까지 3단계만 거치게 돼 빠르면 1개월 안에도 법안 제출이 가능하다.[72]

17대 국회에서 6,387건이었던 의원입법은 18대 국회에서는 1만 2,220건으로 늘었으며 19대 국회 전반기에만 1만 건을 훌쩍 넘어서는 등 크게 증가했는데, 왜 이렇게 증가하고 있는 것일까? 온종훈은 "부처 입장에서는 법안 통과의 신속성과 정책 집행 효율성을 높일 수 있고 의원 입장에서는 선거에 이용할 입법 실적을 부풀릴 수 있는 등 '짬짜미'가 가능한 구조"기 때문에 청부 입법이 증가하고 있다고 말했다. 청부 입법으로 법안이 통과되면 부처는 손쉽게 예산을 받아 '낙하산 기구'를 만들고 의원들은 지역구 사업에 도움을 받을 수 있다는 것이다.[73]

실제 정치인들은 청부 입법 가운데 '○○○지원 법안'의 경우 대개 자리·예산·민원의 대가가 따른다고 말한다. 『중앙일보』

2015년 4월 8일자는 "청부 입법은 공공연한 비밀이다. 취재팀은 정부 중점 처리 법안으로 선정된 30개 법안 중 의원이 대표발의자로 된 법안 10여 개에 대한 확인에" 나선 결과 "상당수가 청부 입법이었으며 법안이 통과될 경우 부처엔 산하기구와 예산이, 의원 지역구엔 산하기구가 유치되는 커넥션이 존재한다는 증언이 많았다"고 했다.[74]

의원들의 법안 발의 경쟁이 갈수록 치열해지면서 이른바 '청부 입법 수주전'도 벌어지고 있다. 새누리당의 한 관계자는 "정부가 실세 의원이나 당 지도부에는 알아서 찾아가 완성된 형태의 법안을 선물처럼 건넨다. 반면 초·재선이나 야당 의원들은 법안 발의 실적을 올리기 위해 청부 법안을 '수주'하는 경쟁에 나서기도 한다"고 말했다. 익명을 요청한 새정치민주연합 의원실 보좌관은 "시의성 있고 내용 좋은 (청부)법들은 상임위 의원실 소속 보좌진끼리 서로 가져가려고 안달"이라며 "나도 정부에서 법안을 준다고 찾아오면 밥을 사주며 환영할 것"이라고 말했다.[75]

청부 입법이 증가하면서 법률이 헌법과 충돌 양상을 빚는 현상도 나타났는데,[76] 이 때문에 청부 입법은 한국의 법체계를 왜곡하는 중요한 요인으로 지목받고 있기도 하다. 명지대학교 정치학 교수 김형준은 "청부 입법은 의원들 스스로 국회의 존재 가치를 부정하는 것"이라고 꼬집었다.[77]

헝 의회 hung parliament

영국에서 어느 정당도 과반 의석을 차지하지 못하는 상황을 일컫는 말이다. '(이러지도 저러지도 못하고) 불안하게 매달려 있다'는 의미를 지닌 영어 단어 'hung'에서 따온 말이다. 헝 의회라는 말을 처음으로 사용한 것은 영국 일간지 『가디언』이다.

『가디언』은 1974년 노동당이 보수당을 4석 차이로 간신히 이겼지만, 정국 불안으로 8개월 만에 의회를 해산하고 재선거를 실시하자 정치권의 어지러운 정국을 '헝 의회'라고 표현했다. 보수당과 노동당을 주축으로 한 양당제가 정착된 영국에선 두 당 가운데 하나가 총선에서 과반 의석을 차지해 단독으로 정권을 잡는 것이 일반적인데, 20세기 이후 한 정당이 과반 의석을 확보하지 못했던 총선은 1910년, 1929년, 1974년, 2010년 4차례뿐이다.[78]

2015년 5월 7일로 예정된 영국 총선을 앞두고 실시된 각종 여론조사에서 노동당과 보수당이 초접전을 벌이고 있는 것으로 나타나 영국에선 다시 '헝 의회'가 출현해 정국이 불투명해질 것이라는 예상이 나왔지만,[79] 보수당이 압승함으로써 5번째 '헝 의회'는 출현하지 않았다.

휘게|hygge

사랑하는 가족이나 친구 또는 혼자서 보내는 소박하고 아늑한 시간을 뜻하는 덴마크어로, 덴마크 사람들이 지향하는 여유롭고 소박한 삶의 방식을 뜻한다. 덴마크 사람들의 삶에 대한 태도를 압축하고 있는 말이라 할 수 있겠다. 최원형에 따르면, "가족이나 친구 등 가까운 사람들이 모여 양초를 밝힌 따뜻한 분위기에서 식사를 하거나 맥주를 마시면서 여유 있는 시간을 보낼 때 이를 휘게라고 한다. 휘게는 호화스럽거나 화려한 것과는 거리가 멀고, 모든 사람들이 이용할 수 있게 쉽고 간단해야 한다."[80]

『덴마크 사람들처럼』의 저자 말레네 뤼달은 휘게는 1973년 유럽에서 처음 세계 여러 나라를 대상으로 행복도 조사를 한 이래 덴마크가 늘 선두를 차지한 비결 가운데 하나라고 말한다. 복지국가 시스템이 잘 되어 있어 덴마크 사람들의 행복도가 높은 게 아니라 복지국가 시스템뿐만 아니라 덴마크 사람들이 내면에서 행복의 원천을 찾으려 하기 때문에 행복도가 높다는 것이다. 그는 덴마크 행복의 10가지 비결로 신뢰, 교육, 자유와 자율성, 기회 균등, 현실적인 기대, 공동체 의식, 가정과 일의 균형, 돈에 초연한 태도, 남녀평등, 겸손 등을 들면서 "사람을 행복하게 하는 것은 국가가 아니"라고 말했다. 덴마크가 사람들이 행복해지도록 시스템을 만들어낼 줄

아는 국가지만 "나머지는 각 개인이 자기 자신과 조화를 이루기 위해 시도해야 하는 여정에 달려 있다"는 것이다.

휘게 문화는 개인적인 차원에만 그치는 게 아니다. 뤼달은 공동체와 국가 차원으로까지 적용된다고 말한다. "휘게를 느낄 수 있는 넓은 의미의 '집'에 대한 소속감은 국가, 상징, 가치관에 대한 사랑으로도 나타난다."[81] 이와 관련 손영옥은 덴마크 사람들은 "덴마크 국기 '단네브로(덴마크의 힘이라는 뜻)'에 대한 애정이 대단하다. 집집의 정원에는 깃대 위에 국기가 펄럭인다. 크리스마스트리도 국기로 장식한다. 심지어 생일 케이크에도 양초와 함께 단네브로를 빙 둘러 꽂는다. 스스로 좋아서 하는 일이다"면서 이렇게 말했다.

"휘게 문화가 사회로, 국가로 확장돼 나타난 게 케이크 위에 꽂은 국기다. 우리도 스스로 좋아서 케이크에 너나없이 태극기를 꽂고, 페이스북엔 그런 사진이 무시로 올라오는 나라를 꿈꿔본다."[82]

'왜 이렇게 쫓기며 사는가, 어떻게 해야 더 나은 삶이 가능할까'란 질문에 대한 답을 구하고자 여기저기 뛰어다닌 끝에 『타임푸어』를 쓴 『워싱턴포스트』의 기자 브리짓 슐트는 타임푸어에서 벗어나기 위한 대안 중 하나로 휘게를 들었다. 차 한 잔을 마시더라도 그 순간을 즐기고, 멋진 저택을 지나치면서 질투심이 나면 지금 내 집을 얼마나 사랑하는지를 다시 떠올리라는 것이다. 슐트는 "휘게는 기대를 낮추자는 게 아니라 현실적인 기대를 가지자는 뜻"이라고 설명했다.[83]

주

1_ Culture Section

1   백일현, 「알 듯 모를 듯 뇌섹남…요섹남 이건 또 뭐지」, 『중앙일보』, 2015년 3월 21일.

2   문소영, [씨줄날줄] '심쿵', 『서울신문』, 2015년 3월 27일.

3   이동현, 「[이동현의 횡설수설] 우리는 왜 뇌섹남의 허상에 열광할까?」, 『전자신문』, 2015년 3월 20일.

4   백일현, 「알 듯 모를 듯 뇌섹남…요섹남 이건 또 뭐지」, 『중앙일보』, 2015년 3월 21일.

5   라효진, 「'뇌섹남'은 없고 '스펙남'만 존재하는 '뇌섹시대'」, 『오마이뉴스』, 2015년 3월 9일; 이종임, 「'뇌섹남' 더 노골적인 '구별짓기' 원하는 욕망의 시대」, 『미디어스』, 2015년 3월 19일.

6   김헌식, 「뇌섹남은 왜 스펙남으로 변질됐나」, 『미디어오늘』, 2015년 4월 6일.

7   홍승완·민상식, 「인스타그램에서 드로니까지…큰돈 되는 셀피 산업」, 『헤럴드경제』, 2015년 3월 6일.

8   박소라, 「셀카는 잊어라, 드론으로 찍는 '드로니'」, 『전자신문』, 2014년 12월 25일; 「드로니란, 드론 띄워 사진 찍는 것…산행할 때 필수품?」, 『파이낸셜뉴스』, 2014년 12월 27일.

9   윤희일, 「"셀카봉은 위험"…일본에서 셀카봉 사용 금지 확산」, 『경향신문』, 2015년 6월 15일; 박낙희, 「디즈니, 모든 테마파크서 셀카봉 금지」, 『LA중앙일보』, 2015년 6월 27일; 「중국 유명 관광지 셀카봉 금지, 자금성 박물관 등 사고 속출…美 디즈니랜드도 셀카봉 퇴출?」, 『스포츠조선』, 2015년 5월 20일.

10 김상기, 「"한국인은 외계인, 미쳤어" 싸이 떼창에 찬사…4일 서울광장 무료 콘서트 동영상 외국서 폭발적 반응」, 『국민일보』, 2012년 10월 5일.

11 서정민, 「전곡 '떼창'…관객들 노래 예습하고 온 듯」, 『한겨레』, 2014년 4월 9일.

12 서필웅, 「"떼창곡 준비…미리 짜여진 공연은 싫다"」, 『세계일보』, 2014년 4월 16일.

13 박지련, 「김구라 韓 떼창 독창적 해석 "돈이 이유야"」, 『뉴스엔』, 2013년 8월 2일.

14 김작가, 「'떼창'의 메아리 울리는 액정의 바다」, 『한겨레』, 2011년 4월 14일.

15 「멍 때리기 대회 우승자, "앞으로도 열심히 멍 때리겠다" 각오 다져」, 『중앙일보』, 2014년 10월 30일; 「멍 때리기 대회 우승자, 반전 상품에 이어 '아무 생각 안 하는 것' 소감 밝혀」, 『세계일보』, 2014년 10월 29일.

16 강주형, 「"뇌에 휴식" 멍 때리기, 국제 대회로 발전: 지구촌 곳곳 '현대병 극복' 이벤트」, 『한국일보』, 2015년 6월 26일.

17 이성규, 「잭 웰치 GE 회장의 탁월한 경영 능력 비결은 '멍 때리기'」, 『머니투데이』, 2015년 1월 4일.

18 김태훈, 「나는 멍 때린다, 고로 존재한다」, 『주간경향』, 2015년 1월 27일.

19 남은주, 「멍 때리기 권하는 사회」, 『한겨레』, 2015년 6월 15일.

20 고재완, 「'복합장르 전성시대' 이제 장르도 섞어야 제 맛?」, 『스포츠조선』, 2013년 9월 2일.

21 명희숙, 「지상파부터 케이블까지 '복합장르' 전성시대」, 『뉴스1』, 2014년 8월 22일.

22 고규대, 「'복합장르' 선두주자…SBS 수목 드라마 주목하라!」, 『이데일리』, 2014년 2월 20일.

23 최영경, 「[친절한 쿡기자] 샐러리맨은 회사가 사육하는 가축? 日 '사축 동화' 甲질 논란 시끄러운 국내서도
    반향」, 『국민일보』, 2015년 3월 31일; 오석기, 「[SNS로 본 세상-뉴스&트렌드] 노동청에 하소연하려는 '인
    어공주' 박봉에도 고된 일 떠넘기는 '산신령'」, 『강원일보』, 2015년 5월 15일; 유명종, 「직장인의 비애 담은
    "사축(社畜)동화" 인기」, 『경향신문』, 2015년 4월 3일.

24 박석원, 「日 직장인 비애 '사축동화'를 아시나요」, 『한국일보』, 2015년 4월 7일.

25 이재훈, 「청년들의 비애 담은 '사축동화' 아시나요?」, 『한겨레』, 2015년 4월 1일.

26 김윤덕, 「[만물상] 샤넬 백」, 『조선일보』, 2015년 3월 20일.

27 김현정, 「[명품 스토리] 진짜 같은 짝퉁 '3초백의 비애'」, 『아시아경제』, 2009년 12월 7일.

28 김재영, 「길거리 루이뷔통 왜 많나 했더니…짝퉁 적발 최다」, 『동아일보』, 2012년 12월 13일.

29 「'3초백' 루이뷔통, 적발된 짝퉁 명품 1위 올랐다」, 『더팩트』, 2014년 9월 1일.

30 김선주, 「'3초백' 너무 흔해…로고 숨긴 루이비통」, 『한국경제』, 2014년 10월 23일.

31 박정현, 「페이스북 새 모바일 앱은 섹스팅 앱' 논란」, 『조선일보』, 2012년 12월 27일.

32 김남숙, 「'섹스팅(sexting) 마침내 美 웹스터 사전에 수록…"사회현상 인정"」, 『업코리아』, 2012년 8월 15일.

33 김기용, 「10대들의 무분별한 性 언어, 말로만 그치지 않는다」, 『동아일보』, 2014년 2월 28일; 「스마트폰 '섹
    스팅' 중독 청소년 자살률↑」, 『주간한국』, 2011년 11월 14일.

34 「젊은 연인들 사이에 '섹스팅' 확산」, 『동아일보』, 2012년 7월 30일.

35 추정남, 「음란사진 교환 '섹스팅', 청소년 10명 중 3명…"실제 성경험으로 이어져"」, 『아시아경제』, 2014년
    10월 8일.

36 「[생활 속 건강 상식] '섹스팅' 확산 이유는…"안 하면 왕따"」, 『스포츠한국』, 2011년 10월 19일.

37 김종우, 「美 청소년 '섹스팅' 문화 심각…처벌·계도 놓고 논란」, 『연합뉴스』, 2015년 7월 8일.

38 「"'셀카' 많이 찍는 것, 일종의 정신질환"」, 『경향신문』, 2014년 4월 7일; 백민경·이민영, 「[커버 스토리-세
    계는 지금 셀피 중독] 나는, 나를 사랑할 권리가 있다」, 『서울신문』, 2014년 5월 17일.

39 김민석, 「美 정신의학회 "셀카 많이 찍으면 정신질환자" 네티즌들 "우리말로 '관심병'"」, 『국민일보』, 2014년
    4월 7일.

40 문예성, 「셀카 중독 영국 10대 '사진에 만족 못해' 자살 시도」, 『뉴시스』, 2014년 3월 30일; 「셀카 중독자
    "내 사진 성에 안 차" 자살 시도」, 『경향신문』, 2014년 3월 25일.

41 박종익, 「'셀카 중독'에 빠져 자살까지 시도한 청년의 사연」, 『서울신문』, 2014년 3월 25일.

42 문예성, 「셀카 중독 영국 10대 '사진에 만족 못해' 자살 시도」, 『뉴시스』, 2014년 3월 30일; 「셀카 중독자
    "내 사진 성에 안 차" 자살 시도」, 『경향신문』, 2014년 3월 25일.

43 김정은, 「[커버 스토리] 1인 가구 450만 시대…공유의 새로운 실험 '셰어 하우스'」, 『서울신문』, 2013년 10월
    5일.

44 유현준, 「[I ♥ 건축] 썸과 셰어링 하우스」, 『매일경제』, 2015년 1월 15일.

45 김은구, 「[나 혼자 논다 ③] 하숙집 아니다 이젠 셰어 하우스」, 『이데일리』, 2013년 12월 6일.

46 박주연, 「'의식주'에서 '연식주'로…1인 가구, 스스로 돕는다」, 『경향신문』, 2015년 1월 31일.

47 박준규, 「[脫불황] 초니치 하우징 바람] 하숙집의 진화…맞춤형 셰어 하우스가 떴다」, 『헤럴드경제』, 2015년 3월 4일.

48 조영달, 「[수도권] 月 20만 원 이하… '룸 셰어링' 이용하세요」, 『동아일보』, 2014년 11월 4일.

49 임지훈, 「젊음이 열광하는 소셜 데이팅, 괜찮나」, 『국민일보』, 2015년 1월 5일.

50 장은석, 「'소셜 데이팅' 해보셨나요…2명 중 1명은 속았네요」, 『서울신문』, 2015년 5월 26일; 권건호, 「두근두근 소셜 데이팅의 득실」, 『주간동아』, 2015년 6월 1일.

51 김현주, 「쉽게 시작한 만남 끝도 빨랐다」, 『세계일보』, 2015년 6월 21일.

52 임지훈, 「젊음이 열광하는 소셜 데이팅, 괜찮나」, 『국민일보』, 2015년 1월 5일.

53 김현주, 「쉽게 시작한 만남 끝도 빨랐다」, 『세계일보』, 2015년 6월 21일.

54 권건호, 「두근두근 소셜 데이팅의 득실」, 『주간동아』, 2015년 6월 1일.

55 장은석, 「'소셜 데이팅' 해보셨나요…2명 중 1명은 속았네요」, 『서울신문』, 2015년 5월 26일.

56 「[사설] 쇼닥터 가이드라인 환영한다」, 『의협신문』, 2015년 4월 6일.

57 임솔, 「의료계 "방송에 나온다고 명의 아냐"…의료인 방송 제한 추진」, 『조선일보』, 2014년 11월 9일.

58 이원광 · 이지현, 「[단독] TV에 의사들 많다 했더니…"400만 원 내면 8분 출연"」, 『머니투데이』, 2014년 11월 25일.

59 하재근, 「[목멱칼럼] TV 속 '쇼닥터' 믿을 수 있나」, 『이데일리』, 2015년 1월 15일.

60 금준경, 「방송에서 거짓말하는 의사들, 의협에서 징계한다」, 『미디어오늘』, 2015년 4월 1일.

61 최영주, 「무분별 '쇼닥터' 방지 가이드라인 나왔다」, 『피디저널』, 2015년 3월 26일.

62 송수연, 「[기획] '쇼닥터 가이드라인' 어떻게 탄생했나」, 『청년의사』, 2015년 4월 6일.

63 「[사설] 쇼닥터 가이드라인 환영한다」, 『의협신문』, 2015년 4월 6일.

64 허남설, 「"물구나무 서면 발모" "유산균 먹으면 임신"…쇼닥터, 진짜 의사 맞나요?」, 『경향신문』, 2015년 4월 10일.

65 이화섭, 「만남에 서툰 세대 연애도 배워야 하나」, 『매일신문』, 2014년 4월 26일; 김자현, 「연애, 마침내 '스펙'이 되다」, 『한겨레21』, 2014년 2월 27일.

66 양성희, 「[분수대] '연애도 스펙' 시대를 사는 한 방법」, 『중앙일보』, 2015년 3월 7일.

67 김선영, 「[문화와 삶] 이토록 쓸쓸한 연애담」, 『경향신문』, 2014년 3월 31일.

68 양성희, 「[분수대] '연애도 스펙' 시대를 사는 한 방법」, 『중앙일보』, 2015년 3월 7일.

69 박주광, 「영국의 십대 문화 '차브(Chav)'를 아시나요」, 『국민일보』, 2005년 11월 10일.

70 최지영, 「콧대 높은 명품들 "차브족이 미워요"」, 『중앙일보』, 2006년 8월 21일, 16면.

71 한승동, 「하층민과의 계급전쟁을 복지문제로 위장하다」, 『한겨레』, 2014년 11월 14일.

72 박소영, 「英 차브 日 사토리…희망 잃은 청년 양산하는 지구촌」, 『한국일보』, 2015년 3월 8일.

73 한승동, 「하층민과의 계급전쟁을 복지문제로 위장하다」, 『한겨레』, 2014년 11월 14일.

74 이민우, 「[북리뷰] 차브」, 『조선일보』, 2014년 11월 22일.

75 서정보, 「[책의 향기] 英 노동계급 '차브'는 왜 '혐오 食客'으로 전락했나」, 『동아일보』, 2014년 11월 15일.

76 한승동, 「하층민과의 계급전쟁을 복지문제로 위장하다」, 『한겨레』, 2014년 11월 14일.

77 정지원, 「믿고 보는 '케드' 전성시대」, 『앳스타일』, 2014년 4월 28일.

78 음성원, 「응답하라 '케드'…왜 뜨는지」, 『한겨레』, 2012년 9월 17일.

79 이명진, 「만물상」 지하철 낙서」, 『조선일보』, 2015년 3월 18일.

80 「트레인 바밍」, 『경북일보』, 2015년 5월 18일.

81 김성환, 「대구 · 인천 · 안산 · 서울…지하철 낙서 '아슬아슬한 예술'」, 『한겨레』, 2015년 5월 13일.

82 이명진, 「만물상」 지하철 낙서」, 『조선일보』, 2015년 3월 18일.

83 「백인 4명, 새벽 지하철역에 몰래 잠입해 그래피티 '쓱쓱'」, 『뉴시스』, 2015년 3월 17일.

84 권소영, 「국내 지하철, 외국인 그래피티 표적된 이유는?」, 『노컷뉴스』, 2015년 5월 27일.

85 장혁진, 「한국 지하철은 새 도화지…외국 낙서꾼 70~80명 줄 서」, 『중앙일보』, 2015년 6월 6일.

86 「신종 섹시 댄스 '트워킹' 옥스퍼드사전 등재」, 『연합뉴스』, 2013년 8월 28일.

87 천지우, 「마일리 사이러스 음란춤 '트워킹', 옥스퍼드사전에 등재」, 『국민일보』, 2013년 8월 28일.

88 강승연, 「358명 최다 인원 동시 '트워킹' 기네스 기록 올라」, 『헤럴드경제』, 2013년 9월 27일.

89 「美 대학서 '마일리 사이러스 사회학' 강의 개설…트워킹도 배울까?」, 『마이데일리』, 2014년 3월 28일.

90 「러시아 당국, 야한 춤 '트워킹'에 골머리」, 『세계일보』, 2015년 4월 27일; 김유진, 「'트워킹' 춘 10대 소녀들, "선정적" 징역 3년형 고려…임시 폐교까지」, 『아시아경제』, 2015년 4월 17일.

91 「펫팸족 의미, "반려동물 가족처럼 생각해" 왜?」, 『조선일보』, 2015년 2월 11일; 서경원, 「'펫팸족' 시대…반려동물 소비 4년 새 2배 껑충」, 『헤럴드경제』, 2014년 9월 29일.

92 한영혜 외, 「세상 속으로」 "애견 죽은 지 5개월 지났는데도 슬퍼…대인기피증까지"」, 『중앙일보』, 2015년 5월 9일.

93 한영혜 외, 「세상 속으로」 "애견 죽은 지 5개월 지났는데도 슬퍼…대인기피증까지"」, 『중앙일보』, 2015년 5월 9일.

94 김지미, 「패션 라운지」 명품 걸치는 애완견들」, 『매일경제』, 2013년 10월 28일.

95 이환주, 「애견 미용 · 장례사 등 반려 관련 전문직 뜬다」, 『파이낸셜뉴스』, 2014년 12월 15일.

96 염희진 외, 「'펫팸족' 피보다 진한 동물사랑」, 『동아일보』, 2013년 4월 12일.

97 조은임, 「반려동물의 죽음에 대처하는 방법」, 『아시아경제』, 2013년 4월 27일.

98 「힙스터」, 『위키백과』.

99 이연선, 「힙스터(Hipster), 그들은 누구인가?」, 『시선뉴스』, 2014년 10월 30일.

100 이승연, 「[Special Report] 멸종 위기에서 끌려온 생물체…힙스터에 대한 보고서」, 『매일경제』, 2015년 1월 21일.

101 「힙스터 의미, 독특한 문화 좇는 부류…그 유래는?」, 『이투데이』, 2013년 11월 17일.

102 이승한, 「[토요판] 이승한의 술탄 오브 더 티브이: 혁오 '무한도전' 출연에 대한 상실감?」, 『한겨레』, 2015년 7월 18일.

103 김류미, 「[2030 잠금해제] 어떤 세대의 라이프스타일, 힙스터」, 『한겨레』, 2013년 11월 17일.

104 이승연, 「[Special Report] 멸종 위기에서 끌려온 생물체…힙스터에 대한 보고서」, 『매일경제』, 2015년 1월 21일.

2_ Media Section

1 이성규, 「가상현실 입은 뉴스, 눈앞에 '둥실'」, 『블로터』, 2015년 3월 18일.

2 김태균, 「'몰입력 최고' 가상현실 저널리즘···"실험 본격화"」, 『연합뉴스』, 2015년 4월 19일.

3 이성규, 「가상현실 입은 뉴스, 눈앞에 '둥실'」, 『블로터』, 2015년 3월 18일.

4 심서현, 「[궁금한 화요일] '가상현실 저널리즘'도 언론인가」, 『중앙일보』, 2015년 4월 21일.

5 심서현, 「[궁금한 화요일] '가상현실 저널리즘'도 언론인가」, 『중앙일보』, 2015년 4월 21일; 김명일, 「'가상현실 저널리즘' 스크린 너머 뉴스가 이젠 "손에 잡힐 듯"」, 『경향신문』, 2015년 4월 28일; 박희창, 「"온몸으로 느끼는 시리아 내전 참상···그게 VR 저널리즘 경쟁력"」, 『동아일보』, 2015년 4월 21일.

6 김명일, 「'가상현실 저널리즘' 스크린 너머 뉴스가 이젠 "손에 잡힐 듯"」, 『경향신문』, 2015년 4월 28일.

7 김명일, 「'가상현실 저널리즘' 스크린 너머 뉴스가 이젠 "손에 잡힐 듯"」, 『경향신문』, 2015년 4월 28일.

8 김원철, 「온라인 저널리즘 화두는 '독자를 개발해야 산다'」, 『한겨레』, 2015년 4월 20일.

9 봉지욱, 「지상파 드라마 1편에 광고 56개···유료방송 시장 무너질 위기」, 『중앙일보』, 2014년 12월 19일; 신동흔, 「지상파 年 2000억 추가 수익, 영세 방송은 枯死(고사)」, 『조선일보』, 2014년 12월 20일.

10 김세옥, 「지상파 광고 총량제 도입···TV 최대 9분 가능」, 『피디저널』, 2015년 4월 27일.

11 권순택, 「지상파에 떨어진 '선물', 이제 보도에서 '광고' 봐야 된다: 개정된 방송법 시행령은 TV를 어떻게 바꿀까」, 『미디어스』, 2015년 4월 27일.

12 김세옥, 「지상파 광고 총량제 도입···TV 최대 9분 가능」, 『피디저널』, 2015년 4월 27일.

13 「[사설] 방송의 질보다 방송사 밥줄만 챙긴 광고 총량제」, 『한겨레』, 2015년 4월 24일.

14 이정국, 「죄다 푼 광고···지상파·종편 '웃고' 시청자 '울고'」, 『한겨레』, 2015년 4월 27일.

15 윤희석, 「한국여성민우회, "광고 총량제, 시청자 볼 권리 침해할 것"」, 『전자신문』, 2015년 1월 30일.

16 김세옥, 「지상파 광고 총량제 도입···TV 최대 9분 가능」, 『피디저널』, 2015년 4월 27일.

17 강진아, 「신문협회 "광고 총량제는 신문 죽이기"」, 『기자협회보』, 2015년 4월 24일.

18 박진희, 「방통위 광고 총량제 도입에 유료방송·신문협회 '강력 반발'」, 『뉴스1』, 2015년 4월 24일.

19 김세옥, 「[위클리포커스] ① 스포츠보도까지 가상광고 허용한 방송법 시행령 개정···종편신문에게 시청권이란?」, 『피디저널』, 2015년 4월 28일.

20 권순택, 「지상파에 떨어진 '선물', 이제 보도에서 '광고' 봐야 된다: 개정된 방송법 시행령은 TV를 어떻게 바꿀까」, 『미디어스』, 2015년 4월 27일.

21 김승현, 「"재 속에서 불사조 탄생···슬픔을 창조적 힘으로"」, 『문화일보』, 2008년 2월 13일.

22 강혜란·유지혜, 「개인 테러 시대」, 『중앙일보』, 2013년 4월 18일.

23 김효정, 「"美 언론 선정적 보도로 테러 위험 과대포장"」, 『연합뉴스』, 2013년 4월 25일.

24 김연지, 「포털 품안 '뉴스펀딩' 대안 뉴스될까」, 『피디저널』, 2015년 1월 13일.

25 김연지, 「포털 품안 '뉴스펀딩' 대안 뉴스될까」, 『피디저널』, 2015년 1월 13일.

26 김주완, 「뉴스는 공짜? 뉴스펀딩 실험해보니」, 『미디어오늘』, 2015년 2월 11일.

27 박장준, 「다음 뉴스펀딩 7억 돌파, 온라인뉴스 유료화 성공일까?」, 『미디어스』, 2015년 1월 28일.

28 김연지, 「포털 품안 '뉴스펀딩' 대안 뉴스될까」, 『피디저널』, 2015년 1월 13일; 안상욱, 「'뉴스'펀딩? 뉴스'펀딩'!」, 『블로터』, 2015년 1월 28일; 강진아, 「다음 뉴스서비스 새로운 실험 '눈길'」, 『기자협회보』, 2015년 2월 4일.

29 김주완, 「뉴스는 공짜? 뉴스펀딩 실험해보니」, 『미디어오늘』, 2015년 2월 11일.

30 김준형, 「"기자의 담합, 자원의 낭비"」, 『머니투데이』, 2007년 1월 17일.

31 김도연, 「기자단 세월호 미보도 요청에 "같은 가족이면서": 출입처 담합 문화의 폐해 국민 알권리 피해」, 『미

디어오늘」, 2015년 2월 11일.

32 김주연, 「앱 중립성 논쟁 미국에서 점화…블랙베리, "우리도 있다"」, 「전자신문」, 2015년 1월 25일.

33 이재원, 「[Weekly BIZ] 국내선 망 중립성 준수 의무 2011년 구체적 가이드라인 제정」, 「조선일보」, 2015년 2월 14일.

34 박상준, 「"돈 더 내면 빠른 회선"…인터넷 망 중립성 재논란」, 「한국일보」, 2014년 5월 17일.

35 류현정, 「[Weekly BIZ] 오바마까지 나선 인터넷 주도권 전쟁…美 연방통신위, 원칙 고수냐 수정이냐 26일 '세기의 표결'」, 「조선일보」, 2015년 2월 14일.

36 류경동, 「[이슈 분석] 오바마, '망중립'을 중립시키다」, 「전자신문」, 2015년 3월 1일.

37 박성우, 「[Weekly BIZ] 제2, 제3의 카카오톡 나오려면 망 중립성 지켜져야」, 「조선일보」, 2015년 2월 14일.

38 류경동, 「[이슈 분석] 오바마, '망중립'을 중립시키다」, 「전자신문」, 2015년 3월 1일.

39 류현정, 「[Weekly BIZ] 오바마까지 나선 인터넷 주도권 전쟁…美 연방통신위, 원칙 고수냐 수정이냐 26일 '세기의 표결'」, 「조선일보」, 2015년 2월 14일.

40 류현정, 「[Weekly BIZ] 오바마까지 나선 인터넷 주도권 전쟁…美 연방통신위, 원칙 고수냐 수정이냐 26일 '세기의 표결'」, 「조선일보」, 2015년 2월 14일.

41 류경동, 「[이슈 분석] 오바마, '망중립'을 중립시키다」, 「전자신문」, 2015년 3월 1일.

42 김익현, 「확 바뀐 저널리즘 지형도…풍경 넷, 생각 넷」, 「지디넷코리아」, 2015년 3월 29일.

43 이성규, 「"혁신을 수혈하라"…기술 스타트업 끌어안는 언론사들」, 「블로터」, 2014년 10월 29일.

44 김익현, 「확 바뀐 저널리즘 지형도…풍경 넷, 생각 넷」, 「지디넷코리아」, 2015년 3월 29일.

45 김익현, 「저널리즘 위협하는 '파괴적 혁신'의 힘」, 「지디넷코리아」, 2014년 10월 29일.

46 김위근, 「"저널리즘의 아이튠즈 되겠다": 뉴욕타임스가 370만 달러 투자한 네덜란드 뉴스 스타트업 '브렌들'」, 「시사저널」, 2014년 11월 27일.

47 김익현, 「아이튠즈 모델, 저널리즘에도 통할까?: 네덜란드 이어 캐나다서도 '건별 과금' 등장」, 「지디넷코리아」, 2015년 4월 7일.

48 남지은, 「스타는 웃지만 나는 슬픕니다…방송국은 '비정규직 백화점'」, 「한겨레」, 2015년 5월 31일.

49 남지은, 「스타는 웃지만 나는 슬픕니다…방송국은 '비정규직 백화점'」, 「한겨레」, 2015년 5월 31일.

50 김수정, 「스폰서 제안·임금 체불…방송하고 싶으면 다 견뎌라? MBC 〈시사매거진 2580〉, 프리랜서 앵커들의 '인격 모독 실태' 집중 조명」, 「미디어스」, 2015년 6월 8일.

51 김도연, 「방송계는 '장그래 백화점', 비정규직 뭉친다」, 「미디어오늘」, 2015년 4월 22일; 남지은, 「"비정규직 실태 파악 요구해도 방통위는 귀 막아"」, 「한겨레」, 2015년 6월 1일.

52 김연지, 「'미로찾기'와 미디어 공공성 확립, 결국 같은 문제」, 「피디저널」, 2015년 5월 5일.

53 최영진, 「[문화] 드라마 속 기자, 기자는 어떻게 볼까」, 「뉴스메이커」, 2008년 6월 3일; 조소영, 「이런 '유통업계 은어(隱語)' 들어보셨나요?」, 「데일리안」, 2014년 9월 8일.

54 조수경·정철운, 「언론사 병영문화, '사쓰마와리'가 저널리즘을 망친다」, 「미디어오늘」, 2015년 2월 5일.

55 조수경·정철운, 「언론사 병영문화, '사쓰마와리'가 저널리즘을 망친다」, 「미디어오늘」, 2015년 2월 5일.

56 정철운, 「수습기자 과잉 노동, '노동법 위반' 걸면 걸린다」, 「미디어오늘」, 2015년 2월 6일.

57 신동흔, 「"지상파 '한 번호 多채널(MMS·기존 채널을 여러 개로 쪼개 방송 보내는 것) 허용 땐 新生방송 다 죽어"」, 「조선일보」, 2013년 11월 14일; 최영주, 「EBS 2TV? MMS? 그게 뭐지?」, 「피디저널」, 2015년 2월 10일; 이정국, 「EBS 채널 한 개 늘어난다」, 「한겨레」, 2014년 12월 23일.

58 이정환, 「TV는 앞으로도 계속 공짜여야 합니다」, 『미디어오늘』, 2013년 9월 18일.

59 김세옥, 「[위클리 포커스] 바닥의 직접 수신율, 케이블에 실린 EBS MMS: '미생'의 지상파 MMS, '완성'의 길은?」, 『피디저널』, 2015년 4월 8일.

60 김세옥, 「[위클리 포커스] 바닥의 직접 수신율, 케이블에 실린 EBS MMS: '미생'의 지상파 MMS, '완성'의 길은?」, 『피디저널』, 2015년 4월 8일.

61 송혜영, 「[이슈 분석] 지상파 다채널 서비스(MMS) 논란」, 『전자신문』, 2013년 12월 9일; 최성진, 「MMS 확대 땐 지상파 광고 쏠림 가속 유료 방송 타격…생태계 무너질 것」, 『서울경제』, 2015년 1월 8일.

62 김진양, 「케이블協 "지상파 MMS, 상업채널로 변질될 것"」, 『뉴스토마토』, 2014년 12월 23일.

63 이정환, 「TV는 앞으로도 계속 공짜여야 합니다」, 『미디어오늘』, 2013년 9월 18일.

64 김세옥, 「[위클리 포커스] 바닥의 직접 수신율, 케이블에 실린 EBS MMS: '미생'의 지상파 MMS, '완성'의 길은?」, 『피디저널』, 2015년 4월 8일.

65 정미정, 「시장 경쟁 막으면 시청자만 피해 입어」, 『서울경제』, 2015년 1월 8일.

66 봉지욱, 「[취재일기] 시청자에겐 '그림의 떡' EBS-2 TV 개국」, 『중앙일보』, 2015년 2월 11일.

67 강혜란, 「EBS 2를 보기 힘든 이유」, 『시사IN』, 2015년 3월 19일.

68 박성우, 「방통위, "EBS 2 채널, 케이블방송에 재송신 시작"」, 『조선일보』, 2015년 4월 1일.

69 김세옥, 「[위클리 포커스] 바닥의 직접 수신율, 케이블에 실린 EBS MMS: '미생'의 지상파 MMS, '완성'의 길은?」, 『피디저널』, 2015년 4월 8일.

70 김세옥, 「[위클리 포커스] 바닥의 직접 수신율, 케이블에 실린 EBS MMS: '미생'의 지상파 MMS, '완성'의 길은?」, 『피디저널』, 2015년 4월 8일.

71 손봉석, 「페이스북, 뉴욕타임스 등 해외 언론사 기사 직접 서비스」, 『경향신문』, 2015년 5월 13일; 국종환, 「페이스북 '미디어 지배자' 되나…NYT, BBC 등 9개사 뉴스 제공」, 『뉴스1』, 2015년 5월 14일.

72 김영주, 「페이스북, 언론의 적 혹은 친구」, 『한겨레』, 2015년 5월 13일.

73 장재은, 「페이스북, 뉴욕타임스 등 기사 직접서비스 개시」, 『연합뉴스』, 2015년 5월 13일.

74 최원형, 「페북·구글, 언론사와 상생 전략…국내는?」, 『한겨레』, 2015년 5월 25일; 양성희, 「뉴스까지 빨아들였다 '인터넷 블랙홀' 페이스북」, 『중앙일보』, 2015년 5월 19일; 김영주, 「페이스북, 언론의 적 혹은 친구」, 『한겨레』, 2015년 5월 13일.

75 김영주, 「페이스북, 언론의 적 혹은 친구」, 『한겨레』, 2015년 5월 13일.

76 김창남, 「페이스북 뉴스서비스, 상생모델 될까」, 『기자협회보』, 2015년 5월 20일; 최원형, 「페북·구글, 언론사와 상생 전략…국내는?」, 『한겨레』, 2015년 5월 25일.

77 「[사설] 국회가 低質 인터넷 언론 퇴출 장치 마련할 때 됐다」, 『조선일보』, 2015년 3월 3일.

78 최연진, 「꼼수 從北언론 막으려면 신문法 개정해야」, 『조선일보』, 2015년 3월 3일.

79 장슬기, 「"꼼수가 아니라 당연한 권리" 자주민보 재창간 논란」, 『미디어오늘』, 2015년 3월 4일.

80 최연진, 「꼼수 從北언론 막으려면 신문法 개정해야」, 『조선일보』, 2015년 3월 3일.

81 장슬기, 「"꼼수가 아니라 당연한 권리" 자주민보 재창간 논란」, 『미디어오늘』, 2015년 3월 4일.

82 남지은, 「자네 방송작가로 일해 볼 텐가 '헐. 값. 에'」, 『한겨레』, 2015년 4월 6일.

83 최영진, 「[문화] 방송작가는 무엇으로 사는가?」, 『위클리경향』, 2008년 9월 23일.

84 임지선, 「공룡에게 먹힌 꿈, 막내 작가 무한노동: 방송국 최하층 계급 '막내 작가', 계약서 한 장 없이 벌어지는 노동착취 현장」, 『한겨레21』, 2008년 11월 6일.

85 남지은, 「스타는 웃지만 나는 슬픕니다…방송국은 '비정규직 백화점'」, 『한겨레』, 2015년 5월 31일.

86 남지은, 「자네 방송작가로 일해 볼 텐가 '헐. 값. 에'」, 『한겨레』, 2015년 4월 6일.

87 오철우, 「[한겨레 프리즘] '처널리즘'과 황우석 보도」, 『한겨레』, 2011년 10월 25일; 문소영, 「[씨줄날줄] 언론과 SNS의 진실 추구」, 『서울신문』, 2014년 6월 30일, 31면.

88 「[Science & Media] 과학보도의 보도자료 베끼기」, 『YTN』, 2014년 3월 24일.

89 오철우, 「[한겨레 프리즘] '처널리즘'과 황우석 보도」, 『한겨레』, 2011년 10월 25일.

90 곽보아, 「"무조건 받아치는 '처널리즘'이 언론 망친다" [미디어오늘 창간 20주년 대토론회] 제3아젠다 : 전문성과 윤리」, 『미디어오늘』, 2015년 5월 13일.

91 이정국, 「정윤회 문건 보도…'취재원 보호법 제정' 화두로」, 『한겨레』, 2014년 12월 23일; 강진아, 「"언론자유 위해 취재원 보호 필요"」, 『기자협회보』, 2015년 3월 26일.

92 최원형, 「제보자 압수수색 금지 '취재원 보호법' 제정돼야」, 『한겨레』, 2015년 3월 31일.

93 이정국, 「정윤회 문건 보도…'취재원 보호법 제정' 화두로」, 『한겨레』, 2014년 12월 23일.

94 조윤호, 「경찰이 기자에 전화해 '태극기 태운 사람 누구냐'」, 『미디어오늘』, 2015년 4월 23일.

95 강진아, 「"언론자유 위해 취재원 보호 필요"」, 『기자협회보』, 2015년 3월 26일.

96 〈대한민국 신문은 살아남을까?〉, [한겨레], 2011년 11월 25일.

97 안경숙, 「[서평] 현장과 멀어진 채 취재…"발로 뛰는 기자정신 되찾아야": 인터넷 맴도는 '햄스터' 기자님」, 『미디어오늘』, 2011년 6월 1일.

98 권오성, 「전통 언론사와 제휴·대중 참여로 심층보도 '심호흡'」, 『한겨레』, 2011년 10월 24일.

3_ Technology Section

1 박병종, 「감정 읽는 앱, 사생활 침해 우려」, 『한국경제』, 2015년 1월 30일; 「마케팅부터 심문까지 활용되는 '감정 읽는 앱', 사생활 침해 및 오남용 우려」, 『조선일보』, 2015년 1월 29일.

2 김주연, 「얼굴 인식 기술 활용 급진전…면접에서 거짓말탐지기까지」, 『전자신문』, 2015년 3월 10일.

3 김동진, 「WSJ "표정으로 감정 읽는 앱 잇단 출시…사생활 침해 우려"」, 『서울경제』, 2015년 1월 29일; 정유진, 「감정 읽는 앱 '봇물'…사생활 침해 논란」, 『경향신문』, 2015년 1월 29일.

4 곽재민, 「[뉴스클립] Special Knowledge 〈573〉 공공기관 모바일 앱」, 『중앙일보』, 2015년 4월 20일.

5 김봉수, 「'개점 휴업' 공공기관 앱 수두룩…"예산 수백 억 낭비"」, 『아시아경제』, 2015년 2월 3일.

6 박지훈, 「혈세 낭비하는 공공기관 앱 사라질까?」, 『매일경제』, 2015년 6월 12일.

7 권오성, 「'긴급상황' 정부 모바일 앱, 장애인엔 '그림의 떡'」, 『한겨레』, 2015년 5월 19일.

8 「[용어 아하!] 구글 댄스」, 『디지털타임스』, 2014년 11월 18일; 구본권, 「[유레카] 구글 댄스」, 『한겨레』, 2015년 4월 27일.

9 정혜인, 「구글發 '모바일겟돈' 일어난다…검색엔진, '모바일 친화'로 개편」, 『이투데이』, 2015년 4월 20일.

10 이경민, 「[이슈분석] '모바일 온리' 시대 중기 대응전략 급하다」, 『전자신문』, 2015년 5월 5일; 손재권, 「모바일의 PC 압도 '모바일겟돈 시대' 열렸다」, 『매일경제』, 2015년 5월 6일.

11 구본권, 「[유레카] 구글 댄스」, 『한겨레』, 2015년 4월 27일.

12 채민기, 「"빅데이터 核心은 '빅' 아닌 빠른 피드백"」, 『조선일보』, 2015년 4월 15일.

13 조희영, 「고객이 직접 빅데이터 만들게 하라」, 『매일경제』, 2015년 4월 14일.

14 이경진, 「사업 기회 찾고 싶다면 데이터 이종교배하라」, 『매일경제』, 2015년 4월 19일

15 조희영, 「고객이 직접 빅데이터 만들게 하라」, 『매일경제』, 2015년 4월 14일.

16 이나리, 「[세상 바꾸는 체인지 메이커] 21세기 성공 창업 교과서…잡스의 M&A 유혹도 거절 〈30〉 드롭박스 창업자 드루 휴스턴」, 『중앙선데이』, 제369호(2014년 4월 6일); 윤형중, 「[IT Life] ③ 어디서나 내 파일 꺼내 보기」, 『매경이코노미』, 2011년 9월 7일.

17 최용성 · 이동인, 「클라우드 大魚 美 드롭박스 '제2 페북 신화' 쓸까」, 『매일경제』, 2013년 2월 19일; 윤형준, 「[Weekly BIZ] [Cover Story] 많이 준다고 좋아할까? 고객은 편리함 택한다」, 『조선일보』, 2014년 11월 8일.

18 조광수, 「"저장 공간이 아닌 마음의 평화를 판다"」, 『조선일보』, 2014년 11월 8일.

19 「세상 바꾸는 체인지 메이커 드롭박스 창업자 드루 휴스턴: 21세기 성공 창업 교과서…잡스의 M&A 유혹도 거절」, 『LA중앙일보』, 2014년 5월 5일.

20 이용성, 「스노든 "사생활 침해 우려되면 페이스북 · 드롭박스 쓰지 마라"」, 『조선일보』, 2014년 10월 13일.

21 Matt Weinberger, 「"새로운 킬러 앱, 프라이버시"」, 『아이티월드』, 2014년 11월 18일.

22 설성인, 「美 실리콘밸리에 거물급 정치인 모여…콘돌리자 라이스부터 앨 고어까지」, 『조선일보』, 2014년 4월 15일; 윤형준, 「[Weekly BIZ] [Cover Story] 많이 준다고 좋아할까? 고객은 편리함 택한다」, 『조선일보』, 2014년 11월 8일.

23 Jared Newman, 「드롭박스의 하드디스크 대체 선언: 장점과 단점」, 『CIO코리아』, 2013년 7월 16일.

24 Katherine Noyes, 「빈턴 서프, "디지털 암흑시대 대비해야"」, 『아이티월드』, 2015년 2월 16일.

25 신지혜, 「인터넷 아버지 "디지털 암흑시대 온다" 경고…왜?」, 『전자신문』, 2015년 2월 15일.

26 김효진, 「"100년 정보 잃어버릴 '디지털 암흑기 몰려온다' 경고」, 『브릿지경제』, 2015년 2월 16일.

27 이지현, 「빈턴 서프 "디지털 데이터, 미래엔 못 읽을 수도"」, 『블로터』, 2015년 2월 15일.

28 김종민, 「[김종민 칼럼] 디지털 암흑시대」, 『미주중앙일보』, 2015년 4월 24일.

29 이철재 · 곽재민, 「2만 명 근무하던 중국 공장, 로봇 투입 뒤 100명만 남아」, 『중앙일보』, 2015년 3월 16일.

30 유진상, 「로봇 · 인공지능, 일자리와 중산층 위협하나」, 『미디어잇』, 2014년 11월 2일.

31 나지홍, 「[글로벌 경제 현장] 만만찮은 '로봇 낙관論'」, 『조선일보』, 2015년 3월 16일.

32 주영재, 「"로봇은 일자리 터미네이터인가"…전문가 수천 명 의견 엇갈려」, 『경향신문』, 2014년 8월 7일; 이철재 · 곽재민, 「2만 명 근무하던 중국 공장, 로봇 투입 뒤 100명만 남아」, 『중앙일보』, 2015년 3월 16일.

33 김신회, 「구글발 '모바일겟돈' 임박…EU · MS "나 떨고 있니?"」, 『머니투데이』, 2015년 4월 20일.

34 손재권, 「모바일의 PC 압도 '모바일겟돈 시대' 열렸다」, 『매일경제』, 2015년 5월 6일.

35 정혜인, 「구글發 '모바일겟돈' 일어난다…검색엔진, '모바일 친화'로 개편」, 『이투데이』, 2015년 4월 20일.

36 정상균, 「구글, 모바일 검색 알고리즘 대개편… '모바일겟돈' 온다」, 『파이낸셜뉴스』, 2015년 4월 20일; 이용성, 「구글 검색 알고리듬 변경으로 '모바일겟돈' 오나」, 『조선일보』, 2015년 4월 20일; 이경민, 「[이슈분석] '모바일 온리' 시대 중기 대응전략 급하다」, 『전자신문』, 2015년 5월 5일.

37 박상은, 「'무한도전' 새해 첫 녹화 인증 영상 "6초라 빨리 인사드려야 돼요"」, 『국민일보』, 2015년 1월 8일.

38 강태영, 「트위터 동영상 공유 서비스 '바인' 발표」, 『베타뉴스』, 2013년 1월 25일.

39 손현철, 「[손현철 PD의 스마트TV] 바인(Vine)과 인스타그램(Instagram)의 비디오: 6초와 15초의 갤럭시」, 『피디저널』, 2014년 12월 8일.

40 박소영, 「유튜브 넘어 바인…빠르게 진화하는 '비디오 세상'」, 『한국일보』, 2015년 4월 30일.

41 이서희, 「6초 영화가 짧다고? 사랑 전달 2초면 충분!」, 『한국일보』, 2014년 9월 16일.

42 조고운, 「[디지털라이프] 제3세대 SNS」, 『경남신문』, 2015년 1월 28일.

43 이지은, 「"숨거나 지우거나" 3세대 SNS 눈길」, 『대구일보』, 2015년 1월 26일.

44 이정국, 「페북·트위터 인기 시들고 제3세대 SNS 뜬다」, 『한겨레』, 2015년 1월 19일.

45 정미하, 「'개방'에서 '관심사'로 SNS의 끝없는 진화」, 『아이뉴스24』, 2015년 5월 4일.

46 임정환, 「小物 인터넷 시장도 선점 경쟁」, 『문화일보』, 2015년 7월 15일; 박성우, 「통신·제조사, 사물인터넷 주도권 놓고 '연합군' 결성…'이종(異種) 산업을 잡아라'」, 『조선일보』, 2015년 6월 23일.

47 박지성, 「[알아봅시다] 소물(小物인터넷)」, 『디지털타임스』, 2015년 4월 21일.

48 김기훈, 「[동서남북] 구글 숟가락, 바이두 젓가락」, 『조선일보』, 2015년 3월 11일.

49 이초희, 「'사물인터넷' 시대에 저성능 '소물인터넷'이 주목받는 이유는」, 『아시아경제』, 2015년 2월 4일.

50 박지성, 「[알아봅시다] 소물(小物인터넷)」, 『디지털타임스』, 2015년 4월 21일.

51 신동형, 「저성능의 '小物인터넷'이 사물인터넷 지평 넓힌다」, 『한국경제』, 2015년 3월 6일.

52 박지성, 「[알아봅시다] 소물(小物인터넷)」, 『디지털타임스』, 2015년 4월 21일.

53 「스틱 PC 뜻은? '신용카드'보다 작은 초미니 PC…일반 데스크톱과 성능 동일」, 『스포츠동아』, 2015년 4월 24일; 「스틱 PC 뜻, 손가락 두 개 크기 '기존 PC 성능 거의 동일 가격대는?'」, 『스포츠조선』, 2015년 4월 24일.

54 손해용, 「PC는 사라지지 않는다, 엄청 작아질 뿐」, 『중앙일보』, 2015년 3월 10일.

55 김시연, 「10만 원대 '스틱 PC'에 거실 TV 넘어올까」, 『오마이뉴스』, 2015년 3월 17일.

56 김주연, 「[글로벌 시장은 지금] 〈38〉 스틱형 PC」, 『전자신문』, 2015년 7월 6일.

57 정혁, 「'본체' 없는 PC…이거 정말 들뜨는데」, 『오마이뉴스』, 2015년 5월 28일.

58 손해용, 「와이파이만으로 한 달 살았다」, 『중앙일보』, 2015년 3월 16일.

59 손해용, 「와이파이폰, 셀폰에 도전장…핫스폿 수 크게 늘어」, 『LA중앙일보』, 2015년 3월 23일.

60 양정우, 「올해 전국 '공공 와이파이 존' 1만 곳으로 확대」, 『연합뉴스』, 2015년 5월 28일; 이형석, 「공짜 와이파이 존 1만 개 시대 활짝」, 『헤럴드경제』, 2015년 5월 31일.

61 노동균, 「"공짜라고 좋아했더니!" 공짜 와이파이의 '함정'」, 『미디어잇』, 2015년 6월 2일.

62 손해용, 「와이파이만으로 한 달 살았다」, 『중앙일보』, 2015년 3월 16일.

63 권혜미, 「이모티콘만으로 대화하는 메신저 '이모즐리'」, 『블로터』, 2014년 9월 1일.

64 채민기, 「SNS·모바일 메신저에서 言語가 밀려나고 있다」, 『조선일보』, 2015년 4월 9일.

65 김민주, 「세계 언어로 진화하는 '이모지'」, 『한경비즈니스』, 2015년 6월 22일.

66 「[까톡2030] 자음·이모티콘·짤… 'SNS 언어' 대해부」, 『한국일보』, 2014년 9월 18일.

67 이대호, 「"모바일 스티커(이모티콘) 사용에 1,000명 중 52.4%가 호감"」, 『디지털데일리』, 2014년 8월 22일.

68 김화영, 「"이모티콘은 세계 공용어…시각적으로 생각하라"」, 『연합뉴스』, 2015년 5월 20일.

69 이서희, 「#홍대 #셀카…SNS, 해시태그로 뭉친다」, 『한국일보』, 2015년 3월 25일; 김보영, 「넌 아직도 페북만 쓰니?…이젠 세컨드 SNS 시대… '인스타그램' 인기몰이」, 『한국경제』, 2015년 2월 23일.

70 「Kevin Systrom」, 『Wikipedia』; 정진욱, 「[글로벌 이노베이션 DNA] 혁신 스타트업 인스타그램이 이룬 성과들」, 『전자신문』, 2013년 12월 15일.

71 이정국, 「페북·트위터 인기 시들고 제3세대 SNS 뜬다」, 『한겨레』, 2015년 1월 19일.

72 임수정, 「젊은 층은 사진 SNS 인스타그램에 왜 열광할까」, 『비즈니스리포트』, 2014년 10월 20일.

73 김병철, 「"10대는 부모 감시가 싫어 페이스북을 떠난다"」, 『미디어오늘』, 2014년 1월 29일.

74 김보영, 「넌 아직도 페북만 쓰니?…이젠 세컨드 SNS 시대… '인스타그램' 인기몰이」, 『한국경제』, 2015년 2월 23일; 이종대, 「오늘은 #먹스타그램 올려볼까」, 『시사IN』, 2015년 2월 4일; 박정현, 「페이스북의 인스타그램 인수는 惡手?…매출 '0' 굴욕」, 『조선일보』, 2014년 1월 6일.

75 이정연, 「스타들의 민낯을 엿보고, 최신 트렌드도 따라잡고」, 『스포츠동아』, 2015년 2월 18일.

76 황지혜, 「진짜 사람 같죠? 진화하는 채팅 로봇」, 『매일경제』, 2014년 8월 13일.

77 조진호, 「'가짜톡'에 진짜 위로받는 사람들」, 『스포츠경향』, 2014년 4월 13일.

78 이광호, 「[요지경 세태] 유령친구 만드는 사람들」, 『일요시사』, 2015년 6월 2일.

79 Christopher Mims, 「광고의 미래는 소비자와 대화하는 채팅 로봇?」, 『월스트리트저널 한국판』, 2014년 7월 28일.

80 김미희, 「IT 실무자 '클라우드 모른다'…관련법 '무용지물' 될라」, 『파이낸셜뉴스』, 2015년 5월 27일.

81 이형근, 「클라우드 환경이 기업 업무 개선… '산업 패러다임' 바꾼다」, 『디지털타임스』, 2015년 5월 21일.

82 윤건일, 「[기자수첩] 클라우드 발전법 통과, 축배는 이르다」, 『전자신문』, 2015년 3월 10일.

83 유진상, 「클라우드 발전법, 기대와 우려 공존」, 『미디어잇』, 2015년 3월 11일.

84 황용석, 「'클라우드법'과 국경 없는 정보전」, 『한겨레』, 2015년 3월 10일.

85 배문규, 「터미네이터 현실로… '불행의 씨앗' 킬러 로봇을 막아라」, 『경향신문』, 2012년 12월 29일.

86 나주석, 「미래의 로봇 아톰일까, 터미네이터일까?」, 『아시아경제』, 2013년 6월 18일.

87 송민섭, 「킬러 로봇에게 '윤리'를 가르칠 수 있을까」, 『세계일보』, 2015년 6월 18일.

88 김현우, 「미국 연구원 "한국, DMZ에 '킬러 로봇' 운용" 주장」, 『한국일보』, 2015년 4월 10일.

89 홍성완, 「유엔 회의 "'킬러 로봇' 엄격 감시해야"」, 『연합뉴스』, 2014년 11월 14일; 고란, 「호킹·머스크·촘스키 "인공지능 킬러 로봇 개발 규제해야"」, 『중앙일보』, 2015년 7월 29일.

90 김정현, 「[스페셜 리포트] 로봇이 살인하면 누가 처벌받나」, 『주간조선』, 2015년 4월 20일.

91 고란, 「호킹·머스크·촘스키 "인공지능 킬러 로봇 개발 규제해야"」, 『중앙일보』, 2015년 7월 29일.

92 비즈앤라이프팀, 「킬러 로봇 등장에 전쟁마저 '자동화' 되나」, 『경향신문』, 2015년 5월 24일; 윤동영, 「킬러 로봇 "인간성 위배" vs "차라리 인간보다 인간적"」, 『연합뉴스』, 2015년 5월 21일.

93 송민섭, 「킬러 로봇에게 '윤리'를 가르칠 수 있을까」, 『세계일보』, 2015년 6월 18일.

94 김지선, 「인터넷 없이도 채팅, 지금 이라크에선…」, 『디지털타임스』, 2014년 6월 23일; 신경립, 「[혼돈의 홍콩] "만리장성 방화벽 대비하자"…시위대 '파이어챗'으로 소통」, 『서울경제』, 2014년 9월 30일.

95 이석원, 「인터넷 규제… '매시 네트워크' 부른다」, 『전자신문』, 2014년 10월 6일.

96 권혜미, 「한국은 '텔레그램', 홍콩은 '파이어챗'」, 『블로터』, 2014년 9월 30일.

97 김영미, 「'블로그 방문객 3,000명 넘어? 정부에 등록해'」, 『시사IN』, 2015년 3월 20일.

98 김대기, 「中 온라인 통제… '채팅' 앱으로 홍콩 시위 전파」, 『매일경제』, 2014년 10월 1일.

99 신경립, 「[혼돈의 홍콩] "만리장성 방화벽 대비하자"…시위대 '파이어챗'으로 소통」, 『서울경제』, 2014년 9월 30일.

4_ Digital Section

1 존 휘트필드, 김수안 옮김, 『무엇이 우리의 관계를 조종하는가』(생각연구소, 2012), 316쪽; 이주현, 「[현장에서] 두스당하다(to be dooced)」, 『전자신문』, 2010년 1월 12일; 장두현, 「두스, 블로그가 가져다 준 불행과 행복」, 『전자신문』, 2009년 8월 28일.

2 정규득, 「"고용주 화나게 해도 온라인 발언권 보장돼야"」, 『연합뉴스』, 2013년 1월 23일.

3 최연진, 「[편집국에서] SNS는 정말 무덤일까」, 『한국일보』, 2015년 3월 3일.

4 양성희, 「[분수대] 우리는 왜 SNS에 중독되는가? 아마도 온라인 인정투쟁 중」, 『중앙일보』, 2013년 8월 17일; 니코 멜레, 이은경·유지연 옮김, 『거대 권력의 종말: 디지털 시대에 다윗은 어떻게 새로운 골리앗이 되는가』(알에이치코리아, 2013).

5 카르스텐 괴릭, 박여명 옮김, 『SNS 쇼크: 구글과 페이스북, 그들은 어떻게 세상을 통제하는가?』(시그마북스, 2012), 128쪽.

6 구본영, 「[씨줄날줄] 허핑턴 포스트의 진화」, 『서울신문』, 2012년 4월 19일, 31면.

7 이유식, 「[지평선] 뮌하우젠 증후군」, 『한국일보』, 2007년 11월 30일; 「소금 먹여 아들 죽인 엄마, 알고 보니…일명 '관종' 인 뮌하우젠 증후군」, 『경향신문』, 2014년 6월 24일.

8 「잔인한 엄마, 인터넷에 관심 받고 싶어 5살 아들을…충격」, 『매일경제』, 2015년 4월 10일; 「관심 끌려고 5세 아들에 소금 주입해 살해한 여성 징역 20년」, 『서울경제』, 2015년 4월 9일.

9 고나무, 「일게이들이 오밤중에 탐정놀이를 했다고?」, 『한겨레』, 2015년 5월 30일.

10 이경진, 「SNS 세상은 지금」 '일상의 자랑'…그 치명적 부작용」, 『매일경제』, 2015년 3월 13일.

11 배문규, 「뉘우침은 없다?…신은미 콘서트 테러 고교생, 떳떳한 출소 인증샷」, 『스포츠경향』, 2015년 2월 5일.

12 심서현 외, 「「관심 받으려는 자기애적 성격장애…황산테러 범죄까지」, 『중앙일보』, 2015년 3월 7일.

13 백우진, 「라인 스티커 대박…'백만장자' 속출, 매출 20% 기여」, 『아시아경제』, 2014년 12월 4일; 서정민, 「「엄지 척」도 내 피부색 맞춰 클릭」, 『한겨레』, 2015년 7월 23일; 김세형, 「라인 크리에이터스 마켓, 새로운 창작 플랫폼 성장」, 『스포츠조선』, 2015년 5월 19일.

14 조성은, 「「라인」 이모티콘 시장 대박…日 '라인장자' 떴다」, 『국민일보』, 2014년 12월 3일.

15 배영대, 「박근혜 '컬러 정치'…패션으로 메시지 전달, 휴가지 편한 치마」, 『중앙일보』, 2013년 8월 25일; 권오성, 「"살쪘어요" 추가했다 역풍…"소통 93%는 몸짓과 음성"」, 『한겨레』, 2015년 3월 23일.

16 고종석, 「[말들의 풍경] ⑵⑺ 무수한 침묵의 소리들」, 『한국일보』, 2006년 9월 5일.

17 하재영, 「메라비언 법칙」, 『법률신문』, 2013년 1월 24일.

18 구본권, 「댓글 스티커의 진짜 이유? 문자는 소통의 7%만 담당」, 『한겨레』, 2014년 12월 31일.

19 정보라, 「페이스북 정보원은 느슨하게 엮인 친구"」, 『블로터』, 2012년 1월 25일.

20 엘리 프레이저, 이현숙·이정태 옮김, 『생각 조종자들』(알키, 2011), 10쪽, 20쪽.

21 한동희, 「페이스북, 관점 다양성 해친다는 비판 정면 반박」, 『조선일보』, 2015년 5월 8일; 임화섭, 「「페이스북 뉴스, 이념 성향 강화 효과 있지만 미미해」, 『연합뉴스』, 2015년 5월 8일.

22 정미경, 「"괴담, 소속감 확인하려 유포…진실 여부는 관심사 아니다"」, 『동아일보』, 2011년 11월 18일.

23 이원광, 「11000원에 은밀한 부위를…' 단속 사각지대」서 성행하는 '벗방'」, 『머니투데이』, 2015년 2월 26일.

24 윤정민, 「부작용 많은 인터넷 개인 방송」, 『중앙일보』, 2015년 3월 14일.

25 최예린, 「10초에 300원씩 지불 신종 '벗는 방송' 충격」, 『충청투데이』, 2013년 4월 23일.

26　이원광, 「"11000원에 은밀한 부위를…" '단속 사각지대'서 성행하는 '벗방'」, 「머니투데이」, 2015년 2월 26일.; 윤정민, 「부작용 많은 인터넷 개인 방송」, 「중앙일보」, 2015년 3월 14일.

27　윤정민, 「부작용 많은 인터넷 개인 방송」, 「중앙일보」, 2015년 3월 14일.

28　임지선, 「너 때문에 떠나고 싶다」, 「한겨레」, 2015년 1월 22일; 「페이스북 선정 'SNS 10대 진상짓'」, 「스포츠경향」, 2014년 11월 3일; 이명희, 「무조건 '좋아요' 누르면 페이스북 진상」, 「국민일보」, 2014년 11월 2일.

29　진경호, 「[길섶에서] '단톡' 스트레스」, 「서울신문」, 2014년 12월 10일, 31면; 「페이스북 선정 'SNS 10대 진상짓'」, 「스포츠경향」, 2014년 11월 3일.

30　강일용, 「'반달리즘'을 그만두세요. 집단지성이 망가집니다」, 「IT동아」, 2013년 9월 26일; 구본영, 「[씨줄날줄] '사이버 반달리즘'」, 「서울신문」, 2014년 12월 23일, 31면.

31　이진영, 「"뭐? 내가 나치 출신이라고!" 사이버 거짓정보 범람」, 「동아일보」, 2007년 3월 28일.

32　윤정호, 「[깨알지식] 소니픽처스 해킹 사건이 사이버 반달리즘이라는데…」, 「조선일보」, 2014년 12월 23일; 손제민, 「"북 사이버 반달리즘(문화·예술 파괴 행위)" 테러지원국 재지정하나」, 「경향신문」, 2014년 12월 22일.

33　황은주, 「권태와 폭력성에 관한 연구」, 몸문화연구소 엮음, 「권태: 지루함의 아나토미」(자음과모음, 2013), 142쪽.

34　한세희, 「[인터넷 이디엄] (118) 3줄 요약」, 「전자신문」, 2012년 10월 25일; 서민, 「젊은이들은 왜 이렇게 된 걸까?: 마크 바우어라인, 「가장 멍청한 세대」」, 「집 나간 책」(인물과사상, 2015), 48~49쪽.

35　임문영, 「[임문영의 호모디지쿠스] 석 줄 요약·스압주의…인터넷 긴 글은 정리를 부탁해~」, 「중앙일보」, 2015년 3월 7일.

36　여다정, 「[시민기자 일기] '세 줄 요약'이 온라인 매너라고?」, 「부산일보」, 2013년 10월 21일.

37　박민영, 「낭만의 소멸」(인물과사상사, 2014), 127쪽.

38　임문영, 「[임문영의 호모디지쿠스] 석줄 요약·스압주의…인터넷 긴 글은 정리를 부탁해~」, 「중앙일보」, 2015년 3월 7일.

39　김희영, 「'카드뉴스' 모바일 독자 빨아들인다」, 「기자협회보」, 2014년 12월 24일; 김유리, 「"카드뉴스가 대세? 스타일 아닌 콘텐츠를 채워라"」, 「미디어오늘」, 2015년 2월 11일.

40　최진홍, 「네이버 웹툰, 이제 컷 단위로 공유한다: "모바일 환경 최적화를 잡아라"」, 「이코노믹리뷰」, 2015년 4월 2일.

41　허완, 「'스크린에이저' 시대, 이제 TV로 TV를 안 본다」, 「미디어오늘」, 2012년 9월 19일; 정충신, 「Digital Diet, 두뇌를 말끔히 청소 창조성을 발산하라」, 「문화일보」, 2011년 8월 12일.

42　윌리엄 파워스, 임현경 옮김, 「속도에서 깊이로: 철학자가 스마트폰을 버리고 월든 숲으로 간 이유」(21세기북스, 2010/2011), 84~85쪽.

43　박민영, 「낭만의 소멸」(인물과사상사, 2014), 130쪽.

44　임현석, 「스터디도 과외도 모바일 '블랙홀'」, 「동아일보」, 2015년 3월 19일.

45　윤형준 외, 「과외의 변천史… '1세대'는 학생방, '2세대'는 스터디룸… '3세대 과외'는 SNS 채팅방에서」, 「조선일보」, 2015년 3월 9일.

46　윤형준 외, 「과외의 변천史… '1세대'는 학생방, '2세대'는 스터디룸… '3세대 과외'는 SNS 채팅방에서」, 「조선일보」, 2015년 3월 9일.

47　김지선, 「[주목! 인디게임/스타트업] 모바일 SNS 학습 공간…스터디 그룹 지원 기능도」, 「디지털타임스」,

2015년 2월 6일.

48 정원엽, 「중국 댓글 알바 우마오당 1000만 명 넘어」, 『중앙일보』, 2015년 4월 6일.

49 김주명, 「중국 인터넷, 어용 논객 "우마오"와 서구 앞잡이 "왕터" 논란」, 『노컷뉴스』, 2008년 5월 7일.

50 조성대, 「"중국 '어용 인터넷 알바생' 1천만 명 넘어"」, 『연합뉴스』, 2015년 4월 6일.

51 박일근, 「시진핑, '댓글 알바' 1,050만 명 모집」, 『한국일보』, 2015년 4월 7일.

52 배상희, 「中 스핀닥터 '우마오당' 또 다시 화제…십대 핵심 구성원으로」, 『아주경제』, 2015년 6월 16일.

53 권미수, 「시어머니가 스마트폰 보여주는데? 보육 정보 공유…대화해야」, 『한겨레』, 2014년 12월 15일; 변기원, 「[건강 칼럼] 유아 스마트폰 사용, 이대로라면 심각하다」, 『브레인미디어』, 2012년 8월 21일.

54 이선정, 「우는 아이 달래는 현대판 곶감? 부모부터 반복적 노출 자제해야」, 『국제신문』, 2014년 8월 26일.

55 채성오, 「유아 스마트폰 증후군, 영화로 치료」, 『데이터뉴스』, 2012년 12월 10일.

56 양선아·권오성, 「육아 도우미 스마트폰, 그 치명적 유혹」, 『한겨레』, 2014년 1월 2일.

57 「6세 전에 스마트폰 몰입하면 뇌에 이런 문제가!」, 『조선일보』, 2013년 2월 17일.

58 차근호, 「"36개월 미만 영아 4명 중 3명 스마트폰 사용"」, 『연합뉴스』, 2015년 3월 23일.

59 「메신저 증후군이란 이어 스마트폰으로 '뇌도 병든다'…2살 미만 사용 벌금 175만 원」, 『서울경제』, 2015년 5월 29일.

60 이정연, 「스타들의 민낯을 엿보고, 최신 트렌드도 따라잡고」, 『스포츠동아』, 2015년 2월 18일; 김보영, 「넌 아직도 페북만 쓰니?…이젠 세컨드 SNS 시대…'인스타그램' 인기몰이」, 『한국경제』, 2015년 2월 23일; 이종대, 「오늘은 #먹스타그램 올려볼까」, 『시사IN』, 2015년 2월 4일.

61 안정락, 「빵스타그램?…먹스타그램?…인스타그램의 독특한 해시태그들」, 『한국경제』, 2014년 9월 30일.

62 김태현, 「인스타그램 '일탈족'을 아시나요… '섹스타그램', '일탈' 해시태그 타고 음란물 넘쳐나」, 『일요신문』, 2015년 3월 13일.

63 홍재의, 「경찰 급습에 '전쟁' 선포한 최대 자료 공유 사이트 토렌트」, 『머니투데이』, 2014년 12월 21일.

64 강신우, 「[국감] 정부, 불법 토렌트 집중 단속…대기업은 광고 게재」, 『이데일리』, 2014년 10월 17일; 박상빈, 「[단독] '불법 토렌트 사이트'…정부는 '전쟁'인데 대기업은 '광고'」, 『머니투데이』, 2014년 10월 17일.

65 양승희, 「토렌트 등 불법저작물 공유 10개 사이트 살펴봤더니」, 『머니투데이』, 2015년 1월 20일.

66 정혜인, 「"'스마트폰 행성' 지구, '포노 사피엔스' 시대에 돌입했다"」, 『이투데이』, 2015년 3월 2일.

67 양태삼, 「"'포노 사피엔스' 시대 도래 [英 이코노미스트]」, 『연합뉴스』, 2015년 2월 27일; 손병호, 「英 이코노미스트 "스마트폰 없이 살기 힘든 '포노 사피엔스' 시대 도래"」, 『국민일보』, 2015년 2월 27일.

68 양태삼, 「"'포노 사피엔스' 시대 도래 [英 이코노미스트]」, 『연합뉴스』, 2015년 2월 27일; 손병호, 「英 이코노미스트 "스마트폰 없이 살기 힘든 '포노 사피엔스' 시대 도래"」, 『국민일보』, 2015년 2월 27일.

69 서진욱, 「스마트폰만 들여다보는 당신, '자기애'의 호수에 빠진다」, 『머니투데이』, 2015년 6월 11일.

70 이규성, 「[스마트라이프 3.0] "스마트폰이 당신을 바보로 만든다"」, 『아시아경제』, 2015년 1월 6일.

71 조강욱, 「술보다 폰, 담배보다 폰…애인보다 폰?」, 『아시아경제』, 2015년 7월 2일.

72 유진평, 「[매경데스크] KT 회장의 조건」, 『매일경제』, 2013년 11월 11일.

73 고성준, 「'포스트 소셜'은 '러디즘(기계파괴운동) 3.0'」, 『매일경제』, 2012년 11월 23일.

74 「[창간 9주년 특집 대담] 모바일 시대, 무엇을 어떻게 할 것인가: "Always Connected 세상…이미 '모바일 노마드' 속으로"」, 『아시아투데이』, 2014년 11월 11일.

75 양미영, 「'친교의 場' 페이스북의 부작용… '실시간 소외감'」, 『이데일리』, 2011년 4월 11일.

76 윤재준, 「쯔 인터넷 사용 시간, 가장 길어」, 『파이낸셜뉴스』, 2014년 10월 3일.

77 김혜미, 「[TMT가 떴다] ① 페이스북의 M&A 전략은 '포모'?」, 『이데일리』, 2014년 4월 20일.

78 양미영, 「'친교의 場' 페이스북의 부작용… '실시간 소외감'」, 『이데일리』, 2011년 4월 11일.

79 「Flash rob」, 『Wikipedia』.

80 손진석, 「SNS가 폭도 900명을 모았다」, 『조선일보』, 2015년 2월 18일.

81 손진석, 「SNS가 폭도 900명을 모았다」, 『조선일보』, 2015년 2월 18일.

82 박형준 외, 「소통 대신 폭력…美-日 '일그러진 SNS 키즈'」, 『동아일보』, 2015년 3월 3일.

5_ Economy Section

1 Adam Auriemma, 「아마존을 움직이는 힘, 제프 베조스는 어떤 사람인가」, 『월스트리저널 한국판』, 18, February, 2014.

2 박봉권, 「온라인 공룡 아마존의 실력 행사…책값, 영화 타이틀값 낮춰라」, 『매일경제』, 2014년 8월 11일.

3 이명관, 「유럽 작가 1천 명이 아마존에 반기 든 이유」, 『비즈니스포스트』, 2014년 8월 19일.

4 임경진, 「[아침발걸음] 공유경제에 대한 우리의 응답 방법」, 『새전북신문』, 2015년 2월 23일.

5 나비 라드주, 「[Weekly BIZ] 공유경제 확산과 중산층 구매력 약화로 '검소한 경제' 부상하고 있어」, 『조선일보』, 2015년 2월 14일.

6 김신회, 「[김신회의 터닝포인트] (54) 르노, 저가차 승부수 '로건'…"글로벌 기업, 저비용 혁신 불가피"」, 『머니투데이』, 2015년 3월 2일.

7 임광복, 「금융 문맹 해소 국회가 나서…"2018년 금융 필수과목 추진"」, 『파이낸셜뉴스』, 2015년 6월 25일.

8 김영진 · 최규민, 「[금융文盲 대한민국] [1] '금융 無개념'…직장인 信不者만 30만 명」, 『조선일보』, 2015년 3월 12일.

9 최규민, 「[금융文盲 대한민국] [1] "버는 것보다 더 쓰면 안 된다" 정답 알면서도 실제는 딴판」, 『조선일보』, 2015년 3월 12일.

10 조재길, 「중 · 고교 6년간 단 3시간 교육… '금융 문맹' 양산 주범, 너로구나」, 『한국경제』, 2015년 2월 26일, A23면.

11 기성훈, 「"말로만 금융 문맹 퇴치"…12년간 금융 교육 10시간도 안 돼」, 『머니투데이』, 2015년 5월 22일.

12 서지혜, 「구직시장에도 '을의 반란'…SNS 통한 단체행동에 놀란 기업들」, 『헤럴드경제』, 2015년 3월 11일.

13 이도희, 「기업 평판부터 훑는 요즘 취준생」, 『캠퍼스잡앤조이』, 2015년 1월 22일; 서지혜, 「구직시장에도 '을의 반란' …SNS 통한 단체행동에 놀란 기업들」, 『헤럴드경제』, 2015년 3월 11일.

14 채석원, 「"다녀봐서 아는데…그 회사 가지 마세요"」, 『서울경제』, 2015년 3월 10일.

15 이미지, 「"직원을 하인 취급" "급여 많지만 혹사"…까발려지는 기업의 민낯」, 『조선일보』, 2015년 3월 7일.

16 채석원, 「"다녀봐서 아는데…그 회사 가지 마세요"」, 『서울경제』, 2015년 3월 10일.

17 이미지, 「"직원을 하인 취급" "급여 많지만 혹사"…까발려지는 기업의 민낯」, 『조선일보』, 2015년 3월 7일.

18 이주영, 「"수입차, 대물배상 보험료도 함께 올려야"」, 『경향신문』, 2013년 12월 5일.

19 김필규, 「[팩트체크] 람보르기니 보험사기, 얼마나 챙기길래…」, 『JTBC뉴스』, 2015년 3월 19일.

20 이주영, 「"수입차, 대물배상 보험료도 함께 올려야"」, 『경향신문』, 2013년 12월 5일.

21 조윤주, 「[어떻게 생각하십니까] (14) '노 키즈 존' 논란」, 『파이낸셜뉴스』, 2014년 11월 6일.

22 윤호진·안지은, 「[Saturday] 개·고양이 카페 느는데, 아이들은 오지 말라고?」, 『중앙일보』, 2015년 3월 14일.

23 조윤주, 「[어떻게 생각하십니까] (14) '노 키즈 존' 논란」, 『파이낸셜뉴스』, 2014년 11월 6일.

24 윤호진·안지은, 「[Saturday] 개·고양이 카페 느는데, 아이들은 오지 말라고?」, 『중앙일보』, 2015년 3월 14일.

25 김도형, 「하얀 방석에 신발 도장 쾅…가슴 무너져」, 『동아일보』, 2015년 1월 23일.

26 윤호진·안지은, 「[Saturday] 개·고양이 카페 느는데, 아이들은 오지 말라고?」, 『중앙일보』, 2015년 3월 14일.

27 최필식, 「"우린 알고리즘이 아니다" 제프 베조스에 보내는 편지」, 『전자신문』, 2014년 12월 18일.

28 강정수, 「유튜브에는 포르노가 없다」, 『한겨레』, 2015년 6월 18일.

29 김재창, 「외부 '머리' 활용…시간·비용 확 줄여」, 『한경비즈니스』, 2010년 5월 12일.

30 배정원, 「공유경제는 진짜 有罪일까」, 『조선일보』, 2015년 4월 11일.

31 강정수, 「유튜브에는 포르노가 없다」, 『한겨레』, 2015년 6월 18일.

32 배정원, 「공유경제는 진짜 有罪일까」, 『조선일보』, 2015년 4월 11일.

33 신지후, 「쑥쑥 크는 주문형 경제… '수도꼭지 노동시장' 공포도 자란다」, 『한국일보』, 2015년 2월 15일.

34 송경모, 「[Weekly BIZ] 기계적 목표 관리제는 또 다른 관료주의」, 『조선일보』, 2015년 2월 28일.

35 정현천, 「[DBR스페셜] 이루고 싶다면… '가장 간절한' 목표 세워라」, 『동아일보』, 2012년 2월 23일.

36 이원재, 「당신은 회사의 목표를 아는가」, 『한겨레21』, 2007년 5월 3일.

37 송경모, 「[Weekly BIZ] 기계적 목표 관리제는 또 다른 관료주의」, 『조선일보』, 2015년 2월 28일.

38 윤진식, 「"바나나 전염병 '파나마병 변종'" 확산"… '바나나겟돈' 오나?」, 『한국경제』, 2014년 5월 15일.

39 남민우, 「'바나나겟돈' 경보…불치 전염병 확산으로 생산량 급감 우려」, 『조선일보』, 2014년 4월 7일.

40 이근영, 「[유레카] 바나나겟돈과 크리스퍼」, 『한겨레』, 2015년 4월 6일.

41 윤진식, 「"바나나 전염병 '파나마병 변종'" 확산"… '바나나겟돈' 오나?」, 『한국경제』, 2014년 5월 15일.

42 이호준, 「거수기로…바람막이로…권력기관 출신 인사, 대기업이 '多' 모셔간다」, 『경향신문』, 2015년 3월 9일.

43 박민식, 「장차관 출신 대기업 사외이사 급증」, 『한국일보』, 2015년 3월 9일.

44 이정훈, 「10대 그룹 사외이사, 40% '권력기관 출신'」, 『한겨레』, 2015년 3월 10일.

45 「[사설] 재벌 사외이사는 권력기관 출신 몫인가」, 『경향신문』, 2015년 3월 9일.

46 차두원, 「온디맨드 경제, 나는 이렇게 본다 ①: 온디맨드는 커넥티드 라이프 변화의 신호탄」, 『머니투데이』, 2015년 6월 7일; 한상기, 「온디맨드 경제, 나는 이렇게 본다 ②: 온디맨드, 무한경쟁 부추기는 디지털 신자유주의」, 『머니투데이』, 2015년 6월 9일; 안상욱, 「"우버 운전자도 종업원"…흔들리는 우버」, 『블로터』, 2015년 6월 18일.

47 강정수, 「대화할 수도 따질 수도 없는 새로운 자본가」, 『한겨레21』, 2015년 2월 16일.

48 배정원, 「공유경제는 진짜 有罪일까」, 『조선일보』, 2015년 4월 11일.

49 천경희, 「소셜 펀딩으로 문화를 바꿀 수 있다」, 『여성신문』, 2014년 2월 26일.

50 이유정, 「내 도전 도와주세요…소셜 펀딩의 두 얼굴」, 『중앙일보』, 2013년 11월 6일; 정진욱, 「어나니머스, 자체 뉴스사이트 마련 위해 5만 5,000달러 조달」, 『전자신문』, 2013년 4월 19일.

51 윤성환, 「[Money] 소셜 펀딩 비결? 미국은 아이디어, 한국은 사회적 가치」, 『조선일보』, 2015년 3월 17일.

52 브래드 스톤, 야나 마키에이라 옮김, 『아마존, 세상의 모든 것을 팝니다』(21세기북스, 2014), 25쪽; 오춘호, 「아마존의 20년」, 『한국경제』, 2014년 2월 12일, A38면; 레베카 손더스, 세스컴전략기획팀 옮김, 『인터넷 비즈니스의 신화를 창조한 아마존의 성공비결』(리드북, 1999), 151~153쪽; 백원근, 「[프레시안 books] 브래드 스톤의 『아마존, 세상의 모든 것을 팝니다』 '괴물' 아마존닷컴, 그 탐욕의 성장기」, 『프레시안』, 2014년 5월 9일.

53 「입사 시험에 나올 시사상식-44」, 『조선일보』, 2013년 8월 9일.

54 리처드 L. 브랜트, 안진환 옮김, 『원클릭』(자음과모음, 2011/2012), 155~156쪽.

55 레베카 손더스, 세스컴전략기획팀 옮김, 『인터넷 비즈니스의 신화를 창조한 아마존의 성공비결』(리드북, 1999), 151~153쪽; 리처드 L. 브랜트, 안진환 옮김, 『원클릭』(자음과모음, 2011/2012), 91쪽, 167쪽.

56 브래드 스톤, 야나 마키에이라 옮김, 『아마존, 세상의 모든 것을 팝니다』(21세기북스, 2014), 47쪽.

57 리처드 L. 브랜트, 안진환 옮김, 『원클릭』(자음과모음, 2011/2012), 166~167쪽.

58 백원근, 「[프레시안 books] 브래드 스톤의 『아마존, 세상의 모든 것을 팝니다』 '괴물' 아마존닷컴, 그 탐욕의 성장기」, 『프레시안』, 2014년 5월 9일.

59 이재준, 「디즈니도 '벌벌'…美 콘텐츠 시장 '아마존 공포'」, 『조선일보』, 2014년 8월 12일.

60 하현옥, 「유통 포식자 '아마존' 이번엔 디즈니 길들이기」, 『중앙일보』, 2014년 8월 12일.

61 이재준, 「디즈니도 '벌벌'…美 콘텐츠 시장 '아마존 공포'」, 『조선일보』, 2014년 8월 12일.

62 오대석, 「폴 크루그먼 "아마존은 수요독점자" 비판」, 『비즈니스포스트』, 2014년 10월 22일.

63 임종업, 「'소유보다 함께 활용' 협동소비 혁명 온다」, 『한겨레』, 2011년 7월 29일; 이정진, 「공유 경제가 지구촌에서 뜨고 있다…토머스 프리드먼」, 『한국경제』, 2013년 7월 24일.

64 정진욱, 「공유경제 시대가 온다] (1) 공동소비, 삶을 바꾸다」, 『동아일보』, 2011년 10월 17일; 테크앤비욘드 편집부, 「숙소 아닌 경험을 주는 공유경제의 개척자, 에어비앤비」, 『머니투데이』, 2014년 9월 6일; 김상훈, 「공유경제 시대가 온다] (3) 블랙컨슈머가 사라진다」, 『동아일보』, 2011년 10월 19일.

65 김영민, 「[틴틴경제] 공유경제」, 『중앙일보』, 2014년 9월 24일.

66 나지홍, 「숙박 공유사이트 '에어비앤비(Airbnb)' 가치 200억弗…세계 1위 호텔 힐튼(219억弗) 위협」, 『조선일보』, 2015년 3월 4일; 김지선, 「우버 이어 숙박까지… '공유경제' 세계가 몸살」, 『디지털타임스』, 2015년 2월 9일.

67 정진욱, 「공유경제 시대가 온다] (1) 공동소비, 삶을 바꾸다」, 『동아일보』, 2011년 10월 17일.

68 이정진, 「공유 경제가 지구촌에서 뜨고 있다…토머스 프리드먼」, 『한국경제』, 2013년 7월 24일.

69 이나리, 「세상 바꾸는 체인지 메이커 ⑪ 세계 최대 숙박공유 서비스 'AirBnB' 공동 창업자」, 『중앙선데이』, 2013년 7월 7일.

70 이완, 「공유경제, 자본주의 敵? 자본주의的?」, 『한겨레21』, 2014년 9월 3일.

71 김병철, 「우버·에어비앤비, '혁신적 파괴자'의 등장: 기존산업 무너뜨리는 '파괴적 성장'…이용자들은 '환호'」, 『미디어오늘』, 2014년 7월 24일.

72 구혜진, 「'착한 민박'이 변종호텔로… '에어비앤비' 논란」, 『중앙일보』, 2014년 6월 17일.

73 강동철, 「共有경제 '100% 착한 경제'일까요」, 『조선일보』, 2015년 2월 6일.

74 Caitlin McGarry, 「2014년, '공유 경제를 거부한 해'」, 『아이티월드』, 2014년 12월 17일.

75 김병철, 「우버·에어비앤비, '혁신적 파괴자'의 등장: 기존산업 무너뜨리는 '파괴적 성장'…이용자들은 '환호'」, 『미디어오늘』, 2014년 7월 24일.

76 도강호, 「[인공지능과 딥러닝 ⑥] 일자리 둘러싼 인간과 컴퓨터의 생존경쟁」, 『머니투데이』, 2015년 3월 14일.

77 이성규, 「"일자리 뺏는 로봇 자동화에 세금 부과해야"」, 『블로터』, 2015년 2월 1일.

78 최우성, 「[유레카] 자동화세」, 『한겨레』, 2015년 3월 16일.

79 이혜운, 「장기 렌터카 타는 개인 2만 5,329명…5년 새 14배로」, 『조선일보』, 2015년 6월 2일.

80 권기석, 「승용차, 사지 않고 빌려 쓰는 '렌터족' 는다」, 『국민일보』, 2014년 7월 9일.

81 이수기, 「[J Report] 허, 그 차로 쭈욱」, 『중앙일보』, 2015년 2월 12일.

82 이수기, 「[J Report] 허, 그 차로 쭈욱」, 『중앙일보』, 2015년 2월 12일.

83 연지안, 「캐피털, 장기렌터카 사업 경쟁 불붙었다」, 『파이낸셜뉴스』, 2015년 5월 18일.

84 장슬기, 「돈 없어 감옥행 4만 명… '장발장은행'이 해결한다」, 『미디어오늘』, 2015년 2월 25일.

85 고영득, 「지난달 25일 설립 '장발장은행' 홍세화 공동대표 "극빈층 노역 없게 '사회 온정' 빌려드립니다"」, 『경향신문』, 2015년 3월 16일.

86 홍세화, 「[시론] 장발장은행의 뒤안길」, 『피디저널』, 2015년 3월 31일.

87 전진식, 「장발장들의 마지막 기댈 곳」, 『한겨레21』, 2015년 3월 24일.

88 오창익, 「[세상읽기] '장발장은행'」, 『경향신문』, 2015년 3월 2일.

89 전태훤, 「[전태훤의 부동산프리즘] 행간에 숨은 '미친 전세' 하극상」, 『조선일보』, 2015년 3월 5일.

90 김종윤, 「'전세 하극상'은 전세 종말을 알리는 신호탄」, 『중앙일보』, 2015년 3월 4일.

91 조인경, 「전셋값, 매매가 추월…대한민국 '전세 하극상' 사건」, 『아시아경제』, 2015년 2월 23일.

6_ Marketing Section

1 심희정·박경훈, 「"500만 메트로 고메족 입맛 잡아라"」, 『서울경제』, 2013년 2월 24일.

2 이현동, 「식품관서 산 한우 스테이크하우스서 바로 조리…백화점 지하 1층은 '그로서란트'」, 『한국경제』, 2014년 12월 29일.

3 서진우·이유진, 「뉴욕·파리서 반한 그 맛 백화점에 있네」, 『매일경제』, 2014년 11월 7일.

4 이성희, 「[왜?] 백화점들의 '입맛 경쟁'」, 『경향신문』, 2014년 12월 23일.

5 서진우, 「'향토 맛집의 上京' 백화점 달군다」, 『매일경제』, 2014년 12월 3일.

6 이성희, 「[왜?] 백화점들의 '입맛 경쟁'」, 『경향신문』, 2014년 12월 23일.

7 김유나·서필웅, 「TV '錢의 유혹' 홍수…캐릭터·CM송에 아이들까지 노출」, 『세계일보』, 2014년 1월 4일; 정아람, 「대부업 TV 대출 광고 논란…시민단체 '금지해야' vs 대부업계 '문제없다'」, 『조선일보』, 2013년 11월 21일; 이신영, 「[금융文盲 대한민국] [2] '돈 갖다 쓰세요' TV 廣告 하루 1,300번…아이도 CM송 따라 불러」, 『조선일보』, 2015년 3월 13일.

8 최규민·박승혁, 「[금융文盲 대한민국] [2] 대출 광고는 왜 주로 TV에? 代理가 자주 등장하는 이유는?」, 『조선일보』, 2015년 3월 13일.

9 조미덥·김한솔, 「[빚 권하는 사회, 대부업 광고 방어막이 없다] 초등생 95% "대출 광고 봤다"…케이블TV 통해 수시 노출」, 『경향신문』, 2013년 11월 20일.

10 강휘호, 「러시앤캐시 꼼수 대출 광고저축은행 이름 앞세워 대부 유혹?…피해 급증」, 『일요서울』, 2015년 1월 19일.

11 조미덥, 「[빚 권하는 사회, 대부업 광고 방어막이 없다] 하루 10회 이상 광고 접촉도 12%나…"아이들의 금융 인식 왜곡」, 『경향신문』, 2013년 11월 21일.

12 김유나 · 서필웅, 「TV '錢의 유혹' 홍수…캐릭터 · CM송에 아이들까지 노출」, 『세계일보』, 2014년 1월 4일.

13 김용식, 「TV서 대부업 광고 시간제한…주택거래신고제 폐지…」, 『한국일보』, 2015년 7월 7일.

14 송병기, 「꼼꼼히 따지는 스마트 소비문화, '리뷰슈머' 앱 인기」, 『국민일보』, 2013년 7월 14일.

15 매슈 프레이저 · 스미트라 두타, 최경은 옮김, 『개인과 조직, 시장과 사회를 뒤바꾸는 소셜 네트워크 e혁명』(행간, 2010), 250쪽에서 재인용.

16 박주연, 「"내가 이 물건을 써봤더니"…기업들 '블로거 마케팅' 활발」, 『뉴시스』, 2015년 3월 3일.

17 명희진, 「그 많던 '파워블로거' 다 어디 갔지?」, 『서울신문』, 2015년 6월 27일, 15면.

18 노지현, 「파워블로거 믿었는데…알고 보니 '블로거지'」, 『동아일보』, 2015년 2월 23일.

19 김성민, 「한정판 재테크, "중고로 팔 때 복권 당첨된 기분"」, 『조선일보』, 2015년 3월 18일.

20 이학선, 「쇼핑하고 돈 벌고 '쇼테크族 뜬다」, 『이데일리』, 2013년 7월 3일.

21 이지웅, 「한정판 되팔아서 짭짤한 수입…신종 알바 '리셀러'를 아시나요?」, 『헤럴드경제』, 2014년 4월 16일.

22 김호, 「[Saturday] 돈 되는 상품 싹쓸이하는 리셀러들」, 『중앙일보』, 2015년 1월 24일.

23 이다원, 「[M+기획]·별난 광고 ①] "싸다구!"…광고계, 'B급'코드가 점령했다」, 『MBN』, 2015년 2월 4일.

24 이다원, 「[M+기획]·별난 광고 ②] 대홍기획 박성식 "불황과 'B급'코드 정비례"」, 『MBN』, 2015년 2월 4일.

25 서동일, 「B급 광고…A급 효과」, 『동아일보』, 2014년 1월 21일.

26 정찬수, 「코믹하게 때론 섹시하게…IT광고 열전」, 『헤럴드경제』, 2014년 12월 17일.

27 김진석, 「2014 광고계 트렌드 '특A' 아니면 B급…양극화 뚜렷」, 『일간스포츠』, 2014년 7월 17일.

28 김효실, 「'상품 시현' 간접광고까지 허용되나」, 『한겨레』, 2015년 1월 27일.

29 허남설, 「간접광고 범람… '홈쇼핑 뺨칠' 드라마」, 『경향신문』, 2015년 2월 2일.

30 최영주, 「"간접광고 규제 완화하면 방송은 '홈쇼핑' 될 것": 장낙인 방심위 상임위원, 방송법 시행령 개정 반대 의견 표명」, 『피디저널』, 2015년 1월 14일.

31 김세옥, 「'무한도전' 광고 54개보다 중요한 문제는: [위클리포커스] ① 스포츠보도까지 가상광고 허용한 방송법 시행령 개정…종편신문에게 시청권이란?」, 『피디저널』, 2015년 5월 4일.

32 김영세, 「[김영세의 디자인스토리] (17) 제품도 서비스한다」, 『전자신문』, 2013년 3월 21일; 강유현, 「"소비자 불편, 디자인이 해결사"…고객 체험 통해 개선점 찾아」, 『동아일보』, 2015년 4월 16일.

33 김승찬, 「서비스 디자인, 수요자 중심으로 변신 중」, 『전자신문』, 2015년 6월 2일; 강경민, 「김광순 "공공행정에도 서비스 디자인이 필요합니다"」, 『한국경제』, 2015년 5월 1일.

34 강유현, 「"소비자 불편, 디자인이 해결사"…고객 체험 통해 개선점 찾아」, 『동아일보』, 2015년 4월 16일; 이인선, 「서비스 디자인으로 혁신의 미래를」, 『한국일보』, 2012년 12월 30일.

35 강유현, 「"소비자 불편, 디자인이 해결사"…고객 체험 통해 개선점 찾아」, 『동아일보』, 2015년 4월 16일.

36 이인선, 「서비스 디자인으로 혁신의 미래를」, 『한국일보』, 2012년 12월 30일.

37 강경민, 「김광순 "공공행정에도 서비스디자인이 필요합니다"」, 『한국경제』, 2015년 5월 1일.

38 노진호, 「'서울대 콩나물' 맞나요?…이름 도둑질 문의 매일 1~2건」, 『중앙일보』, 2015년 4월 6일; 「'서울대' 제품 맞나요?…소비자 홀리는 이름 도둑질」, 『YTN』, 2015년 4월 6일.

39 박상익, 「'서울대 의자' '서울대 달력' '서울대와 공동연구'…"진짜 맞나" 민원에 골머리」, 『한국경제』, 2012년 11월 27일.

40 노진호, 「'서울대 콩나물' 맞나요?…이름 도둑질 문의 매일 1~2건」, 『중앙일보』, 2015년 4월 6일.

41 박영준, 「명문대 명칭 도용 '짝퉁캠프' 판친다」, 『세계일보』, 2013년 7월 29일.

42 노진호, 「'서울대 콩나물' 맞나요?…이름 도둑질 문의 매일 1~2건」, 『중앙일보』, 2015년 4월 6일.

43 허욱, 「대법 "서울대학교 상표 등록 가능"」, 『조선일보』, 2015년 3월 24일; 박민제, 「'서울대'도 상표」, 『중앙일보』, 2015년 3월 24일.

44 김선태, 「[천자칼럼] 향기 마케팅」, 『한국경제』, 2012년 8월 20일.

45 조신희, 「후각을 잡아야 매출이 오른다 '향기 마케팅'」, 『충청일보』, 2015년 3월 10일; 「[용어 아하!] 센트 마케팅」, 『디지털타임스』, 2015년 3월 31일; 박선희·염희진, 「[커버스토리] 향기의 마력… '센트 마케팅' 어디까지 왔나」, 『동아일보』, 2013년 2월 14일.

46 홍진환, 「따뜻한 향기 나는 매장, 실적도 훈훈? 지갑 여는 '감각 마케팅'」, 『동아일보』, 2015년 2월 3일.

47 김문태·김혜수, 「향기 나는 色 마케팅 전국 지자체가 주목한다」, 『광주매일신문』, 2015년 7월 1일.

48 남도영, 「"향기 맡으면 힐링"…후각 서비스 이끈다」, 『디지털타임스』, 2014년 8월 18일.

49 최윤필, 「'잃어버린 향기를 찾아서' 도시 디자인에 새 지평 열다」, 『한국일보』, 2014년 12월 31일.

50 최규민·박승혁, 「[금융文盲 대한민국] [2] 대출 광고는 왜 주로 TV에? 代理가 자주 등장하는 이유는?」, 『조선일보』, 2015년 3월 13일.

51 조미덥, 「[빚 권하는 사회, 대부업 광고 방어막이 없다] 하루 10회 이상 광고 접촉도 12%나…"아이들의 금융 인식 왜곡」, 『경향신문』, 2013년 11월 21일.

52 윤샘이나, 「[생각나눔] TV만 켜면 "편리한 대출" 대부업체의 '불편한 광고'」, 『서울신문』, 2013년 12월 30일.

53 정아람, 「대부업 TV 대출 광고 논란··시민단체 "금지해야" vs 대부업계 "문제없다"」, 『조선일보』, 2013년 11월 21일.

54 김철환, 「[빚 권하는 사회, 대부업 광고 방어막이 없다] 어린이·청소년 시청시간에 대부업 방송광고 원천 금지해야」, 『경향신문』, 2013년 11월 20일.

55 최규민·박승혁, 「[금융文盲 대한민국] [2] 대출 광고는 왜 주로 TV에? 代理가 자주 등장하는 이유는?」, 『조선일보』, 2015년 3월 13일.

56 김대희, 「'아트 콜라보레이션' 뜬다: 기업 제품에 미술 작가들 작품, 연예인 의상까지 디자인」, 『CNB저널』, 2013년 1월 28일.

57 박경모, 「아트 콜라보레이션…신개념 아트 협업의 세계」, 『동아일보』, 2015년 3월 23일.

58 김신애, 「아트 마케팅 넘어서 예술 되다」, 『파이낸셜뉴스』, 2015년 3월 9일.

59 윤상환, 「발행부수 무시한 광고 집행 신문 산업 전체 위기 부추겨」, 『매일경제』, 2010년 9월 7일.

60 김고은 외, 「"내일 나올 기사입니다"…언론, 노골적 광고 협찬」, 『기자협회보』, 2015년 3월 19일; 금준경, 「"요즘 누가 신문에 광고하나요 협찬이나 후원하지"」, 『미디어오늘』, 2015년 3월 18일.

61 김진령·노진섭, 「광고에 목숨 건 종편 '떼쓰기'만이 살길?」, 『시사저널』, 2011년 12월 15일.

62 이정환·금준경, 「수입차 업체들은 왜 조중동에만 광고를 낼까: [15개 일간지 2014년 광고 분석] 1만 8,546건 전수 조사…대기업 신문광고 이탈? 그나마 조중동에 편중」, 『미디어오늘』, 2015년 3월 11일.

63 장재완, 「"기준 없는 홍보예산, 지역신문 난립 부추겨": 지자체 홍보예산 기준 마련 세미나 "충남도, 언론인 지급 현금만 5,000만 원"」, 『오마이뉴스』, 2008년 9월 26일.

64 강준만, 「왜 개인보다 집단이 과격한 결정을 내리는가?: 집단극화 이론」, 『감정 독재: 세상을 꿰뚫는 50가지 이론』(인물과사상사, 2013), 279~284쪽.

65 최순화, 「마켓&마케팅」 많이 팔렸습니다…우리 제품을 싫어해주신 덕분에」, 『중앙선데이』, 2015년 4월 12일.

66 최순화, 「마켓&마케팅」 많이 팔렸습니다…우리 제품을 싫어해주신 덕분에」, 『중앙선데이』, 2015년 4월 12일.

67 김명호, 「한마당-김명호」 증오 마케팅」, 『국민일보』, 2015년 2월 13일.

68 손재권·김대기, 「"내 입맛 맞는 것만 봐" 64%…SNS 소통하려다 오히려 고립」, 『매일경제』, 2012년 4월 24일.

69 송지혜, 「쿠팡맨이 쓴 '편지'를 받았어요」, 『시사IN』, 2014년 12월 26일.

70 박순찬, 「쿠팡 "주문 2시간 내 배송…아마존 한국 진출해도 자신"」, 『조선일보』, 2015년 3월 18일; 이지성, 「쿠팡의 혁신 가로막히나」, 『한국일보』, 2015년 4월 13일.

71 김현길, 「쿠팡 "국내 최초로 2시간 내 배송시대 열겠다"…김범석 대표 기자간담회」, 『국민일보』, 2015년 3월 18일.

72 조은아, 「"쿠팡 '로켓 배송' 일부 불법"…국토부, 유권해석」, 『동아일보』, 2015년 4월 15일; 강영연, 「무료배송 논란…쿠팡, 9,800원 이상만 로켓 배송」, 『한국경제』, 2015년 5월 27일.

73 민동훈, 「'글로벌 큰손' 손정의, '쿠팡'에 10억 불 베팅 이유는?」, 『머니투데이』, 2015년 6월 3일.

74 양성희, 「궁금한 화요일」 TV선 인턴인 장그래…모바일선 알바생 시절도 나와」, 『중앙일보』, 2014년 12월 23일; 정달해, 「정달해의 엔터 인사이트」 드라마서 영화까지…웹툰 전성시대」, 『매일신문』, 2015년 3월 6일.

75 양성희, 「뉴스클립」 Special Knowledge (560) 트랜스미디어 스토리텔링」, 『중앙일보』, 2015년 3월 2일.

76 양성희, 「궁금한 화요일」 TV선 인턴인 장그래…모바일선 알바생 시절도 나와」, 『중앙일보』, 2014년 12월 23일.

77 정달해, 「정달해의 엔터 인사이트」 드라마서 영화까지…웹툰 전성시대」, 『매일신문』, 2015년 3월 6일.

78 서명덕, 「프랑스 '뽀샵 금지법' 등장할까?」, 『전자신문』, 2009년 9월 25일.

79 김헌식, 「성형 연예인 부추기는 지상파 방송들 이유는?」, 『데일리안』, 2013년 7월 27일.

80 한행우, 「기자수첩」 사회·문화 좀먹는 '외모집착증'」, 2015년 1월 12일; 오예린, 「IOC "한국은 성형대국"…오명의 책임은 미디어에 있다」, 『배국남닷컴』, 2015년 2월 16일.

81 「용어 아하!」 피딩족」, 『디지털타임스』, 2015년 2월 16일.

82 권민경, 「'백금세대'를 아시나요?…트렌드 메이커에서 피딩족까지」, 『한국경제』, 2015년 4월 2일; 강필성, 「롯데百, 피딩족 위한 '손주의 날' 행사 진행」, 『뉴스핌』, 2015년 2월 5일.

83 이진경, 「신노년층 '피딩족' 잡기에 몸 단 증권가」, 『세계일보』, 2015년 4월 14일.

84 「변상욱의 기자수첩」 설 앞두고 '손주의 날'>…'피딩족'의 진실」, 『CBS 박재홍의 뉴스쇼』, 2015년 2월 6일.

85 김영희, 「편집국에서」 '백금세대'와 노후 공포」, 『한겨레』, 2015년 5월 10일.

86 오정민, 「맥도날드 슈퍼마리오 대란 일으킨 'P형 소비자'는 누구…」, 『한국경제』, 2014년 12월 16일; 김아람, 「삼성패션硏, 올해 10대 이슈와 내년 전망 발표」, 『연합뉴스』, 2014년 12월 16일.

87 강주일, 「내년, 'P형 소비자'가 뜬다?」, 『스포츠경향』, 2014년 12월 16일.

88 김성규, 「가치·이슈·열정…P형 소비자의 트렌드에 주목하라」, 『한국일보』, 2014년 12월 29일.

89 심희정, 「외식업계 'No예약' 열풍」, 『서울경제』, 2015년 1월 8일.

90 정유진, 「'거식증 권하는 세계 이제 그만…설 땅 잃는 '해골 모델'」, 『경향신문』, 2015년 4월 17일.

91 송명견, 「송명견의 패션메신저」 말라깽이 모델 퇴출될까」, 『아시아경제』, 2015년 4월 2일.

92 정유진, 「'거식증 권하는 세계 이제 그만…설 땅 잃는 '해골 모델'」, 『경향신문』, 2015년 4월 17일.

93 최희정, 「유럽서 '말라깽이' 모델 퇴출 확산…국내는?」, 『뉴시스』, 2015년 6월 22일.

94 구정은, 「"말라깽이 모델 쓰지 마" 프랑스 '울트라 스키니 모델' 규제 법안 통과」, 『경향신문』, 2015년 4월 3일; 박성진, 「프랑스 하원서 '말라깽이' 모델 퇴출 법안 통과」, 『연합뉴스』, 2015년 4월 3일.

95 신지후, 「깡마른 모델 퇴출 나선 佛, 젊은 여성 20명 중 1명 거식증 앓아」, 『한국일보』, 2015년 3월 26일.

96 김구연, 「女 모델 '너무 말라서' 금지된 광고들」, 『CBS노컷뉴스』, 2015년 6월 3일.

97 서진욱, 「'확률형 아이템' 자율규제 앞두고 입법?…자정 노력 기회 막나」, 『머니투데이』, 2015년 3월 11일; 김유나, 「[S 스토리] 업체 '대박 아이템' 유혹…꼼수 마케팅도」, 『세계일보』, 2015년 5월 23일.

98 김재섭, 「게임업계 '확률형 아이템' 규제 논란」, 『한겨레』, 2015년 3월 12일.

99 정선미, 「'확률형 아이템'이 뭐길래, 규제 움직임에 벌벌 떠는 게임업체들」, 『조선일보』, 2015년 5월 18일.

100 김재섭, 「게임업계 '확률형 아이템' 규제 논란」, 『한겨레』, 2015년 3월 12일.

101 김재섭, 「우리가 '호갱' 게이머들, 게임 업계에 '반기'」, 『한겨레』, 2015년 3월 16일.

7_ Life Section

1 김정선, 「"문화를 소비대상 아닌 자원으로 봐야"」, 『연합뉴스』, 2008년 11월 12일; 고동수, 「휴가가 두렵다」, 『제주일보』, 2011년 7월 14일.

2 이승현, 「"즐겁게 일하는 '개짱이'가 창조경제 인재…배급교육 벗어나야"」, 『이데일리』, 2014년 9월 3일.

3 이기창, 「창의성·성실함 갖춘 개짱이가 성공한다」, 『매일경제』, 2014년 3월 28일.

4 이형석, 「당신도 갈팡질팡, '결정 장애 세대'?」, 『헤럴드경제』, 2014년 9월 21일.

5 「'결정 장애 세대'를 아시나요?」, 『조선일보』, 2014년 9월 23일.

6 이동휘 외, 「[내가 모르는 내 아이] [7] "애가 아파서 '代出(대리 출석)' 하러 왔어요" 대학생을 초등생 취급하는 父母들」, 『조선일보』, 2014년 12월 1일.

7 이지영, 「고정관념의 힘」, 『충청일보』, 2014년 8월 25일; 김문, 「고정관념의 억압에서 벗어나려면」, 『서울신문』, 2014년 9월 20일, 19면.

8 이인식, 「고정관념 권하는 사회」, 『한겨레』, 2002년 12월 15일.

9 도재기, 「[책과 삶] 인종·여성·소수자…고정관념을 극복하는 법」, 『경향신문』, 2014년 9월 20일.

10 이혁진, 「[조선일보를 읽고] '노인 難民' 표현 지나치다」, 『조선일보』, 2015년 4월 24일.

11 이에스더·정종훈, 「노인 70%, 자식과 떨어져 산다…3명 중 1명은 우울증」, 『중앙일보』, 2015년 4월 1일; 「[사설] 늘어만 가는 '노인 難民' 속수무책 보고 있어야 하나」, 『조선일보』, 2015년 4월 1일; 「[사설] 외롭고, 아프고, 가난한 한국 노인들」, 『아시아경제』, 2015년 4월 1일.

12 「[사설] 늘어만 가는 '노인 難民' 속수무책 보고 있어야 하나」, 『조선일보』, 2015년 4월 1일.

13 장하준, 「'집단 효도'가 필요하다」, 『중앙일보』, 2014년 6월 5일.

14 김수영, 「노인 빈곤+사회적 단절…노후 난민 시대 온다」, 『CBS노컷뉴스』, 2015년 4월 12일.

15 박주연, 「"나 세 번째 결혼했어요"…한국도 '다혼 시대'」, 『경향신문』, 2015년 3월 14일.

16 박주연, 「[다혼 시대] 이혼 악몽보다 더 큰 외로움…그래서 또 결혼한다」, 『경향신문』, 2015년 3월 14일.

17 박주연, 「[다혼 시대] 재혼보다 유지율 높은 다혼 "두 번 이혼 돌아보니 다 내 탓이더라"」, 『경향신문』, 2015년 3월 14일.

18 박주연, 「[다혼 시대] "혹시 또 헤어지면 계산 복잡해져" 재산은 따로 관리」, 『경향신문』, 2015년 3월 14일.

19 김강한 외, 「['달관 세대'가 사는 법] 덜 벌어도 덜 일하니까 행복하다는 그들…불황이 낳은 '達觀(달관) 세대」, 『조선일보』, 2015년 2월 23일.

20 김강한 외, 「['달관 세대'가 사는 법] 덜 벌어도 덜 일하니까 행복하다는 그들…불황이 낳은 '達觀(달관) 세대」, 『조선일보』, 2015년 2월 23일.

21 김강한 외, 「['달관 세대'가 사는 법] "月 100만 원 벌어도 괜찮아"…덜 쓰고 잘 논다」, 『조선일보』, 2015년 2월 24일.

22 김강한 외, 「['달관 세대'가 사는 법] "昇進(승진)보다 저녁 있는 삶…일 적은 부서로 갈래요"」, 『조선일보』, 2015년 2월 25일.

23 박은주, 「잘돼봤자 저 꼴이다」, 『조선일보』, 2015년 2월 27일.

24 김강한, 「[기자수첩] "행복하다"는 달관 세대…그들을 보는 불편한 視線(시선)」, 『조선일보』, 2015년 2월 26일.

25 조윤호, 「'달관 세대' 뜬다고 아름다운 단편 영화 얘기하나」, 『미디어오늘』, 2015년 3월 4일.

26 박권일, 「달관이냐 체념이냐」, 『한겨레』, 2015년 3월 3일.

27 이영희, 「[분수대] 달관은 아무나 하나」, 『중앙일보』, 2015년 3월 11일.

28 정종훈, 「늘어날 반퇴 세대…2050년 되면 노인 41% 일한다」, 『중앙일보』, 2015년 2월 5일.

29 특별취재팀, 「은퇴해도 못 쉬는 '반퇴 시대' 왔다」, 『중앙일보』, 2015년 1월 15일.

30 신성식 · 조현숙, 「여성도 반퇴 시대…50대 주부, 국민연금 가입 줄었다」, 『중앙일보』, 2015년 3월 11일.

31 황정원, 「50세 이상 퇴직 예정자 2,000명 '인생 이모작' 지원」, 『서울경제』, 2015년 3월 15일.

32 김성탁 · 천인성 · 김기환, 「대치동 엄마 쫓다간 '반퇴 푸어'」, 『중앙일보』, 2015년 2월 25일.

33 김성탁 · 김기환 · 신진, 「"스펙 10개 5000만 원"…로또 대입에 노후 주머니 털린다」, 『중앙일보』, 2015년 2월 25일.

34 윤석만 · 김기환, 「교육비 마지노선은 소득 20%…줄인 돈으로 연금 부어라」, 『중앙일보』, 2015년 2월 25일.

35 「사설」 반퇴 시대, 자식에만 올인하면 노후가 불행하다」, 『중앙일보』, 2015년 2월 26일.

36 「사설」 복지 비용 後孫에 떠넘기는 건 '세대 간 도둑질'」, 『조선일보』, 2015년 2월 5일.

37 권혜숙, 「30대, 혜택보다 세금 더 낸다…평생 1억 9,000만 원 순부담」, 『국민일보』, 2012년 7월 3일; 김진형, 「30대들 열받겠네, 평생 세금 12.7억 내고…」, 『머니투데이』, 2012년 7월 3일.

38 조시영, 「문형표 복지부 장관 "지금부터 증세하면 나중에 감당 안 된다"」, 『매일경제』, 2015년 1월 27일.

39 민병권, 「[이노베이션 코리아 2014] 세대갈등 '공존의 길'은 있다 (9) 공짜 복지는 없다」, 『서울경제』, 2014년 9월 2일.

40 정녹용, 「金대표 "독일 '세대 간 형평성稅' 같은 미래 세대 부담 줄일 제도 필요"」, 『조선일보』, 2015년 2월 4일.

41 정은주, 「"노인에게 일 줘야 청년층 부담 던다"」, 『한겨레21』, 2013년 8월 9일.

42 황영식, 「[지평선] 유리천장」, 『한국일보』, 2015년 3월 8일.

43 나지홍, 「[깨알지식] 性차별 보여주는 '유리천장 지수'」, 『조선일보』, 2015년 3월 6일; 「유리천장 지수 한국 꼴찌…"유리천장 지수가 무엇?"」, 『중앙일보』, 2015년 3월 7일.

44 이유석, 「美 여성 CEO 전체 합쳐도, '존(John)' 이름의 남성 CEO보다 적어」, 『서울경제』, 2015년 3월 5일.

45 이한수, 「주목받지 못한 당신, 그래서 위대하다」, 『조선일보』, 2015년 3월 7일.

46 서영찬, 「[책과 삶] 스타와 성공 뒤에 숨겨진 '조력자', 그들에게 바치는 헌사」, 『경향신문』, 2015년 3월 7일; 이영희, 「[책 속으로] 콘서트의 꽃? 가수일까, 음향기사일까」, 『중앙일보』, 2015년 3월 7일.

47 손승희, 「[발언대] SNS 속 글이 우울증에 영향」, 『경남도민일보』, 2014년 7월 25일; 오영제, 「SNS 이용 백서, 좋은 예 vs 나쁜 예」, 『레몬트리』, 2013년 9월호; 채윤경, 「"남들은 저렇게 행복한데 나만…" SNS가 낳은 카·페·인 우울증」, 『중앙일보』, 2015년 1월 16일.

48 이한수, 「주목받지 못한 당신, 그래서 위대하다」, 『조선일보』, 2015년 3월 7일.

49 이영희, 「[분수대] '관심병 환자'의 우울을 아시는지」, 『중앙일보』, 2015년 3월 18일.

50 디지털뉴스부, 「수능 시험 성적표 나온 지 100일…IDP 주최 '2015 세계유학박람회' 개최」, 『디지털타임스』, 2015년 3월 12일.

51 황형준, 「난 재수생…난 죄수생?」, 『동아일보』, 2009년 9월 22일.

52 정강현·윤정민, 「징역 1년에 벌금 2000만 원 나는 '죄수생'이다」, 『중앙일보』, 2015년 3월 11일.

53 김연주, 「'인 서울(In 서울·서울지역 대학교)' 大學 신입생 10명 중 3명은 재수생」, 『조선일보』, 2015년 2월 12일.

54 김연주, 「'인 서울(In 서울·서울지역 대학교)' 大學 신입생 10명 중 3명은 재수생」, 『조선일보』, 2015년 2월 12일.

55 원선우, 「재수생이 더 많은 서울대 정시 합격자」, 『조선일보』, 2014년 2월 5일.

56 양경아, 「'Z세대'는 물건 품질이 중요…브랜드 충성도 낮아」, 『LA중앙일보』, 2014년 10월 13일; 조목인, 「까다로운 'Z세대'가 美 소비시장 흔든다」, 『아시아경제』, 2014년 7월 17일.

57 박명기, 「"디지털 없는 세상 상상 못한다" Z세대 누구?」, 『한국경제』, 2015년 5월 30일.

58 박소영, 「유튜브 넘어 바인…빠르게 진화하는 '비디오 세상'」, 『한국일보』, 2015년 4월 30일.

59 이심기, 「떠오르는 Z세대…美의 새로운 소비군 부상」, 『한국경제』, 2014년 8월 5일.

60 주명호, 「온라인 소통보다 '직접 경험' 선호…반전의 'Z세대'」, 『머니투데이』, 2015년 3월 29일.

61 「[사설] 老人會의 '노인 연령 기준 상향 제안' 살려나가야 한다」, 『조선일보』, 2015년 5월 27일.

62 최희진, 「노인 셋 중 한 명 "75세는 넘어야 노인"」, 『경향신문』, 2015년 4월 1일; 고은이, 「노인 10명 중 8명 "70세는 돼야 노인"」, 『한국경제』, 2015년 4월 1일.

63 정민승, 「대한노인회 "노인 기준 65세에서 점차 높여야"」, 『한국일보』, 2015년 5월 26일.

64 「[사설] 대한노인회의 노인 연령 상향 제안을 지지한다」, 『중앙일보』, 2015년 5월 27일; 「[사설] 老人會의 '노인 연령 기준 상향 제안' 살려나가야 한다」, 『조선일보』, 2015년 5월 27일.

65 이현정·원다연, 「"노후소득 없이 연령 올리면 복지 재앙"」, 『서울신문』, 2015년 5월 29일.

66 조은임, 「반려동물의 죽음에 대처하는 방법」, 『아시아경제』, 2013년 4월 27일.

67 남미영, 「'잘 가, 고마웠어…' 충분한 애도로 상실감 떨쳐내야」, 『조선일보』, 2012년 5월 30일.

68 조은임, 「반려동물의 죽음에 대처하는 방법」, 『아시아경제』, 2013년 4월 27일.

69 한영혜 외, 「[세상 속으로] "애견 죽은 지 5개월 지났는데도 슬퍼…대인기피증까지"」, 『중앙일보』, 2015년 5월 9일.

70 이동휘 외, 「[내가 모르는 내 아이] [7] "애가 아파서 代出(대리 출석)하러 왔어요" 대학생을 초등생 취급하는 父母들」, 『조선일보』, 2014년 12월 1일.

71 김기환, 「[취재일기] 대학을 맴도는 '헬리콥터 부모'께」, 『중앙일보』, 2015년 3월 19일.

72 배두헌, 「"프사 바꿔" 카톡까지 간섭하는 부모들…어떻게 생각하십니까」, 『헤럴드경제』, 2015년 5월 21일.

73 고란, 「입사식 부모님 초대, 피자연수…日 '신입 적응시키기' 대작전」, 『중앙일보』, 2015년 4월 7일.

74 신지후, 「드론 조종해 딸 맴도는 美 '헬리콥터 부모' 등장」, 『한국일보』, 2015년 4월 23일.

75 김용운, 「['결정 장애' 한국인 ①] "내 결정, 님이 해주세요"」, 『이데일리』, 2015년 5월 29일.

76 박유미, 「공공기관 새 둥지 혁신도시, 차로 좁고 침수 피해 입고…홀로 사는 '혁신 기러기'까지」, 『중앙일보』, 2015년 5월 12일; 안상근, 「신종 '혁신 기러기' 가족」, 『경남일보』, 2015년 4월 2일.

77 채윤경, 「가족과 함께 지방 이주 직원 23%뿐…2만 명 중 1만 5,000명이 '혁신 기러기'」, 『중앙일보』, 2015년 3월 28일.

78 특별취재팀, 「[혁신도시] 국가가 만든 '혁신 기러기'…알아서 두 살림 하라고요?」, 『아시아경제』, 2014년 12월 18일.

79 유민, 「불륜 기러기 날아드는 '세종시·혁신도시' 르포」, 『일요신문』, 2015년 6월 3일.

80 「[사설] 기러기만 날아드는 혁신도시는 안 된다」, 『전북일보』, 2014년 8월 31일.

81 김봉구, 「'아싸족·공휴족·고공족' 아시나요?…취업난 자화상」, 『한국경제』, 2014년 12월 2일.

82 이정봉 외, 「'혼밥' 즐기다 외로울 땐 '밥먹자' 앱 꾸~욱」, 『중앙일보』, 2015년 3월 28일.

83 이가람, 「[신조어 탐구사전] 홀로 밥 먹는 '혼밥' 문화 확산」, 『세계일보』, 2015년 3월 9일.

84 이원영, 「[3040칼럼] 호모 솔리타리우스를 위한 변명」, 『영남일보』, 2015년 4월 7일; 이정봉 외, 「'혼밥' 즐기다 외로울 땐 '밥먹자' 앱 꾸~욱」, 『중앙일보』, 2015년 3월 28일.

85 엄보운·권순완, 「500원 넣고 한 곡…동전노래방서 '셀프 위로'하는 靑春」, 『조선일보』, 2015년 4월 12일.

86 전영선, 「[Saturday] 간통죄 폐지로 관심 커지는 혼전계약서」, 『중앙일보』, 2015년 3월 7일.

87 이윤경, 「[COVER STORY] 미국 자산가들의 상상 초월 혼전계약서」, 『한국경제』, 2014년 10월 20일.

88 윤호, 「결혼 전부터 이혼 대비? 여성 63% "혼전계약서 필요하다"」, 『매일경제』, 2015년 1월 10일; 서영지·이재욱, 「혼전계약서, 먼 나라 얘기 아니네」, 『한겨레』, 2015년 1월 8일.

89 전영선, 「[Saturday] 간통죄 폐지로 관심 커지는 혼전계약서」, 『중앙일보』, 2015년 3월 7일.

8_ Society Section

1 김양균, 「보험사기의 늪…"당신도 빠질 수 있다" (상) 흉포화된 보험사기」, 『헤럴드경제』, 2015년 1월 26일.

2 김진아, 「보험사기 '솜방망이 처벌'」, 『서울신문』, 2014년 1월 27일.

3 「[사설] 람보르기니 사건이 '가·피공모' 보험사기라니…」, 『중앙일보』, 2015년 3월 21일.

4 박지혜, 「보험사기자의 보험업 종사 제한」, 『메디컬투데이』, 2015년 4월 14일.

5 김지수, 「나쁜 일자리 만드는 '과잉 친절 신드롬'」, 『CBS노컷뉴스』, 2013년 8월 29일.

6 유제훈, 「당신은 '과잉 친절'에 만족하십니까?…친절 아닌 친절의 습격」, 『아시아경제』, 2014년 11월 21일.

7 허진석, 「한국은 친절 서비스 과잉 사회 아닐까요」, 『동아일보』, 2013년 10월 25일.

8 김수연, 「[아하! 경제뉴스] 깡통주택 증가…전세금 떼이지 않으려면?」, 『동아일보』, 2012년 9월 10일; 김희연, 「수도권 중심 '깡통주택자' 19만 명…연체자도 4만 명」, 『경향신문』, 2012년 12월 3일.

9 최태용, 「검찰, '깡통주택' 이용한 부동산 사기 조직 일당 검거」, 『뉴시스』, 2015년 2월 5일.

10 윤형중, 「가난한 세입자 등친 건 화이트칼라들이었다」, 『한겨레』, 2015년 2월 7일.

11 윤형중, 「인천 깡통주택의 비극, 장애인 가장의 죽음」, 『한겨레』, 2014년 10월 31일.

12 조아름, 「탈북 청소년 위한 우리말 번역 앱 등장」, 『한국일보』, 2015년 3월 19일.

13 박창규, 「"남한말→북한말 전환 '글동무'로 탈북학생들 말문 트였으면…"」, 『동아일보』, 2015년 3월 19일.

14 김미영, 「닭유찜, 발개돌이, 삯밥이, 가마치…무슨 뜻?」, 「한겨레」, 2015년 3월 18일.

15 이계성, 「[지평선] 글동무」, 「한국일보」, 2015년 3월 19일.

16 김재홍, 「고소사건 일본의 60배… '남고소(濫告訴) 폐해 심각」, 「법률신문」, 2009년 10월 21일.

17 구교운, 「檢 "악플러 엄벌…고소 남용도 안 돼"」, 「뉴스1」, 2015년 4월 12일.

18 양선희, 「사이버 세상의 '욕설 비즈니스'」, 「중앙일보」, 2015년 4월 1일.

19 백상진, 「[기획] '이념갈등' 사이버공간 고소·고발 급증」, 「국민일보」, 2014년 10월 29일.

20 장관석, 「단순비판 댓글까지… '홍가혜식 고소남발' 막는다」, 「동아일보」, 2015년 3월 26일.

21 「[사설] 고소 남발 막는 '홍가혜 규정', 악플 반성이 먼저」, 「세계일보」, 2015년 4월 12일.

22 박용하, 「'분노 조절 장애 사회'…윤 일병·조현아 사건 이후 심리상담 5배 이상 증가」, 「경향신문」, 2015년 1월 23일.

23 기획취재팀, 「가스총·손도끼 등장한 주차 시비 결투 '이웃이 원수로'」, 「매일경제」, 2015년 1월 28일; 「부천 자매 살인사건, 흉기 난동 2명 사망 "살인한 이유 알고 보니…" 네티즌 분노」, 「서울신문」, 2014년 11월 12일.

24 박용하, 「'분노 조절 장애 사회'…윤 일병·조현아 사건 이후 심리상담 5배 이상 증가」, 「경향신문」, 2015년 1월 23일.

25 유인경, 「[TV 전상서] 분노 조절 장애 급증, 막나가는 드라마 탓은 아닐까요?」, 「경향신문」, 2015년 1월 14일.

26 기획취재팀, 「가스총·손도끼 등장한 주차 시비 결투 '이웃이 원수로'」, 「매일경제」, 2015년 1월 9일.

27 윤재석, 「로드 킬과 브라에스 역설」, 「프레시안」, 2008년 4월 8일.

28 장혁진, 「도로 줄이면 교통량 감소… '브라에스 역설' 한국 첫 실험」, 「중앙일보」, 2015년 3월 12일.

29 윤재석, 「로드 킬과 브라에스 역설」, 「프레시안」, 2008년 4월 8일.

30 김현우, 「'브라에스 역설'로 뉴욕 '타임스퀘어' 그리는 서울시」, 「뉴스토마토」, 2015년 3월 20일.

31 장혁진, 「도로 줄이면 교통량 감소… '브라에스 역설' 한국 첫 실험」, 「중앙일보」, 2015년 3월 12일.

32 김종목·박순봉·이혜리, 「[창간기획-한국 사회는 ○○사회다] 당신 어떤 사회에 살고 있는가」, 「경향신문」, 2014년 10월 6일.

33 유정인, 「[창간기획-한국 사회는 ○○사회다] 사회 담론의 시대… '현 사회는 어떤 곳일까' 질문 하나에 '백가쟁명'」, 「경향신문」, 2014년 10월 6일.

34 이혜리·곽희양, 「[창간기획-한국 사회는 ○○사회다] 시민들이 말하는 한국 사회」, 「경향신문」, 2014년 10월 6일.

35 정원식, 「[창간기획-한국 사회는 ○○사회다] '어떤 사회를 만들까'를 고민하라」, 「경향신문」, 2014년 10월 6일.

36 이연섭, 「[지지대] 범죄 예방 환경 '셉테드'」, 「경기일보」, 2015년 3월 10일; 송연순, 「[여백] 셉테드」, 「대전일보」, 2014년 8월 25일; 강홍구 외, 「동네 환경 살짝 바꿨더니…강도-도둑 발길 뚝」, 「동아일보」, 2014년 11월 24일.

37 이호준, 「디자인만 바꿔도 범죄 예방…道 '셉테드 사업' 추진」, 「경기일보」, 2015년 3월 3일; 「디자인만 바꿔도 범죄 줄어…경기도 셉테드 사업 추진」, 「중앙일보」, 2015년 3월 3일.

38 김인창, 「경기도, 디자인 범죄예방 셉테드 추진」, 「경기매일」, 2014년 4월 1일.

39 황의중, 「'범죄예방'도 덤으로…아파트 셉테드 설계 뜬다」, 「아시아투데이」, 2015년 5월 19일.

40 배민욱, 「"말실수가 선거 망친다"…새정치연합, 설화(舌禍) 주의보」, 「뉴시스」, 2014년 4월 20일.

41 「정몽준 아들, 세월호 실종자 가족에게 "국민 정서 미개"」, 「한겨레」, 2014년 4월 21일.

42 최진성, 「쉿, 입조심!…직장인도 '실언 트라우마'」, 『헤럴드경제』, 2014년 4월 25일.

43 윤영선, 「아파트 공화국의 고민」, 『건설경제신문』, 2012년 11월 8일.

44 차학봉, 「아파트 제국주의 필패론」, 『조선일보』, 2009년 10월 20일.

45 윤영선, 「아파트 공화국의 고민」, 『건설경제신문』, 2012년 11월 8일.

46 이인준, 「4월 5만 6,808가구 분양…역대 최대 물량」, 『뉴시스』, 2015년 3월 19일.

47 서화동, 「참혹한 경쟁을 넘어 함께 살아가는 법」, 『한국경제』, 2015년 3월 13일; 임보경, 「아포리아시대의 지침」, 『전북도민일보』, 2014년 11월 11일.

48 이기영, 「[기고] 밥상머리교육을 다시 하자」, 『경향신문』, 2014년 12월 17일.

49 김상근, 「[Weekly BIZ] 지도자여, 동굴 밖으로 나가 태양을 보라…그리고 다시 돌아오라」, 『조선일보』, 2015년 1월 24일.

50 이하경, 「세월호, 이완구…'고해성사'가 출구다」, 『중앙일보』, 2015년 4월 15일.

51 이영규, 「[데스크칼럼] 2014년 대한민국의 부끄러운 '민낯'」, 『아시아경제』, 2014년 12월 3일.

52 연종영, 「이시종 충북지사, 신년화두 '충화영호' 발표」, 『뉴시스』, 2013년 12월 25일.

53 박창우, 「"영충호 시대, 화합의 구조로 만들자" 이시종 지사 강조」, 『충청일보』, 2014년 2월 12일.

54 권혁철, 「됐시유, 영충호, 이완구」, 『한겨레』, 2015년 2월 25일.

55 성한용, 「영남 편중 정권의 충청 정치인들께」, 『한겨레』, 2015년 3월 6일.

56 김재수 대담, 강우성 정리, 「[중도초대석] 오장섭 충청향우회 중앙회 총재: 오장섭 총재 "잘 나가는 충청보다 '존경받는 충청'으로"」, 『중도일보』, 2015년 3월 17일.

57 곽희양, 「10대 대기업 집회신고의 99%는 '유령 집회'」, 『경향신문』, 2013년 10월 17일.

58 이경미, 「대법, 집회 방해 '장소 선점' 관행 제동」, 『한겨레』, 2014년 12월 25일.

59 김지원·김상범, 「'사측 유령 집회' 위법 판결에도 노조 집회 방해 '알박기' 여전」, 『경향신문』, 2015년 4월 8일; 고경호, 「'유령 집회' 넘쳐난다 경찰력 낭비 심각」, 『제주일보』, 2014년 11월 3일.

60 김영신, 「민주 김민기 '유령 집회 신고' 근절법 추진」, 『뉴스1』, 2014년 1월 10일.

61 「자동제세동기」, 『위키백과』; 양영채, 「[왜냐면] 자동제세동기가 뭡니까?」, 『한겨레』, 2015년 3월 10일.

62 김지은, 「응급처치 '자동제세동기' 설치율 62%에 그쳐」, 『뉴시스』, 2015년 5월 5일.

63 양영채, 「[왜냐면] 자동제세동기가 뭡니까?」, 『한겨레』, 2015년 3월 10일.

64 김범의, 「제세동기 알아두세요」, 『제주일보』, 2015년 5월 26일.

65 손대선, 「AED·제세동기? 이젠 '자동심장충격기'로 부르세요」, 『뉴시스』, 2015년 6월 23일.

66 박창억, 「죽도록 일하는 당신, '잠'을 빼앗겼다」, 『세계일보』, 2014년 11월 28일; 박동미, 「잠이 사라지는 시대, 삶이 망가지는 인간…」, 『문화일보』, 2014년 11월 28일.

67 한승동, 「잠의 종말이냐 자본주의의 종말이냐」, 『한겨레』, 2014년 11월 28일.

68 박창억, 「죽도록 일하는 당신, '잠'을 빼앗겼다」, 『세계일보』, 2014년 11월 28일.

69 한승동, 「잠의 종말이냐 자본주의의 종말이냐」, 『한겨레』, 2014년 11월 28일.

70 오상도, 「복잡한 안전 시스템이 대형사고 위험 키운다」, 『서울신문』, 2013년 7월 6일, 18면.

71 이윤미, 「대형사고는 인재 아닌 시스템 사고?」, 『헤럴드경제』, 2013년 7월 5일.

72 이규대·조유빈, 「"평소에도 심하게 기울어 화물 내리기 힘들었다"」, 『시사저널』, 2014년 5월 1일.

73 김도연, 「이중삼중 안전장치가 되레 '참사' 부를 수 있다」, 『문화일보』, 2013년 7월 5일.

74 이윤미, 「대형사고는 인재 아닌 시스템 사고?」, 『헤럴드경제』, 2013년 7월 5일.

75 「[용어 아하!] 젠트리피케이션」, 『디지털타임스』, 2015년 1월 13일; 정대연, 「복부인 닮은 연예인 '부동산 열망'」, 『경향신문』, 2015년 4월 25일.

76 이기웅, 「[커버스토리 뿌리 뽑힌 도시 난민 03] 영국·미국 젠트리피케이션의 명암」, 『주간동아』, 2015년 6월 1일.

77 문소영, 「[씨줄날줄] 젠트리피케이션」, 『서울신문』, 2014년 11월 11일, 31면.

78 김보미, 「주민이 만든 마을에서 주민이 떠난다…마을 만들기의 적(敵) '젠트리피케이션'」, 『경향신문』, 2015년 4월 24일.

79 고미, 「[날줄씨줄] 젠트리피케이션」, 『제민일보』, 2014년 12월 2일.

80 최재봉, 「박민규, 땅콩 회항 산문…"쪼잔한 갑질에 분노"」, 『한겨레』, 2015년 3월 2일.

81 조용호, 「'땅콩 회항'은 욕하면서 더 큰 비리엔 왜 눈감나」, 『세계일보』, 2015년 3월 5일.

82 최재봉, 「박민규, 땅콩 회항 산문…"쪼잔한 갑질에 분노"」, 『한겨레』, 2015년 3월 2일.

83 황수현, 「진격의 갑질에 맞서 을질을 합시다」, 『한국일보』, 2015년 3월 1일.

84 김여란, 「소설가 박민규 "조현아는 벽을 넘어온 거인"」, 『경향신문』, 2015년 3월 2일.

85 윤상호, 「해군 '회식 지킴이' 떴다…"性희롱 꼼짝마"」, 『동아일보』, 2014년 12월 15일; 권혁순, 「[언중언] '회식 지킴이'」, 『강원일보』, 2014년 12월 20일.

86 이연섭, 「[지지대] 회식 지킴이」, 『경기일보』, 2014년 12월 22일.

87 김수진, 「공공기관 성희롱 피해 여성 93% '그냥 참는다'」, 『아시아경제』, 2012년 12월 26일.

88 「[사설] 성희롱 막으려 '회식 지킴이'까지 등장한 대한민국」, 『조선일보』, 2014년 12월 16일.

9_ Education · Labor Section

1 심윤희, 「[世智園] 공허 노동(empty labor)」, 『매일경제』, 2014년 11월 26일.

2 김기찬, 「일 의미 없고, 재미도 없어…하루 1~2시간 '딴짓' 김 대리」, 『중앙일보』, 2015년 3월 7일.

3 Lauren Weber, 「전문직 종사자들이 회사에서 더 빈둥거릴 확률 높아」, 『월스트리트저널 한국판』, 20, November, 2014; 김기찬, 「일 의미 없고, 재미도 없어…하루 1~2시간 '딴짓' 김 대리」, 『중앙일보』, 2015년 3월 7일.

4 김기찬, 「일 의미 없고, 재미도 없어…하루 1~2시간 '딴짓' 김 대리」, 『중앙일보』, 2015년 3월 7일.

5 김인수, 「지금 20대는 달관의 세대가 아닌 저항의 세대」, 『매일경제』, 2015년 2월 27일.

6 변태섭, 「[수능 문·이과 통합 공론화하자] (1) 문·이과형 인재 따로 키우는 나라」, 『한국일보』, 2013년 9월 2일; 김성회, 「[매경 데스크] 문·이과 통합이 과학교육 축소냐?」, 『매일경제』, 2014년 9월 18일.

7 「[사설] 고교의 文科·理科 분리 교육, 이젠 없앨 때 됐다」, 『조선일보』, 2013년 6월 22일.

8 이덕환, 「문과와 이과 구분은 정말 없어져야 한다」, 『조선일보』, 2013년 9월 30일.

9 신진, 「문·이과 수능 응시 6:4, 기업 채용은 2:8…이공계 비중 늘려 '취업 미스매치' 해결을」, 『중앙일보』, 2014년 10월 22일.

10 노진호·어고은, 「입시·취업 일변도…일부 강사들 '눈길 끌기 쇼' 집중」, 『중앙선데이』, 2013년 12월 15일.

11 우승호, 「대학 강의 N스크린시대 열린다」, 『서울경제』, 2013년 6월 17일; 어고은, 「"인터넷으로 유명 강좌 듣고 토론… '무크'를 더 많은 학생이 누렸으면"」, 『중앙선데이』, 2013년 12월 15일.

12 정원식, 「걸음마 떼는 한국형 '무크'…평생교육의 백년대계 찾아라」, 『경향신문』, 2015년 3월 4일.

13 이정혁, 「"학벌주의 뿌리 뽑는 '무크'를 아십니까"」, 『머니투데이』, 2015년 2월 12일.

14 권영선, 「[시론] '무크'는 교육의 미래 아니다」, 『디지털타임스』, 2015년 3월 12일.

15 정원식, 「걸음마 떼는 한국형 '무크'…평생교육의 백년대계 찾아라」, 『경향신문』, 2015년 3월 4일.

16 이유진, 「'문송'을 아십니까」, 『한겨레』, 2015년 3월 23일.

17 김지원, 「[문과의 눈물] 고교생도 문과 기피…이과 선호도 2배나 높아」, 『경향신문』, 2014년 10월 24일.

18 안준용·배준용, 「"후배들 文科 가도록 설득 좀…" 文科 갈수록 줄자, 졸업생에 SOS」, 『조선일보』, 2014년 12월 9일.

19 안준용·배준용, 「"후배들 文科 가도록 설득 좀…" 文科 갈수록 줄자, 졸업생에 SOS」, 『조선일보』, 2014년 12월 9일.

20 이유진, 「'문송'을 아십니까」, 『한겨레』, 2015년 3월 23일.

21 손국희, 「[취재일기] '슬픈 인문계'의 반전에 대학·기업이 나서야」, 『중앙일보』, 2015년 2월 6일.

22 심윤희, 「[世智園] "문송합니다"」, 『매일경제』, 2015년 2월 23일.

23 김연주, 「"다 찍어도 5등급(상위 40~60%)" 베트남·아랍語 수능서 狂風」, 『조선일보』, 2015년 2월 26일; 김기중, 「학교 밖 '수능용 제2외국어' 쏠림 기현상」, 『서울신문』, 2015년 2월 26일, 9면.

24 김예진, 「"베트남어 선택 증가는 교류 증진 때문" 황당 발언에 비판 쇄도」, 『세계일보』, 2014년 12월 4일.

25 이한선, 「수능 쏠림 기현상 베트남어·아랍어 난이도 더 높이는 방안 검토」, 『아주경제』, 2015년 3월 24일.

26 최홍렬, 「[Why] [혹시 아시나요?] 대학 교재를 '공짜 전자책'으로…대학생 부담 더는 '빅북 운동'」, 『조선일보』, 2015년 3월 21일.

27 조영복, 「저작권 기부·교과서 공유 '빅북 운동'」, 『한겨레』, 2015년 2월 2일.

28 박진국·조영미, 「저작권 기부 '빅북' 운동, 기부를 끌어내다」, 『부산일보』, 2015년 2월 1일.

29 「[사설] 교과서 공유 '빅북' 운동 확산에 박수 보낸다」, 『부산일보』, 2014년 6월 30일.

30 여현호, 「[유레카] 석좌교수」, 『한겨레』, 2015년 3월 18일; 유현진, 「석좌교수제, 전관예우 겨냥 '對정부 로비 창구'로」, 『문화일보』, 2013년 4월 24일.

31 신진호·박건형, 「또 다른 전관…석좌교수의 그늘」, 『서울신문』, 2013년 3월 8일, 1면.

32 김성환 외, 「'캠퍼스 전관예우' 된 석좌교수제」, 『한겨레』, 2015년 3월 19일.

33 김성환 외, 「'캠퍼스 전관예우' 된 석좌교수제」, 『한겨레』, 2015년 3월 19일.

34 유현진, 「석좌교수제, 전관예우 겨냥 '對정부 로비 창구'로」, 『문화일보』, 2013년 4월 24일.

35 「여성 임금, 남성의 77%…20년간 3%포인트 개선」, 『한국경제』, 2015년 3월 6일.

36 박선미, 「MBA도 못 좁히는 남, 녀 임금 차」, 『아시아경제』, 2015년 3월 3일.

37 김기찬, 「남녀 격차 100대 63」, 『중앙일보』, 2015년 2월 11일; 박영범, 「[목멱칼럼] 남녀 간 임금격차 줄이기 위한 해법은」, 『이데일리』, 2015년 2월 24일.

38 박병률, 「남녀 임금격차, 가장 큰 이유는 '그냥'」, 『경향신문』, 2015년 5월 25일.

39 이진순, 「우리는 오늘 맥도날드를 점거한다: 알바노조 위원장 구교현」, 『한겨레』, 2015년 2월 7일.

40 최화진, 「'수도꼭지 고용' 등 편법 찾아 눈물 삼키는 10대들」, 『한겨레』, 2015년 1월 27일.

41 신지후, 「쑥쑥 크는 주문형 경제… '수도꼭지 노동시장' 공포도 자란다」, 『한국일보』, 2015년 2월 15일.

42 정철순, 「취준생, 취업 스터디 가입도 '바늘구멍'」, 『문화일보』, 2012년 8월 30일.

43 김연하, 「취업보다 어려운 스터디 가입」, 『서울경제』, 2014년 4월 6일.

44 마지혜·선한결·박상용, 「[청년 실업자 100만명 시대] 토익 930점 이상·상경대 우대…취업 스터디 가입도 '좁은 문'」, 『한국경제』, 2015년 3월 10일.

45 임현석, 「'超스펙 회사'보다 좁은 스터디門」, 『동아일보』, 2015년 2월 14일.

46 강승현, 「전화 뺏기고·회초리 맞고…'취업만 된다면…' 눈물의 스터디」, 『문화일보』, 2015년 3월 18일.

47 이서희 외, 「취업적령기 넘겨서…취직했지만 업무 불만족으로…」, 『한국일보』, 2015년 2월 26일.

48 김재은, 「교육·건축 등 석·박사 과잉 학력 넘쳐난다…131만 명 하향 취업」, 『이데일리』, 2014년 11월 20일.

49 김성탁·김기환·김영민, 「취업난에…고졸로 학력 세탁 하는 대졸」, 『중앙일보』, 2014년 10월 22일.

50 김창훈 외, 「취업 위해서라면…'스펙 디스카운트' 시대」, 『한국일보』, 2015년 2월 26일.

51 이서희 외, 「취업 적령기 넘겨서…취직했지만 업무 불만족으로…」, 『한국일보』, 2015년 2월 26일.

52 「구직자 80%, '스펙 증후군 앓고 있다'」, 『한국경제』, 2008년 10월 30일.

53 천인성·이현택·신진, 「인문계도 공대 기본과정 공부…다전공 인재 길러야」, 『중앙일보』, 2014년 10월 22일.

54 안승섭, 「"인턴하려고 또 다른 인턴 스펙 쌓는 현실"」, 『연합뉴스』, 2015년 6월 29일.

55 박효목, 「알바도 스펙!…이색경험 찾는 대학생들」, 『문화일보』, 2015년 6월 30일.

56 정의길, 「미국 저임금 노동자들 연대 "최저시급 15달러로" 시위」, 『한겨레』, 2015년 4월 17일.

57 김종우, 「미 '최저임금 15달러' 쟁점 부상…주정부, 인상 동참」, 『연합뉴스』, 2015년 4월 3일.

58 송이라, 「"시급 15달러로 올려달라" 美 연대시위 236개 도시로 확산」, 『이데일리』, 2015년 4월 16일.

59 배병우, 「"시간당 임금 15달러로 올려라" 미국 저임 노동자들, 최저임금 인상 촉구 연대시위」, 『국민일보』, 2015년 4월 6일.

60 박현, 「미국은 지금 최저임금 인상 중…LA, 시간당 9달러→15달러 결정」, 『한겨레』, 2015년 5월 20일.

61 정의길, 「미국 저임금 노동자들 연대 "최저시급 15달러로" 시위」, 『한겨레』, 2015년 4월 17일; 박현, 「미국은 지금 최저임금 인상 중…LA, 시간당 9달러→15달러 결정」, 『한겨레』, 2015년 5월 20일.

62 배명복, 「[배명복의 직격 인터뷰] 구교현 알바조 위원장」, 『중앙일보』, 2015년 4월 29일.

63 김유나, 「알바노조 출범, 고용부 설립신고증 받아」, 『국민일보』, 2013년 8월 7일.

64 방준호, 「교수·이주노동자·알바 "우리도 노동자다"」, 『한겨레』, 2015년 5월 1일.

65 이진순, 「우리는 오늘 맥도날드를 점거한다: 알바노조 위원장 구교현」, 『한겨레』, 2015년 2월 7일.

66 정준호, 「기업들 공대 사랑에…인문계도 프로그래밍 열공」, 『한국일보』, 2015년 3월 23일.

67 「[2014년 신조어·유행어] ④ 인구론(인문계 90%가 논다)」, 『조선일보』, 2015년 1월 2일; 진혼잎, 「인문계 취업 잔혹사 '인구론' 신조어까지」, 『한국일보』, 2014년 10월 20일.

68 장규석, 「"서류 작업할 사람 뽑을 여유 없죠"…인구론의 실체」, 『CBS노컷뉴스』, 2015년 6월 26일.

69 진혼잎, 「인문계 취업 잔혹사 '인구론' 신조어까지」, 『한국일보』, 2014년 10월 20일.

70 성유진, 「인문대주 90%가 논다는 '인·구·론' 시대…6㎡ 토스트집 차린 인문대 首席졸업생」, 『조선일보』, 2015년 3월 25일.

71 박지은, 「한림대 인문학과 통합 반발 확산 학생들 대자보 잇달아 게재」, 『강원도민일보』, 2014년 5월 12일; 고광일, 「대학가 '학과 통폐합' 갈등 확산」, 『문화일보』, 2014년 4월 21일.

72 우경희, 「인문→이공계 복수전공 전면 허용…'인구론·문송' 넘을까」, 『머니투데이』, 2015년 6월 24일.

73 윤성민, 「취업 위해 IT기술 배우라고?…실효성 없는 무책임한 대책」, 『국민일보』, 2015년 6월 25일.

74 신진, 「[Saturday] 취업 시즌 대학가 '자소서포비아'」, 『중앙일보』, 2014년 10월 18일.

75 김영민, 「비중 커진 자기소개서…취업 준비생 97%가 공포증」, 『중앙일보』, 2014년 2월 14일.

76 김시균 · 박윤예, 「과거시험만큼 까다로운 자기소개서」, 『매일경제』, 2015년 3월 19일.

77 오형주, 「'취준생 자소설' 못 믿어! 증거자료 요구하는 기업들」, 『한국경제』, 2015년 1월 17일.

78 양선희, 「젊은이 등치는 사회」, 『중앙일보』, 2015년 3월 4일.

79 오형주, 「'취준생 자소설' 못 믿어! 증거자료 요구하는 기업들」, 『한국경제』, 2015년 1월 17일.

80 김영민, 「[J Report] 그럴듯한 '자소설' 면접장선 망신살」, 『중앙일보』, 2015년 3월 26일.

81 신수지, 「[심층분석] 암울한 취업 시장…절반이 '강박적 기업 지원'」, 『데일리한국』, 2015년 6월 12일.

82 유소연 · 장형태, 「첫 출근부터 '딴 회사 준비'…취업 빙하기 半修生 는다」, 『조선일보』, 2015년 4월 8일.

83 박진여, 「지금 근무 중인 당신도 취업 반수자인가요?」, 『데일리안』, 2015년 4월 8일.

84 유소연 · 장형태, 「첫 출근부터 '딴 회사 준비'…취업 빙하기 半修生 는다」, 『조선일보』, 2015년 4월 8일.

85 박진여, 「지금 근무 중인 당신도 취업 반수자인가요?」, 『데일리안』, 2015년 4월 8일.

86 윤정헌, 「한국 정규직 고용 보호, OECD 평균 밑돌아…"정리해고 쉽다"」, 『민중의소리』, 2014년 12월 8일.

87 양진하, 「정규직도 해고 몸서리…장년층 퇴출 후 임시 · 일용직 전전」, 『한국일보』, 2015년 3월 24일.

88 김지환, 「[거꾸로 가는 노동 개혁] 해고가 자유로운 나라, 한국…개별 · 집단해고 보호지수, OECD 평균보다 낮아」, 『경향신문』, 2015년 3월 30일.

89 양진하, 「정규직도 해고 몸서리…장년층 퇴출 후 임시 · 일용직 전전」, 『한국일보』, 2015년 3월 24일.

90 김기찬, 「일본 경영계가 꼬집은 한국의 '조기 퇴직'」, 『중앙일보』, 2015년 3월 30일.

91 김기찬, 「일본 경영계가 꼬집은 한국의 '조기 퇴직'」, 『중앙일보』, 2015년 3월 30일.

92 박광희, 「말[馬]해 말[言]! 박광희 기자의 '세상만사'」, 『농촌여성신문』, 2014년 12월 24일.

93 「[2014년 신조어 · 유행어] ⑤ 힘희롱(power harassment)」, 『조선일보』, 2015년 1월 2일.

94 최홍렬, 「[Why] 이케아세대(뛰어난 스펙에도 낮은 급여 · 고용불안) · 인구론(인문대 졸업생 90%가 논다)…靑春들, 올해 많이 힘들었구나」, 『조선일보』, 2014년 12월 19일.

95 김신영, 「호통 · 욕설 · 모욕…직장 '힘희롱' 비상燈 켜졌다」, 『조선일보』, 2014년 12월 12일.

96 윤정훈, 「'직장 내 괴롭힘'…힘희롱 카드가 예방책?」, 『아주경제』, 2015년 2월 18일.

10_ Politics Section

1 황준호, 「"별을 뗐다 붙였다"…'김정은式' 공포정치의 결정판」, 『뉴스토마토』, 2015년 5월 17일.

2 오예진, 「북한 김정은, 집권 4년째도 '건장정치' 올인」, 『연합뉴스』, 2015년 5월 5일.

3 김지훈 · 김외현, 「현영철 처형…김정은 공포정치 왜?」, 『한겨레』, 2015년 5월 14일.

4 황재옥, 「'공포정치'로 김정은이 무너질까」, 『경향신문』, 2015년 5월 14일.

5 김지훈 · 김외현, 「현영철 처형…김정은 공포정치 왜?」, 『한겨레』, 2015년 5월 14일.

6 김성호, 「작은 권력이 더 맵다」, 『서울신문』, 2015년 3월 7일; 석민, 「"권력, 사용하기는 어려워지고 잃기는 쉬워진다"」, 『매일신문』, 2015년 3월 7일.

7 안현우, 「거대권력은 힘을 잃을 뿐, 사라지지 않는다」, 『한국일보』, 2015년 3월 6일; 서정보, 「[책의 향기] 쉽게 빼앗기고 점점 짧아지고…권력, 쇠퇴하다」, 『동아일보』, 2015년 3월 7일.

8 황경상, 「[책과 삶] 인구 · 이동 · 의식의 '혁명'…권력 점점 쇠퇴하고 있다」, 『경향신문』, 2015년 3월 7일.

9 이영희, 「[책 속으로] 이제 시민이 움직일 때…정치를 깨워라」, 『중앙일보』, 2015년 2월 28일.

10 염광희, 「[기고] 기울어진 운동장과 '당원민주' 정당」, 『경향신문』, 2015년 1월 25일; 김석종, 「[여적] 기울어진 운동장」, 『경향신문』, 2015년 3월 4일.

11 천관율, 「애써 외면했던 '그 당'의 필승기법」, 『시사IN』, 2014년 8월 14일.

12 이승준, 「'기울어진 운동장 핑계대지 말라' 야당 싱크탱크의 일침」, 『한겨레』, 2015년 3월 3일.

13 이슬기, 「민주정책연구원 '선거 승리하려면 '싸가지 없는 진보' 벗어나야'」, 『데일리안』, 2015년 4월 2일.

14 「독일서 히틀러 '나의 투쟁' 재출간 허용」, 『경향신문』, 2014년 1월 23일.

15 「독일 사학자들 '나의 투쟁' 개정판 출간 촉구」, 『연합뉴스』, 2008년 4월 30일.

16 이성훈, 「獨, 히틀러 자서전 70년 만의 再出간 놓고 시끌」, 『조선일보』, 2013년 12월 14일; 김지은, 「'나의 투쟁' 70년 만에 독일에서 재출간」, 『한겨레』, 2015년 2월 26일.

17 김지은, 「'나의 투쟁' 70년 만에 독일에서 재출간」, 『한겨레』, 2015년 2월 26일.

18 손정호, 「北 김정은 위원장, 고위간부에 히틀러 '나의 투쟁' 선물」, 『폴리뉴스』, 2013년 6월 18일.

19 유민환, 「'한국 정치 이대론 안 된다'…영국인 특파원의 충고」, 『문화일보』, 2015년 6월 5일; 전용기, 「아이폰, 정장 세 벌 빼고 다 팔았다…"위기에 빠진 서구 민주주의 구출하고 싶다"」, 『중앙일보』, 2013년 7월 20일.

20 전용기, 「아이폰, 정장 세 벌 빼고 다 팔았다…"위기에 빠진 서구 민주주의 구출하고 싶다"」, 『중앙일보』, 2013년 7월 20일.

21 신평, 「상고법원 구상과 다이어트 콜라」, 『대한변협신문』, 2014년 7월 14일.

22 김윤종, 「[책의 향기/이 책, 이 저자] "한국병, 영국에선 이미 곪아터진 문제…시민 스스로 길 찾아냈으면"」, 『동아일보』, 2015년 6월 6일.

23 박지성, 「'맥아더 신드롬'이 뭐길래…갤S6에 내려진 특명」, 『디지털타임스』, 2015년 4월 20일; 오창규, 「[오후여담] 맥아더 신드롬」, 『문화일보』, 2008년 10월 11일.

24 김민석, 「'SAMSUNG' 없애고 '도코모 갤럭시S6'…삼성전자, 日선 자사 로고 왜 숨기지?」, 『국민일보』, 2015년 4월 17일.

25 박지성, 「'맥아더 신드롬'이 뭐길래…갤S6에 내려진 특명」, 『디지털타임스』, 2015년 4월 20일.

26 이용인, 「[유레카] 브레이크아웃 타임」, 『한겨레』, 2015년 4월 9일.

27 「오바마 이란 핵협상 '브레이크아웃 타임 놓고 양측 설전' 어떤 내용이길래」, 『중앙일보』, 2015년 3월 9일.

28 정진탄, 「네타냐후, 이란 짧은 '브레이크아웃 타임' 경고」, 『뉴시스』, 2015년 4월 9일.

29 서종철, 「[야고부] 비토크라시」, 『매일신문』, 2015년 5월 18일; 전용기, 「'아이폰, 정장 세 벌 빼고 다 팔았다…"위기에 빠진 서구 민주주의 구출하고 싶다"」, 『중앙일보』, 2013년 7월 20일.

30 박승희, 「'거부 민주주의'에 막혀 멈춰 선 미국 정치시계」, 『중앙일보』, 2013년 10월 11일.

31 황영식, 「'거부권 정치'의 조짐」, 『한국일보』, 2015년 3월 20일.

32 이진우, 「[이진우 기자의 화/신/상/담] 꼬리가 몸통을 흔든다… '티파티' 이야기」, 『매일경제』, 2014년 1월 28일.

33 김상조, 「"법조계 무결점주의가 부정 은폐 원인"…신평 대구가톨릭대 교수 사법부 개혁 촉구」, 『국민일보』, 2003년 1월 3일.

34 홍창진, 「"개혁 위해 사법부 수뇌부 퇴진해야"」, 『연합뉴스』, 2003년 6월 2일; 「[CBS 시사자키 오늘과 내일] "서열 파괴 좋지만…법관을 시류에 영합하게 해서야"」, 『노컷뉴스』, 2004년 7월 29일; 「사법부, 회칠한 무덤이여…'신동아' 보도 뒤늦게 화제…한 전직 판사의 제언」, 『프레시안』, 2006년 9월 28일.

35 홍창진, 「"개혁 위해 사법부 수뇌부 퇴진해야"」, 『연합뉴스』, 2003년 6월 2일.

36 이철재, 「"국민이 사법부 통제할 수 있게 배심제 도입해야": 법원 비판 뒤 판사 연임 심사에서 탈락한 신평

교수」, 『중앙선데이』, 2013년 4월 7일.

37 김준동, 「[한마당─김준동] 사자성어 문답정치」, 『국민일보』, 2015년 5월 30일.

38 이종탁, 「[경향의 눈] 그들만의 사자성어」, 『경향신문』, 2014년 1월 6일.

39 이종탁, 「[경향의 눈] 그들만의 사자성어」, 『경향신문』, 2014년 1월 6일.

40 정우상, 「김상곤 첫날부터 "계파 모임 중단하라"」, 『조선일보』, 2015년 5월 28일.

41 박성희, 「사자성어의 허실」, 『한국경제』, 2012년 1월 6일.

42 김대호, 「한국 경제, 왜 비실대느냐고? 3 · 11 농협 선거 보래」, 『동아일보』, 2015년 2월 7일.

43 권상은 외, 「3當2落(3억 쓰면 당선되고 2억 쓰면 떨어진다) · 불륜 협박…조합장 선거는 '막장 드라마'」, 『조선일보』, 2015년 3월 3일.

44 강현석, 「권한 막강 "웬만한 기관장보다 낫다"… '3당2락' 돈 선거 난무」, 『경향신문』, 2015년 2월 25일.

45 「[사설] 악취 진동하는 지역 조합장 선거 비리의 악습」, 『중앙일보』, 2015년 2월 5일.

46 김민아, 「[여적] 샤이 토리(Shy Tory)」, 『경향신문』, 2015년 5월 11일; 송문석, 「[도청도설] 샤이 토리(Shy Tory)」, 『국제신문』, 2015년 5월 10일.

47 고정애, 「캐머런 보수당 단독 과반…스코틀랜드는 좌파 SNP 석권」, 『중앙일보』, 2015년 5월 9일.

48 전승훈, 「'수줍은 토리' 탓…엉터리 예측 여론조사 뭇매」, 『동아일보』, 2015년 5월 11일.

49 이유진, 「"애국적 진보주의로 새길 열자" '반애국적 수구 경계부터'」, 『한겨레』, 2015년 4월 1일; 백승찬, 「좋은정책포럼 토론회…진보의 갈 길은 '애국적 진보'」, 『경향신문』, 2015년 4월 1일.

50 김형기, 「[아침을 열며] 진보 재생의 길」, 『한국일보』, 2014년 12월 21일.

51 김혜영, 「위기의 진보, 애국적 진보가 대안인가」, 『한국일보』, 2015년 3월 31일.

52 이유진, 「"애국적 진보주의로 새길 열자" '반애국적 수구 경계부터'」, 『한겨레』, 2015년 4월 1일; 백승찬, 「좋은정책포럼 토론회…진보의 갈 길은 '애국적 진보'」, 『경향신문』, 2015년 4월 1일.

53 김혜영, 「위기의 진보, 애국적 진보가 대안인가」, 『한국일보』, 2015년 3월 31일; 백승찬, 「좋은정책포럼 토론회…진보의 갈 길은 '애국적 진보'」, 『경향신문』, 2015년 4월 1일.

54 류정민, 「MB '유체이탈' 화법, 오죽하면 언론도 뿔났을까」, 『미디어오늘』, 2012년 6월 27일.

55 신은정, 「"아몰랑, 미국 갈거야" 메르스인데 박근혜 또 유체이탈 화법」, 『국민일보』, 2015년 6월 2일.

56 「[사설] 타는 농심 두 번씩이나 우롱하는 대통령」, 『경향신문』, 2012년 6월 25일.

57 「[사설] 박 대통령, '구경꾼 화법' 그만두라」, 『한겨레』, 2013년 8월 13일; 권대열, 「나흘 만에 되돌려진 '7개월 작품(稅制 개편안)」, 『조선일보』, 2013년 8월 13일.

58 백승찬, 「비겁한 '유체이탈 화법'」, 『경향신문』, 2015년 3월 28일.

59 송화정, 「베이징, 지하철 전 노선에서 보안검색 실시」, 『아시아경제』, 2008년 5월 9일.

60 신민재, 「중국, 양회 앞두고 베이징 경계태세 강화」, 『연합뉴스』, 2015년 3월 1일.

61 예영준, 「중국에서 페이스북 하기」, 『중앙일보』, 2015년 2월 7일.

62 강승연, 「美 300년 된 '인종 프로파일링' 논란 불씨 여전」, 『헤럴드경제』, 2014년 12월 7일.

63 김광기, 「美 시위에서 터져 나온 "먹고살기 힘들어 숨 막힌다"」, 『동아일보』, 2014년 12월 19일; 김미경, 「美 인종 프로파일링 반쪽 금지」, 『서울신문』, 2014년 12월 10일.

64 박현, 「미, 안보 관련 조사 때도 '인종 프로파일링' 금지」, 『한겨레』, 2014년 12월 9일.

65 강의영, 「미국, 연방기관 인종 프로파일링 금지 새 지침 발표」, 『연합뉴스』, 2014년 12월 9일.

66 류현성, 「유엔, 美에 과도한 공권력 행사 · 인종차별 시정 권고」, 『연합뉴스』, 2015년 5월 11일.

67 「"인종차별 그만하라" 텍사스 경찰 과잉진압에 항의」, 『연합뉴스』, 2015년 6월 9일.

68 오풍연, 「[FN스트리트] 집권 3년차 증후군」, 『파이낸셜뉴스』, 2015년 2월 25일.

69 박성원, 「朴 대통령, 문지방 돌덩이들을 어쩔 것인가」, 『동아일보』, 2015년 1월 16일.

70 강명국, 「'악몽의 시대' 집권 3년차」, 『시사저널』, 2010년 7월 14일.

71 전웅빈 · 최승욱 · 조성은, 「[박근혜정부 2년] 下 면하려면 '개방적 국정운영'으로 신뢰 회복해야」, 『국민일
보』, 2015년 2월 23일; 김경탁, 「'콩가루'된 靑…집권 중반에 '레임덕' 징조 '문고리 권력', '십상시', '항명파
동', '문건 배후 발설'…연일 궁중암투」, 『매일일보』, 2015년 1월 15일.

72 박세준 · 이도형, 「재탕 · 삼탕에 뒷북…쏟아지는 의원 입법」, 『세계일보』, 2014년 11월 16일.

73 온종훈, 「[만파식적] 청부 입법」, 『서울경제』, 2014년 10월 28일.

74 강민석 외, 「청부 입법, 낙하산 자리 만드는 통로였다」, 『중앙일보』, 2015년 4월 8일.

75 특별취재팀, 「입법부 자존심 버렸다…'청부 법안 수주전' 뛰어든 의원들」, 『중앙일보』, 2015년 4월 8일.

76 이화종, 「부실 · 졸속 청부 입법 남발…憲裁 27년간 법률 247건 '위헌'」, 『문화일보』, 2015년 6월 5일.

77 특별취재팀, 「입법부 자존심 버렸다…'청부 법안 수주전' 뛰어든 의원들」, 『중앙일보』, 2015년 4월 8일.

78 오윤희, 「英, 과반 정당 없을 때 왜 '헝 의회'라 부르나」, 『조선일보』, 2015년 5월 6일; 정유진, 「과반 의석
차지 정당 없는 영국 총선 '헝 의회' 확실시」, 『경향신문』, 2015년 5월 3일.

79 조일준, 「영국 총선 보수당 · 노동당 초접전…4번째 '헝 의회' 확실시」, 『한겨레』, 2015년 5월 7일; 오윤희,
「英, 과반 정당 없을 때 왜 '헝 의회'라 부르나」, 『조선일보』, 2015년 5월 6일; 정유진, 「과반 의석 차지 정당
없는 영국 총선 '헝 의회' 확실시」, 『경향신문』, 2015년 5월 3일.

80 최원형, 「덴마크 행복의 원천 '휘게'」, 『한겨레』, 2015년 4월 10일.

81 최원형, 「덴마크 행복의 원천 '휘게'」, 『한겨레』, 2015년 4월 10일.

82 손영옥, 「생일 케이크 위에 태극기 휘날리려면」, 『국민일보』, 2015년 4월 30일.

83 이기창, 「쫓기는 삶은 그만…시간의 주인 되는 법」, 『매일경제』, 2015년 6월 12일; 박훈상, 「세상에 당당하게
외쳐라, 내 시간, 함부로 줄 수 없어!」, 『동아일보』, 2015년 6월 13일.

찾아보기

트렌드 지식 사전 5

ⓒ 김환표, 2015

초판 1쇄 2015년 9월 25일 찍음
초판 1쇄 2015년 9월 30일 펴냄

지은이 | 김환표
펴낸이 | 강준우
기획 · 편집 | 박상문, 박지석, 김효주, 김환표
디자인 | 이은혜, 최진영
마케팅 | 이태준, 박상철
인쇄 · 제본 | 제일프린테크

펴낸곳 | 인물과사상사
출판등록 | 제17-204호 1998년 3월 11일

주소 | (121-839) 서울시 마포구 서교동 392-4 삼양E&R빌딩 2층
전화 | 02-325-6364
팩스 | 02-474-1413
www.inmul.co.kr | insa@inmul.co.kr

ISBN 978-89-5906-362-8 04320
       978-89-5906-257-7 (세트)
값 16,000원

이 도서의 국립중앙도서관 출판시도서목록(CIP)은 서지정보유통지원시스템 홈페이지(http://seoji.nl.go.kr)와
국가자료공동목록시스템(http://www.nl.go.kr/kolisnet)에서 이용하실 수 있습니다.
(CIP제어번호: CIP2015025802)